大学生自我控制研究

于国庆　著

同济大学出版社
TONGJI UNIVERSITY PRESS

图书在版编目（CIP）数据

大学生自我控制研究/ 于国庆著. -- 上海：同济大学出版社，2020. 9

ISBN 978-7-5608-9347-1

Ⅰ. ①大… Ⅱ. ①于… Ⅲ. ①大学生—自我管理学—研究 Ⅳ. ①G645. 5

中国版本图书馆 CIP 数据核字(2020)第 143959 号

大学生自我控制研究

于国庆 **著**

责任编辑 胡晗欣 **责任校对** 徐春莲 **封面设计** 潘向蓁

出版发行 同济大学出版社 www. tongjipress. com. cn
(地址：上海市四平路 1239 号 邮编：200092 电话：021-65985622)
经　销 全国各地新华书店
印　刷 江苏凤凰数码印务有限公司
开　本 787 mm×1092 mm 1/16
印　张 17. 75
字　数 355 000
版　次 2020 年 9 月第 1 版 2020 年 9 月第 1 次印刷
书　号 ISBN 978-7-5608-9347-1
定　价 98. 00 元

前　言

学而时习之，不亦说乎？
有朋自远方来，不亦乐乎？
人不知而不愠，不亦君子乎？

亲爱的读者，感谢你选择阅读此书，借此书缘，希望能对你的人生成长和幸福有所裨益，也希望能成为你远方的朋友。

一、我为什么会对大学生自我控制感兴趣并探索研究呢？

一路走来，大学，是我求学、工作、生活、追梦的家园。我出生在江苏金坛，中学毕业于华罗庚中学。1986 年上大学，就读于南京医学院卫生系（现在的南京医科大学公共卫生学院）预防医学专业。1991 年毕业，到苏州大学校医院工作，从事预防保健和健康教育工作，服务对象是大学老师和大学生。1995 年攻读苏州大学管理心理学方向的在职硕士研究生。边工作边读书，成家立业，娶妻生子，生活在大学校园旁，享受着大学校园的优美环境和人文气息。2001 年到上海攻读华东师范大学心理学应用方向的博士研究生。2004 年到同济大学经济与管理学院任教，从事人力资源管理和应用心理学等的教学研究和社会服务，授课对象包括本科生、MBA 工商管理硕士、MEM 工程管理硕士、企事业单位经理人和员工等。“大学生”是我人生的一个关键词，成为大学生、服务大学生、培养大学生。大学之道，在明明德，在亲民，在止于至善。我的心愿就是，成为一名爱心教育者，自强不息，厚德载物，享受学习和分享，立德树人，同舟共济，让更多的人更健康、更幸福！

根据自身体验和交流观察，大学生，常常自觉不自觉地思考，我的人生梦想和未来道路是什么？在中学阶段，很多人对大学的认识是懵懵懂懂的，充满好奇和向往。感觉只要考上大学，美好未来即可期。所以，发奋努力，寒窗苦读，力求考上大学。对读什么大学？读什么专业？将来做什么工作？自己有一些思考，但尚没有足够的知识和经验来选择，常常听父母、老师和前辈的建议，考虑大学声誉、学科排名、自己兴趣、学习成绩、未来就业机会、工作特点和收入预期等，来作出选择。随着新高考改革，学校开始在中学阶段引入职业生涯规划和辅导，帮助中学生更好地了解自己，了解专业，选读科目。同时，很多大学，也推出大类招生，实行本科生导师制，大一在新生院接受通识教育，一学年后再选专业升入大二。现今的大学生对自己大学和专业志愿的选择有更多的自主性，越来越多的大学生会借助导师、家长、专业网站和辅导机构，去探索自己的天赋、兴趣、性格、价值观等，去探索社会趋势、行业发展、用人需求、专业匹配等。大学生的就业观，也发生了很大的变化，不仅是为谋生而工作，也是为梦想而工作。

如何通过计划和行动去努力实现梦想？由于大学生身心、环境和任务的特点，会遭遇很多挑战。大学新生，感受着大学的校园环境、学习方式、同学关系、师生管理、社团选择等新变化，特别是面对时间的自由安排、选课的自主选择、学习的自我教育、生活的自我管理……有人欢喜有人忧愁。绝大多数大学生，能够适应新的大学学习和生活，重新确立大学阶段的目标和未来发展方向，调整学习方式，加强自我管理，过上了丰富多彩、自主成长的大学美好生活。但也有一些大学生，不能很好地适应，目标迷失，玩物丧志，随意缺课，沉迷网络，该做的没法启动，不该做的停不下来，久而久之，后悔迷茫，不能自拔。严重的，因为缺课太多或挂科太多，被勒令退学。

我自己也有自我控制能力方面的挑战，特别羡慕那些目标感强、行动效率高、成果丰富卓越的人，很好奇他们是如何做到的。所以我硕士论文选题“管理者的时间意识和行为研究”，博士论文选题“大学生自我控制研究”，旨在探索如何提高时间管理能力，如何提高自我控制能力。一方面，以期解决自身问题，自我成长；另一方面，以期帮助更多有同样需求的人成长。自我控制能力的挑战和提升，具有普遍性。每个人都是独特的，各自的人生理想和目标追求是个性化的，但一旦人生理想和目标选定后，如何围绕理想和目标，通过行动奋斗，去实现理想的过程，是具有共性的，该过程特别强调自我控制，围绕目标，有所为，有所不为，方有为。

我国高校每年新招 1 000 多万大学生（包括本、专、研），在校大学生 3 300 多万，每个大学生背后都是一个家庭，每个大学生未来都会进入数个不同的组织。每个大学生的成才、发展和幸福，是学生本人、家庭父母、学校老师、国家社会的共同期待。时代进步呼唤自强精神，大学教育强调自我教育，个人发展需要自我管理。而自强精神、自我教育、自我管理的关键就是自我控制。所以开展大学生自我控制的研究是非常必要的，并且具有重要的现实意义。

二、如何开展大学生自我控制研究呢？

首先，本书对古今中外有关控制或自我控制的部分文献作了梳理。其次，在前人研究成果的启发下，在对自我控制词源意义的探究下，结合生活经验和思辨想象，把哲学思想、心理机制和管理过程统一起来，提出了一种整合的自我控制自组织理论构想。最后，在这个理论构想的指导下，把“大学生自我控制研究”大问题细分为描述、预测和干预三个层面的小问题，并展开相应的研究。

描述层面：大学生自我控制的现状和特点是什么？大学生对影响自我控制的因素怎么看？他们都用什么方法来加强自我控制？通过开放式问卷调查、团体焦点问题访谈来收集数据。

预测层面：大学生自我控制的内在要素是什么？它们的关系如何？有何作用机制？有无自我控制内隐层面影响机制？能否印证本书提出的理论构想？设计并实施了结构式问卷调查、内隐联想测验（IAT）。

干预层面：从某一个影响因素入手，进行多种内容和形式的处理，看能不能提高自我控制的水平，在外显和内隐层面各有何特点，哪一种处理方式更为有效。设计了游戏体验、影视欣赏和演讲说服三种训练处理及其组合的干预效果观察的实验研究。

大学生自我控制研究有何发现、结论和价值？

通过数据分析，研究得到以下成果：

（1）初步揭示了大学生自我控制问题的表现和特点。

（2）初步揭示了大学生对影响自我控制因素的看法。

（3）局部揭示了大学生提高自我控制的办法。

（4）揭示了大学生自我控制内部要素及其关系和作用机制。

（5）初步形成了大学生自我控制水平的测评工具。

（6）初步揭示了自我控制存在内隐作用机制。

（7）初步揭示了不同训练处理及其组合对自我控制的影响及特点。

（8）发现了训练处理对自我控制的外显影响和内隐影响具有不同特点。

（9）总体上印证了本书提出的人类自我控制的自组织理论构想。

得出总结论是：

（1）自我控制是以自我为主体的，在由生命圈、社会圈和宇宙圈组成的立体三维时空中，以个人身心和行为、外在环境和事件为对象，以实现个人、社会和宇宙内外和谐发展为原则目标的，自我觉醒、自我规划、自我执行、自我评估、自我激励、自我校正的动态变化自组织系统。

（2）自我控制是可能的，是有规律可循的，是可以训练提高的。

该研究具有创新意义和广泛应用价值：

（1）在理论上，本研究创新提出并验证了一种自我控制的自组织理论，它具有理论上的整合性、实践上的指导性和运用上的灵活性，在人类自我控制的解释、预测和干预方面具有重要价值，对心理学、教育学、管理学、社会学等研究具有参考价值。

（2）在方法上，本研究尝试用句子作为内隐联结测验的材料，来研究自我控制的内隐效应；在团体焦点问题访谈中，采用了头脑风暴的方法，效率高，效果好；把理论探索和实践训练相结合，兼有行动研究特点，具有良好的生态效度。

（3）在实践上，本研究所提出的人类自我控制自组织理论及模型可以成为提高时代进步所需自强精神、大学教育所需自我教育、个人发展所需自我管理的又一理论依据和实践工具，可用来指导个体获得成功和幸福，进而推动组织和社会进步，具有广泛的应用价值。

时光荏苒，日月如梭。虽然时代和社会在发展，大学和大学生也在发展，自我控制的挑战和研究也在发展，因为移动互联网、5G通信和人工智能技术的日新月异，带来慕课（MOOC）大规模发展，移动App音视图文多样可及，游戏电竞成为行业，大学生考研或出国成为更多可能，大学生也可以创业……当今和未来的大学生有更多自主发展的可能，更多自由发挥的时空，更多自我选择的机会，从某种意义上讲，自我控制的需求和挑战也更大了，所以自我控制的研究，仍持续具有应用参考价值。

亲爱的读者，本书虽然是学术著作，有理论探讨和数据分析，但由于我的研究初心，是想让广大大学生朋友能从中受益，所以行文仍具有可读性和参考性。通过本书，既可以了解古今中外对控制或自我控制的哲学思辨和科学研究的脉络和成果，对自我控制研究的重要性、主体性、系统性、辩证性、发展性、训练性等特点有更全面深入的思考，又可以参考本研究提出的人类自我控制自组织理论及模型，来对照、分析自己或他人自我控制的现状问题和可能原因，并通过行之有效的训练方法，来提高自己或他人的自我控制能力，助力自己或他人的人生成长和幸福。

本书的出版，特别感谢我的博士导师杨治良教授、硕士导师朱永新教授的指导！还有很多老师、领导、前辈、学友、家人的关心和帮助！感谢同济大学“国家创新发展”交叉学科领域一流学科建设资金、同济大学经济与管理学院资助本书出版，还有同济大学出版社各位编辑专业用心的指导和付出！

人类自我控制是个兼具基础和应用的大问题，笔者自知才疏学浅，恳望各位读者朋友和学者同仁批评指正，不吝赐教。我的Email邮箱：yuguoqing@tongji. edu. cn。

路漫漫其修远兮，吾将上下而求索！

于国庆

2020年7月28日

目　　录

1 问题提出

1.1 研究背景

一个人的所思所行，总是发生在环境因素、任务因素和个人因素的相互作用之中。就大学生而言，时代进步呼唤自强精神（环境因素）、大学教育强调自我教育（任务因素）、个人发展需要自我管理（个人因素）。然而，自强精神、自我教育和自我管理的共同关键是自我控制，所以本书研究就是基于这三个因素。

1.1.1 时代进步呼唤自强精神

在科技革命、社会变革和文化交流的推动下，已经迎来了网络社会、知识经济、市场体制、多元文化的时代，一个充满机遇和挑战，特别强调个体终身学习、自主选择、自我发展的时代，时代的进步呼唤自强精神。

首先，以信息技术革命为核心的现代科技革命，导致科学技术日新月异，知识传播和更新迅猛，知识总量更是呈几何级倍增。为应对这种变化就必须不断学习、快速学习、选择学习。由于互联网的全球性、实时性、开放性，谁学得快、学得好，谁就赢得竞争优势。不仅要学习，而且还需要创新。正如曼纽尔·卡斯特（Manuel Castells）在《网络社会的崛起》中写道：针对知识本身的知识行动，成为生产力的重要来源。创造和操作符号的过程与生产财富的过程合二为一。换句话说，在知识经济时代，需要用知识创造知识，所以学习和创新非常重要。在工业经济时代，竞争是“大鱼吃小鱼，小鱼吃虾米”，到了知识经济时代，竞争是“快鱼吃慢鱼，新鱼吃旧鱼”。所以无论个体还是组织，学习力和创新力是最本质的生存力和竞争力。在这个时代，如果没有终身学习、不断进步的自强精神，是很难生存和发展的。

其次，科技革命的推动促进了经济全球化和市场一体化的形成，也促进了中国从计划经济转向市场经济，并加入世界贸易组织（World Trade Organization，WTO）的社会变革。这是一场根本性的变革，人的命运将不能再像计划经济时靠国家或组织来“安排”，而要靠自我在市场上的“选择”，从某种意义上讲，是在一个世界性的市场上作选择。市场在资源配置中发挥决定性作用，对人力资源也适用，个人应该在市场上寻求个人发展的效用最大化，自主选择自己的发展之路。科学技术的飞速发展、新兴产业的大量涌现，已为人们提供了更加广阔的就业环境和创业空间，自然而然人们就有了更多的自由选择和谋求发展的机会，在一定程度上，也就能够自己来规划人生、主宰命运。此外，由于市场竞争的激烈性和残酷性，强调实力，不同情弱者，必然对人的素质提出更高要求。无论是抓住选择的机遇还是应对竞争的挑战，都需要自强精神。

最后，由于改革开放、文化交流和网络通信等推动，当今社会呈现多元文化的趋势，社会对各种价值观及生存方式持有更宽容的态度，人们对自己的价值选择和生活方式也有了更多选择的自由。因为多元，很难说谁对谁错，但有积极和消极之分。如果没有积极向上的自强精神，人们很可能被一些消极的文化所影响和同化，这对个人和社会而言都是不利的。所以，文化多元也呼唤自强精神。国家印发的《公民道德建设实施纲要》中就强调了自强精神。

作为中国大学的代表——清华大学，其校训“自强不息，厚德载物”，既是对莘莘学子为学、做人、处世的谆谆教诲，又是中华民族自强精神传统性和时代性的体现。自强精神的主要实质是自己选择自己的目标、自己对自己的行为负责、自己主宰自己的命运，自力更生、艰苦奋斗、克服困难、坚持不懈地追求以实现目标。从中可以看到，自强精神的关键就是自我控制，所以从大的时代角度来看，自我控制的研究非常必要也非常重要。

1.1.2　大学教育强调自我教育

大学教育的人才培养目标、学分制的模式和学习理论的发展，都非常强调自我教育，而且随着互联网的发展，自我教育已成为可能。

首先，大学的理念发展大体上经历了三个阶段：第一阶段的大学是教育机构，是积累知识和传播知识、积累文化和传播文化、培养人才的机构；第二阶段的大学不仅是教育机构，而且是研究中心，成为发现知识、创造知识的源泉；第三阶段的大学不仅是教育机构、是研究中心，还应是服务机构，以知识创新、科研成果来为社会服务。现代的一流大学都兼有三者，并且是以研究中心为核心的。大学的人才培养目标可以界定很多内容，但如果从大学的办学理念及使命发展来看，应该具有过硬的专业知识和技能、学习与创新的意识和能力、人文关怀与实践服务的精神和能力。这三个方面也符合智力理论最新发展——斯滕伯格的成功智力理论，该理论认为成功智力等于分析性智力、创造性智力和实践性智力三者的结合和平衡。人的行为总是追求实现预期的目标，即追求成功，成功需要成功智力。而这些目标的实现或成功智力的培养，不是光靠老师教出来的，更重要的是靠学生在大学里围绕自己的大学目标（甚至是人生目标）和专业方向，充分利用大学的师资资源、信息资源（图书和网络）、学术资源、文化资源、实验资源、同学资源等，广闻博览、好问善思、勤学苦练、自学成才，非常强调自我教育。学习和创新能力的培养，其本身就是自我教育的内容和体现。

其次，大学的教育模式和中学有很大不同。中学教育是几门主干基础课程经由老师不断教学“纵向”深化，以便将来参加各个层次的考试（会考、中考、高考）选拔，所以中学的主要模式是学年制，是以老师研究教材、上课讲授指导为主，学生上课听讲、课后消化吸收为辅的“教学”模式（虽然有一些具有先进教育思想的老师，自己在实践和推广自主学习，并取得了很好的效果，但总体上比例还是很小的）。而大学教育，则是以专业方向为主干的“纵横”拓宽，以便学生将来有真本领为社会服务。大学的主要模式是学分制，可能有几十门可供选择的课程，包括必修、选修、副修等课程，事实上这些课程对达成我们理想的人才培养目标，仍然是不够的，学生除了自主选择课程以外，还必须花大量的时间和精力自学很多相关的知识。因此，大学教育的学分制模式，实质上是一种以“自学”为主的自我教育。但事实上有的高校的学分制尚不完善，仍以学年制为主，存在教育的非个性化，课程与评价整齐划一；教材更新存在时滞效应，存在教材落后于实践需要的现象，使得教育培养与市场需要脱节；还存在老师的教学水平或教学风格与学生的期望不匹配的情况。如果大学生不注意用自我教育来规避和弥补这些问题，学生可能因此而对某一门课程知识的学习不感兴趣、不好好学，破坏合理知识结构的形成。所以，在大学里无论是培养模式还是问题规避，都强调自我教育。

再次，西方学习理论也是不断突出学生主体作用。桑代克（E. L. Thorndike）提出的联结主义学习“尝误说”认为，学习是一种探究式的、渐进的、盲目的、尝试与错误的过程。斯金纳（B. F. Skinner）提出的操作性行为主义学习“强化说”，发展了教学机器和程序教学，认为学生只要按程序学，并给予刺激强化，就可以达到控制和塑造行为的学习目的。韦特海默（Max Wertheimer）等提出的格式塔主义学习“顿悟说”认为，学习的成就归之于对事物整个情境的突然“领悟”。罗杰斯（C. Rogers）和马斯洛（A. Maslow）提出的人本主义学习“潜能说”认为，人有无限潜能，应该不断自我开发自己的潜能，追求自我实现。加涅（Gagne）在布鲁纳（J. S. Bruner）和皮亚杰（J. Piaget）的思想基础上，提出的认知主义的学习“加工说”认为，学习是信息的输入、存储、加工和输出的完整过程。建构主义学习的“建构说”理论认为，知识不是通过教师的讲授得到，而是学习者在一定的社会文化背景下，借助他人（包括教师和学习伙伴）的帮助，利用必要的学习资料，通过意义建构的方式来获得。学习的质量是意义建构能力的函数，而不是学习者重视教师思维过程能力的函数。换言之，获得知识的多少取决于学习者根据自身经验去建构有关知识的能力，而不取决于学习者记忆和背诵教师所讲授的内容的能力。

班杜拉（A. Bandura）的观察学习理论认为，观察学习主要是一个信息加工过程，其中观察者将有关示范原型的行为结构和环境事件的信息转换成符号表征，作为观察者以后表现这种行为的内部指导。内隐学习理论强调主体在实践中潜移默化地获得知识。从上述学习理论发展，可以看到不断强调学习者对环境的整体领悟，对自身的潜能开发，对信息的选择加工，对知识和意义的主动建构的主体作用。可以说当今的学习理论越发强调自我教育。

最后，当今互联网的飞速发展，为自我教育创造了前所未有的学习资源和学习平台。从某种意义上讲，互联网是世界上最大的"大学"，在互联网的数字世界里，学习（E-learning：课程多样化、综合化、软件化、积木化和模块化）、办公（政治、经济、文化等实务在网上实时发生着）、生活（物质和精神的产品在网上消费着）融为一体，可以说应有尽有，知识相对无垄断，只要连上互联网的接口，就可以坐拥这个世界上最大的"大学"。信息的多种技术如计算机技术、多媒体技术、互联网技术、数字摄影技术，可为大学生提供实时的、互动的、超时空的多媒体学习平台。所以，在网络高度发达的时代里，大学生自我教育的实现，拥有便利的技术条件。

班杜拉说："电子技术革命性的发展以及人类联通度的日益全球化，正在从根本上改变着我们的世界。瞬间可以通达世界的通信正在改变着人类影响的本质、范围、速度以及轨迹。这改变着人们的交流、教育、工作、与彼此的关系，以及经营生意和处理日常事务……在教育领域，现在的学生可以对自己的学习实施更大的个人控制。过去，他们的教育发展极大地有赖于他们所进入的学校。现在，他们拥有最好的图书馆、博物馆，而且只要手指轻轻一点，就可以通过全球互联网随时随地运用多媒体教学进行自我教育。"

"教育的一个根本目标是使学生具有自我调节能力从而能够进行自我教育。自我指导不仅有助于正规教育的成功，而且可以促进终身学习。自我调节包括计划、组织和管理教育活动等技能，获取资源，调节学习动机，以及运用元认知技能评价自己的知识和策略是否适当。较高的自我调节效能感可以通过在相关领域建立认知效能和提高学业抱负，促进学科内容的掌握（Zimmerman，Bandura，Martinez-Pous，1992）。许多学习发生在正规教育的范围之外。学生的自我教育效能越强，学校以外自己进行的学习就越多（Bergin，1987）。"

在这里强调大学教育的自我教育特点，丝毫没有忽视老师的重要作用的意思，相反，我们会发现，正因为大学生是以自我教育为主导的，大学老师才有时间和精力来做老师应该做的事，如创造性的科学研究工作、人文思想的传承示范和创新工作、整合和指导性的工作等，并以一个自我教育的范例影响着学生。如建构主义认为的那样，教师是意义建构的帮助者、促进者，而不是知识的传授者与灌输者；学生是信息加工的主体、意义的主动建构者，而不是外部刺激的被动接受者和被灌输的对象。对于终身学习的时代而言，可以说人人都是老师（包括是自己的和他人的老师），人人都是学生。正如韩愈所说："师者，传道、授业、解惑也。""闻道有先后，术业有专攻。""弟子不必不如师，师不必贤于弟子。"

教是为了不教，教育的最高境界是自我教育人格的形成。自我教育的内容和过程都离不开学生主体的选择和控制，自我教育的关键仍然是自我控制。所以，从大学生在大学阶段所面临的主要任务——自我教育来说，研究自我控制也是非常必要和重要的。

1.1.3 个人发展需要自我管理

古语说，"格物、致知、诚意、正心、修身、齐家、治国、平天下"，它告诉我们一个人的成长发展之路是始于对外在世界的认知、对内在世界的修炼，达到自我完善的修身，然后才能齐家、治国、平天下，成就一番事业。而修身，从一定意义上讲就是自我管理，对任何一个人的发展都是非常重要的，可以说是一个基点。对大学生而言，更是如此，无论是其学习准备还是职业生涯，甚至是成家立业，都非常需要自我管理。

首先，在学习准备阶段。中国绝大多数家庭，父母都有"望子成龙"的愿望，希望孩子能够考入大学、接受高等教育，很多学生也就以此为人生一大目标，奋力拼搏，去应试过关。而一旦梦想成真，跨入大学的殿堂后，往往会出现旧目标已经实现、新目标不知在哪的困惑，这就非常需要大学生自我觉醒，来重新确立大学目标以及将来的人生目标，是考研出国、单位就业还是自主创业；是从政、经商或是进行学术研究等，并以此来统领整个大学的学习、工作和生活。否则，就容易出现和尚撞钟、忙于事物、随波逐流的"盲、忙、茫"现象。

进入大学后的学习方式较中学有着本质的不同，由"教学"转向"自学"，所以个人自由支配的时间较多，如何有效支配时间就成为一个问题。中学有老师或家长"近距离"地监管着、安排着，而大学的老师、辅导员、班主任则是"远距离"地观察着、关心着，父母也不在身边管自己，主要靠学生自觉自律、自我管理、自己选择安排。实际上，即使父母在身边，往往也不太会管。因为很多父母会觉得把子女送入大学，就完成了做父母的使命，子女的前途有保障，可以独立了，只要给孩子钱就可以了，而对孩子进一步成长发展的引导教育相对较少。其实这是一个误区，因为中学的应试，使得很多学生在人的心智成长、成熟方面较为薄弱或滞后，到大学后恰恰需要有人给予指点引导、"补课"完善，否则大学生很容易被大学里一些表面的现象所同化和感染，这不利于他们的成长。即便是通过自己的探索，发现大学的成长之"道"，却发现大学宝贵的四年时间已经过半。所以如何使非常有限但对自己影响深远的四年大学生活过得充实和富有成效，就非常需要自我管理。

大学是个小社会，诱惑多多，如何专心致志、抵制诱惑，也需要自我控制、自我管理。大学里不乏全身心地投入学习研究的学生，也存在众多大学生面对诱惑而缺乏自控力，如沉迷于泡吧（网吧、酒吧、茶吧）、网络游戏、影视、棋牌等，以致贻误学业。所以在大学学习期间，无论是目标重建、时间管理还是抵制诱惑，都非常需要自我管理。

其次，如果把眼光放得更远一点，大学生未来的职业生涯也非常需要自我管理。学生未来的职业生涯总体上可以归结为两种：一种是到一个组织中做一个"就业者"，围绕组织目标和他人一起工作；另一种就是自己做一个"创业者"，去创建一个工作系统（小到一个人，自己独立开业者，大到一个拥有成百上千、上万员工的企业或组织）。这些都非常需要自我管理。

由于信息和通信技术的飞速发展，特别是国际互联网使得组织之间和组织内部的信息交流异常方便和快速，使得原来管理的幅度大大加强，管理层次趋于扁平化，同时每个职员面对的内部和外部环境变化加快，这就要求他们能快速作出反应，所以越来越强调作为一个"就业者"的职员以及工作团队需要进行自我管理。需要指出的是，团队自我管理是以个人自我管理为基础的。特别是为适应21世纪发展，以美国著名管理学家彼得·圣吉（Peter M. Senge）为代表的管理学家们，提出了21世纪管理新理论和实践，就是创建学习型组织。彼得·圣吉在《第五项修炼》中提出创建学习型组织的五项修炼：自我超越、改善心智模式、建立共同愿景、团队学习、系统思考，强调人在组织中，将个人的愿景和组织的愿景统一起来，由原来的"工具"工作观，变为"目的"工作观，要活出生命的意义。所以，作为一个组织的"就业者"需要强调自我管理。

而作为一个创业者，就更需要自我管理。创业者，本身就是一个管理者，管理者的有效性是从有效的自我管理开始的，然后再去建立一个现代企业制度的组织。现代企业制度，其实质就是建立一个个"自我管理"的组织，做到自主经营、自负盈亏、自我监督、自我发展。没有一个成功的、有生命力的企业家，不是一个高效的自我管理者。

再次，如果将眼光放得更远，大学生将来成家立业，也需要自我管理。一个人选择恋人、谈婚论嫁、建立家庭、为人父母的过程，其实就是一个建立关系、承担责任、信守承诺的过程，这一过程的品质高低和生命长短，也取决于双方是否是自由选择、自我负责，能否尊重他人、尊重差异，能否道德自律、忠诚他人等多方面的因素。从中不难看出自我管理的重要性。同时，人的年龄到了一定阶段，有相当一部分人会在家族、组织或社团中担任"领导"角色，具有相当的地位、权力和影响力，此时如果不能对自己的思想、情绪、言行加以约束和自律的话，不仅会给个体的发展带来限制，还会给组织的发展带来灾难。现今许多的家庭问题、组织冲突、社会腐败的原因之一，就是因为个体的道德自律或言行控制出了问题。所以，从一个人未来的生活幸福和对社会的影响来看，也是非常需要自我管理的。

最后，如果从大学生（或一个人）的个人发展来看，在其学习准备、职业生涯以及成家立业的各个阶段，都需要自我管理。而自我管理就是以自我为主体，选择目标、制订计划、执行任务、控制干扰、实现目标的过程，其实质是对一个人的思想、情绪和言行的自我控制。所以，个人发展需要自我管理是研究自我控制的又一个背景。

综上所述，时代进步呼唤自强精神、大学教育强调自我教育、个人发展需要自我管理，而自强精神、自我教育、自我管理的实质或关键在于自我控制，所以研究大学生自我控制是非常必要和重要的。

1.2 问题选择

既然自我控制的研究非常必要和重要，那么如何来研究这个有意义但又很大的课题呢？这里将从自我控制的内涵、为什么选择大学生以及科学理论这三个层次的目标解释、预测、干预，来介绍本书研究问题的选择和界定。

1.2.1 自我控制的内涵

为了搞清自我控制的内涵，首先看看自我、控制以及自我控制的本原意义，然后再看看一些学者对自我控制的界定。

1. 中文词义

在《辞海》中，查不到“自我控制”这个词，我们可以从单个字“自”“我”“控”“制”的解释，以及“自我”“控制”的解释来看“自我控制”的意思。

“自”有几个意思，其中第一个意思“自己”“己身”。

“我”也有几个意思，其中第一个意思就是“自称之词”。在《诗·鄘风·柏舟》“我心匪鉴，不可以茹”中也指自己一方。《左传·庄公十年》的“春，齐师伐我”中，“我”也是自称之词。

从“自”和“我”各自的本原意义来看比较清晰，第一位的意思都是指“自己”。所以二者结合在一起，“自我”就是“自己”之意。

《辞海》中也有“自我”一词，它有三个意思：①泛指个人在活动和交往中把自己同周围环境区分开来，视自己为行为和心理的主体。②精神分析学派的一个概念。指人的理性。是本我的原始欲望与生活现实之间的中介物。它按现实原则行事，对本我冲动加以控制，受超我的约束。③哲学上指绝对独立的精神能力的体现者。法国哲学家笛卡儿认为，自我的全部本质是思想，不依赖任何物质性的东西；他通常将自我称作“心灵”，并认为心灵（自我）、上帝与物体（客观物质世界）是三种实体。德国哲学家约翰·戈特利布·费希特（Johan Gottlieb Fichte）认为，世界上只有自我是唯一的实在，它是认识的主体，而更重要的是它是意志的主体。“自我设定自身”，它不依赖客观世界；活动是自我的本性，但无障碍则活动无从表现，因此，“自我设定非我”，自我为了活动，就“设定”（创造）跟自身对立的障碍物——认识中的一切事物（即非我）；最后自我通过克服非我的过程而丰富与实现自身，达到“自我与非我的统一”。自我设定非我的过程是“自由”的体现，也就是道德活动。

“控”有四个意思。①开弓。白居易《宣州试射中正鹄赋》：“矢不虚发，弓不在控。”②控制。《诗·郑风·大叔于田》：“抑磬控忌，抑纵送忌。”毛传：“骋马曰磬，止马曰控。”③投。《庄子·逍遥游》：“时则不至，而控于地而已矣。”④告；控诉。如上控。《诗·鄘风·载驰》：“控于大邦，谁因谁极。”

“制”有很多解释，其中也有四个与本书的研究有关。①裁断。《淮南子·主术训》：“犹巧工之制木也。”②制止；控制。《淮南子·修务训》：“跳跃扬蹄，翘尾而走，人不能制。”《史记·项羽本纪》：“吾闻先即制人，后则为人所制。”③规定；制订。《淮南子·氾论训》：“此皆因时变而制礼乐者。”④制度。《淮南子·氾论训》：“先王之制，不宜则废之。”

从“控”的四个意思来看，每一个意思都是行为，如果引申一下，似乎可将“控”的四个意思理解为“发得出”“收得住”“拿得起”“放得下”。“开弓”可引申理解为“发得出”，有执行之意；“止马”可引申理解为“收得住”，有停止之意；“投”可引申理解为“放得下”，有放弃之意；“告”可引申理解为“拿得起”，有坚持之意。所以，从“控”中文本原意引申理解为：对行为的执行或停止，放弃或坚持。

从“制”的四个意思看，“裁断”可理解为根据标准或意图作出决定；“制止”可理解为停止某种行为；“规定”可理解为根据某种情境需要或主体意图制定某种标准或规范；“制度”可理解为标准或规范。所以，从“制”中文本原意理解为：规范本身或制定规范，根据规范作出评估、裁定或执行停止的行为。

如果把“控”和“制”两个字义结合在一起，“控制”可理解为根据情境需要和主体意图来制定某种标准或规范，并以此为评估依据，对行为作出执行或停止，放弃或坚持。

《辞海》中“控制”的意思：①掌握住使其不越出范围；操纵。如控制数字、自动控制。②控制论的基本概念。指对系统进行调节以克服系统的不确定性，使之达到所需要状态的活动和过程。是人类改造自然、利用自然的重要内容和进步标志。控制论是研究生物（包括人类）与机器中的控制和通信的普遍原则及规律的学科，有工程控制论、生物控制论、经济控制论等分支。主要研究上述过程的数学关系，而不涉及过程内在的物理、化学、生物、经济或其他方面的现象。涉及信息论、电子计算机理论、自动控制理论、现代数学和对动物神经系统的科学分析等各门学科。研究控制论，可使生产自动化、国防科学、经济管理、仿生学达到一个新阶段。

综上所述，把"自我"和"控制"合在一起，"自我控制"的意思可以理解为以自我为主体，根据情境需要和主体意图来制定某种标准或规范，并以此为评估依据，对行为作出执行或停止，放弃或坚持。

在《辞海》中还有一个与自我控制有关的词——"自律"。自律，伦理学上与"他律"相对，指主体自觉的道德意识和实践，是反映道德发展水平的概念。康德（Immanuel kant）和卢梭（Jean-Jacques Rousseau）等思想家把自律当作道德主体的一个基本条件，用来指不从外在的某种要求（如神、世俗权威、传统或自然本能）来获得道德力量，而是通过自己的理性，根据自己的良心，为追求道德本身的目的而制定的伦理原则。康德认为只有遵循自律的行为才是道德行为。有的思想家如让-保罗·萨特（Jean-Paul Sartte）、理查德·麦尔文·黑尔（Richard Mervyn Hare）把自律认作是主体可以自由地选择道德原则，或为自己作出道德决定。

2. 英文词义

在金山词霸（2003 版）中的美国传统辞典（双解）中，控制"control"源自中世纪拉丁语 contrārotulāre (to check by duplicate register，通过备用记录来检验)。其作为动词有以下几个意思（为了便于更准确理解，这里也采用英中双解）：

① To exercise authoritative or dominating influence over；direct

支配，对……施加权威性的或优势性的影响；指挥

② To hold in restraint；check

抑制；克制

③ To verify or regulate（a scientific experiment）by conducting a parallel experiment or by comparing with another standard

检验，通过进行一次类似的实验或者与另一标准作比较来检验或调整（科学实验）

④ To verify (an account，for example) by using a duplicate register for comparison

核对，通过登记或计算并互相比较来核对或核实（例如账务等）

自我"self"也有几个意思：

① The total，essential，or particular being of a person；the individual

自己，个体一个人完整的、主要的或独特的存在；个人

② The essential qualities distinguishing one person from another; individuality

个性，本质，本性，使一个人区别于另一个人的必不可少的品质；特性

③ One's consciousness of one's own being or identity; the ego

自我，自我意识对自己的存在或身份的意识；认识

④ One's own interests, welfare, or advantage

私利，私心，私欲，某人自己的利益、好处或优势

⑤ thinking of self alone

只考虑自己的得失

自我控制“self-control”主要作名词，意思是：

Control of one's emotions, desires, or actions by one's own will

自我控制，自制自觉地控制自己的情感、欲望或行动

从英文“control”“self”“self-control”的意思来看，“控制”原意为“通过备用记录来检验”，说明控制首先必须要有标准或依据，然后才能检验，或施加影响，或抑制行为，或克制愿望。“自我”从自我控制的角度来看，主要是指控制主体为自己。“自我控制”不仅强调控制行为，而且还包括控制情感、欲望等内在心理活动。

所以，综合中文和英文的词源分析，“自我控制”的内涵可理解为：以自我为主体，根据情境需要和主体意图来制定某种标准或规范，并以此为评估依据，对内在心理活动和外在行为反应行使执行或停止、放弃或坚持的过程状态或一种能力。

3. 学者界定

在如何理解自我控制这一概念上，一些学者也提出了自己的观点，以下几种说法较具代表性：

(1)“控制”：在意图的方向上产生影响的能力“the ability to cause an influence in the intended direction”(Rodin, 1986; Rothbaum, Weisz, 1989)。

(2) 指目标受阻时，个体抑制其行为或改变其行为发生可能性的能力（Harter, 1983）。

(3) 指个人对自己的心理、行为和生理过程施加影响、调节和控制（Blankstein, Polivy, 1982）。

(4) 不仅指服从权威及接受他人施加的行为标准，而且指根据自我选择的信念和目标行事（Savage, 1991）。

(5) 在没有外部约束的情况下，个人按某些方式行事的能力，而这些方式先前与其他方式相比，发生的可能性要小（Thoresen Mahoney, 1974）。

(6) 是遵从、延迟或在缺少外部监督时，个体按照社会期待行为的能力（Kopp, 1982）。

从学者对“自我控制”的研究界定，我们可以从控制的主体、依据、对象、表现、过程、结果几个方面对自我控制的内涵加以认识。控制的主体是自我；控制的依据包括自己的信念和目标、外在的期望和规范；控制的对象包括自己的心理和行为，外在的环境和事件；控制的表现为启动/停止、坚持/放弃某种心理和行为；控制的过程就是一个管理的过程（或结构），环境和个人认知、选择和确定目标、制订和完成计划、评估和反馈结果、困难和挫折应对、干扰和诱惑抵制；控制的结果就是目标的实现。

综上所述，本书把“自我控制”界定为：以自我为主体，在由生命圈、社会圈和宇宙圈组成的立体三维时空中，以个人身心和行为、外在环境和事件为对象，以实现个人、社会和宇宙内外和谐发展为原则目标的，自我觉醒、自我规划、自我执行、自我评估、自我激励、自我校正的动态变化自组织系统。

这一界定回答了谁来控制、何时何地、控制什么、为何控制、如何控制。其具体的内涵会在后面的理论构想内容中进行分析。

1.2.2 为什么研究对象选择大学生

选择大学生作为自我控制的研究对象，首先是基于大学生生理、心理发展的特点。大学生在生理上已经成熟，具有成人的一切机能；在心理上，相对较为成熟，知情意和人格都有一定成型，但同时有着相当大的可塑性和发展空间。而且从本书对自我控制内涵的界定，自我控制不仅包括儿童阶段的控制冲动、延缓满足等内容，更重要的是它包括了人生发展层面的自我控制，以获得个人、社会及宇宙的和谐发展，所以从大学生的身心发展阶段和所面临的人生任务来看，把他们作为研究对象是非常合适的。

其次，在社会角色上，大学生是社会的人才和精英，是未来组织的骨干和家庭的年轻父母，他们的发展对社会、组织、家庭的健康发展都起着关键作用。而且他们的发展会牵动着上一代、关系到下一代、影响着同一代，他们还会对社会其他同龄人和非同龄人起到模范影响作用。

再次，从前面的研究背景论述中可以看到，大学生所处的时代、所处的大学、所处的阶段，都非常需要自我控制，因为时代进步呼唤自强精神、大学教育强调自我教育、个人发展需要自我管理，而自强精神、自我教育和自我管理的关键都是自我控制，或者从某种意义上讲，三者和自我控制是统一的。从大学生的现状和社会对大学生的期望来看，都需要开展此方面的研究。这三个方面都需要加强，需要有理论指导。所以，研究大学生自我控制具有非常重要的现实意义。

从次，有关大学生自我控制的研究相对较少，从文献资料看，关于自我的研究很多，关于控制的研究也比较多，而关于自我控制的研究相对较少。而且在相对较少的自我控制研究中，有相当的研究是从儿童发展的角度或中小学生学业角度的研究，大学生自我控制方面的成果相对较少，所以从研究系列的完整性而言，研究大学生人群也是非常有价值的。

最后，自我控制的研究相对比较基础，用大学生作研究对象，使研究更具可行性和外推性。

综上所述，本书选择大学生作为我们研究的对象。

1.2.3 描述、预测和干预

自我控制是个大问题，要想一下子把这个问题研究透彻，是不现实的，所以本书在研究问题的选择和细化上，作了一定的考虑和限定，先是文献研究，提出自己的研究理论构想，然后在理论构想的指导下探究以下几个层面：

(1) 描述层面。大学生自我控制的现状和特点是什么？大学生对影响自我控制的因素怎么看？他们都用什么方法来加强自我控制？

(2) 预测层面。大学生自我控制的内在要素有哪些？它们的关系如何？有何作用机制？有无自我控制内隐层面影响机制？能否印证我们的理论构想？

(3) 干预层面。从某一个影响因素入手，给予多种内容和形式的处理，看能不能提高自我控制的水平、在外显和内隐层面各有何特点、哪一种处理方式更为有效。

1.3 选题的意义

应该说，上面的研究背景介绍，其实也就是该研究的意义所在。这里从另外一个角度，对研究在理论、实践和方法上的意义作一简述。

1.3.1 理论意义

在理论上，自我控制研究涉及多个方面：在心理学领域，它是智力领域元认知层次上的问题；在情绪或情商领域，它在人格自我意识研究中属于意志层面的问题，将涉及人的意识和潜意识、外显和内隐的研究；在教育学领域，越来越强调自我教育，强调利用远程网络进行 E-Learning，而自我控制在这中间扮演着举足轻重的角色；在管理学领域，随着管理组织的扁平化，强调团队建设和自我管理，强调快速适应和应对外在变化环境，自我控制也是需要解决的问题；在社会学领域，对于如何建立健康的生活行为方式，避免各种违法犯罪以及恐怖冲突行为，自我控制的研究也非常重要。所以，自我控制的研究对心理学、教育学、管理学和社会学的理论都具有重要的参考价值。

1.3.2 实践意义

在实践上，如果能在自我控制的作用机制和理论以及提高自我控制能力训练方法这两个方面取得新的成果，那么将可以运用到个人健康发展的指导上，使更多的人能够更好、更快、更顺利地进行自我管理，实现其人生理想。而个人的成功又必定会影响到群体、组织及社会，比如人际成功、家庭幸福、组织发展和社会进步，从而回应时代进步呼唤自强精神、大学教育强调自我教育、个人发展需要自我管理的研究背景。

1.3.3 方法意义

首先，在方法上，主要根据科学研究的三个层面——观察、相关和实验范式来设计本研究，从这个意义上来讲，本书研究方法比较系统。其次，在观察研究的团体焦点问题访谈中，采用了头脑风暴法来收集大学生进行自我控制所采用的方法，从实际效果来看，效率高且容易操作。再次，本书采用内隐社会认知研究的新方法——内隐联结测验，并尝试用句子作为内隐联结测验的材料，来研究自我控制的内隐效应。最后，本书试图把理论的探索和实践的应用结合起来，兼有行动研究特点，考察一些训练方式的效果，以此可以作为将来实践应用的基础，这样就把科学研究和人文关怀结合起来，从而回应研究背景。

2 文献综述

生活经验和科学研究都表明，控制与人类的生存发展和健康福祉息息相关。人类最大的恐惧之一就是害怕失去控制，人类最强的动机之一就是拥有对我们生活的控制（ Shapiro，Astin，1998）。在原始社会，人类不仅对周围世界的认识极其有限，而且对改变自然环境和改变生活现状的影响力也很有限，只能求助于超自然的力量，祈求神灵保佑。随着人类的进步，知识的增长极大地提高了人们预测事件并对事件进行控制的能力。对控制的超自然系统的信念已让位于承认人们具有塑造自身命运的力量的观点（Bandura，1997），也就是从依赖外控转向人类成为控制的主体，进行自我控制。获得并保持一种控制感，对我们的进化生存是至关重要的（Averill，1973；Bandura，1989a；Shpiro，1990；White，1959），是精神健康和心理治疗的一个中心要素（Bandura，1989b；Beck，1976；Beck，Weishaar，1989；Frank，1982；Shapiro，Schwartz，Astin，1996；Taylor，Brown，1988，1994），对我们的身体健康也是重要的（Matthews，Weiss，1994；Peterson，Stunkard，1989；Rodin，Schooler，Schaie，1990；Syme，1989）。而且拥有控制对于个人身心健康的好处是贯穿人的整个生命周期的，从儿童（Cohen，Evans，Stokols，et al.，1986；Rorhbaum，Weisz，1989；White，1959）到中年（Averill，1973；Langer，1983；Miller，1979，1980；Thompson，1981）再到老年（Abeles，1990；Baltes，Baltes，1986；Riley，1990；Rodin，1986；Rodin，Langer，1977；Shapiro，Sandman，Grossman，1995）。

由于控制在人类生活中处于核心地位，所以与控制以及自我控制有关的研究早已有之，且是多方面的。在心理学专业数据库 PsycINFO 中检索，从 1872 年截至 2003 年 12 月底，有关自我控制的研究主题有 9 899 篇（把 self-control 作为关键词检索）和 2 131 篇（把 self-control 作为标题词检索）。以“自我控制（self-control）”和“大学生（college student?，or university student?）”为主题进行检索，则有 1 275 篇（作为关键词检索）和 370 篇（作为标题词检索）。以“自我控制（self-control）”和“儿童（childhood，or preschool）”为主题进行检索，则有 2 577 篇（作为关键词检索）和 570 篇（作为标题词检索）。

与本书研究关系非常密切的一个词——“自我效能（self-efficacy）”，我们也对它作了检索，有关自我效能的研究主题有 9 433 篇（把 self-efficacy 作为关键词检索）。以“自我效能（self-efficacy）”和“大学生（college student?，or university student?）”为主题进行检索，则有 1 533 篇（作为关键词检索）和 668 篇（作为标题词检索）。以“自我效能（self-efficacy）”和“儿童（childhood，or preschool）”为主题进行检索，则有 1 568 篇（作为关键词检索）和 462 篇（作为标题词检索）。

从上面的 PsycINFO 检索结果来看，有关自我控制的研究还是很多的，其中儿童或学前儿童自我控制研究相对比较多，而关于大学生自我控制的研究则相对少得多。关于“自我效能”的文献和“自我控制”差不多，只是自我效能对大学生人群的研究和对儿童的研究差不多。

从 Elsever 全文数据库、PQDD 硕博士论文文摘数据库、中国期刊网、万方硕博士论文库、重庆维普等数据库上检索，也获得了一些有价值的文献。这些数据库中的文献相对于 PsycINFO 要少得多，比如截至 2003 年年底，在 Elsever 中有关自我控制和大学生的主题的文章仅有 62 篇。

因为 PsycINFO 是摘要数据库，相关文献的全文还要通过其他全文数据库检索或专门联系购买，由于经费以及时间的限制，不可能将所查文献的原始文献全部拥有，只能从一些二级文献中转引。好在一些有关控制的论著，比较系统地对控制研究做了梳理，借助前人研究的贡献，下面就从国外和国内两方面对文献作一个回顾，并对国内外有关自我控制的研究给本书的启示作阐述，最后提出本书的自我控制整合理论构想。

2.1 国外与自我控制有关的研究

2.1.1 哲学层面的探讨

心理学脱胎于哲学，所以在心理学独立之前，很多哲学家先驱就以意志、自由、自由意志、决定论等与自我控制有关的概念，对自我控制作了论述和争论。这里转引 Shapiro（1998）对此所作的简要回顾，从中可以看到先驱们对个人控制问题的思考：是否存在真正的个人控制？人是否有自由的选择，抑或它是否是控制的错觉？意志、个人控制和道德行为之间的关系是什么？

古希腊范式（Hadas，1965）主要有柏拉图、亚里士多德和斯多葛学派哲学家。柏拉图（Plato）在《理想国》中指出，欲望需要由理智来引导和约束，但是理智依赖于精神，如果没有精神的支持，即便有智慧也必定不能导致有影响力的行为。精神的功能就是后来被作家称为“意志（will）”的东西（Hamilton，Cairns，1961）。亚里士多德（Aristotle）使用意志（和希望、选择、目的、冲动、欲望和愿望一起）这一术语设计了一个驱动因素——一种将思想转变成行动的因素（Barnes，1984）。斯多葛学派（the Stoics）哲学家把意志当作道德品质的唯一仓库，爱比克泰德（Epictetus，公元一世纪时的古罗马斯多葛派哲学家、教师）说："所有的善和恶都存在于人类的意志之中，并且道德中立的范围在意志控制以外的区域。"（Epictetus，1956）

奥古斯丁（St. Augustine）第一次用类似于现代思想家使用的方式，把意志用指道德自我的存在（O'Meara，1973）。

托马斯·阿奎纳（Thomas Aquinas）认为，意志仅是受理智决定的愿望或欲望的另一个名字，上帝是一个人自由选择做什么的最终原因，他区分了那些强迫的意志行为和那些自由的意志行为（Clark，1972）。

康德（Immanuel Kant）认为，意志的纯净状态与理智有关系。"人类选择的行为，尽管事实上会受冲动和刺激的影响，但并不由它们所决定"。对康德来说，纯净的意志就是自由意志，"由纯净理智所决定的行动选择就是自由意志的行动"，意志选择行动的自由是在于行动并不由感觉冲动或刺激所决定。康德坚信自由意志，并和詹姆斯一样，认为自由意志不需要成为信仰的一种行为（Kant，1956）。

黑格尔（G. W. Hegel）认为，自由和选择是意志的本质。"一个动物也有一些冲动、愿望、爱好，但它没有意志，并且如果没有外在决定它的东西，它就必定服从于它的冲动。只有人类，完全不被决定，站在他的冲动之上，并可以自己产生冲动，将它们置于他自己的掌控之中"。（Weiss，1974）

霍布斯（Thomas Hobbes）认为，想象是所有自发行动的第一内在开始。他的观点就是意志力是愿望的一种表现（Molesworth，1939，1651）。

洛克（John Locke）认为，意志可完美地与愿望区分开，愿望可以"有一个完全相反的趋势，对那些意志让我们坚持的东西"。意志是"一种指导这种操作性能力是运动还是休息的力量"（Locke，1965，1690）。

休谟（David Hume）认为，不存在自由意志，即使它是"一种普遍经历的事情"。他说，由于我们被"那些显示自由的虚幻愿望"所驱动，所以我们会产生这样的错觉。然而，就像其他自然事件一样，这种普遍经历的事所受影响的力量和能量是不知道和不可想象的（Selby-Bigge，1967）。

与之类似，斯宾诺莎（B. Spinoza）阐述了世上不存在像自由意志这样的东西，尽管他体验着它："我意识到意志是如此宽广以至于倾向于无限。"然而，斯宾诺莎说人类精神"不可能有它自身活动的自由原因"。就像它的每一个思想一样，它的每一个意志活动都由一个原因所决定（Spinoza，1927）。

笛卡尔（René Descartes）将自由置于意志，并把意志认定为选择的权力。"意志的能力仅在于我们有选择做或不做一件事的能力"。"我认为没有关于自由不是普遍经历的事的任何假设"。在回应那些否认自由意志的人时，他曾说："如果自由不能让你高兴，那么拒绝它你就能自由；至少我该拥有我的自由，因为我可以在我自己身上体验到自由。”（Descartes，1955）

詹姆斯（William James）把意志看成是注意、努力和责任。“那些被自动执行的行动，必定在它执行之前，至少一次，已经有冲动或反应”。“因而注意的努力是意志的本质现象”，这是一种并不由注意的目标所决定的努力。自由意志的第一行动应该是相信自由意志。他的观点基础是自由意志的信仰“应该自由地从其他可能的信仰中被选择。自由的第一需要应该是确认它自己”（James，1979）。

如上所述，对自我控制，总体上存在两种倾向：决定论和自由意志。相信自由意志就认为人有选择的自由，因而也就能对自己的心理和行为加以控制。相信决定论则认为，人的心理和行为是受某种力量所决定的，因而人的自由选择只是一种控制的错觉。两种倾向从古代哲学心理学到现代心理学一直争论未决。这似乎是涉及人到底能不能控制的根本问题，换句话说，就是人是否具有主体性？意大利哲学家葛兰西曾说：“我们是什么，我们能变成什么；我们是否真是——如果是的话，又在什么程度上——‘我们自己的锻造者’，我们的生活和我们的命运的锻造者。”对此问题他作了原则性的回答：“人们创造他们自己的个性的办法是：①赋予他们自己的生命的推动力量或意志以一个特定的和具体的（‘合理的’）方向；②辨认出将使这种意志成为具体的和特定的而不是任意的那些手段；③在人们自己的限度和能力范围内，以最有效的方式致力于改变实现这种意志的具体条件的总和。”他相信，人沿着合理的方向，运用特定的手段，在可能的范围内有效地改造外部世界，从而实现自己的意志，就是主体性这种“人的本性”的实现。人是以自己主体性的活动使自己成为主体的。

西方哲学家先驱关于自由意志和决定论的论述和争论，如果我们用辩证思维来看，它们是对立统一的，在人的不同发展阶段、面对不同的情景和任务时，方表现出人的主体性。所以，从哲学层面来看，探讨控制以及自我控制也是成立的且有意义的。

2.1.2 心理学研究概览

心理学自从1879年独立以来，受社会发展关注的主题、学者的研究渊源和取向的不同，以及研究方法的进步，出现了很多不同的学派，这些学派在对立和整合中共同推进人们对人类自身心理和行为的认识。不同的学派对控制和自我控制都有着不同程度、不同方面的研究。有学者把心理学从总体上分成四大势力：精神分析学派、认知/行为主义学派、人本主义/存在主义学派和超个人心理学（Peterson，Nisenholz，1995）。这样的划分在某种意义上并不准确，这里主要以此为架构，对与控制有关的研究作一概览，见表2.1（Shapiro，1998），并且在表2.1中将认知

（社会认知）学派作为新行为主义，归之行为主义。

表 2.1　与控制有关的心理学研究概览

Analytical 精神分析学派
Freud（1923）：Id governed by uncontrolled forces 由不可控力量主宰的本我
Hendrick（1943）：Will to mastery 追求掌控的意志
Adler（1964）：Will to superiority 追求卓越的意志
Rank（1950）：Psychology of will and will therapy 意志和意志治疗心理学
Farber（1966）：Will training；theories of will 意志训练；意志理论
White（1959）：Concept of competence 能力概念
De Charms（1968）：Pawn and originator 受摆布者和始发者
Menninger（1963）：Dyscontrol and mental health 病态控制和精神健康
Mahler（1968）；Kllein（1932）：Control through differentiating from environment；Object relations 通过与环境区分来控制；对象关系
Cognitive/Behavioral 认知/行为主义学派
Bandura（1977）：Self-efficacy 自我效能
Rotter（1966）：Internal/external locus of control 内外控制点
Seligman（1975）：Learned helplessness 习得性无助
Mischel（1972）：Control as delay of gratification 把控制当作满足的延迟
Pavlov（1960，1927）：Freedom reflex 自由条件反射
Kobasa（1979）：Personal control 个人控制
Mabhoney，Thoresen（1974）；Cautela（1969）：Self-control 自我控制
Beck（1976）；Meichenbaum（1977）；Lazarus（1981）；Ellis（1962）：Cognitive approaches 认知路径
Schwartz（1983）：Disregulation 不能调节
Humanitic/Existential 人本主义/存在主义学派
Schutz（1958）：Control in interpersonal behavior 人际行为中控制
May（1961）：Control as power，choice 把控制作为权利、选择
Rogers（1951）：Self-determination 自我决定
Frankl（1980）：Will to meaning 意义意志
Becker（1973）：Death as loss of control 把死亡当作控制的失去
Transpersonal（Astin，Shapiro，1997）超个人心理学
Zen（Smith，1983）：Self-discipline 自律
Chuang-Tsu（Lao-tzu，1936）：Letting go of attachments and desire 包袱和愿望的放下
Judeo-Christian（Syme，1986），（Bouwsma，1976）：Controlling passions 控制激情
Islam（Lapidus，1976）：Self-rule and surrender to Allah 自我约束和顺服真主
Yoga（Yogananda，1946）：Control of the mind and body 心灵和身体的控制

2.1.3　第一势力：精神分析理论

精神分析一般被认为是心理学的“第一势力”。弗洛伊德（Sigmund Freud）在他的早期著作中提出了一种以生物学为基础的观点，声称个体被“不知道的和不可控制的力量”，即一种强有力的无意识本我所统治。这些力量包括一些追求最大快乐和满足的本能愿望，以及具有很大程度上的天生攻击性。正如弗洛伊德（1961）

所写："像爱你自己一样爱你的邻居，只有在没有任何其他事情是如此强烈地与人类原始本性相违背的事实下，才能被证明是正当的。"

弗洛伊德（1961）认为，自我的功能在于学会给强有力追求快乐和好攻击性的本我冲动以更多的控制，即"本我过去在哪里，自我即应在哪里"。然而，在他的早期著作中，弗洛伊德感到我们就追求有效改变而言是相当无助的，并且对个人控制的可能性也是悲观的，他认为自我注定"永远是在本我野马背上的骑手"。比如，当弗洛伊德（1959b）仅在几周后就结束多拉病例时，他说心理治疗影响的局限之一是病人的意志和理解力。

弗洛伊德提出了由"本我—自我—超我"构成的人格结构论，以自我力量的日益强大来解说儿童自我控制的发展，指出自我的任务就是依据现实原则，对追求享乐的本能冲动予以控制和调节。现实原则的目的是为了保存个体自己，它要求延迟满足、减少满足的机会以及为将来的快乐而忍受眼前的痛苦。而超我的出现更是增进了儿童对诱惑的抵制，父母的价值观或超我的内化是社会道德的代言人，为儿童提供行为的标准并予以监督，它使得自我更能控制儿童的举止和道德行为，并成为重要社会传统和价值观得以传递的有力工具。

精神分析没有停留在经典的本我心理学（Greenson，1968；Rosenblatt，Thickstein，1977）。新精神分析继续从几个不同方面来考察控制的角色（halay，1958，1959）。哈特曼（Hartmann）、克瑞斯（Kris）和罗文斯丁（Lowenstine）（1949）讨论了自我的冲突——自由范围的思想，即一个以自我为基础的几种分析路径的前提。哈特曼（1964）谈到自律的自我，以一种确定性的方式发展，而后变得相对独立并且能够调节，进而对本能行使更大的独立控制和征服。

Rank（1950）尝试发展一种源于尼采的意志心理学，Farber（1966）探索了他所谓的两种形式的意志（意识的和无意识的），并且对一些个人进行一种意志训练的教学，来帮助他们获得对自己生活的更大程度的控制。一些客体关系理论家，像Klein（1932）和Mahler（1968）将注意力集中在个体如何区分他们的环境并且学会既对他们自己的情绪又对环境获得控制。

Adler（1964）尝试超越弗洛伊德的性心理层次，将追求卓越的意志作为一个主要驱动力，认为我们大多数人的行为都是受一种克服我们的控制缺乏的需求所驱动，这种控制缺乏滋生于基本的自卑感觉。为了解决这些自卑感觉，他建议我们每一个人创建一种旨在"理解、预测和控制生活和自我"的生活风格。

仍然在精神分析传统中，Hendrick（1943）提及一种天生的控制愿望，赞成一种"掌控的本能"。Angyal（1941）说，人类的"趋于自我决定的个性倾向……一种抵抗外在影响，并将外在物理和社会环境的力量从属于他们自己的影响范围的倾向"。这些理论可以被看作 White（1959）富有影响工作，即把能力（如个人对外在环境的控制和征服）当作一种驱动力的概念的一些前提。

Menninger（1963）和他的同事们在20世纪60年代尝试提出一个控制的统一理论，主要集中在异常心理学，Menninger认为，精神疾患是错乱和缺乏控制的功能表现。这种控制的缺乏既有外在的原因也有内在的原因，并且控制程度越低，精神疾患就越重。如果过分简单化，对精神疾患只设置一个单一的原因，那么Menninger的理论是被统一了。因而，从轻微的焦虑到严重的精神分裂的诊断，就反映了缺乏控制程度的变化。为重获正常状态，或许通过设计旨在恢复病人控制的精神分析治疗就可以达到。

2.1.4 第二势力：行为主义理论

行为主义被看作是心理学的“第二势力”。激进的行为主义者，某种意义上和哲学家洛克是一脉相承的，认为人类既不好也不坏，环境是决定和控制人类行为的关键变量（Skinner，1953，1971；Watson，1925，1958）。强调政治和文化决定主义的马克思主义者、社会学家以及那些人类学家也赞成这一总的趋势，也就是外在因素统治着人类生活的过程。

行为主义的取向已经拓得相当宽了，有基于Wolpe（1969）和Lazarus（1971）开拓性的工作，认知治疗学家的贡献（Ellis，1962；Mahoney，1977；Beck，1976，1989；Meichenbaum，1977），以及用途广泛的社会学习理论学家的发展（Bandura，1986；Lazarus R.，1981）。认知理论家认为不完美的思维模式和信念体系在剥夺个体控制感中起了突出作用，人们可以通过改变这些思维模式和信念体系而重新获得控制。因而，广泛的行为主义者已经修正了最初的立场，允许将不可观察的内在因素作为行为的原因。他们进一步指出，人们需要拥有那些控制他们内在和外在因素的知识，把它作为自我指导性改变的先决条件。结果是，行为主义者对自我控制（Goldfried，1973；Thoresen Mahoney，1974）和自我调节（Schwartz，1982）主题变得极其感兴趣。

在行为主义取向心理学的总领域中，我们发现很多与控制有关的概念：

（1）巴甫洛夫（Pavlov）的自由反射（The freedom reflex of Pavlov）（1927，1960），狗在实验室条件反射的实验中初始性地抵制被放进挽具中。

（2）自我调节和不能调节（Self-regulation and disregulation）（Schwartz，1983），根据一种控制论（自我调节）的和一般系统论的观点，缺乏意识和压抑会抑制理想的机能。

（3）自我控制（Self-control），被多种多样地定义为：①一种有机体设法控制另一种可能性的反应（Cautela，1969）；②在缺乏直接的外在限制条件下，致力于一种低可能性的行为（Thoresen，Mahoney，1974）；③一种区别性地被用于涉及某种努力的行为方式的社会标识，这种标识在社会上是令人满意的，并且涉及可觉知的牺牲（Mahoney，Arnkoff，1979）。

（4）满足延迟（Delay of gratification）（Mischel et al.，1972，1981），这种延迟的发生不受外在情景（挫折）所迫，而是自我强迫（意志力，自我的力量），使得个体能掌控他们自身状态的很多方面，包括他们的心理状态。

（5）控制点（Locus of control）（Rotter 1966，1990；cf. Strickland，1990），它表示个体相信事件结果是源于他们的（内在的）或他人的（外在的）控制的程度。

（6）习得性无助（Learned helplessness）（Seligman，1975），由于反复经历对需求和痛苦减轻缺乏或失去控制的事例，个体相信自己变得无力又无助，对未来抱有一种消极看法，并且反映出不能控制重要的强化激励。

（7）自我效能（Self-efficacy），它是一种主观评价，一个人具有内在的或外在的资源来应对一种给定的或假设的情景。它可以通过两种没有相互作用的独有途径：通过外在环境和通过自我而发生（Bandura，1977，1989a）。

斯金纳（Skinner）利用操作条件作用原理首先研究了儿童自我控制这一问题。他视自我控制为这样一个过程：个体改变变量以改变某一反应的发生可能性（该反应是变量的函数）。他指出，自我控制更为经常地发生于这种情景：一种反应会产生相互冲突的结果，如短期看是令人满意的，长远看则是不如人意的。斯金纳极为重视社会对个人、个人对自身的控制，认为自我控制是可以习得的，他在阐释其思想观点的小说《沃尔登第二》（*Walden Two*）中对自我控制技能的获得予以充分说明。在小说里，他描述了多种沃尔登第二的孩子们被教以控制冲动的方法。例如，在长途旅行以后，孩子们回到家时已是又累又饿，希望马上吃到晚饭。但是，在吃正餐之前，他们必须在盛着汤、热气腾腾的碗盆前站等5分钟——孩子们先前曾被教导接受这些经历：面对要对付的问题，抱怨是没有用的。儿童们将自己从这种不快的等待中解脱出来的方法包括开玩笑、唱歌等。再后来，即便这些手段也不被许可。通过这种训练，儿童们学会了控制自己而以适宜的行为方式来应对挫折。

不难看出，斯金纳和弗洛伊德两人都很重视儿童自我控制的获得以及这种获得的意义，然而在看待儿童自我控制的获得这一问题上，二者理论观点有所不同。弗洛伊德认为，这一过程的完成依赖现实原则的确立与执行和内化这一机制的运作。而斯金纳则强调（操作）条件反射和强化的作用。相比较而言，弗洛伊德侧重理解儿童自我控制的自然发生与发展过程；斯金纳则强调利用自我控制的可习得性以及利用条件作用训练儿童，发展他们的自我控制力。

罗特（Rotter）的心理学思想与斯金纳的思想有两点显著不同：其一是他反对斯金纳将人看成被操作的机器，他认为人对自己的行为具有相当的认知和自主成分；其二是他反对斯金纳只将个人当作研究对象，他认为人的行为多半是从社会情境中学习到的经验，如将个人孤立起来研究他，很难真正了解他行为表现的真相。根据罗特实验研究发现，个体在面对某种情境决定如何表现其行为时，有四项认知因素影响他的决定：①个体在行为表现之前，总是在心理上对自己行为后果可能带来的报酬，存有主观的期盼。而罗特所指“报酬”与斯金纳所说的“强化”在意义上是相同的。②个体对自己行为后果获得某种报酬的可能性，总是预先评估，而在行为进行时也会随时调整其行为，从而达到预期报酬的目的。③报酬的价值不是绝对的，而是相对的，且在不同情境之下所获报酬也具有不同的价值。④人们的心理需求有很大的个体差异，因而极可能对同样的报酬赋予不同的价值。除认知因素影响个体行为之外，罗特的研究发现，个体对自己行为后果获致报酬的原因，在其本人主观解释上有一种心理倾向。他称此种主观心理倾向为控制点（locus of control），意思是指个人对自己的行为和行为后所得报酬间的关系所持的一种信念。控制点代表个人的性格，此种性格是个人在社会环境和自己生活经验中学习来的。罗特将控制点分为两大类型（两种性格）：一类称内控制点（internal locus of control），属于此一类型者，相信个人行为后果能否获致报酬一事，责任归属自己（成败操之在己），这种人多半会从成败经验中学到教训；另一类称外控制点（external locus of control），属于此一类型者，相信个人行为后果能否获致报酬一事，责任归属于外在原因（怨天尤人），这种人多半不会从成败经验中学到教训。

塞利格曼（Seligman ）在 1967 年用狗做的实验证实了“习得性无助”现象的存在。在实验中，塞利格曼把狗分为两组，首先把其中一组放进一个没有电击装置但又无法逃脱的笼子里，然后给狗施加电击，电击的强度足以引起狗的痛苦。实验者发现，这些狗最初被电击时会拼命挣扎，想逃脱这个笼子，但发觉经过再三努力仍无法逃脱后，它们挣扎的程度逐渐降低了。随后，把这些狗放进另一个用隔板隔开的笼子里。隔板的高度是狗可以轻易跳过去的。隔板的一边有电击，另一边没有电击。实验者发现，当经过先前实验的狗被放进这个笼子并受到电击时，它们除了在最初的半分钟惊恐一阵子之外，此后一直卧倒在地上接受电击的痛苦。那么容易逃脱的环境，它们连试也不去试一下。相比之下，实验者把另一组没有经过先前实验的狗直接放进有隔板的笼子里，发现它们全部都能轻而易举地从有电击的一边跳到安全的另一边。这一实验说明，如动物处于无法避开的、有害的或不愉快的情境时获得的失败经验，会对今后应付特定事件的能力起破坏效应，它们会消极地接受预定的命运，不做任何尝试和努力。塞利格曼称这一现象为“习得性无助”。

心理学家在随后的研究中证明，这种现象在人类身上也会发生。如果一个人觉察到自己的行为不可能达到特定的目标，或没有成功的可能性时，就会产生一种无能为力或自暴自弃的心理状态，具体表现为认知缺失、动机水平下降、情绪不适应等心理现象。当然，人不同于动物，人有主观能动性，能够对客观环境和主体因素进行分析，对自己行为失败的结果进行归因。如一个人将不可控制的消极事件或失败结果归因于内部的、稳定的、普遍性的因素，如自身的智力、能力等，那么一种弥散的、无助的和抑郁的状态就会出现，自我评价就会降低，动机也减弱到最低水平，无助感也由此产生。

研究儿童自我延迟满足的杰出代表者沃尔特·米歇尔（Walter Mischel），以自创的自我延迟满足等待实验为范式，历时30多年，致力于注意机制对儿童自我延迟满足影响的研究。他们的一个早期研究是通过改变奖励物呈现情境（两种奖励物同时呈现、呈现即时奖励物、呈现延迟奖励物、两种奖励物都不呈现）以操纵学前儿童对奖励物的注意焦点，结果发现在延迟期间把奖励物放在个体面前，缩短了延迟时间；相反，在延迟期间移走或遮蔽奖励物则延长了延迟时间。此后，米歇尔等还研究了延迟过程中奖励物观念的不同表现形式的作用。这些传统的研究共同说明了那些使幼儿的注意焦点从奖励物或他们期望的刺激特征转移开的活动或观念的指导有助于延迟。他们之后的研究还认为，幼儿策略性的、灵活的、自发的注意调配能力是有效延迟的关键因素。而且，这种能力在他们学步期（2岁）时与母亲的相互作用中就可以被观察到。那些在学步期使用注意分心作为应对厌恶性分离策略的儿童，在3年后进行的等待实验范式中更能等待。在研究4～5岁幼儿自发的注意调配对自我延迟满足的影响作用时，发现无论是在等待情境中，还是在工作情境中，把注意力固定在奖励物上的注意调配都不利于延迟，而专心于工作的注意和自我分心都有助于延迟。

米歇尔用冷/热系统结构框架（Hot/Cool-System Framework）来说明策略性注意调配（Strategic Attention Deployment）对自我延迟满足的作用机制。“冷”系统，是认知的、理性情绪的、凝神的和策略性的注意调配，主要表现为儿童的各种注意分心活动（例如，把棉花糖想象成胖胖的白云、幼儿看四周、唱歌或跳舞等），它可以增强自我延迟满足。“热”系统，是情绪和恐惧的基础，是由先天释放刺激（innate releasing stimuli）所控制的注意调配，主要表现为儿童持续将注意力固定在奖励物或奖励物的唤醒特征上，它可以削弱自我延迟满足。受个体发展因素影响，“热”系统发展得早，而“冷”系统发展得晚。在人生最早的几年里，热系统发挥主要功能作用，在自我延迟满足中具有优势作用，因此，儿童表现为十分冲动；随着年龄的增长，冷系统发展起来，开始在自我延迟满足中具有优势作用，儿童也意识到自发使用注意调配策略有利于延迟。儿童最终能否完成等待则取决于两种系统的相互作用。

幼儿能否完成自我延迟满足受主体的注意机制、认知、年龄、个体差异和刺激奖励物的特征等许多因素的影响。有关“延迟满足”研究表明：①对于学前儿童，抵制眼前奖励的诱惑而有耐心地等待是相当困难的。②学龄期儿童延迟满足的能力逐渐提高。10～12岁的儿童表现出很强的等待延迟奖励的意愿。一般有自控能力的儿童和能延迟满足的儿童相对比较成熟，有责任感，有较高的成就动机，即使在无人监督的情况下也能遵守规则（刘金花，1997）。

2.1.4　第三势力：人本主义理论

第一势力心理动力的立场认为，我们被无意识生物的和本能的力量所控制。第二势力认为，行为主义将控制归因于环境因素。两个理论都认为人们受强有力的内在和外在力量的影响，这些强有力的内在和外在力量在很大程度上是在他们的意识觉知和控制之外的。第三势力认为，人本主义/存在主义在很多方面被看作是一个反驳者，强调个人选择的重要性、个人的自由以及个人成为自己生活主宰的权利和责任。

马斯洛是人本主义的代表人物之一，他强调个人的行为取决于他自己，取决于他自己的需求和自由意志。他提出了需求层次论（Maslow，1954，1970），包括生理需求、安全需求、归属和爱的需求、尊重需求、求知需求、审美需求和自我实现需求。他认为人有天赋的潜能，在一个人的发展中，受需求层次的推动，能够不断发挥潜能，突破环境的限制，行使自由意志，追求自我实现。所以，马斯洛人本主义的控制就是行使自由意志，追求自我实现。

罗杰斯创立人本主义的来访者中心疗法，认为人们天性是善的、好的，因而治疗的目标就是要揭示这种本性，从那些正面的、应该的、取悦他人的思想和行为中解脱出来，转向自我指导——变得更加自律和日益自信（Angyal，1965；Goldstein，1559，1934；Maslow，1968，1971；Rogers，1961）。心理健康涉及将外在的、他人指导的控制转向自我控制、个人自律和自我负责。

人本主义的思想是和存在主义一脉相承的。存在主义者，如萨特（Sartre，1947，1956），梅（May，1989），亚隆（Yalom，1980）认为个人控制是通过行使我们作选择的自由而得以实现。这一立场是源自萨特的名言“存在先于本质”，即我们既不是由天性也不是由环境所决定，而是通过我们的选择和行动来发展和进化。存在（如人们如何行动和如何与世界相互作用）先于本质（如任何生物性的天生本性，诸如非道德的本我或自我实现的本质）。事实上，“存在先于本质”的存在主义理论和行为主义的绝对行为记录的关系，比它和天生的、自我实现的、自我的人本主义观点的关系更接近。

从历史角度来看，存在主义是康德和黑格尔哲学体系的反应。有三个存在主义原则可用于控制问题：

（1）我们所有的人都必须面对依靠局部的知识和有限的时间来作决定。没有完全客观的标准，因而我们是自由的和负责的。

（2）为了克服与责任相伴随的恐惧和焦虑，我们试图逃离我们的存在情境。与逃离相反的是，我们应该意识到并且接受这种人类情境。

（3）我们可以通过审视人类存在的一些最极端磨难来最好地认识自己：死亡及其投在生活上的阴影；如果可能的话，维持和他人满意的关系的困难；生命最终的无聊和荒唐；以及无法逃避的焦虑和恐惧的存在。

在一个相对主义的世界里，存在主义者的目标是运用我们的力量和控制，来作出可信的选择，从一个随机的世界中制造和编造意义，向前看，去“否认我们的无意义”（Malraux，1953）。

海德格尔（Heidegger）在《存在与时间》中提出“在世存在”的概念。在世存在的意思是指人诞生到这个现实世界所带来的一切及其生活中所经历的一切。人降生到这个世界，是被外力“抛进来”的，不是自己要来的，出生后存在于他身上的一切是命定的。在命定的架构中，个人在生命上要想寻求存在的意义和价值，就必须面对现实、接受现实；只有在现实中去自由选择，而且自由选择之后，还要自行负责去追求属于他自己的本质。这就是海德格尔的“存在先于本质”的理念。在追求自己的本质时，有顺境也有逆境，有生之愉悦也有死之恐惧，这些都是无可避免的。只有坦然面对现实，及时努力，才会找到安身立命之所，也才会活出意义来。海德格尔认为，如果个人不能适时运用自由选择并负责寻求存在的意义，事过之后他会感到懊恼愧疚。然而，个人在从事自由选择时，又因为选择后就得自行负责而感到焦虑。焦虑会使人痛苦，因此，在世存在的人生处在进则光明退则阴暗的历程之中。只有既能自由选择又能对自己的选择负责，才是真实而健康的人生。所以，海德格尔的在世存在思想告诉我们，人的控制或自由选择是可能的，同时又是有前提的，必须在世，而且必须对自由选择负责。

类似的思想也可见于弗兰克（Frankl）创立的意义治疗。他尝试用心理动力和存在主义的基础建立一个统一的控制理论。弗兰克在纳粹集中营的经历中发展出意义治疗——他的心理治疗体系。他声称对人类最重要的事就是“寻求意义的意志（Will to meaning）”，一种运用认知控制，以一种能够将混乱的经历以有序化方式来表达事件的能力。弗兰克相信对我们人类而言这是至关重要的，即在随机或灾难性的事件中发现意义，能够在混乱中创造有序。他感到一个拥有生活理由的人将能够找到方法去克服逆境和苦难。弗兰克的观点比早期弗洛伊德的观点更强调个人的认知控制。弗兰克写道：“在集中营的生活经历表明，即使在如此可怕的精神压力条件下，人类仍具有行动的选择……心灵的独立。任何东西都可以从一个人身上剥夺，但除了一件东西：人类的最终自由——在任何给定的情境中选择一个人的态度，选择一个人自己的道路。”意义治疗是指协助患者从生活中领悟自己生命的意义，借以改变其人生观，进而面对现实，积极乐观地活下去，努力追求生命的意义。弗兰克指出人类生活的目的在于三个层次需求的满足：生理需要、心理需要和精神需要。前二者属于现实生活目的，其满足多半受环境限制，无法完全操之在己；而精神需要是超现实的，其满足可以摆脱环境的限制，做到完全操之在己。也只有在精神需求的追求上，才能实现人本主义的自由意志。弗兰克认为精神需求的满足在于获得三种价值感：创造性价值、经验性价值和态度性价值。意义治疗强调让患者领悟到人生意义后自由抉择自己的生活方式，并对自己的抉择负起实践的责任。

2.1.6 第四势力：超个人心理学理论

超个人心理学是 20 世纪 60 年代由马斯洛等创立的，尽管历史不长，但已有很多追随者。马斯洛在晚年，开始思考一种新的超越个人经验的心理学。这种超个人心理学构成了第四势力，它关注的是人性的神秘、迷醉或精神的方面。马斯洛在其著作《存在心理学探索》（1968）的序中，描述了他的第四势力心理学观点：

“我认为人本主义的、第三势力的心理学是过渡性的，是一种更为高级的第四种心理学的准备阶段，后者是超个人的、超人类的、以宇宙为中心而不是以人的需要和兴趣为中心的、超出人性、同一性、自我实现……这些新发展可能很好地为许多淡泊绝望的人，特别是年轻人提供了确实、有用而行之有效的手段，以满足他们‘受挫的理想主义’。这些心理学有希望发展为生活哲学、宗教代替物、价值体系和生活计划，这些都是人们一直缺失的。没有超越，不能超越个人，我们就会变得病态、狂暴和虚无，要不然就会变得失去希望和冷漠。在某种新的、自然主义的、经验主义的和非教会的意义上，我们需要某种‘比我们更大’的东西作为我们敬畏和献身的对象。”

马斯洛在世时见过苏蒂奇（Anthony J. Sutich，1907—1976），后者也是《人本主义心理学》杂志的创始编辑，还在 1969 年创办了《超个人心理学》杂志。马斯洛的《人性能达到的境界》作为该杂志的首篇文章发表。超个人心理学与非西方的心理学、哲学和宗教有许多共同点。

超个人心理学已被一些心理学教科书称为第四势力（Peterson，Nisenholz，1995）。超个人心理学提出传统的西方心理学目标和一个健康自律的自我（甚至一个自我实现的人）的结语是有限的和不够的。从超个人心理学的观点来看，心理治疗的目标是通过唤醒一种与大我、他人和宇宙相联系的体验，达到一个更高的意识水平，来超越个人自我或小我。（Wilber，Engler，Brown，1986；Tart，1975，1986；Vaughan，1986；Walsh，Vaughan，1995；Wilber，1993）。

尽管超个人的路径本质上不是宗教，但它很大程度上是从深奥的精神/宗教传统中借鉴而来，并表明在世界大的宗教传统中控制的重要性（Astin，Shapiro，1997）。超个人心理学有两个看似矛盾的关于控制的观点：①为获得对我们的自我、精神和激情的积极控制，个人的努力是重要的；②顺服性积极控制也是至关重要的（Astin，Shapiro，1997）。正如尤迦南达（Yogananda）所说：“增强你的意志力以至于你不再被环境所控制，而是能控制环境。”佛教信徒认为：“一个扰乱的心灵永远是活动的，从这里到那里跳来跳去，并且很难控制；但一个安静的心灵是和平的；因此保持心灵的控制是明智的。”与此类似的，犹太教提出“一个激情的掌控者要好于一个城市的征服者”（R. Tarfon，Pirke Avot，1985）。

一些不同的文化传统忠告人们要学会放下，放弃积极的控制，把他们自己屈从于宇宙、永恒的现在、生活过程的本原（isness）。拉玛克里斯纳（Ramakrishna）说：“尽管上帝的幽雅之风总在吹拂，但你必须升起你的船帆。”

Shapiro 和 Astin（1998）在借鉴心理学四大势力中与控制有关理论基础上，积 25 年研究控制的成果和思考，提出一个人类控制的整合理论。尽管他们提出的是一个整合性理论，但因其理论带有超个人心理学的特点，所以把它放在超个人心理学理论下进行介绍。

该理论围绕三个总体理论假设而展开：第一，获得并保持一种控制感是贯穿人类生活圈的一个主要的驱动力量。第二，既有更高水平又有更低水平的与控制有关的目标、愿望和策略，人们借由这些寻求控制感的获得。第三，在为什么和怎样寻求控制方面存在个体差异。如表 2. 2 所列。

表 2. 2　Shapiro 和 Astin 提出的人类控制的整合理论假设

假设 1	跨越生活的诸多领域，个体行为和认知可被解释成并且常常就是他们为获得、保持和/或再建控制感的需求的一种表达
1. 1	存在所有个体，不管什么文化，都得处理的、跨越多个领域的，个人的、人际的和宇宙的，发展性的和生命周期的与控制有关的诸多问题
1. 2	当一个人在某一领域失去控制感时，他可以通过以下一种或多种途径重建：增加或减少控制的愿望，发展行为能力（为自我改变、改变环境或将控制的努力集中于另一领域），改变认知评价/信念达到重新建构情境或转变影响
假设 2	有更高水平和更低水平的控制愿望、目标和策略
2. 1	控制感没有被建立，将会有消极的精神和身体健康后果
2. 2	尽管以强调能动的、工具性控制以及归因和防卫的运用来获得控制感的正常控制策略，比次理想的缺乏控制要更加积极，但用于获得并保持控制感的正常控制策略也可能有消极的后果相伴随
2. 3	更高的、更理想的控制水平反映在：一种平衡和灵活运用自主控制模式和顺服控制模式；一种既从自我又从他人获得控制感的能力；与情境相适宜的控制愿望水平；引导控制努力朝向进一步增进兼有自我和他人幸福
假设 3	就人们控制的愿望和获得控制感的手段来说，存在个体差异
3. 1	生物遗传、心理、社会文化（也就是生物心理社会）因素之间相互作用影响人们的控制愿望、获得控制的能力以及获得控制所依凭的手段
3. 2	在如何执行控制以及控制到什么程度上存在差异，依赖于一个人的特定发展阶段和一个人的性格
3. 3	尽管有生物的和环境的因素影响行为，人类可以通过注意训练和价值澄清，学会既通过自我控制又通过环境控制来作出选择

该理论有其独到之处，整合了前面的诸多理论思想，兼蓄了东西方文化，具有整合性和系统性，富有启发性和实际操作性，下面作一展开介绍。

1. 假设1：控制感作为主要的驱动力

Shapiro和Astin假设：人类的最大恐惧之一就是恐惧失去控制，最强的驱动力之一就是在生活中拥有控制感。因此跨越生活的诸多领域，个体行为和认知可被解释成并且就是他们为获得、保持和/或再建控制感的需求的一种表达。

第一个二级假设：存在所有个体，不管什么文化，都得处理的、跨越多个领域的，个人的、人际的和宇宙的，发展性的和生命周期的与控制有关的诸多问题。比如，婴儿为掌握自己身体所做的努力和一个老人对失去身体控制能力所做的努力，都可被理解为获得和保持一种在个体水平上的控制感的努力。为宇宙表面上的混乱制定规则的愿望、创造和发现意义，也可被理解成人类为获得控制感的基本需求表达。

第二个二级假设：当一个人的控制感在某一领域失去时，他可以通过以下一个或多个途径重建，如增加或减少控制的愿望，发展行为能力（为自我改变、改变环境或将控制的努力集中于另一领域），改变认知评价/信念达到重新建构情境或转变影响。比如，当面对失去一个不可避免的、与老年相伴随的身体能力时，个体可以减少他们在此控制上的愿望，在其他领域发展自己的行为能力，对此能力赋予更低的认知价值，发展对他们所拥有东西的欣赏和满足。

这个假设和两个二级假设有如下四个主要成分：控制感（sense of control）、控制模式（modes of control）、控制能量（agency of control）、控制愿望（desire for control）。

1）控制感

大量的研究表明：认知的控制和实际的控制一样重要（Taylor，Brown，1988）。因而，Shapiro和Astin的理论使用“控制感”这个术语。美国国家的健康委员会（The National Institutes of Health，NIH）把“控制感”看作是人们对如下两个相互关联方面的信念和体验：①能导致期望结果的行为执行能力；②环境对他们行为的反应性（NIH，1990）。以此作为一个起点，Shapiro和Astin把控制感定义为：一个人拥有控制的知觉，或者能够获得这种期望的控制的信念。控制问题跨越多个领域，当检查一个人的控制感，特别的领域也需要被考虑。研究文献已经强调作为控制的25个重要领域，如表2.3所列。

表2.3　与控制有关的重要研究领域

领域	内　容
身体	饮食行为、身体锻炼、身体状况、整体外貌、体重、性
精神	思想、注意、压力、悲伤
人际关系	朋友、重要他人、孩子、家庭

（续表）

领域	内容
生涯	职业境遇、工作习惯、消费习惯
自我	自尊、时间管理
环境	生活场所
冲动控制	毒品和酒精消费、吸烟、暴力行为、赌博行为

2）控制模式

研究和临床经验提示：有两种主要的人们用于获得、保持或重建控制感的模式。一种能动的、改变模式；一种顺服的、接受模式。

大多数西方心理学关于控制的研究，集中在影响和改变环境的能动的、改变控制模式。（Shapiro，1982，1983；Thompson，1981）这一模式已被各种各样研究者参照为：主控模式（Wolpe，1969）、针对问题的工具性应付（Lazarus，1981）、第一层次的控制（Weisz，Rothbaum，Blackburn，1984）。这种自主的、决定性的、工具性“战斗精神”的模式，与另一种消极的、顺服控制模式正好相反——一种胆小的、被动的、无助的、无希望的、顺从的、宿命论的、逃避的涉及太少控制的应付风格（Anderson et al.，1994；Burger，Cooper，1979；Roth，Cohen，1986；Suls，Fletcher，1985）。

另一种控制模式，以对生活中的自己和环境顺服或接受取向为特征的模式，在西方心理学文献中作为第二层次获益，被用来接受那些不在我们能动的个人控制范围内的东西。一种内隐的偏误（如果不是外显的）即喜欢将能动改变作为优先选择的策略，可见于用于区分此种控制类型的各种术语中，例如：主控对应付（Goldfried，1973；Meichenbaum，1977）；工具性应付对姑息性应付（Lazarus，1981），第一层次的控制对第二层次的控制（Weisz，Rothbaum，Blackburn，1984），情境重构对补偿性的自我提高（Maddi，Kobasa，1984）。而且西方心理学的倾向能动改变的偏误，还可见于大多数控制评价量表和很多应付问卷中，这些工具没有区分积极的顺服（接受）和消极的顺服（被动或太少控制）（Feifel et al.，1987；Levy et al.，1985；Rotter，1966；Wallston，DeVellis，1978）。

然而，心理学理论、研究和实践已开始认识到，在西方心理学中把控制作为能动的和工具性的理解具有文化界限特点（Evans，Shapiro，1987），并且拥有能动的工具性的控制并不总是积极的（Burger，1989；Evans，Shapiro，Lewis，1993；Thompon et al.，1988）。Shapiro和Astin的理论强调这种接受模式的重要性，把它作为能动变化策略的一种互补型的平衡以及治疗学的目标（Carver，Scheier，Weintraub，1989；Gray，Doan，1990；Linehan，1993；Shapiro，1978，1982，1985，1994；Weisz，Rothbaum，Blackburn，1984）。

Shapiro 和 Astin 的理论认为，另有两种模式来获得控制感的努力具有消极的后果。一种是被称为消极的、自主的过度控制和一种被称为消极的、顺服的太少控制。所以，四种控制模式分在四个不同的象限（图 2. 1）。

积极的　自主 能动的/改变的 控制模式 第一象限	**积极的　顺服** 放下的/接受的 控制模式 第二象限
第三象限 **消极的　自主** 过度控制	第四象限 **消极的　顺服** 太少控制

图 2. 1　Shapiro 和 Astin 的理论的四象限控制模式

为了便于理解，Shapiro 和 Astin 用故事隐喻来说明两种积极的控制模式：自主的改变模式，普罗米修斯的改变方式；顺服的接受模式，老子的和谐方式。并用故事隐喻来说明两种方式的整合使用。

（1）自主的改变模式：普罗米修斯的改变方式。

积极自主的控制模式，Shapiro 和 Astin 称之为普罗米修斯的改变方式（Shapiro，1998），是以希腊神话为基础，描写人类从感到无助、失去控制、被动地接受他们的命运（第四象限），到他们凭借一种自主控制模式，能动地寻求改变并且将他们的生活向一个积极的方向变化（第一象限）。

据说人类在地球之母盖亚（Gaia）制造出来之后，很像一个新出生的婴儿：无助的、无防卫的、任由命运摆布，毫无目的地四处游荡，面对野兽、野生的地球、疾病和阻挡他们道路的大海。尽管这一切对其他人类是可以接受的，但普罗米修斯不愿意成为命运的被动牺牲品，于是他便接受挑战去改变这种境况：行使能动控制的愿望（步骤一）和权利（步骤二），拥有对他的能力（步骤三）和技巧（步骤四）的信念，即用来统治其他物种和世界的能力和技巧——耕作、种植和收获土地，驯养动物作为人类福利的需要。

普罗米修斯还感到，火对帮助保护赤裸的和易受攻击的人类免受周围野兽的伤害是必要的。当众神拒绝给人类火种来强化他们的力量时，普罗米修斯就从宙斯的宝座偷走了这神圣的礼物。他的行为挑战了众神并给人类带来了神一般的力量。传说中普罗米修斯对他的成就并不谦虚或抑制（成功，步骤五），而是充满喜悦地带着火种，飞也似的跑回人间。

这个神话压缩成一个西方文化的与控制有关的定义性传说。这个由普罗米修斯象征性体现的原型性的控制模式，可见于我们人类去理解、调整、改变这个世界，希求它变得完美来更好地满足和适应我们的需求的寻求过程中。我们学习自己做，而不是期望别人会为我们做。我们学习自己供给自己，为我们的远景和梦想而奋斗并证明它。我们成为主人，自己塑造自己的命运，而不是仅仅成为命运被动的牺牲品。

(2) 顺服的接受模式：老子的和谐方式。

有时能动的控制可能会成为问题。在神话中，普罗米修斯为试图变得像神一样的自大付出了代价：他受到了惩罚，被绑在岩石上，而鹰来吃他的肝脏。这喻示了一些与获得这种控制和主宰相联系的消极方面（如第三象限，过度控制），或仅仅用能动主宰会是不合适或不成功的。

很多人的生活在很多方面是不在他们能动控制之下的，有一些不可避免的失去和应激源：身体的老化和衰退、所爱的人的去世、经济问题以及“日常麻烦”（如交通堵塞和排队）。

这种顺服的、接受的、放下的、屈服的获得控制感的模式，并不反映无助的顺服和宿命论的放弃，而是一种有意识地承认放下的积极控制或改变的努力。

据说柔术源于古代中国的一个寒冷冬天，当时有几个人正在观察大雪飘落在宽广田野中间的两棵树上。那棵较大的树，当雪在它的枝上累积时，它稳固和顽强地挺立着，最后积聚的雪变得如此之重，以至于树枝不再能承受雪的重量，被折断了。那棵较小的树，雪也在它的枝上积聚，但是树枝足够柔软能弯向地面，将雪抛落，然后回到它们原来的状态。因此，这些较小更加柔韧的树枝度过了整个冬天，这棵顺服的树也存活了下来。所以，道家的“无为”原则，顺服和柔顺作为力量的一种手段随之被认识。

这种积极的顺服模式，可当作自主改变策略的一种平衡，通过强调它来发现对顺其自然的满足以及和平感的作用。我们可以通过这个模式，学会放下事情，让自己的愿望总是处于控制之中（步骤一）；不再感到我们的权利总是有使用的地方（步骤二）；认识到顺服的模式可能是有效的，并且也是我们能学会的（步骤三）；老子的和谐方式教会我们那些可以学会的技巧（步骤四）；成功（步骤五）是通过谦卑（与对某人能力和成就的自主、自傲、自大相反）、放下包袱（总是对的）和期望（现实会符合某人的愿望），并且愿意屈服，去适应生活和他人并与之相协调，而获得一种平和与幸福。

当然，Shapiro 和 Astin 指出这一顺服模式或路径决不单单是东方哲学思想的产物，比如，希腊斯多葛学派哲学家爱比克泰德（Epictetus，1956）在指南（Enchiridion）中写道：“不要寻求事情应该按你希望的发生，只要希望事情原本怎样就怎样发生，并且你将拥有一个生活的宁静之流。”

(3) 两种模式的整合。

有这样一个故事：一个寻求知识的人，背着一个很重的包袱，走在喜马拉雅山上，他碰到佛祖（佛祖伪装成一个穷困的农民）。这个寻求知识的人向佛祖问候，并说他已经寻求开悟很多年了，现在正处于挫折和疲惫之中，想知道这个贫困的农民是否有一些建议。

“放下你的包袱。”佛祖建议道。

这个寻求知识的人扔下他的包袱，并且就在那一刻得到了开悟，他认识到相信宇宙、放下包袱的本质需要。由此，他认识了佛祖。小憩了一会儿之后，这个刚刚开悟的人问：“现在我做什么呢？”佛祖回答道：“背起你的包袱继续你的旅程。”

这两种积极的模式可能被设计成对手，但它们也可以相互促进。有时它们一前一后来帮助我们实现目标；有时它们互相作为对方的一个平衡力量；有时它们被混合在一起，就像水龙头中的热水和冷水。

3）控制能量

能量（agency）① 是指人们获得控制感的来源（例如自我和/或他人）。已有文献记载，一个人的控制感，可以从一个或多个没有相互作用的执行主体获得（Levenson，1974；Viney，1974；Wallston et al.，1978）。它可以来自自我，控制自我和自我控制（自我作为主体和对象，Shapiro，1994b；Thoresen，Mahoney，1974），控制他人和环境（自我作为主体，环境作为对象；Adler，1964；McClelland，1975；Shapiro，Zifferblatt，1976b；White，1959）。

当个体拥有或相信他拥有对环境和自己的控制时，可以导致积极的效果。除此之外，研究还发现，增加对环境的控制选择权具有积极的效果。而且个体可通过相信其他人处于控制之中而获得积极的控制感（Campbell，1964，1972；Frank，1977；Kass et al.，1991；Kleinman，1987；Shapiro，1989a，b；Taylor，Lichtman，Wood，1984；Wallston et al.，1978）。例如，Taylor（1983）研究，一组癌症病人，即使他们自己不能掌控病情，但可通过相信医生，一个充满力量的仁慈的他人能够掌握病情，对他们的心理健康产生积极影响。

尽管不是常常外显出来，大多数西方医学治疗学、心理治疗学和科学心理学的模式是以这样一个信念体系为基础的，即把宇宙看作对人类需求漠不关心和没有本质意义和目的（Ellis，1984；Lerner，1975；May，Yalom，1980）。然而，对很多人而言，相信宇宙是一个公正的、有目的的、被一个充满力量和仁慈的他人所控制，对身体和心理健康会产生积极影响（Bergin，1991；Cameron et al.，1987；Kass et al.，1991；Kleinman，1980，1987；McIntosh，Spilka，1990；Shapiro，1989a；Weisz，Rothbaum，Blackburn，1984；Wikan，1989）。

---

① agency，这个词的翻译较难把握，有的可译为动因，或主体、执行的组织、能量等，这里根据心理学词典意义“能量”和原文中的解释“控制感的来源”暂且译为“能量”。

4）控制愿望

控制的另一个维度，可以表述为指向获得、保持和再建控制的“控制动机矢量”。人类对控制的需求是所有人类心灵中活动、行为和思想背后的主要驱动力量，人类最大的恐惧之一就是恐惧失去控制（Brehm，1966；Drets，Swets，1988；Seligman，1975），最强的需求之一就是拥有和处于控制之中（Bandura，1977，1989a，b；Burger，Cooper，1979；DeCharms，1968；Deci，1985；Rodin，1986；Rothbaum，Weisz，1989；Shapiro，1998；White，1959）。

在第一代测量控制的努力下，像罗特的内外控制点量表（1966），Wallston 的健康控制点量表（1978）都没有提供控制外在环境的愿望和努力的变量。然而，研究已经表明这一控制愿望变量和罗特的控制点是完全不同的（Berger，1985；Burger，Cooper，1979）。除了对外在环境的控制愿望之外，还有自己的选择、思想和情绪控制愿望（例如自我决定，Deci，Ryan，1985；Lefcourt，1973）。控制作为动机变量已经以如下的术语被研究，如控制的过度需求（Glass，1977）和反作用，人们对自由和控制认知的和实际的失去如何做反应（Brehm，1966，1981）。

2. 假设 2：更高水平和更低水平的控制

Shapiro 和 Astin 的第二个假设：有更高水平和更低水平的控制愿望、目标和策略。有三个二级假设：①拥有太少的控制就是次理想的水平；②正常或者典型的控制策略可以有消极的或问题性的特点；③理想的控制策略应该包括什么内容。见表 2. 4。

表 2. 4　从次理想水平到理想水平

	次理想控制	正常控制策略	正常控制的问题	理想控制
控制愿望	低控制愿望	控制的愿望为能动控制努力提供驱动性的推动力	控制的期望超过控制的能力；控制的愿望变成放射性的/习惯性的（也就是说，我们被控制所控制）	一个人能够根据控制愿望的适当水平和对象（自我、环境）行使有意识的选择。——愿望不仅仅是指向自我需求，而且也指向他人的福利
控制模式	第四象限——太少控制（例如无助）	第一象限——通过能动工具性的努力、目标设置、自我负责来重获控制	第三象限——过度控制（去控制那些不可控的能动努力）	能够根据情境以一种平衡和灵活的方式运用的第一象限和第二象限（积极的自主和顺从模式）的能力。对第三象限和第四象限的接受和转变
控制能量	感到一个人是无力的——不能从自我内在努力获得控制	个人授权的感觉——不依赖他人获得控制的能力（“有能力和特别的自我”）	对自我的依赖变成一个应激源——没有能力从他人支持中获得控制，引发亲密关系问题；以及对“特殊”言过其实的观点，导致一个人过高估计自己能力，并且当这种自我处于某种威胁时，就变成防御性的	一个人能够靠自己的努力并且能求助于他人把它们当作潜在控制源来获得控制感——既不过分依赖自己也不过分依赖他人获得控制

（续表）

	次理想控制	正常控制策略	正常控制的问题	理想控制
控制感	感到缺乏控制	运用防御和认知重构（也就是"积极的幻觉"）恢复控制感	控制的幻觉、防御、外在的贡献能导致对一个人内在体验（对自我和世界不正确的认知）的否认	不依赖现实扭曲幻觉和范围来获得控制的能力——自主和顺从模式的平衡，自我和他人主体的平衡。价值观的运用。决定在外在和内在世界中什么是值得控制的选择

1）次理想控制

如控制感没有建立，将会有消极的精神和身体健康后果。大量的文献已记载了因拥有太少控制并感到无助和无力而产生的消极健康后果（第四象限，消极的顺服控制模式）。当个人变量（如控制愿望、消极的自我效能认知和行为能力）和环境变量（如控制机会）不匹配时，就会出现次理想控制。

次理想控制的影响包括患病率和死亡率增加（Syme，1991），更大的心血管风险和反应（Bugental et al.，1993），破损的免疫功能（Sieber et al.，1992），较差的心理健康，以及对生活事件和环境比较低效的心理应付（Taylor，Brown，1988）。从 Menninger et al.（1963）到 Seligman（1975），再到 Frank（1982）的理论家已经认为，较差的心理健康很大程度上是人们在他们的生活中感到缺乏控制的结果。

2）正常控制策略

尽管正常的控制策略比次理想控制要更加积极，但用来获得并保持控制感的正常控制策略也可能有消极的后果。与拥有控制感相联系的身体和心理健康的好处，已在研究和临床文献中有很好的阐明。然而，Shapiro 和 Astin 认为，西方心理学已经倾向于忽略正常控制策略和努力的潜在消极影响。比如，尽管所谓的正常和健康的个人例行性地运用应付策略，诸如为失败创造额外的贡献以便重新获得控制感（Seligman，1991），但这些策略可能会导致对责任的否认，在充分自我评估和产生需要的变化方面遭遇失败。同样，拥有关于一个人行使控制能力的"积极错觉"——尽管可适应于某些情境，但可能导致不现实的乐观主义和对自己和环境正在发生什么的否认。当环境变量和个人变量不匹配时，正常的控制愿望和策略可能变成次理想控制水平。当控制的愿望变得过分，或者不适当地在一个没有环境支持（如一个不可控制的结果）的情境中指导时，就会出现不匹配。在这种时刻，正常的控制策略——非常典型地将西方心理学的思想和实践概念化为能动的、自主的、工具性的控制——可变成消极的过度控制（第三象限，消极的、自主的模式）。

3）追求理想的控制

Shapiro 和 Astin 的理论尝试超越传统的控制和心理健康概念，设置了他们称为理想的控制策略。在最简单的水平上，理想的控制包括适当地将控制的愿望、目标和策略与情境相匹配。Shapiro 和 Astin 的理论提出，理想的控制策略包括：①自主控制模式和顺服控制模式的平衡和灵活运用；②一种既从自我又从他人获得控制感的能力；③对控制愿望变得过分或不合时宜的觉知；④不再依靠现实扭曲防御和归因来获得控制感的能力；⑤引导控制努力不仅仅朝向增进个人的幸福，而且朝向提高他人和整个世界的健康和幸福。

3. 假设 3：控制和个体差异

Shapiro 和 Astin 理论的第三个假设：就人们控制的愿望和获得控制感的手段来说，存在个体差异。这种个体差异是以多种影响为基础的。他们的第一个二级假设认为，任何一个综合性的控制理论必须考虑生物心理社会因素（Biopsychosocial factors）（比如文化-环境的、生物-遗传的、心理的）以及它们的多方向交互作用。第二个二级假设认为，在控制策略上的个体差异受发展性的生命周期和性别社会化因素的影响。最后，第三个二级假设声称，尽管在控制上有生物的、遗传的影响，但人类的意志和意识、价值观和信念可成为影响生物学和环境的偶然决定物。

1）生物心理社会影响

第一个二级假设：生物遗传、心理、社会文化（也就是生物-心理-社会模式）因素之间相互作用影响人们的控制愿望、控制能力以及获得控制所需要的手段。在健康心理学和行为医学领域，生物心理社会的模式（Engel，1977；Schwartz，1982；Shapiro et al.，1996）已被建议来解释健康和疾病的多因素性质。这个模式强调在决定各种健康结果中生物因素、心理、社会文化之间复杂的相互影响。

尽管复杂的人类行为和个性因素的遗传病因学仍处于争论之中（Baumrind，1993；Jackson，1993；mann，1994），在行为遗传学领域的研究提示，人们能够行使自我控制的行为或者知觉自己处在控制之中的程度，可能部分地由遗传的因素所决定。比如，双生子研究（Miller，Rose，1982）提示对控制点个性特质的遗传贡献。此外，研究提示对那些假定含有个人控制的健康行为，如吸烟、酒精使用，可有显著的遗传成分（Rose，1995）。

Averill（1973）认为，人们执行控制的愿望和对外在环境的掌控是生物性的适应："一种不能寻找相关信息并努力对潜在的有害事件执行控制的动物（特别是人类祖先的非未进化的灵长类动物），很可能不能存活下来对物种进化作出贡献。而且，研究者已经提示在很多动物物种中被观察到的社会统治现象，可能和人类执行控制和社会性的统治他人的愿望之间有一种遗传的联系。"（Fiske，1993；Koolhaas，Bohus，1989）

然而，在行为遗传学领域，学者们认识到，在包含控制的复杂人类行为和个性因素中显著数量的变异，不能单单通过遗传的或生物的因素得到解释（Plomin et al.，1994）。Shapiro 和 Astin 认为，尽管遗传因素是人类行为和控制的一个关键性因素，但这些因素总是持续不断地与环境文化因素相互作用。如上所述，就文化的控制取向而言，文化有很大的不同。比如，我们发现在美国文化中有谚语“作响的轮子可得油”，强调自主的控制模式。在日本则发现有“出头的钉子挨锤子”之类的谚语，强调的重点是文化的和谐和顺从（Weisz et al. ，1984）。

而且，正如 Sperry（1988）和 Bandura（1978）所写：“人类意识可以并且自然而然地成为一个偶然因素（也就是说它不单单由生物学或文化/环境所决定），像人类行使自由选择和意志的能力的一些因素，也是影响控制和自我控制的动力性交互作用的一部分。”

2）控制中的发展和性别因素

第二个二级假设：在如何执行控制以及控制到什么程度上存在差异，依赖于一个人的特定发展阶段和一个人的性别。这里简要地回顾一下影响控制的主要发展性因素，以及与性别有关的问题。

从 Kegan（1982）到 Wilber（1995）的理论家已经认为，贯穿人类成长和发展的各个阶段，显现出两个主要的趋向，一个趋向自律（autonomy），另一个趋向包容（inclusion）。这两个趋向以各种名字出现：分化对整合，自主对交流，独立对依赖。建立在 Piaget（1952）和 Kohlberg（1981）工作的基础上，Kegan（1982）提出，尽管健康发展通常包括这两方面在一定程度上的平衡和结合，但可以发现不同的发展阶段趋向于偏好独立或者包容。比如，学前儿童（皮亚杰“前运算期”）的自我感是和外在的感官知觉紧密联系或绑在一起（包容/依赖的偏好），而学龄“具体运算时期”儿童强调的是他或她自我满足和萌芽的自律（Kegan，1982）。同样，Kegan 把青少年通过他人发现同一性的重点（他的人际阶段）和年轻成人独立、自我调节的重点（他所谓的“制度自我”，Kegan，1982）相对照。

这两种运动使得自我作为控制源头或主体（代表自律、分化）与他人作为控制的主体（代表包容、整合）相互平行，这两种发展的主题和趋势——自律和包容——也与我们的自主和顺服模式相平行。可以说年幼的学前儿童趋向于依赖他人能量来获得控制感，而学龄儿童的发展性任务的中心在于学会积极自主的技巧和通过自我努力来获得控制感。

在控制如何被实现和表达上的差异也可见于成人发展。例如，Shapiro 和 Astin 的研究（Shapiro et al. ，1995）表明，较年长的人（和中年以及年轻的成人相比较）非常明显地更愿意用从他人那里获得的控制感，作为控制源来弥补自我。此外，在这项研究中，年长的人显现出对控制有关的问题更多采用接受的路径倾向，这一点与 Heckhausen 和 Schulz（1995）的研究发现相平行。他们研究发现，随着人们年龄越来越老，他们典型地增加“第二层次控制策略”（努力去适应这个世界、顺其自然）的使用，作为第一层次控制努力（努力根据某人自己的需要和愿望去改变世界）的补充或者与它联合。

Shapiro 和 Astin 认为，尽管他们的整合理论强调控制获得的多种模式以及多种源头之间的平衡的重要性，但对发展性的问题以及对控制获得和表达方式的潜在影响的敏感性是重要的。这一二级假设强调考虑与年龄有关的差异的重要性，即关于在发展性的整个生命周期内控制是如何实现的差异。因为在每一个特定阶段，人们需要专注于学习不同的与控制有关的技巧和策略。

一些理论家也已经声称就这两种发展性取向存在基本的性别差异，女性以偏好一种关系的、包容的、联合的取向为特征，而男性则倾向于自律的、独立的和分化的趋向（Bem，1977；Wilber，1995；Broverman et al.，1970；Giligan，1982；Spence et al.，1979）。这些差异在多大程度上是社会化的作用，或是生物因素（如荷尔蒙）的作用，或是进化的基础作用，继续在文献中被争论着（Wilber，1995）。

就控制的主题而言，人们观察到，女性更倾向于依赖或者利用他人的支持来获得控制感，而男性则偏好依靠自我努力来获得控制感（Gilligan，1982，Shapiro，Shapiro，1984）。不过，就像迄今已描述的控制模式一样，既不是自我作为控制主体，也不是他人作为控制主体，应该被看作是一个更好或更健康的获得控制感的手段，它们两个都是有价值的方法，但也都可能变得过分或者病态，特别是当它们二者之间没有取得互相平衡的时候。

总之，这个二级假设强调，与控制有关的愿望和选择，都发生在发展的和社会的情境中，因而能被一些因素所影响，如性别社会化，以性为基础的生物因素、荷尔蒙的差异，人们要面临特殊发展性任务。

3）控制：反射或意识选择

第三个二级假设：尽管有生物因素和环境因素影响行为，人类可以通过注意训练和价值澄清，学会既通过自我控制又通过环境控制来作出选择。

先前的理论倾向，宣称人类行为不是被生物学/遗传学所控制，就是被环境的力量所控制。生物学的立场反映在当今用生物化学和遗传学的因素来理解精神-情绪的功能的强调中，这一立场实质性认为人们个人性的控制认知和情绪的能力基本上是有限的。根据这个观点，人们被遗传性地束缚于以特定方式作出行为、展示特定的性格特质以及拥有特别的气质。

环境决定论的观点，可以以激进行为主义者——Skinner（1953，1971）的工作为例证，该观点认为行为最终是由环境因素（如情景线索、强化）来控制。虽然因不同的理由，但这一观点类似地假定了一个人类拥有有限行使自由选择和控制能力的模型。

前面第一个二级假设，生物-心理-社会理论认为人类行使控制的能力显著地受遗传/环境因素影响。人们很多与控制有关的愿望、选择和行动是反射性的，这种反射性，是有生物学基础的、习惯化和自动化的以及由文化决定的。而且，尽管人们或许相信他们有选择的自由，但事实上这常常是一个错觉，因为人们不能承认这些生物因素和社会文化因素的影响。然而，Shapiro 和 Astin 的理论假定一个更高的控制水平是可能的，在这个更高水平的控制中，人们从某种意义上将其升高到在这些生物遗传、环境和社会文化力量的影响力之上，或者至少是认识到它们，并开始更自觉地作出控制选择。

比如，某人批评我们，我们通常会有生气反应，这是一种本能反应。然而，Shapiro 和 Astin 的理论假定不管这种生物本能和趋势，人类有发展伦理原则和价值观、道德推理、有意识选择并预先计划好关于他们在何时以怎样的行动来表达他们自己独一无二的能力。靠这些能力，我们能发展和实践更高水平的关于与控制有关的目标、愿望和策略，并作出有意识选择。

4. Shapiro 和 Astin 理论的优势

Shapiro 和 Astin 认为，一个统一的、整合的理论，会假定一个单一和主要的原因来解释很大范围内看似不同的行为。他们认为，他们的努力是源远流长的科学传统的一部分，他们追求理论的简洁性，以实现科学的三个目标：解释、预测、控制或改变。每一个目标都被看作是一个更高水平和更艰难的任务。更好、更综合的理论则能提供关于一大领域更准确的信息，解决那些看似矛盾的东西，并提供以前没有的简洁性。

1）解决了矛盾

西方心理学主要强调通过一种自主的改变模式来获得控制感（Seligman，1975；White，1959）。东方心理学论述通过放下的能动控制来获得控制感——我们的积极顺服控制模式（Kabat-Zinn，1990；Lao-Tzu，1936；Linehan，1993）。尽管能动的改变控制模式和放下的能动控制模式似乎是相对的，但 Shapiro 和 Astin 的理论揭示了二者是如何都能成为获得控制感的模式的。而且 Shapiro 和 Astin 承认自我效能的重要性（Bandura，1977，1989），但也注意到其他效能（如相信一个充满力量的仁慈的他人）也可以提供控制感（Kass，1991）。

Shapiro 和 Astin 的理论认为控制感的需求是重要的，但并不将它本身限于控制动机矢量的一种类型。因而 Shapiro 和 Astin 的理论包含一种作为控制努力推动力的控制外在环境的驱动力（White，1959），和一种作为驱动力量追求个人卓越的驱动力（Adler，1964）。Shapiro 和 Astin 的理论还认识到把死亡当作失去控制，进而导致寻求宇宙意义作为获得控制感的一种方法的愿望的重要性（Becker，1973）。无论如何，Shapiro 和 Astin 的理论还承认人们可能被减少能动控制的、即想要在他们的生活中用较少的能动控制以达到获得控制感的愿望所驱动（Evans，Shapiro，Lewis，1993；Kabat-Zinn，1990）。

2）整合了其他的理论

表 2.5 列举了几种比较重要的与控制有关的结构、理论或模型，并简要介绍了 Shapiro 和 Astin 的理论是如何弥补先前控制模型的不足或缺点的。

表 2.5 Shapiro 和 Astin 理论的整合列举

与控制有关的理论、结构或模型	整合性理论所增加的内容
Rotter's（1966）内/外控制点	控制感、动机矢量和专门领域控制感的测量
Wallston's et al.（1978）健康控制点	控制感、动机矢量和专门领域控制感的测量
Bandura's（1977）自我效能	动机的测量和"他人"效能的概念
White's（1959）能力	情绪的控制、认知和满足的延迟的讨论
Menninger's et al（1963）病态控制	拥有/获得控制的消极后果已被加入
Seligman's（1975，1991）习得性无助和理想主义	积极的顺服模式已被加入
Becker's（1973）死亡作为失去控制；宇宙意义作为重获控制的方法	承认用无常和接受作为应对死亡方法的东方观点
Frankl's（1980）寻求意义作为获得认知控制的意志	行为控制（例如 Averill，1973）和能力（White，1959）也被包括
Adler's（1964）追求卓越的意志	作为获得控制感方法的积极顺服模式已被考虑，非自我为基础的发展阶段和控制策略也被考虑

2.1.7 社会认知理论

1963 年，班杜拉与他的第一个博士生沃特斯合作出版了《社会学习和人格发展》一书，首次提出了能解释间接学习的观察学习和替代强化（vicarious reinforcement）。班杜拉从此成为现代社会学习理论的创始人。他于 1977 年出版的《社会学习理论》成为这种理论及其研究成果的总结性著作。社会学习论以人、环境和行为三者之间相互作用的观点为基础，强调观察学习的重要性，并指出人的符号表征能力是进行观察学习的前提保证，同时提出，人的认知调节对思想和行动的产生具有很大的作用。尽管班杜拉认识到人们的模仿是有意识的，但此时他主要强调的是社会因素对人们行为的影响，强调的仍是外部环境的作用。

到 20 世纪 80 年代中期，班杜拉形成了人类功能的社会认知论。该理论在社会学习论的基础上，更加强调个体拥有的信念对自身行为和思想的作用。班杜拉认为，信念能使个体对自身的思想、感受和行动进行调控，"人们的所思所想影响着他们的行为方式"。班杜拉用这些信念勾勒了一个具有五种基本能力的人类自我系统。这五种能力分别是：符号表征（使用符号的能力）、预测（深谋远虑的能力）、替代（观察学习的能力）、自我调节（评价性自我调节的能力）和自我反省（反思性自我意识能力）。特别是人类特有的符号表征能力。正是由于具备这一能力，人们才能够理解周围的环境、构建行动的指南、从认知上解决问题、支持深谋远虑的行动过程、通过反省获得新的知识，并且与任意时空距离之外的人们进行交流。正是由于人们能够用符号来表征他们的经验，他们的生活才富有意义和连续性。人类的符号表征能力解释了人类的学习能力。神经结构和神经系统为个体提供了广阔的发展潜能，各种不同的直接和间接的经验以符号的形式加以表征，从而个体潜能在生物限制内得以实现。人类的自我系统在人类的适应和行为改变过程中发挥着核心作用。人类的行为是自我系统和外界环境相互作用的产物，而人类行为又分别影响了外界环境和自我信念。社会认知论的核心是主体能动观。按照这个观点，人是自我组织的、主动的、自我反省的和自我调节的，而不是仅由外界环境所塑造或由潜在内驱力所推动的反应机体。人类功能是主体因素、行为和环境三者动态相互作用的产物。在这个三方互惠的因素模型中，人不仅受环境影响，同时也改变了环境。班杜拉的《思想和行动的社会基础——社会认知论》一书系统地阐明了社会认知论的理论框架，并分析了大量可用该理论来解释的知识。

班杜拉 1997 年出版了《自我效能：控制的实施》一书，又对自我效能问题进行了全面系统的论述。

1. 三方互惠决定论

逐步深入地分析研究人的认知因素及其与行为、环境之间的相互作用，是贯穿于班杜拉全部学术生涯的主线。在社会认知论中，班杜拉摒弃了心理动力学和心理特质论的内因决定论和传统行为主义的外因决定论的思维模式，对三者之间的关系提出了更为辩证和完善的三方互惠决定论。该因果模型认为，人的行为、认知等主体因素以及环境三者之间构成动态的交互决定关系，其中任意两个因素之间的双向互动关系的强度和模式，都随行为、个体、环境的不同而发生变化。如图 2. 2 所示，B，P，E 分别代表行为、主体、环境，双向箭头表示两个因素之间的相互决定关系。主体与其行为之间的相互决定意味着：一方面，个体的期待、信念、目标、决定、情绪等主体因素影响或决定着他的行为方式；另一方面，行为的内部反馈和外部结果反过来又部分地决定着他的思想信念和情感反应等。同样，在行为与环境的相互决定中，虽然环境状况作为行为的对象或现实条件决定着行为的方向和强度，但行为也改变着环境以适应人的需要。主体与环境这一对相互决定的关系则表明，虽然个体的人格特征、认知机能等是环境作用的产物，但环境的存在及其作用并不是绝对的，而是潜在的，并取决于主体的认知把握。

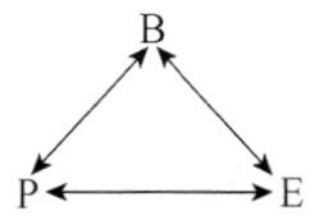

图 2. 2　三方互惠决定的因果模型

三方互惠决定论包含着对人性的一种理解方式，即人一方面是自己命运的主人，如充满机遇的人生意义取决于个体的把握，另一方面人也要受环境条件的制约，而不是无限自由的。

2. 观察学习和亲历学习

1）观察学习

班杜拉曾做过一系列儿童攻击玩具娃娃的研究（1965），实验结果证实，人类无需原则惩罚或奖励就能形成新的行为。这与斯金纳的强化说相矛盾。班杜拉用观察学习的概念解释了这个客观现实。观察学习是班杜拉所勾勒的五种人类基本能力中替代学习能力的具体表现形式。他认为，观察学习主要是一个信息加工过程，其中观察者将有关示范原型的行为结构和环境事件的信息转换成符号表征，作为观察者以后表现这种行为的内部指导。观察学习可以分为四个子过程：注意过程、保持过程、生成过程和动机过程。

注意过程，指观察者将其心理资源如感觉通道、知觉活动、认知加工等关注于示范事件的过程，它决定着个体从大量示范事件中选择什么作为观察对象，以及从观察对象中获得什么信息。要通过观察他人进行学习，个体首先必须注意所要学习的事件。观察榜样的细致程度是决定学习示范事件的关键因素。例如，如果个体在观察榜样的时候，恰好体力匮乏，或者情绪不佳，则他们的学习动力很可能会受到削弱。同样，如果观察者因外界的其他刺激而分散了注意力，其学习过程也会受到影响。另外，榜样本身的特征也对观察者的注意过程有所影响。如果榜样运用了戏剧化的肢体动作或者颇具色彩的语言，那么观察者会更为注意他所示范的事件。同样，如果榜样有威望、外形极具魅力或者对所示范的任务有很强的能力，那么也会吸引更多的注意力。而观察者眼中的榜样与自己的相似性影响着观察者对榜样的认同，继而牵扯到他们对示范事件的注意倾向性。

如果注意过程之后没有紧接着发生保持过程，那么对观察学习来说，最先的注意过程就变得毫无作用。保持过程，是观察者将在观察过程中获得的有关示范行为的信息转换成表象的（imaginal）或语义-概念的（verbal-conceptual）符号表征并存储于记忆之中以备后用的过程。其中，认知演练（cognitive rehearsal）起着重要作用。通俗地讲，认知演练就是将示范事件或行为在头脑里像放电影一样放一遍。保持过程以人类五个基本能力中的符号表征能力为基础。人们在一系列认知和语言过程中都需要运用符号表征能力：人们可以通过它来内化经验和经历，可以运用它来与别人交流，可以利用它解决问题，它还有利于人们预测未来事件并且构建以后的行为。可以说，表象和言语符号是未来行为的认知基础。

观察学习的第三步是，观察者必须生成示范行为，即观察者在外显行为水平上实现示范行为的符号表征，它是一个不断接近的概念-匹配（conception-matching）过程。在这个过程中，观察者除了具备复制被观察事件的技能，动机也是必不可少的。

动机过程，涉及行为反应的获得与表现的区分，是观察者在某种诱因驱动下表现由前三个过程中所获得的行为方式。例如，我们观看美国职业篮球联赛（NBA），常常观察到职业球员们所做的精彩的灌篮动作，但除非我们认为自己有能力能做出类似的动作，否则我们根本不会去模仿。但对于一个篮球运动员来说，通过观看这种精彩赛事，他们的球技就有可能得到提高。所以，操练被示范的行为可以促进观察学习；而观察者想象自己能成功复制被示范的动作，这也有利于他们的观察学习。

如果观察者没有学习被示范行为的动机，那么注意和保持过程不会导致生成过程。对观察学习而言，强化并非必要因素。这是班杜拉与传统的行为主义的区别之一。班杜拉承认传统行为主义的动机因素、奖赏和惩罚所具有的效力，但他还增加了预期强化（promised reinforcement）、观察者对其行动结果的积极的或消极的符号表征以及替代强化的概念。替代强化源于对榜样的行为结果的观察。行为主义者曾将这些因素作为学习源，而班杜拉则对它们作了新的界定，认为它们是人们表现已习得的行为的动机。

2）亲历学习

在社会认知论看来，观察学习是人们形成思想和行动的一种途径，但该理论并没有否认通过直接经验得到的学习。班杜拉将通过反应结果而获得的学习称作亲历学习（enactive learning）。与传统行为主义根本不同的是，社会认知论强调认知等主体因素在亲历学习过程中的作用，而前者则否定认知因素的存在，认为反应结果对行为的塑造是一个自动作用的过程。班杜拉认为，反应结果之所以能够引起学习，取决于人们对反应结果功能价值的认识。

首先，反应结果对反应主体具有信息价值。由反应结果引起的学习实际上是一个持续不断的双向作用过程：个体从反应结果中得出关于结果与反应之间关系的认识，由这一认识指导的反应及其结果又有选择地加强或否定着这一认识，从而不断改善和提高个体的行为技能。所以，亲历学习也是个信息加工过程，可以被看作是观察学习的一个特例，只是观察对象从他人的行为转换成了自己的行为结构和环境事件的信息。而且，在这个学习过程中，个体学会的是有关行为的抽象规则，而不是具体的反应方式。

反应结果对反应主体还具有动机的功能。个体在行动之前，会预期行为的未来结果，这种预期通过符号形式表征于个体当前的认知表象中，就可以转化为当前行为的动机。所以，在亲历学习中，反应结果主要是作为居先的而不是后继的决定因素发挥着作用。

班杜拉将由反应结果引起的试误学习和由示范作用引起的观察学习统一起来，宏观地探讨了创新事物的社会传播过程。这个过程体现了观察学习在社会水平上的意义。人的一切行为或技能，最初都必然是通过各行为领域内的先驱性个体的试误学习获得的。一旦这些行为或技能被一定范围内的个体习得而逐渐转变成人类的普遍经验，那么其他个体就可以通过榜样的示范过程获得这些技能。现代通信技术的发展导致任何新的行为方式、思想观念、价值态度等都可以在一夜之间传遍世界的每个角落。人们对社会现实的发展越来越依赖于符号环境。在社会认知论看来，符号的示范作用是思想、价值观和行为方式传播的关键，符号的观察学习（symbolic modes of modeling）具有广泛传播的社会效应。

3. 自我调节能力

社会认知论认为，个体具备自我调节机制，这使个体有可能做出自我导向的改变，并且有能力影响自己的行为。自我调节是指个体通过计划、预期等来激活、指导和调控自己的行为。从广义上讲，自我调节机制就是三方互惠决定论中的人的主体因素及其作用；从狭义上讲，它可被看作是一个自我反馈系统，包括行为目标的自我设定、实际行为表现的自我观察、自我评价和在此基础上的自我反应。

班杜拉的行为自我调节机制包括三个方面：自我观察、判断过程和自我反应。其思想和过程可用图 2. 3 来表示。

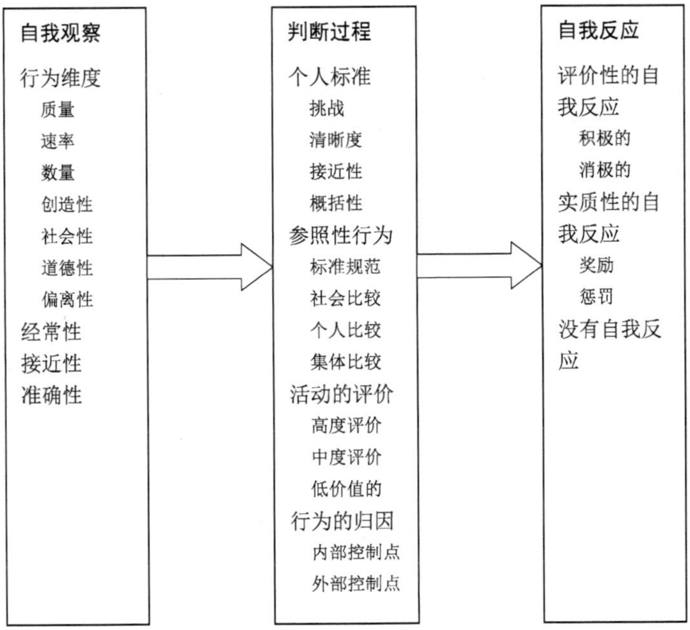

图 2. 3 班杜拉的行为自我调节机制

作为一个反馈系统，自我调节机制对个体行为的动机效应，既不决定于个体自我设定的行为标准本身，也不决定于自我观察，而取决于对二者之间差距的自我评价和自我反应。如果实际行为表现超过了自我设定的内部标准，那么个体将感到自我满足而保持这一行为方式，或在此基础上设定更高的行为标准。如果实际行为表现达不到自我设定的内部目标，个体或者感到泄气而自怨自责，或者在反省的基础上纠正和改进自己的行为表现，或者重新设定行为标准，放宽自我要求。班杜拉认为，自我反馈系统是最独特的人类特征，因为它使个体能够反思和评价自身经验和思想，从而改变思想和以后的行为。个体所持的有关自身能力和努力结果的信念在很大程度上影响着个体将来行为的方式，而知识和技能一般没有预测功能。总之，社会认知论蕴含着这样一种信息：人们的自身信念是其行为和动机的关键因素。

班杜拉强调个体的自我主导能力（capacity of self-directed）。人们计划行动过程、预见可能的行为结果、设置行动目标并向自身挑战，从而激励、指导和调节他们的活动。个体在设定了行为目标之后，通过产生积极的或消极的行为结果来调节自己的动机和行为。他们做令其满意或自觉值得的事情，对引起自我贬低反应的行动加以抑制。强调人类具有自我管理的能力，这使得社会认知论特别适合解释如今这个日益更新的社会。信息日新月异、社会和科技加速发展，个体必须通过生活来加强自我更新，使自身能够胜任并得以发展。否则，个体只能被动地服从环境的要求，远远落后于时代的脚步。

4. 自我效能

自我效能是班杜拉最早于 1977 年提出的一个概念。经过 20 年的理论探索和实证研究，他在 1997 年出版了《自我效能：控制的实施》一书，对自我效能问题进行了全面系统的论述。在班杜拉的论著中，自我效能（self-efficacy）是和自我效能感（sense of self-efficacy）、自我效能信念（self-efficacy beliefs）、自我效能知觉（perceived self-efficacy）和效能信念（efficacy beliefs）等术语交替使用的，指的是个体对自己具有组织和执行达到特定成就的能力的信念。因此，它是个体对自己能力的一种主观感受，而不是能力本身。自我效能感是班杜拉创建的社会认知理论中的一个重要概念。在这一理论中，班杜拉特别强调人是行动的动因（agent），特别强调人所具有的动因作用（agency），即人的能动性。自我效能感就是人对自己作为动因的能力信念，它控制着人们自身的思想和行动，并通过它控制着人们所处的环境条件。所以，自我效能是自我系统中起核心作用的动力因素。

班杜拉认为人的能动性是其内部因素（以认知、情感和生物事件的形式出现）、行为模式和环境影响三者彼此相互作用的产物。人们不只是由外部事件塑造的有反应性的机体，而是自我组织的、积极进取的、自我调节和自我反思的。人的能动性有几个核心特点。第一个特点是意图，人们形成意向，其中包括计划和实现计划的策略。第二个特点是预谋，能动性在实践上延伸不仅指向未来的计划，而且人们自己确定目标并预期未来行动的可能结果，以便预期性地指引并激励自己努力。当然未来事件不可能是当前的动机和行为的原因，因为它们本身并不是实际的存在。然而，通过预先谋划，所设想的将来能变成现实。通过当前认知上的表征，所设想的将来转化成当前的动机作用因素和行为的调节者。能动性的第三个特点是自我反应。人们不仅是计划者和预谋者，也是自我调节者。他们采用个人标准，通过自我反应的影响，监督和调节自己的行动。做使自己满意的和有自我价值感的事，不做招致自我谴责的事。人的能动性的第四个核心特点是自我反思。人们不仅是行动的主人，也是自己能动性的自我考察者。他们反思自己的效能、自己的思想和行动的合理性以及他们从事的事业的意义，如有必要，将作出矫正性调节。

从发展的角度来看，个体自我效能感主要有四个来源：成功经验、替代经验、言语劝导以及面临某一任务时的身心状态。作为一个极具影响力的主观信念，效能信念影响人的思维、情感、行动并产生自我激励。具体地说，这样的信念调节人们选择干什么；在他们所从事的事业中投入多少努力；在面对困难和失败时，他们能坚持多久；他们的思维模式是自我抑制的或是自我提高的；在应付困难情景时，他们经受多大压力和沮丧以及从逆境恢复的活力。个人自我效能感高有益于取得成就和保持健康的情绪。自我效能的信念系统是人类动机、幸福和个人成就的基础。除非人们相信通过自己的行动能够达到预期的结果，否则没有什么力量能够诱使人们去面对困难，并在其中坚持不懈。自我效能感的提出，有利于解释人与人之间行为的广泛差异性，即便他们具备相同的知识和技能。通过人们对自身能力的信念比其实际的能力水平能更好地预测他们的所作所为。最终个体潜能能否发挥，在一定程度上取决于自我效能感与实际具备的知识和技能水平的相符与协调。

班杜拉写道，人们有意识地做许多事以影响其发展和生存的环境。但是在人生道路上也有许多偶然事件。人生的未来方向、人们的婚姻配偶和职业生涯常常有偶然因素。他们追求积极的生活，以便增加他们经历中的偶然机遇，从而使好事得以发生。机会青睐好奇的和好冒险的人，他们积极奋斗，不断探索新事物，即将获得成功。人们也通过培养兴趣、自我效能的信念和胜任能力来使他们的好运得以实现。这些人类自身的资源使他们经常获得未曾预料的大多数机会。在人们经历的人生道路上，进取心和自我发展为人们提供了一个掌握自己命运的更大帮手。

电子技术的惊人发展和全球人类相互接触为人们塑造自己的社会未来和民族生活提供了新的适应性挑战和更多机会。通过信息技术而引起的知识全球化，人们能借助飞速发展的网络媒体，以超越时空的方式影响自己的发展和变化过程。人们依据自己的效能信念行动，并利用网络媒体上的大量知识，提升自己的教育、健康、工作、组织的创新精神和生产力，从而改变影响他们生活的社会条件。在许多方面，人们并不能直接控制影响他们生活的社会条件和制度化的习俗。他们借助拥有资源、知识、手段的其他人，依靠代理人的力量，以他们的名义确保自身所希望的结果得以实现。

人类的生存不是孤立的。所以，班杜拉将人类主体的概念加以扩延，涵盖了集体主体（collective agency）的范畴。此概念的发展使社会认知论不仅能够解释个人主义社会中人类的适应和改变，同样也适用于集体主义社会的有关问题。他分析了集体效能感在学校、社区、各种社会机构的成就，以及在国家政治活动中的作用。

5. 自主学习研究

大学生自我控制的一个主要任务就是自我教育，或者说自主学习，所以这里也简单介绍齐默曼的自主学习的理论，之所以放在社会认知理论章节来介绍，是因为齐默曼自主学习的理论是一种社会认知的观点。齐默曼是当今美国最著名的自主学习研究者之一，也是自主学习的社会认知学派的杰出代表人物。他不仅在自主学习的界定上有自己独到的见解，而且对自主学习的内在心理机制的分析，也较前人更为深入。1989 年，他在吸收班杜拉的个人、行为、环境交互决定论思想以及自我调节思想的基础上，提出了自己的自主学习模型。此后（1994，2000），又不断修改完善了这一模型（图 2. 4）。

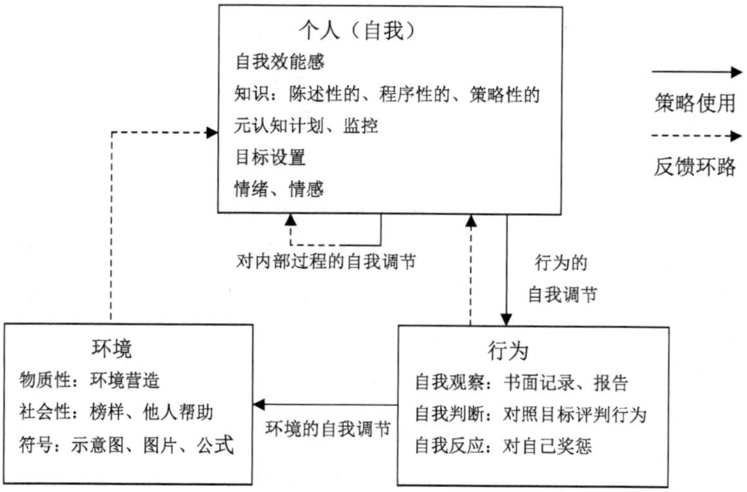

图 2. 4　齐默曼的自主学习模型（Zimmerman，1989，1998，2000）

齐默曼认为，与其他形式的学习一样，自主学习要涉及自我、行为、环境三者之间的交互作用。自主学习者不仅能够对内在学习过程作出主动控制和调节，而且能够在外部反馈的基础上对学习的外在表现和学习环境作出主动监控和调节。在自主学习的过程中，个体不断地监控和调整自己的认知和情感状态，观察和运用各种策略，调整自己的学习行为，营造和利用学习环境中的物质和社会资源。就自主学习的内部心理过程来讲，可以按其发生顺序划分为三个阶段，即计划阶段（forethought phase）、行为或意志控制阶段（performance / volitional control phase）和自我反思阶段（self-reflection phase）。在每一阶段，自主学习又受到若干因素或子过程的影响（表2.6）。

表2.6 自主学习涉及的子过程或因素（Zimmerman，2000）

计划阶段	行为或意志控制阶段	自我反思阶段
任务分析 　目标设置 　策略计划	自我控制 　自我指导 　心理表象 　集中注意 　任务策略	自我判断 　自我评价 　因果归因
自我动机性信念 　自我效能 　结果预期 　内在兴趣或价值 　目标定向	自我观察 　自我记录 　自我实验	自我反应 　自我满意/情感 　适应/防御性反应

具体说来，在计划阶段，主要涉及任务分析过程和自我动机性信念两个方面。任务分析过程又包含两种子过程，一是目标设置，二是策略计划。目标设置指确定具体的、预期性的学习结果，策略计划指为完成学习目标而选择合适的学习策略。自我动机性信念是学习的内在动机性力量，是学习的原动力，对学习过程具有启动作用。它主要包含自我效能、结果预期、内在的兴趣或价值、目标定向等成分。其中，目标定向是指个体以掌握知识技能还是以完成学习任务作为自己的目标价值取向。

在行为或意志控制阶段，主要包含自我控制和自我观察过程。自我控制过程帮助学习者把精力集中在学习任务上，它又包括自我指导、使用心理表象、集中注意力、运用任务策略等过程。自我观察是指对学习行为的某些具体方面、条件以及进展的跟踪。准确、及时、全面的自我记录是自主学习者常用的有效自我观察手段。当自我观察不能对学习方向的偏离提供确切的说明时，个体还要启动自我实验过程，亦即通过系统地变换学习的过程、策略、条件等，以求达到最终的学习目标。

在自我反思阶段主要涉及两种过程：自我判断和自我反应。自我判断又包含自我评价和归因分析两种过程。前者是指对学习结果与预期目标的一致程度以及学习结果的重要性的评判；后者是指对造成既定学习结果的原因进行分析，如较差的学习成绩是因为能力欠缺还是因为努力不够等。自我反应主要有两种形式：一是自我满意，这是基于对自己学习结果的积极评价而作出的反应，自主学习的学生把获得自我满意感看得比获得物质奖励更为重要；二是适应性或防御性反应，适应性反应是在学习失败后调整自己的学习形式以期在后继的学习中获得成功，防御性反应是为了避免进一步学习失败而消极地应付后续的学习任务。

尽管自主学习包含着复杂的结构和过程，但是在齐默曼看来，自我效能、目标设置、策略选择和运用、自我观察、自我评价等成分似乎更为重要也更容易操纵，因此他主张对这些成分进行系统的理论和应用研究（Zimmerman，1997，2000）。

2.1.8 内隐社会认知理论

传统意义上的社会认知，是指“人对各种社会刺激的综合加工过程，是人的社会动机系统和社会情感系统形成变化的基础，它包括社会知觉、归因评价和社会态度形成三个主要方面”。从信息加工研究范式兴起后，对社会现象从信息加工的角度加以研究在过去的20年里取得了令人振奋的成果。社会认知研究被认为包括影响个体的社会信息的获得、表征和提取的因素以及这些过程与个体判断之间的关系等方面。这通常是指有意识的社会信息加工研究，或者称之为外显的社会认知研究。

1994年6月[①]，华盛顿大学的心理学家格林沃尔德（Greenwald）等发明了用来测量概念间自动联系强度的内隐联结测验（Implicit Association Test，IAT），1995年格林沃尔德（Greenwald）和巴纳吉（Banaji）在《内隐社会认知：态度、自尊和刻板印象》论文中首次提出内隐社会认知，并于1998年将内隐联结测验正式发表于JPSP。该方法能很好地测量内隐态度、内隐自尊、内隐刻板印象等，使得内隐社会认知的研究蓬勃发展，成为一个前沿热点。他认为：社会行为通常被看作是在意识控制下发生，然而，现在已有很多证据支持这样的观点，即社会行为常常是以一种内隐的或无意识的方式在运作。所谓内隐社会认知是指在社会认知过程中，虽然个体不能回忆某一过去经验（如用自我报告法或内省法），但这一经验潜在地对个体的行为和判断产生影响。他的内隐社会认知是在先前内隐记忆研究方法及其成果的基础上提出来的。根据20世纪末北美心理学实验研究，他提出内隐社会认知主要有内隐态度、内隐自尊和内隐刻板印象三个方面，但他认为内隐社会认知研究可以被期望广泛地运用到其他社会现象。

因为内隐社会认知研究是从内隐记忆研究发展而来的，所以内隐社会认知的研究最初主要也是运用内隐记忆研究方法——间接测量法，如投射测验、任务分离法、过程分离法（PDP）等。杨治良等就采用过程分离法，用攻击和被攻击的图片

① 格林沃尔德（Greenwald）教授于2002年5月23—30日来华东师范大学访学，作了“内隐社会认知的整合理论”“内隐联结测验IAT”以及“如何写科学研究报告”的学术报告，并和研究生们进行了互动启发式的讨论。他介绍IAT发明于1994年6月华盛顿大学，于1998年6月正式发表在JPSP。期间笔者作为主要的接待人员之一，有机会就IAT方法向教授请教，这使笔者决定在本书中采用这一新方法。在此，谨向格林沃尔德教授致以诚挚的谢意！

为实验材料，揭示了社会认知的内隐成分，并提出了社会认知具有更强的内隐性，内隐和外显的“钢筋水泥”关系的观点（杨治良，刘素珍，钟毅平，等，1997；杨治良，高桦，郭力平，1998）。

1995 年，格林沃尔德和巴纳吉在正式提出内隐社会认知的概念时，认为对内隐结构的测量“迄今还没有一种有效的形式，可以对内隐认知的个别差异进行规范的探测”。同时，他们又乐观地预测：“当有了这种测量以后，对人格从内隐认知的角度进行研究将会接着有一个迅猛的发展。”到 2000 年，由于内隐联结测验的日见成功和广泛的运用，他们又在一篇文章中的结尾写道“这种预期不再像 1995 年时看起来那么遥远了”。该方法提出之后，受到极大关注，并有新的发展变式，如 Wigboldus IAT（WIAT），GNAT（Go/NO-Go Association Test，Greenwald，2001），EAST（Extrinsic Affect Simon Task，De Houwer，2001）等。

由于受三个方面的影响：对内隐认知和自动加工研究兴趣的广泛兴起、IAT 方法的发展，以及 20 世纪 50 年代社会心理学一致性理论，特别是海德的平衡理论（F. Heider，1958），格林沃尔德和巴纳吉等于 2002 年提出了一个内隐态度、内隐刻板印象、内因自尊、内隐自我概念的整合理论。

总之，内隐社会认知理论，把对心理和行为的动因又再次深入无意识领域。

应该说，内隐记忆、内隐学习、内隐社会认知的研究兴起的一个主要因素是由于方法学的进步，即新的研究方法的发明，所以下面对内隐联结测验 IAT 方法作一较详细的介绍①。

1. 内隐联结测验的原理

内隐联结测验的原理，在生理上，是以神经网络模型为基础的（Schneider，Shiffrin，1997；Shriffin，schneider，1997）。该模型认为，信息被储存在一系列按照语义关系分层组织起来的神经联系的结点上，因而可以通过测量两概念在此类神经联系上的距离来测量这二者的联系。在认知上，内隐联结测验以态度的自动化加工为基础，包括态度的自动化启动和启动的扩散。对评价性语义内容的加工是一种在视觉基础之上的自动化过程。

内隐社会认知的理论认为，在个体的社会认知的知识结构中，可以用概念网络来表征所有的对象和评价。在这样的概念网络中，社会群体（social category）被定义为目标概念（target concept）；评价被定义为属性概念（attribute concept），有的研究者倾向于只使用“属性”一词，但一般没有严格的区分。不同的概念之间相互存在联系（association），形成一个概念网络。内隐联结测验所要测量的就是个体的概念网络中目标概念和属性之间的联系的方向和强度。

---

① 感谢学友蔡华俭、周颖、吴明证在 IAT 方法上给予的帮助和支持。

在具体操作上，内隐联结测验是通过一系列的选择反应任务来测量概念间的联系的。选择反应任务的特点决定了目标概念和属性概念都必须是成对的。这样，内隐联结测验中就有两个纬度的概念（目标概念和属性概念），每个维度上都应该根据明确的标准分成两个相对的概念。对每一个概念选取一定数量的样例（examplar）用作刺激材料。大多数研究中所用的刺激材料都是词语（Greenwald et al.，1998），有时目标概念也常用图形来表示（Dasgupta et al.，2000），属性概念使用图形的场合很少，但也是有效的材料（Mitchell，Blair，Banaji，2003）。因此，内隐联结测验主要是通过一种计算机化的分类任务来测量目标概念与属性概念之间的自动化联系的紧密程度，继而对个体的内隐态度进行测量的。

在完成分类任务时，目标概念（target concept）和属性概念（attributive concept）之间有两种可能的关系：相容的（compatible）和不相容的（incompatible）（或相反的）。所谓相容，即指二者的联系与被试内隐的态度一致，或者说对被试而言二者有着紧密且合理的联系，否则为不相容或相反。当目标概念和属性概念相容，即其关系与被试的内隐态度一致或二者联系较紧密时，此时的辨别归类在快速条件下更多的为自动化加工，相对容易，因而反应速度快、反应时短；当目标概念和属性概念不相容，即其关系与被试的内隐态度不一致或二者缺乏紧密联系时，往往会导致被试的认知冲突，此时的辨别归类需进行复杂的意识加工，相对较难，因而反应速度慢、反应时长；不相容条件下与相容条件下的反应时之差即为内隐态度的指标。这样，目标概念和属性概念的关系与内隐的态度一致程度越高，联系越紧密，辨别归类加工的自动化程度就越高，因而反应时越短，而不相容条件下，认知冲突越严重，反应时自然会更长，其间的差就会更大，表明内隐态度越坚定。

任务中的反应时和准确率上的差异都分别可以表示目标概念和属性概念之间的联系。如果被试在相容任务中反应时短、准确率高，而在不相容任务中反应时长、准确率低，那么说明预先假设的相容联系确实存在。如果情况恰好相反，相容任务更加困难，不相容任务反而容易，就说明预先假设的相容联系不成立，而是要颠倒过来。

2. 内隐联结测验的步骤

下面以一个例子来介绍 IAT 研究的过程。

1）实验目的

IAT 实验的目的是考察个体对类别的两个组和属性的两个组之间的联系情况。例如，在一个关于种族刻板印象的研究中，实验者想要知道人们是否倾向于把“黑人”和“喜欢”相联系，把“白人”和“不喜欢”相联系，或是正好相反。在此，目标（类别）概念分为“黑人/白人”两个组，而属性概念由“喜欢/不喜欢”两个组构成。

2）实验假设

针对上述IAT实验，实验者首先做出的假设为：黑人和喜欢相联系。为了证明假设是否成立，实验者必须分别记录下被试在“黑人/喜欢”—“白人/不喜欢”的联合反应任务中的表现，以及他们在“黑人/不喜欢”—“白人/喜欢”的联合反应任务中的表现。结论所凭借的反应指标，是这两次操作任务中被试的平均反应时，如果前一次的表现比后一次好，即反应时较短，则可以证明原先的假设成立，反之则说明这些被试者将“黑人”和“不喜欢”这种属性相联系。

3）实验材料

通常，IAT采用两个维度的刺激材料，每一个维度又可分为相互对立的两组。其中一个维度称为“目标（类别）”，一般可采用特定的群体集合，如男人/女人、老年人/年轻人、黑人/白人等。这里类别为黑人/白人。刺激材料的具体内容一般为一些较能代表两个维度的文字或图形，IAT将其称为“样例”（范例）。另一个维度为“属性”，可以是评价性的（如积极的/消极的），也可以是描述性的（如外向的/内向的）。该维度的刺激材料，通常选择一些较能代表两种不同倾向的样例词语。所有选择的刺激材料本身必须易于区分。

4）实验程序

IAT均在计算机上进行，计算机程序由美国Inquisit专业心理软件公司提供，可以经由互联网下载，经汉化和修改后用于研究。实验程序预先装到计算机房实验用计算机上，并调试好。

5）实验步骤

IAT实验的程序控制全部由计算机完成，实验指导语和刺激材料通过显示器呈现给被试。被试根据实验的具体要求，在刺激出现时，尽快地用左手或右手按键盘上指定的某个键，作出选择反应，反应时间以毫秒的精度被记录下来。

为了确保被试理解实验的操作方法，并且熟练地作出反应，实验者需要让他们对每种刺激材料的反应模式分别进行练习，因此实验至少包括五个操作步骤，每个步骤一开始都有指导语，向被试介绍本步骤的组别、例词，以及对每个类别作出的反应模式（如左、右手分别按某个键）。五个步骤的顺序一般为：

（1）练习对目标概念的反应方式。这是一个简单的选择反应任务，计算机每次随机地呈现一个刺激，它属于两个目标概念中的一个，被试需要根据指导语的要求，尽量快速准确地作出反应，如按左键（A键）或按右键（5键）。如被试在出现代表黑人的刺激时左手按A键，出现白人刺激时右手按5键。

（2）练习对属性概念的反应方式。这个任务与第一步基本相同，只是刺激材料属于属性概念，被试要按的反应键还是原来的两个。如被试在出现代表喜欢的刺激时左手按 A 键，出现不喜欢的刺激时右手按 5 键。

(3) 进行第一项联合任务。这个联合任务可能是相容任务，也可能是不相容任务，它们出现在第三步的可能性是随机的，而且和前两步存在对应关系：第一步和第二步相当于分别对本步骤要进行的任务分解练习。本步骤中，出现的刺激可能属于目标概念，也可能属于属性概念，不论属于哪一个维度，被试都要按下相应的按键作出反应。如被试在出现代表黑人或喜欢的刺激时左手按 A 键，出现白人或不喜欢的刺激时右手按 5 键。

(4) 练习用相反的方式对目标概念作出反应。本步骤和步骤 (1) 基本相同，唯一的差别是，两个目标概念所对应的正确反应恰好和步骤 (1) 相反。如被试在出现代表白人的刺激时左手按 A 键，出现黑人的刺激时右手按 5 键。

(5) 进行第二项联合任务。该步骤中的联合任务相当于步骤 (2) 和步骤 (4) 的组合，其相容性和步骤 (3) 中的联合任务相反。除此之外，其他方面和步骤 (3) 相同。如被试在出现代表白人或喜欢的刺激时左手按 A 键，出现黑人或不喜欢的刺激时右手按 5 键。

在以上所有的步骤中，刺激材料的呈现一直延续到被试者作出按键反应为止。当按键结束后间隔一定时间后，下一个刺激材料才出现在屏幕上。材料的显示次序是随机的，每个刺激在各步骤中分别呈现若干次。在步骤 (1)、(2)、(4) 中，当被试作出错误反应时，程序会给予反馈。

每一个步骤的开始由被试自己掌握，一般为按“5”键开始，一旦开始，一个步骤之内的所有刺激（目标概念或属性概念）都会逐一随机呈现完，此间不容被试自己决定呈现的速度和次序，待全部刺激呈现完、被试反应完毕，进入下一个步骤。在每个步骤结束时，都会把该步骤的正确率和平均反应时反馈给被试。相邻两步骤之间允许被试稍作休息。

所有的刺激呈现和反应记录均由计算机完成，反应时精确到毫秒。对每一次反应，下述数据是比较重要的：反应时，正确与否，刺激材料的类别，什么是正确反应，等等。

6) 数据处理

进行统计分析的数据来源是两个联合任务的数据。格林沃尔德等 (1998) 对原始数据进行了如下处理：

(1) 每一段的最前面两次尝试不进行统计。

(2) 反应时低于 300 毫秒的，转化为 300 毫秒，反应时高于 3 000 毫秒的，转化为 3 000 毫秒。

(3) 先对反应时进行对数转化，然后再求平均数。

(4) 在求平均数时，错误反应的反应时也计算在内。

（5）如果被试的平均反应时或错误率过高，他们的数据不计入统计，一般情况下错误率超过20%的被试其数据视为无效。

不相容任务的平均反应时减去相容任务的平均反应时得到的差值，称为IAT效应（IAT-Effect），它表明了目标概念和属性概念之间的联系的方向和相对强度。以这里的黑人/白人概念来说，如果IAT效应大于0，说明预先的假设成立，即被试的概念网络中，相对来说黑人和喜欢积极评价相联系，白人和不喜欢消极评价相联系。IAT效应的数值越大，说明这种差异越大，也就是被试对黑人的偏好越强烈。反过来，如果IAT效应的值小于0，说明预先的假设不成立，实际情况与预先的假设相反，即相对来说黑人和不喜欢消极评价相联系，白人和喜欢积极评价相联系。IAT效应的绝对值越大，说明这种差异越大，即被试对白人的偏好越强烈。如果IAT效应和0没有显著的差异，则说明要么不存在预想的联系，要么两个目标概念和属性维度的联系基本一致，没有什么差异，也就说，被试没有明显的偏好。相容任务和不相容任务上的正确率的差异也具有统计价值。由此得到的结果和由反应时得到的IAT效应的意义基本一致。为了直观地显示相容任务和不相容任务之间的差别，在用图形描述反应时的情况时，一般仍采用未经对数转换的数据来作图，以毫秒为单位。通常所说的IAT效应也是用未经对数转换的反应时相减而得到的。但是，在进行差异检验或方差分析等统计处理时，一般采用经过对数转换后的数据。（计算反应时的方式有两种，除了直接求反应时的平均数之外，考虑到反应时的分布不呈正态，而是在相同的时间单位上，数值越低分布越密集，数值越高分布越稀疏，类似于泊松分布或正偏态分布，也可以求其自然对数值，将其转换成近似正态分布后再求平均数。）

3. 内隐联结测验（IAT）的性能

格林沃尔德（Greenwald）对该方法中可能影响测验结果的因素进行了全面的研究，发现靶目标概念的位置（出现在左边还是右边）、反应键的选择、刺激词呈现的间隔时间的长短以及各部分刺激词数量的多少对测量的结果均没有显著影响。并且，对错误反应的处理方式、对呈偏态分布的数据的不同处理方式等对结果也没有显著影响。后来，Dasgupta，McGhee和Greenwald等研究发现刺激词的熟悉程度对结果也没有显著影响。这些都表明，测验程序本身是合理可靠的，有着很强的稳定性和适应性。唯一产生明显影响的是“一致的”和“不一致的”联合任务出现的先后次序。先进行“一致的”联合任务比先进行“不一致的”联合任务所得到的IAT效应要大。这种影响不会严重到改变IAT效应的方向，但它的存在使得研究者难以确定绝对零点。研究者发现，采用平衡涉及的方法可以抵消这种影响，目前Inquisit提供的软件，一致性任务和不一致性任务是随机出现的。

格林沃尔德等以效应区间 d 值作为指标对测验的敏感性进行了研究。格林沃尔德把 IAT 和 Fazio 等曾用于测量内隐认知的评价性语义启动方法相比，发现前者的效应区间为 $d=1.21$，而后者的效应区间为 $d=0.62$，前者要敏感得多。

关于内隐联结测验抗意识干扰的性能，格林沃尔德以三个社会意义丰富程度不同的现象进行了研究，结果表明，社会意义丰富程度越高，外显测量的敏感性依次越低，但内隐联结测验的敏感性保持相对稳定。这说明内隐联结测验能有效排除意识的干扰作用，能较准确地测量人们无意识中的真实态度。

格林沃尔德等对内隐联结测验的效度和信度进行了系列研究。信度包括了纵向的（重测信度）和横向的（项目一致性信度、分半信度）；效度包括了相容效度、区分效度、预测效度等。近年来的研究在这些方面都积累了大量的结论和证据，下面分别进行介绍。

1）重测信度

Greenwald 和 Faraham（2000）发现，对内隐自尊的 IAT 测量，重测信度为 $r=0.52$，其他研究者（Bossen，Suann，Pennebaker，2000；Dasgupta，Greenwald，2000）发现的与这个数值相差不大。总体上看，IAT 的重测信度略高于 0.6，相对于测量个体差异这一目的而言，这样的信度稍嫌低了些。但是，多项使用间接测量方法的研究表明，认知启动方法所得到的稳定性更低（Bossen et al.，2000）。相对而言，IAT 的表现还是令人满意的。可能有三方面原因：

(1) 以反应时作为测量手段所造成的局限。反应时容易受到生理状态波动的影响，且比自我报告法所受生理影响要更加明显。如果这种生理状态上的波动确实能导致 IAT 效应的不稳定，那么这将成为 IAT 一个难以逾越的障碍。

(2) 用呈现刺激来自动激活内隐联系这条途径不够可靠。如果只能在不同程度上激活内隐联系，而这种激活程度又受到其他因素的影响，当然无法保证其稳定性。这是有可能的。Greenwald（1995）就曾指出，内隐态度、内隐自尊受注意水平的影响。

(3) 内隐社会认知本身就是动态的，IAT 的稳定性不高是对这种状态变化的敏感性的反映。多项应用 IAT 实验的研究表明，IAT 具有很高的灵敏度，能反映出不同实验条件被试的差别。如果内隐社会认知本身也是一种敏感的过程，那么 IAT 能带给我们的将不仅是有效的量化方法，更有助于揭示内隐社会认知的变化规律。当然，这还有待于进一步研究。

2）项目一致性

诺塞克（Nosek）等（2000）对收集到的来自多项 IAT 测验的大量数据进行了分析，计算得到的分半信度在 r 在 0.89 到 0.92 之间。不同 IAT 的项目一致性系数也令人满意，平均 $\alpha > 0.80$。这些结果表明，IAT 的横向稳定性是相当令人满意的。在信度指标上，一方面，纵向的稳定性不是很高，另一方面横向的稳定性却很高。值得注意的是，横向稳定性不是绝对的，也会出现一小段时间内的波动情况。因此，可以说效应的波动在一个 IAT 实验的时间段内的波动不会很明显，然而，经过长时间的间隔后却体现出相当的不稳定性。

3）相容效度

会聚效度的原理是：如果用不同测量方法测量相同的结构，所得的测量结果之间应具有一致性。从理论上讲，与 IAT 所测结构最为一致的是情感启动方法（亦称为评价启动方法），由法继欧（Fazio）等（1986）首先使用。Cunningham 等同时使用 IAT 和情感启动方法，以及其混合方法，对相同的被试者进行了 4 次内隐种族态度测量，相邻两次时间间隔为一个星期。通过对所收集的数据进行验证性因素分析，发现在 IAT 和启动效应之间存在 $r=0.55$ 的相关，而且如果建立一个二级模型，第一级别为 IAT 效应和启动效应，它们共同承载着一个相同的上级因素，这会与已知的数据很好地拟合。Rudman 和 Kilianski（2000）在一项对女性权威的态度研究中也发现，IAT 效应与启动测量间存在一致性。

4）区分效度

当两个测量工具所测目标不一致时，若两个测量工具的效度都很高，则两个测量结果间的相关性不会很高。早在 IAT 产生以前，研究者们普遍认为，内隐社会认知与外显社会认知是相对独立的，因此 IAT 与自我报告法之间即使相关，这种相关性也不应该很显著。而这一点在许多研究中都得到了证实。IAT 与外显测量结果之间呈现微弱的正相关，一般明显低于 IAT 之间和外显测量之间的相关系数。

Mitchell，Nosek 和 Banaji（2003）收集了多个领域的 IAT 和外显测量的研究，包括对文理科态度、种族态度、性别/学科刻板印象、自尊、性别/职业刻板印象、年龄态度，等等。结果发现，不同的研究课题中，IAT 与外显量表的相关系数不同，其变化范围从 $r=0.01$ 到 $r=0.62$，其中绝大多数课题的相关系数低于 $r=0.30$。这一发现也同样验证了 IAT 测量与外显测量是相对独立的。Nosek 等进一步分析发现，有两个因素会影响 IAT 与外显测量的相关，即自我显示（self-presentation）和态度加工（attitude elaboration）。在不同场合下，人们面临的问题的社会敏感性不同，有些是高度敏感的（如种族态度），有些是无关紧要的（如对总统候选人的偏好）。此外，在这些情况下，有些问题与自身关系密切（如自尊），另一些则与己无关（如对科学与人文的态度）。在敏感问题与切身相关的情境下，被试者要么刻意地自我显示，要么过度关注自己的态度，以致自我报告法不能客观、准确地测量到被试者内心的倾向。而 IAT 由于不会引起被试者有意识的掩饰，而且反应时任务可以分散被试者的注意，所以其结果不会受到被试者自我显示等因素的干扰。这样，也使得 IAT 与外显测量之间的相关不会很高，同时也证明了 IAT 具有区分效度。此外，在一般的场合，当面临不敏感、与自我不相关的任务时，被试者通常无须顾忌，自由报告内心感受，其结果是使得此时的 IAT 结果与外显测量之间的相关就要比较高了。由此可见，结果之间的相关程度与实验中具体的情境、任务有着密切的关系。与外显测量的复杂关系还值得进一步探讨，但目前的发现至少证明了 IAT 的区分效度和相容效度。

5）预测效度

多项研究表明，IAT 能有效地区分来自不同群体的被试的差别。例如，日裔美国人和韩裔美国人对日-韩的内隐和外显的态度（Greenwald，et al.，1998），德国东部和西部地区的人对不同行政区域的内隐态度（Kuehnen et al.，2001），男性和女性的性别自我概念的差异（Greenwald，Farnham，2000），男性和女性对数学的内隐自我概念的差异（Nosek et al.，2000），等等。

另外，IAT 效应还和其他一些能代表同一群体内部个体差异的指标有相关，例如，对日裔美国人和韩裔美国人对日-韩的内隐和外显的态度研究（Greenwald，et al.，1998）表明，IAT 能够反映出不同社会背景和不同社会群体中的个体差异。

从以上关于 IAT 的信度和效度的指标来看，IAT 具备了作为测量工具所必需的基本条件，而其在某些方面的表现非常出色。当然，在诸如重测信度等方面，IAT 还存在一些问题，而这些问题有待于更深入的实验研究来解释和解决。

人们对事物的认识总是呈螺旋式不断上升。从人类最初的无助，将命运和行为动因归于超自然的力量，在宗教中求得安宁；然后在人类先哲的启蒙下，渐渐重新将人视为万物之灵；到精神分析又将人的行为动因归于生物本能，一种无意识力量的支配；到行为主义将行为动因归于外在环境影响；到人本主义认为人本身具有潜能，人有选择的自由，人可以追求自我实现；然后到超个人心理学又提出人不仅要追求自我实现，还有追求一种超越个人、寻求一种宇宙的价值，并信服有超自然力量的存在和影响，似乎像一个螺旋又旋升到超自然的水平，不过是人本主义之上的超自然；到社会认知理论将环境、个体和行为看作是双向互惠的系统，似乎又像一个螺旋又旋到行为主义和人本主义理论之上，不过是一种高于原来的层级的整合；而在另外一个方向，就是 20 世纪 80 年代中期以来，由于内隐记忆的研究兴起，激发了阈下研究方法的创新和进步，使得内隐学习、内隐社会认知研究成为当代心理学的一个前沿热点，这似乎像一个螺旋又旋到了无意识层面，不过不是原先的本能决定论，而是外显机制和内隐机制的相互作用论，对人的行为（还有心理）产生影响。所以就目前的心理学的研究来看，人的心理和行为应该是多因素的相互作用，以及外显的认知机制和内隐的认知机制相互作用的结果。

2.1.9 自我发展性研究

上面从哲学层面、心理学的四大主力、新近的社会认知和内隐社会认知的理论，主要探讨的是由什么因素影响人的心理和行为，或人的控制的因素和结构是什么。还有另外一个方面的研究，就是人的自我控制在一个人的成长过程中是如何发生发展的？这对于针对不同人群开展自我控制的研究具有参考价值。在Shapiro和Astin的理论的假设三中已经有所涉及，这里再介绍几个有代表性的发展理论。

1. 皮亚杰的发生认识理论

皮亚杰（Jean Piaget）的贡献是举世闻名和影响深远的。美国《普通心理学评论》（第六卷第2期）对20世纪的心理学家知名度进行了评比调查，结果在列出的前99位著名心理学家中，斯金纳排名第一，皮亚杰排名第二，弗洛伊德排名第三，班杜拉排名第四。皮亚杰是瑞士著名心理学家，是认知心理学的先驱，是发生认识论的创始人，是认知建构阶段论的建构者，也是被誉为弗洛伊德之外20世纪百年中贡献最大的心理学家。

皮亚杰在20世纪60年代初创立了“发生认识论”，发生认识论主要研究知识是怎样形成和发展的。皮亚杰把知识的发生与发展归纳为两个主要方面：①知识形成的心理结构（即认知结构）；②知识发展中新知识形成的机制。他认为新知识乃是连续不断地构成的结果。关于认识结构这个概念，在他的理论中占有重要地位。他说，智慧的本质就是适应，而每一个智慧活动度含有一定的认识结构。他反对传统的单向活动（刺激→反应，即S→R公式），并提出了双向活动（刺激←→反应，即S←→R公式）。1970年在他所写的题为《皮亚杰的理论》一文中（见P. 缪森主编《儿童心理学手册》第一卷，1970年版）进一步提出S→（AT）→R公式，意指一定刺激（S）被个体同化（A）于认识结构（T）之中，才能对刺激（S）作出反应（R）。

认识结构这一概念涉及图式（scheme）、同化（assimilation）、顺应（accommdation）和平衡（equilibrium）四个基本概念。图式是指动作的结构，是人类认识事物的基础。皮亚杰认为，刺激输入的过滤或改变，称为“同化”；内部图式的改变以适应现实，称为“顺应”。同化和顺应是个体适应环境的两种机能。在认识过程中，同化是个体把客观纳入主体的图式之中，这只能引起图式的量的变化；顺应是主体的图式不能同化客体，因而引起图式的质的变化，促进原有图式的调整或创立新图式。平衡是指同化作用和顺应作用两种机能的平衡。儿童遇到新事物，在认识过程中总是试用原有图式去同化，如获成功，便得到暂时的认识上的平衡。反之，儿童便作出顺应，调整原有图式或创立新图式去同化新事物，直到达到认识上的平衡。皮亚杰曾说：“智慧行为是依赖于同化与顺应两种机能从最初不稳定的平衡过渡到逐渐平衡的稳定。”这种暂时的平衡不是绝对静止或终结，而是某一水平的平衡成为另一种较高水平的平衡运动的开始。这种不断发展的平衡就是皮亚杰所谓认识结构的形成和发展的基本过程，也是他的发生认识论的重要组成部分。

皮亚杰认为，儿童与环境交互作用的历程中，随着年龄的增长在认知结构上将循四个时期而产生质的改变，即为著名的认知发展阶段论，见表2.7。

表2.7　皮亚杰关于身体认知发展的阶段

时期Ⅰ	**(0～2岁)：感觉运动的智力时期**
◇	阶段1，反射活动；
◇	阶段2，反射的协调和感觉运动的重复（初级的循环反应）；
◇	阶段3，重现环境中有趣事件的活动（次级的循环反应）；
◇	阶段4，手段-目的行为，寻找不在眼前的物体；
◇	阶段5，试验性探索新的手段（第三级循环反应）；
◇	阶段6，在洞察新手段的创新中，以及在回忆不在眼前的物体和事件中，意象（imagery）的运用
时期Ⅱ	**(2～5岁)：符号的、直觉的或前逻辑的思维**
◇	通过意象和符号来进行的推断，这些意象和符号并不含有逻辑关系或彼此之间的不变性。所谓“魔术般的”思维意指这样的含义：①表面的或想象的事件与实际的事件和客体相混淆；②质变和量变的知觉表现与实际的变化相混淆
时期Ⅲ	**(6～10岁)：具体运算思维**
◇	通过类别关系和数量等系统来进行的推断，这些类别、关系和数量含有逻辑上不变的特性，并指向具体的事物。它们包括这样一些逻辑过程：①较高的序列类别包含较低的序列类别；②迁移的系列（认知如果①>②，②>③，则①>③）；③类和量的逻辑加法和乘法；④不管表面变化，数目、种类、长度和质量的守恒。
◇	亚阶段1，稳定的类别种类的形成。
◇	亚阶段2，不变的数量关系和数字关系的形成
时期Ⅳ	**(11岁至成年期)：形式的操作思维**
◇	通过对命题的逻辑操作或“操作的操作”来进行的推断。关于推理的推理。构建一切可能的关系或含义的体系。对变量的演绎性假设以及对假设的测试。
◇	亚阶段1，对互反（reciprocal）的逆转。形成否定种类的能力（例如，所有非乌鸦的种类），把关系看作是互补的（例如，由于平衡的压力之缘故，U形管中的液体保持相等水平）。
◇	亚阶段2，处理三个或三个以上命题或关系的能力（例如，如果鲍勃比乔身材高，而乔比迪克身材矮，则乔是三人中最矮的）。
◇	亚阶段3，实际的形式思维。构建一切可能的关系组合、系统的变量分离和演绎的假设测试

资料来源：科尔伯格和吉利根（kohlberg and Gilligan），1972。

皮亚杰的发生认识论是从生物科学的观点建构的，因而他重视个体自身的成长成熟和适应环境的经验，相对而言，不重视影响个体智力发展的社会文化和教育因素。此为其受批评之处，所以才有与其相对的维果茨基的社会文化历史学派认知发展理论的兴起。

值得一提的是，维果茨基提出“最近发展区”理论，对人们评定认知发展及采取相应的教育有启发。维果茨基认为，儿童的发展可以区分为两种水平，第一种水平是现有发展水平，由已经完成的发展顺序的结果而形成，表现为儿童凭借自己的能力独立地解决智力任务。第二种水平表现为：儿童还不能独立地解决某些问题，但是在成人或高水平的同伴的帮助下可以成功解决它们。儿童独立解决问题时的实际水平（第一发展水平）与教师指导下解决问题时的潜在水平（第二发展水平）之间的距离，就是“最近发展区”。

2. 科尔伯格的道德发展理论

科尔伯格（Lawrence Kohlberg，1963，1964，1969，1971）积20年的研究和构思，充分证明了这样一种框架：个体社会构念的发展，以及青年期和成年期意义采择的发展，提出了他的道德发展阶段理论，见表2.8。

表2.8 科尔伯格提出的道德发展阶段

水平和阶段	什么是正确的	正确的理由	社会观的发展阶段
水平Ⅰ——前世俗的			
阶段1：他律的	避免违反由惩罚支持的规则，因自身的缘故而服从，不损害人和财物	避免惩罚，权威的权力	自我中心观点；不考虑他人的利益，或者认识到这些利益与活动者的利益不同；未能把两种观点联系起来。从身体角度来考虑活动，而不是根据他人的心理兴趣来考虑活动。把权威的观点与自己的观点混淆起来
阶段2：个人主义，工具的目的和交流	只有当符合某人的直接利益时才遵循规则；行为的目的是满足个人的利益和需要，对他人也同样如此。公平是一种相等的交换，一种交易，一种协议	为个人的需要或利益服务，在这样一个世界里，你必须承认别人也有他们自己的利益	具体的个人主义观点，意识到每个人都有其自己的利益，也面临着利益的冲突。因此，从具体的个人主义的意义上来说，正确是相对的
水平Ⅱ——世俗的			
阶段3：相互的人际关系和人际遵奉	在你作为儿子、兄弟、朋友等角色中，不辜负他人对你的期望。“善良”是重要的，它既意味着具有良好的动机，以及对他人表示关心，也意味着保持相互关系，例如信任、忠诚、尊敬和感激	成为自己眼里和他人眼里的好人。关心他人。遵奉规则，维护那些支持传统的、良好的、行为的权威	人际关系中的个体观。意识到以个人利益为主的共享的情感、意见和期望。通过具体规则，把各种观点联系起来，使自己设身处地想想别人。不考虑概括的系统观点
阶段4：社会体制和良心	履行你业已赞同的责任。坚持法律，除了极端情况下法律与其他社会责任相冲突，公平也应体现在社会、团体或机构之中	作为社会体制的一分子而运作，“如果人人都如此”，或者良心的责任服务于个体的责任，就可避免社会体制的崩溃	将社会观点与人际协议或动机相分化。选择那些界定角色和规则的社会观点。按照个体在社会体制中的位置来考虑个人关系

（续表）

水平和阶段	什么是正确的	正确的理由	社会观的发展阶段
水平Ⅲ——后世俗的或原则的			
阶段5：社会契约和个人权利	意识到人们具有各种价值观念和意见，大多数价值观念和规则与你的团体有关。这些相关的规则，由于它们是社会的契约，通常应当以公正的态度予以遵守。然而，有些非相关的价值观念和权利，如生活的权利和自由的权利等，必须在任何社会里得到高扬，而不应被他人的意见所左右	由于一个人必须遵循社会契约，为民众的福利和权利而遵守法律，因此他应该具有法律的责任感、契约的承诺感，以此处理家庭、友谊、信任和工作等义务。法律和责任应以全面的有效性为基础，“为大多数人谋求最大的利益”	社会优先的观点。一种理性的个人观点，意识到以社会依附和契约为优先的价值和权利。用协议、契约、客观的公正和适当的过程等形式机制来整合各种观点。考虑道德观和法律观；承认它们有时会发生冲突，发现它们有时难以整合
阶段6：普遍的道德准则	遵循自我选择的道德原则。特定的法律或社会协议通常是有效的，因为它们以这些原则为基础。当法律违背这些原则时，人们应按照原则行事。这里所谓的原则是指公正的普遍原理：人权的平等，尊重个体的尊严	作为一个理性的人，信奉普遍的道德原则的正确性，以及个人对这些道德原则的承诺感	一种道德观。社会顺应以此道德观为依据。这种道德观表现在，理智的个体承认道德的本质或下列的事实：人是其自身的目的，必须以此来对待

材料来源：利库纳（Lickona），1976。

科尔伯格主要采用典型的、不完整的道德两难故事的研究手段。要求儿童读完故事并提出他们的理由，根据提出的理由打分。这六个阶段中每一个阶段在道德的每一个方面都有一个表示态度的特征。以下是他在记分手册中对每一个阶段打分的文字说明：

阶段一是惩罚和服从的定向阶段，除了由外来约束所强制的具体规则，没有责任或道德的概念。惩罚被想象为不具人格的报复行为。地位高的人或权威是不受规则约束的。权威是由年龄、大小和权力来衡量的；尊重权威仅仅意味着服从。并不关心别人的幸福，除了避免禁忌的活动之外。人生的价值可能和物质占有价值相混淆，或者根据人的地位来标志。

阶段二是朴素的工具性的享乐主义，遵循规则是为了获得奖励和好处。这是相互作用的开始，但严格地建立在针锋相对的基础上。有权从别人的错误中获得好处；他对别人的痛苦没有责任。权力是建立在所有权基础上的；至于行使这种权力可能干扰别的权力那是管不了的。如果已经有了物质上的赔偿或者其他的解决办法，惩罚是不需要的，抵罪性的惩罚被解释为受害者的报复。

阶段三是和别人保持友好关系并获得别人赞许的好孩子道德，他循规蹈矩以避免受人非难或惹人讨厌。对别人有真诚的同情，喜爱别人，并且保持忠诚。责任是根据习惯式“自然”来定义的，但为了忠诚偏离规则也是允许的。人没有权力去做坏事。道德的互惠是基于感谢而不是一对一的交换。权威是理想化的。

阶段四是维护权威的道德，人们循规蹈矩以避免受权威的谴责和造成内疚。法律要求不折不扣的服从，因为这是社会秩序的基础，它维护分配的公正。偏离规则是对遵循规则的不公。对整个社会最好的东西具有合理的评价。就地位身份而言，触犯道德和法律是不正当的，但就情境而言可能被认为是正当的。惩罚被看作抵罪，支付所欠的社会债务。惩罚教育了罪犯，他做错了事就得让他感到追悔。处在这一水平的人否认道德冲突的可能性，正如处在较低水平的人所做的那样，除了规定的角色责任外，他们并不感到对自己的行为后果负有责任。权利就是要求，是一种合法的期望，通常是挣得的。在一个有关权利和责任的明确的道德或宗教的秩序中，生活有其神圣的地位。

阶段五是契约的道德和民主地接受法律，人们遵循法律以维护一个公正的旁观者根据社会的幸福来进行判断的尊严。法律要求服从，因为法律是民主过程的产物。互惠实现了社会契约。分配的公正是根据机会平等而不是结果来设想的。权威的地位不同于掌握地位的特殊人物；对权威的尊重是基于选择的质量而不是其身份。惩罚有助于恢复名誉；实施惩罚对法官来说是一种契约的义务。人们除了坚持角色和身份的权利外，还有一般的人权，包括生存的权利。

阶段六是良心原则的道德，一个人遵循原则以避免自我谴责。责任是良心的内在动力。一个人要对他的行为结果负责，也要对该做而未做的行为负责。道德原则是普遍的原则，从中可以派生出具体的规则。互惠不是根据契约而是根据需要，以维护个人的信任，作为理想社会的一个条件。人生的神圣代表了尊重个人的普遍价值。

3. 卢文格的自我发展理论

卢文格（Jane Loveinger，1976）在《自我的发展》一书中积多年的研究成果和理论探索，提出了他自己的自我发展阶段理论。

（1）前社会阶段（Presocial Stages，I－1）。刚出生的婴儿没有自我。他的第一任务是学会把自己与周围环境区别开来。形成“现实的构念”。认识到存在着一个稳定的客观世界。这一过程的各个方面是要达到客体永恒（object constancy）和客体守恒（conservation of objects）。在这一过程中，孩子形成了一个不同于外在世界的自我。处在这一阶段的儿童，自我与无生命的客体世界是不分的，他们在很长的时期里求助于“我向思考”。

（2）共生的阶段（Symbiotic Stage，I－1）。在儿童了解了客观世界的稳定性之后，他仍然认为他与他的母亲或生活中的一些玩具有着共生的关系（M. S. Mahler，1968）。儿童从这种共生现象中，有意义地促进了把自己与非自己区分开来的过程。语言在加强儿童“我是一个独立的人”的观念方面起着十分重要的作用。

（3）冲动的阶段（Impulsive Stage，I－1）。儿童的冲动有助于他证实他独立的同一性。强调“不”和后来的“让我来做”就是最好的证据。儿童的冲动起先是受到强制性制约的，后来还受到直接的奖励和惩罚的制约。惩罚是作为报复性来理解的。儿童对其他人的需要是强烈的，但属于要求的和依赖的；其他人是根据他们能够给儿童的东西而受到注视和评价的。儿童倾向于把人分成好人或坏人，但是这种划分不是作为一种真正的道德判断，而是作为一种价值判断。好或坏常常和“大方”或“小气”混淆起来，甚至把干净、整洁和肮脏、龌龊混淆起来。儿童容易为身体的冲动所吸引，特别是在某些年龄段，容易为性和攻击的冲动所吸引。情绪可能是强烈的，但它们几乎是生理上的。在这一阶段，年长儿童表达他们情绪的词汇量是有限的，通常用一些诸如恼火、心烦意乱、厌倦、偏激、发怒、激动等词语。另外，在这一阶段，儿童的定向几乎都是现在，而不是过去或未来。如果他比较聪明的话，虽然他能够理解身体上的因果关系，但缺乏有关心理上的因果关系的观念。动机、原因、逻辑理由常常是混淆在一起的。

（4）自我保护阶段（Self-Protective Stage，DeltaΔ）。当儿童学会了去期待直接的、短时的奖励和惩罚时，他们就会迈出自我保护的第一步：自我控制冲动。起先，控制是脆弱的，需要监督和防卫，所以我们把这一阶段称作自我保护阶段。在这一阶段，儿童认识到存在规则，有些规则对冲动的儿童来说是显而易见的，有些规则则不是。然而，儿童的主要规则是“不要挨打”。挨打表明其行为是错误的。当儿童把规则用于自己的满足和利益时，为了控制前一阶段的冲动，来自外部的强制是必要的。

自我保护的人具有责备的概念，但他们是从其他人或情形等外部因素来理解责备的。有些孩子“感到苦恼”，因为他想躲闪“错误的人”。自我批评不是该阶段的特征。如果他承认对做错的事负有责任，那么他有可能从不应由他负主要责任的那些方面来责备自己，比如“我认为”或“我估计”。处在这一阶段的年长儿童或成人，可能成为机会主义的、骗人的人，并且在和别人相处时，一心想到控制和利益。对这种人来说，生活不过是一方得益引起另一方相应损失的游戏；或多或少带有一种机会性的享乐主义色彩。工作被看作是繁重的负担，理想的生活应该是有大量的钱和好的物质享受。

（5）遵奉阶段（Comformist Stage，I－3）。当儿童开始把他的幸福与群体（对年幼儿童来说通常是他的家庭，对年长儿童来说通常是同伴集体）同一在一起时，他迈出了重要的一步。为使这一步发生或加强，必须有一种强有力的信任成分。生活在没有仇恨的环境中的儿童会感觉到信赖。相反，生活在诸如机会主义、私利、欺骗、受人奚落等充满恶意看法的环境里，儿童就不可能成为遵奉者。遵奉者就是按照规则行事，因为这些规则是群体采纳的规则，而不是因为儿童害怕惩罚而去遵守。对儿童来说，不赞成是一种强有力的法令。他的道德准则是根据依从规则而不是根据后果（这些后果在更高的阶段是至关重要的）来把活动确定为正确的和错误的。遵奉者还没有把强制性的规则和行为准则区分开来。

遵奉者能够观察到群体差异，但对个体差异感觉迟钝。群体是根据显著的外部特征，诸如性别、年龄、种族、国家等来确定的。在群体内部，他把每个人都看作是一样的，至少他认为他们应该是一样的。当遵奉者喜欢和信赖群体内的其他成员时，他就会狭窄地限定该群体，而拒绝任何一个外群体。比起自我保护的人倾向于竞争，遵奉者重视的是与其他人的友好、互惠和合作。但是，比起更高水平的人，他是根据外表而不是根据感受来看待这些行为的。他关心的是生活的外表，对外貌、社会承认和声望、物质材料等感兴趣。归属使他感到安全。

(6) 自我意识水平：从遵奉到公正阶段的过渡（Self-Aware Level: Transition from Comformist to Conscientious Stage, I－3/4）。遵奉者生活在一个概念上简单、对每个人来说总是正确的世界里，但是在自我意识水平，这个人发现他可以选择了。异议和偶联也随之而来，虽然仍然根据年龄、性别、婚姻情况、种族等定型的和人口统计的归类方法，而不是根据特质和需要中的个体差异。意识到选择的异议，为下一阶段概念的复杂性铺平了道路。例如，在这一水平下，一个人可能会说，除非人们结婚，不然的话是不可能有孩子的。可是是在下一个阶段，他们就更有可能会说，除非人们真的想要孩子，或者说除非父母真的彼此相爱，不然的话是不可能有孩子的。在这一过渡水平下，遵奉阶段的许多特征仍旧保持着；自我意识水平有所增强，并且对情境中复杂的可能性的鉴别能力也有所增强。这种自我意识还没有达到与社会准则相当一致的程度。自我意识仍通常是一些含糊的“感受”，例如寂寞、窘迫、想象、自信，以及一些最常见的自我意识。从理论意义上来说，它仅仅是一种过渡，可以被称作遵奉-公正水平。

(7) 公正阶段（Conscientious Stage, I－4）。确切地说，在公正阶段，一个人第一次发现了有赖于称之为良心的道德信号。一个处在冲动阶段的儿童要比高一阶段的儿童更容易给人贴标签，把人分成“好人”和“坏人”，但含义是不清楚的，且不是从道德角度出发的。在自我保护阶段，责备的概念是明显的，但很少责备自己。在最低的水平，一个人偶尔也发现绝对的自我拒绝，但这种自我拒绝并不是出自对活动或结果的责任观（自我拒绝可能产生于任何水平的压抑的人身上）。一个遵奉者如果违反了规则，他会感到内疚；而且他是把活动分成正确的和错误的，但不是把人分成正确的和错误的。虽然自我批评不是遵奉者的特征，但人们可以说他有一种良心，因为他有内疚感。在公正阶段，一个成年人良心的主要成分是存在的，它们包括长期的、自我评价的目标，理想、分化的自我批评，以及一系列责任心。只有很少一部分人，例如 13 岁或 14 岁的青少年，才能达到这一阶段。

规则的内化是在公正阶段完成的。自我保护者服从规则是为了逃避烦恼，遵奉者服从规则是因为群体支持这些规则，唯有公正阶段的人才真正是为了自己来评价和选择规则的。他甚至可以为了自己的准则而不惜违背法律，我们可以在“公正的异议者”的情形里看到这一事实。因此，规则不是绝对的，这种非绝对性也同样适用于任何一个人；而且，异议和偶然联系是必须被承认的。处在这一阶段的人比起遵奉者来说不大有可能因为违反规则而感到内疚，但是，如果他伤害了其他人，尽管这种行为可能符合规则，他反而会感到内疚。

在这一阶段，人与人之间犹如兄弟关系；他感到对别人负有责任，有时甚至达到这样一种地步：他感到有责任去促成别人的生活，或者防止别人犯错。责任和义务的概念必然会发展到与此相关的优惠、正义和公正的概念。所有这些概念都含有选择的意义，而不是听凭命运摆布的小卒。公正者把他自己看作是命运的主人。

他渴望成就，相比之下，处在较低阶段的人感到工作是一种繁重的负担。不过，他也可能把某些工作看作是例行公事的、令人厌烦的和没有价值的。对他来说，成就主要是通过他自己的标准来测定的，而不像较低水平的人那样，主要是通过承认或竞争的优势来测定的。

这种独特的概念复杂性，在道德标准和社会方式之间或者说是在道德的和审美的标准之间被区分出来，这些区分没有被划分成“正确的”和“错误的”。一个公正者是根据两极来考虑问题的，他考虑的是极为复杂且又分化的两极：价值不大对重要性，爱对色欲，依赖性对独立性，内部生活对外部表面现象。

具有丰富的和分化的内部生活是公正者的一大特征。他不仅能体验到自己的内部活动，而且也能观察到其他人各种认知上隐蔽的情感。他不是根据活动而是根据诸如特质和动机等模式来了解行为的。他对自己和他人的描述要比其他较低水平的人来得生动与真实。由于深刻理解了其他人的观点，人际关系成为可能。从其他人的观点中看出问题的能力，是在他更为深刻的人际关系和更为成熟的良心之间形成的。对更为成熟的良心起作用的是长期的观察和在广泛的社会关系中探究问题的倾向。

（8）个体化水平：从公正向自主阶段过渡（Individualistic Level：Transition from Conscientious to Autonomous Stages，I－4/5）。从公正向自主阶段的过渡，是以个体观念的增强和情绪依赖的关心为标志的。依赖和独立的问题是一个在发展过程中经常发生的问题。这一水平的特征是，人们能够意识到一种情绪的而不是纯实用主义的问题，意识到一个人即使在失去身体上的或经济上的依赖时，他还可以产生对其他人的情绪上的依赖。为了超越公正阶段，一个人必须学会容忍自己和别人。这种容忍导致了对公正阶段的个体差异和复杂情形的认知。道德主义开始被内部冲突的意识所取代。增强容忍异议和矛盾的能力，导致了更大的概念的复杂性。接着，不仅承认个体，而且爱护个体。这些就是自主阶段的标志。

(9) 自主阶段 (Autonomous Stage, I－5)。自主阶段的一个独特标志是承认和处理内部冲突的能力，也就是说，承认和处理冲突的需要、冲突的责任心，以及需要和责任心之间的冲突。也许，比起其他人来，自主阶段的人并没有更多的冲突；问题在于，自主的人有勇气去承认和处理冲突，而不是回避它或者把它投射到环境。如果说公正阶段的人是根据相反的两极来解释世界的，那么自主阶段的人已部分超出这些极性，把现实看作是复杂的和多面的。他能够联系和结合在较低阶段进行选择时难以达到一致的思想；对不同的意见能高度容忍 (E. Frenkel-Brunswik, 1949)。概念的复杂性是自主阶段和整合阶段的一个显著信号。

自主阶段之所以这样被称呼，部分是因为这个人承认其他人对自主的需要，部分是因为它是以个人摆脱前一阶段的良心的束缚为标志的。一个有说服力的例子可能是允许孩子犯错误。然而，自主的人典型地承认自主的局限性，即情绪的相互依赖是不可避免的。他将把爱护人的关系作为他最重要的价值。

公正阶段的人意识到他人具有动机，自主阶段的人意识到他自己和其他人都具有动机，这些动机是作为过去体验的一种结果而得到发展的。在发展中，兴趣的出现标志着心理因果更加复杂。自我实现成为一种经常的目标，部分地取代了成就。在这一阶段，许多人有着角色或职责的概念，认识到他们在不同的角色或职责中起着不同的作用。处在这一阶段的人能够生动地、透彻地表达他的感受，包括肉体方面的体验、强烈的悲痛、存在主义的幽默（这种幽默存在于生活异议的内部）。性关系作为相互关系中的一种生理体验得到欣赏，有时被采纳。自主的人把他的生活观作为一个整体，他渴望现实地、客观地看待他自己和其他人。他持有广义的、抽象的社会理想，例如正义。

(10) 整合阶段 (Integrated Stage, I－6)。我们把这个最高的阶段称作整合，意指一个人超越了自主阶段的冲突。就各种理由来说，整合阶段是最难描述的阶段，因为它十分罕见，人们很难发现研究实例。而且，心理学家要想研究这一阶段，他必须承认他的局限性是理解整合阶段的一个潜在的障碍，因为研究这个最高的阶段有可能已超出他的能力范围，是他的能力所不能及的。在极大的程度上，自主阶段的描述已经包含整合阶段。一个新的成分是同一性观念的加强。也许，对这一阶段的最好描述是马斯洛的自我实现。

发展并不是简单地通过从一个低水平到另一个高水平的联结实现的，其中有许多路站，它们作为生活的阶段和概念的阐述都是重要的。在某种意义上说，不存在最高的阶段，只有展开的新的可能性。

4. 埃里克森的心理发展阶段

与弗洛伊德强调生物和本能发展相对照，埃里克森强调各阶段的社会性发展。

此外，他增添了几个发展阶段，将其对人格的影响延伸到成年及成年后时期（表2.9）。

表2.9 埃里克森的八个心理社会发展阶段及其对人格的影响

心理阶段	年龄	积极结果	消极结果
基本信任对不信任	1	内在发孤感觉，信任自己和他人，乐观	坏的感觉，不信任自己和他人，悲观
自主性对羞怯和疑虑	2～3	意志训练，自我控制，能做决定	刻板严厉，过度自责、怀疑，关注自我、空虚
主动性对罪疚感	4～5	成功的欢乐，主动性，方向性，目的性	对深思的目标和取得的成就感到罪疚
勤奋对自卑	潜伏期	能够被生产性的工作吸引，因完成工作而自豪	不适合感和自卑感，不能完成工作
同一性对角色混乱	青少年期	对内在一致性和连续性有信心，一生的憧憬	角色混乱，没有固定标准，感到虚伪
亲密对孤独	成年早期	感情的共鸣，分享想法、工作和感情	避免亲密，关系淡漠
繁殖对停滞	成年期	能投入工作和建立亲密人际关系的能力	失去对工作的兴趣，人际关系贫乏
自我整合对失望	老年期	秩序感和意义感，对自己和自己的成就感到满足	怕死，对生活及生活中已得到的或没有发生的事感到痛苦、失望

也许埃里克森最为闻名的是他所强调的同一性对角色混乱（identity versus role diffusion）阶段，也正是这一阶段引出了一些最伟大的研究。埃里克森的阶段理论以临床观察为基础。在一个访谈大学生的研究中，马西娅（Marcia，1966，1980）扩展了埃里克森对这一阶段的研究，界定了四种可能结果的同一性：同一性实现（identity achievement）、同一性延迟（moratorium）、同一性混乱（identity diffusion）、同一性拒斥（foreclosure）。同一性实现是个体发展的理想结果，包括对可选的价值和生涯目标的某种探索，其中有些可能为其父母所反对但准备付诸行动。同一性延迟指不断探索和反省，常伴有大量不自主的专注和焦虑，却不付诸实际行动。同一性混乱是指缺乏方向感，但却没有延迟执行中的那些不断抗争的特征。同一性拒斥是指虽然有对价值和目标的实际行动，却是没有经过考虑就选择的。这种行为是不成熟的，可能是基于过分需要遵循父母的价值和目标，也可能是基于过分害怕处理探求中的不确定事件。

正如大多数的阶段论者一样，埃里克森没有把各阶段看成是完全相互独立的。个体的发展是一个整体，因此每一阶段都受前一阶段情况的影响，并对下一阶段的发展有影响。例如，个体能够发展起稳定的同一性，这可能得益于其早期在目标和成就中获得的快乐（主动性），而非得益于对目标和成就感到的罪疚（罪疚感）。并且，建立了这种稳定的同一性的个体比在这一时期没建立同一性的个体能更善于继续形成稳定而亲密的人际关系（Kahn，Zimmerman，Csikszentmihalyi，Getzels，1985）。同时，和其他阶段论者相一致，他强调各阶段有一顺序性，都发生在特定的时间，并有确定的主题和可能的积极、消极结果。

2.1.10 自我控制训练性研究

1. 梅臣鲍姆的自我指导训练研究

梅臣鲍姆（Meichenbaum）和古德曼（Goodman，1971）依据鲁利亚提出的言语和行为关系发展的三阶段论为儿童设计了自我指导训练方案：训练他们自言自语，以此作为发展外部行为自我控制力的一条途径。训练过程一般分为三个阶段：第一阶段，儿童的行为主要由成人言语所控制；第二阶段，儿童的外部言语开始成为有效的行为调节者；第三阶段，儿童的内部言语则担负起自我管理的职责，至此，任务完成。

梅臣鲍姆的早期工作是针对冲动儿童的。区分冲动儿童的工具，一般采用的是kagan（1966）设计的熟悉图形匹配测验（Matching Familiar Figures Test）——测查儿童的冲动-反省维度（Impulsivity inflectivity）。在此量表中，儿童必须从六个相似的选项中选出与标准图片完全一致的那一个。成绩低劣、反应快但出错也多的儿童即判为冲动儿童。梅臣鲍姆的这种训练方案，包括从简单的感觉运动到复杂得多的问题解决等许多任务。在训练早期阶段主要是完成感觉运动任务，儿童要在规定的界限内描线或给图形着色，在随后的训练期间，儿童则被要求遵循有顺序的指导，比如复制某些设计（如折纸汽车等）、将图片排成有意义的序列，以及解决诸如瑞文矩阵（Raven's Matriles）之类的概念性任务等。对每一项任务，实验者先予以正确的自我言语示范，而后逐渐削减；同时，儿童予以模仿和自我强化，不断增强言语的内隐性。梅臣鲍姆称，这种训练方案显著改善了冲动儿童在迷津任务上的成绩和在韦氏智力测试中的智力商数，且在FMFT测试中增加了认知的反省性。

这种认知-行为训练后来被成功地用于确立内部言语对以下行为的控制：多动儿童的破坏性行为、侵犯行为儿童的侵犯行为（改善其认知功能和亲社会行为）、捣乱的学前儿童、幼儿园和低年级儿童的欺骗行为以及正常儿童的类似行为等。是什么使得言语自我调节上的训练有此效果呢？梅臣鲍姆（1977）指出有以下几个原因：①言语能够使刺激的特点更加突出，对儿童起到提醒作用；②言语指导能将儿童的注意力引到问题或事件的相关方面；③言语能帮助儿童形成如何行动的一系列设想；④言语利于儿童保持短时记忆中有关的信息。梅臣鲍姆的训练方案中包含许多成分，Pressley（1979）在评论这种认知-行为矫正方案的疗效时指出，应进行更多的研究以弄清训练中各种成分的相对作用或效果。Hater（1983）则指出，梅臣鲍姆的训练方案没有充分考虑儿童的年龄发展水平和儿童的个别差异，有待改善。

2. 坎普的发声思维方案

坎普（Camp，1977，1980）在运用多种言语和非言语的评估和测量技术来鉴别侵犯行为儿童的工作中发现，年幼侵犯行为儿童（男）在行为测试中表现出存有缺陷，但是单就言语任务而言却没有缺陷，这些儿童似乎在需要对自己侵犯行为加以控制的情形中不能够应用自己的言语技巧。在研究中，与正常的同伴组相比，侵犯行为儿童的冲动部分体现在，在问题解决过程中，与任务无关的话多。于是坎普采取了自我言语指导技术和 Spivack 与 Shure（1974）的增加人际技巧方案的某些技术，为年幼的富有侵犯攻击性的男孩设计了发声思维方案（Think Aloud Program）。Spivack 与 Shure 的训练方案主要用于这样的儿童：处境不利、地位低下，在处理人际问题上，不能灵活地考虑多种解决策略的孩子。Spivack 与 Shure 的方案便在一系列的社会推理练习中训练儿童，发展其因果思维，鼓励他们在同伙伴发生冲突的情境时产生多种可用的问题策略和预见特定解决方式的结果。总的来讲，就是应用因果思维于社会情景中。坎普的方案综合了两种训练方案的技术的理由是：仅对侵犯行为进行言语抑制不太可能导致更好的行为，除非儿童拥有另外一套取而代之的社会行为技能。具体说来，发声思维方案用于：在问题情境中，应用言语抑制初期的侵犯冲动反应，发展有组织的解决问题的途径方法，增加可供选择的问题解决反应方式，发展语言以理解事件的因果关系等。为了促进儿童生成和自觉使用这些技巧，在训练中，由成人提供认知表率，推进儿童的外部言语指导逐渐到内隐水平，并督促其独立运用这些技巧以及将它们迁移到其他情景。

研究和实践表明，发声思维方案的效果还是较理想的：自语指导组与侵犯控制组相比，在亲社会行为和认知功能的改善上收效更为显著；与提高自尊方案中的儿童相比，尽管两组在亲社会行为上都有显著改观，但自语组男童在减少侵犯行为上和认知技能的发展上进步更多。

在随后的研究中，研究者发现，有的儿童在友爱、冲动和多动的减少等方面进步显著，有些儿童却表现一般、进步很小。这些结果表明，训练方案的设计要考虑儿童的个体差异，个体差异变量可以预见某一特定方案对一些儿童才会成功而非另一些。基于此，坎普等人认为需将临床儿童的特征弄得更清楚、具体以改进这些训练方案。

3. 瑞内的自我控制干预理论模型

20 世纪 90 年代中期，Ronnen 和 Wozner（1995）在 Beck（1979）的认知理论和 Rosenbaunm（1993，1990）的自我控制理论模型基础上，构建了适用于儿童的自我控制干预理论模型。

Beck 的认知理论认为，儿童的发展过程是一个基于儿童个体经验的基本图式的生长过程。从父母那儿不断得到积极强化的儿童倾向于形成积极的自我概念和良性的看待和处理问题的思维方式，这利于发展其生活技能和很好地适应环境。而经常受到批评和惩罚的儿童将形成消极的自我态度和极端的思想及行为方式，这些儿童因持续的压力和紧张，或始终努力追求最优和完美以赢得父母的喜爱，或备感无助而放弃努力、破罐子破摔。Beck 认为，儿童在最初几年成长起来的基本图式（核心是对自己的观念）会持续影响到儿童以后的成年生活风格。

Beck 关于儿童思想观念的定势在其发展过程中重要作用的分析和强调，使 Ronnen 很受启发，他认识到识别出对儿童成长具有巨大影响的思想观念定势的性质对于评估儿童的问题行为和选择相应的治疗方式方法是至关重要的。

而 Rosenbaum 针对成人设计的自我控制理论模型，给 Ronnen 建设自己的理论模型提供了另一重要思想基础。在这一模型中，Rosenbaum 概括了用于成人的三种自我控制策略：①调节型自我控制策略——运用自我言语、放松和想象等认知方法来纠正偏离目标的行为，使行为朝向原来目标以减少压力、痛苦和情绪困扰等问题。②信息型自我控制策略——运用计划、坚持健康行为及问题解决等方法去改变个体一贯的行为方式而采用新行为。这一策略侧重于避免将来的问题和麻烦，它常用于抵制诱惑和延迟满足等任务中。③经验型自我控制策略——从事新的活动（尤其是不太需要认知控制的），或进入新的环境来调整不良的情绪情感、增长人生技能。Ronnen 认为，Rosenbaum 的这一理论模型经过修改是可以用于儿童的。

建立在 Beck 的 Rosenbaum 的理论基础上，Ronnen（1995）综合多种认知和行为技术提出了针对儿童的三种自我控制策略模型，每种策略都包含诸如儿童的问题行为、目标行为、治疗背景、治疗技术、治疗方法以适用年龄等多种成分：①调节型自我控制——主要用于 5 岁以上控制缺乏儿童的如下行为：侵犯、对抗、冲动、多动、注意缺乏、人际缺陷等，干预技术可用自我指导、想象以及放松等。治疗效果主要放在对现在问题的解决上。②信息型自我控制——主要用于 11 岁以上退缩、抑郁、焦虑的过度自控儿童。这种策略相对而言，更着眼于将来的结果，所以，治疗任务较为艰巨，适用于认知水平较高的大龄儿童。这一策略也适用于认知技巧的控制缺乏儿童，他们可以通过学习抗拒诱惑、计划、使用问题解决策略等技巧而更好地抗拒诱惑、延迟满足。③经验型自我控制——主用于三四岁以上很难适应新环境、难以接受新事物和新经验的过度控制儿童，这些儿童往往过于害羞、抑郁、退缩和保守而在适应上存在严重缺陷。为减免这些儿童的苦痛，要运用松弛、体验新经验、发展多种兴趣爱好等技术和方法来增进其人生技能。所幸的是，这种策略对于儿童来讲，在其自然的生活和学习的环境中，即可较为轻松地实施。Ronnen 认为，三种策略可单独使用，也可组合搭配，视具体儿童的具体问题而定。

在上述理论基础上，结合经验材料，Ronnen 和 Wozner（1995）还提出了五阶段自我控制干预模式，这五个阶段分别为矫正不当观念，认识问题发生过程、增强对内部刺激的意识力、发展自我控制力以及问题解决。其中每一阶段都会增进儿童对行为的控制力。Ronnen 等人对学校学生的研究表明，这种模式是成功的，尤其是其疗效持久——儿童能将习得的某方面的自控力迁移到其他领域。

2.2 我国与自我控制有关的研究

2.2.1 古代思想家的论述

中国是一个历史悠久、文化灿烂的东方文明古国，历代的思想家都为后人留下丰富的思想论述和文化遗产，可以说是博大精深、源远流长。本书不可能系统地阐述古代思想家有关自我控制的论述，只能略作简单的介绍。

阴阳五行学说，对于我们理解万物的变化规律具有重要价值。《系辞》曰："一阴一阳之谓道。阳卦多阴，阴卦多阳。其何故也？阳卦奇，阴卦偶。乾，阳物也；坤，阴物也。阴阳合德而刚柔有体。阴阳之义配日月，易简之善配至德。"阴阳观念基于天，本指气或气温；五行的观念基于地，本指物。二者所指，本来就有多方面的内在和外在的联系。物体的阴阳两面，不断地一动一静地运动着，五行万物，均由此而化生；因此，阴阳为五行之合，五行为阴阳之分，阴阳中各具五行，五行里互含阴阳。"阳变阴合，而生水火木土金，五气顺布，四时行焉。五行，一阴阳也；阴阳，一太极也；太极，本无极也。五行之生也，各一其性。无极之真，二五之精，妙合而凝。乾道成男，坤道成女。二气交感，化生万物，万物化生，而变化无穷焉。"（太极图说）阴阳运动的规律：两体合一、动静升降、始终持续、两极反复。阴阳五行，博大精深，这里只能简单地取其要义，即对立统一辩证运动之意。阴阳的划分可以有多种维度，如动静、上下、正负、内外、积极消极等。而且阳中有阴，阴中有阳。

儒家的"内圣外王"思想从某种意义上讲，就是一种大的自我控制。非常强调自律和修身，只有"格物、致知、正心、诚意、修身、齐家"才能"治国、平天下"。孔子说："克己复礼为仁。一日克己复礼，天下归仁焉。"孟子说："夫志，气之帅也；气，体之充也，夫志至焉，气次焉；故曰：'持其志，无暴其气'。"孟子认为的思想意志（志）统帅人的意气情感（气），思想意志到了哪里，意气情感也就在哪里表现出来。所以人既要坚定自己的思想意志，同时又不要滥用自己的意气情感。《鬼谷子》说："志不养则心气不固；心气不固则思虑不达；思虑不达则志意不实；志意不实则应对不猛；应对不猛则失志而心气虚，志失而心气虚则丧其神矣；神丧则恍惚；恍惚则参会不一。"荀子说："若夫心（志）意修，德行厚，知虑明，生乎今而志乎古，则是其在我者也。”意思说至于意志端正，德行深厚，认识精明，生在当今而懂得古代的人，这一切都在于他自我的努力。荀子说：“心者，形之君也而神明之主也，出令而无所受令。自禁也，自使也，自夺也，自取也，自行也，自止也。”

中国古代学者强调立志。孔子曰：“三军可夺帅也，匹夫不可夺志也。”首先，立志要大。如张载指出：“学者不宜志小，气轻志小则易足，易足则无由进。”在他看来，志小容易实现、容易满足，这样就会影响进取。其次，立志要专。如孟子说：“不专心致志，则不得也。”王夫之说：“情专志壹，气亦至焉，而后耳目口体一听令于心之所之，有力而不惮用，用而不诡其施也。”再次，立志要坚。如张载说：“有志于学者，都更不论气之美恶，只看志如何。‘匹夫不可以夺志也’，惟患学者不能坚勇。”

《学记》说：“学然后知不足，教然后知困。知不足然后能自反也，知困然后能自强也。故曰教学相长也。”

孟子指出：“君子深造之以道，欲其自得之也。自得之，则居之安；居之安，则资之深；资之深，则取之左右逢其原。故君子欲其自得之也。”

2.2.2 自我意识的研究

1. 儿童与青少年自我意识发展研究

朱智贤在20世纪80年代主持了“中国儿童青少年心理发展和教育”的国家重点课题研究，取得了一系列成果。其中，韩进之、魏华忠、杨丽珠牵头研究了“中国儿童青少年自我意识发展和教育”。这里简单介绍他们的研究结果，从中可以发现一些规律性的趋势，对我们研究具有启示。

我国学前儿童自我评价的发展道德是依从性的评价，然后发展为对自己个别方面、再是对自己多方面进行评价。对自己行为的评价，主要是对外部行为的评价，同时也发现有从外部行为的评价向内心品质转化的倾向。学前儿童已具有一定的道德性自我评价能力，但这种评价带有一定的情绪性。对某些道德概念的理解很肤浅，还不能很好地理解道德概念。

学前儿童自我情绪体验的发展已在不断丰富和深化，但也表现易受暗示性，至于自我控制能力的发展，3岁与4岁幼儿的自制力和坚持性都很差，5岁与6岁的儿童才有一定的自制力和坚持性。

中小学生自我评价的发展，已表现出具有一定的独立性，同时表现出自我评价由具体转向抽象性，由外部转向内心世界，到了高年级自我评价逐渐趋于稳定。

我国儿童与青少年自我意识三种表现形式或三种因素的发展，即自我评价（SA）、自我体验（SE）和自我控制（SC）的发展，也是随着年龄的增长而逐渐发展的。从总体来看，学前儿童自我评价发生的年龄期在3～4岁之间，到了小学至初中阶段，SA的发展几乎直线向高水平发展，到了高中至大学阶段，则逐渐趋于稳定。

学前儿童自我评价体验（SE）开始发生的年龄期为4周岁，到小学阶段，SE和SA的发展比较一致，表明情感体验与自我认识的发展密切相关，但到小学六年级以后，二者的发展速度显示出差异，SA继续保持较快速度发展，而SE的发展速度则缓慢下降，这表明理性认识上去了，情感体验并不一定能够跟上去。因为理性认识转化为情感需要还有一个过程。到了高中至大学阶段，自我体验的发展水平才逐渐趋于稳定。

学前儿童自我控制（SC）的发生年龄期为5～6岁，5～6岁年龄组中绝大多数儿童都有一定的控制能力，但不稳定。该研究小学阶段SC的发展曲线出现奇异现象，小学二、三年级的分值反比四、五、六年级高，似乎小学低年级孩子的自我控制反而比小学高年级强，这不合情理。经认真分析，由于小学一至三年级学生特别听老师的话，大都能遵守老师的规定，故表现SC强，小学高年级学生，他们的独立性发展了，外在控制力相对减弱，因此SC的发展反而表现不如以前，实际这是一种假象，小学低年级学生的控制力还是很低弱的。从中学到大学特别是从高中三年级到大学三、四年级，SC发展上升的幅度较大，高三学生和大学生基本上都能注意调节和控制自己的行为和情感，他们已接近或已达到成年了。自我评价的稳定性随年级升高而发展。

2. 大学生自我意识发展研究

大学低年级学生与高年级学生自我意识的发展基本上是处于同一级（稍偏高）水平。但大学一年级和四年级学生自我意识的发展仍有差异，其发展总趋势已逐渐趋于稳定，不过还没有完全成熟。

大学生自我意识的发展已明显具有独立性，这种独立性是随年级的升高而提高的。但大学一年级学生与高中三年级学生自我意识的独立性无差异，大学三年级与四年级学生也无差异。可见，大学一年级学生与高中三年级学生自我意识发展状态很接近，到了大学三年级自我意识的独立性更趋于定型化了。

大学生自我意识的发展能进行比较深刻的自我反省，而且绝大多数在他人帮助下都能进行自我教育、自我发展，发挥自我潜能。

大学生自我意识的发展表现明显的矛盾性，即“理想的我”与“现实的我”“主体的我”与“社会的我”的矛盾，这种矛盾运动的结果，使绝大多数大学生向积极方面转化，达到新的水平上的积极同一。少数大学生也会向消极方面转化，达到消极同一。我们必须加强大学生思想政治工作，使大学生健康成长。

大学生自我评价的发展水平是随年级的升高而发展的。大学生自我评价的发展表现出概括性，这种概括性具有以下几个特点：①概括的理论性，即不是就事论事，而是一种脱离一定的情境从理性上进行评价；②概括的辩证性，即能辩证地看待自己；③概括的定型性，即男、女生能根据各自的性别特点来评价自己。大学生自我评价的发展还表现出广泛性，即能对自己的优缺点、才华、性格、气质、道德品质和与同学间的关系等进行全面比较和广泛的评价。

大学生自我体验的发展水平趋于稳定。大学生各年级与高中三年级学生之间自我体验发展水平经方差分析均未达到显著差异，说明大学生自我体验发展水平与高中生是处于同一级水平上。但大学生自我体验也还是有发展变化的。其中大学二年级、三年级的学生自我体验所得平均分有所下降，究其原因，研究者认为这与中学生的调查一样，自我体验是情感问题，情感是社会需要是否得到满足的一种体验。大学生自我意识存在着矛盾，“理想的我”与“现实的我”差距很大，随之产生一定的消极情绪。但是他们经过矛盾斗争，大学四年级绝大多数学生向积极方面转化。如有的同学说：“我正力图完善自己，通过次次失败，从中锻炼了自己，得到乐趣。”正是这种自我意识矛盾向积极方面转化，他们的心理趋于稳定，自我体验得分又渐次上升。

和自我体验一样，大学生自我控制的发展水平也趋于稳定。大学生各年级和高中三年级学生之间自我控制发展水平经方差分析均未达到显著性差异，说明大学生自我控制发展水平与高中生也是处于同一级水平上。但大学生自我控制也还是有发展变化的，他们的自我控制得分基本上是随年级升高而上升，其中大学三年级与四年级上升的幅度较大一些。据测题调查，大学生基本能注意调节和控制自己的行为情绪，能制订计划并在一定程度上去实施自己的计划。

方俊明通过分析个体婴儿期、幼儿期、学龄初期、少年期、青年初期、青年晚期的生理成熟、心理发展与行为发展的关系，探讨了各个发展阶段上个体自我调控方式的变化。他认为，个体一定的自我调控方式是建立在其生长与成熟、认知发展、情感发展和行为发展的基础之上的，也就是说，个体的自我调控方式与其身心发展水平是相匹配的。据此，他提出自我调控方式发展的年龄特征：

婴儿期（出生到 2 岁）的自我调控方式表现为感觉调控（包括直接刺激的调控、视觉与触觉的协调）、感知调控（包括感觉与知觉的协调、知觉信息整合调控）和初步的知觉思维调控。

幼儿期（2～7 岁）的自我调控方式表现为表象思维、语言符号的信息调控和具体思维水平的信息调控。

学龄初期（7～11 岁）的自我调控方式表现为思维水平的调控，但意志薄弱、抗诱惑力差。

少年期（11～15 岁）的自我调控方式表现为初步的知、情、意的整合调控，有抗诱惑力，但多凭感情支配，意志行为增多。

青年期（15～18 岁）的自我调控方式表现为较高级的知、情、意的整合调控，心理结构已基本形成，有坚强的意志。

青年晚期（18～25 岁）的自我调控方式表现为人格水平的统一调控。

2.2.3 自我监控的研究

从某种意义上讲，自我监控和自我控制是同一层面的概念，所以这里有必要将自我监控的代表性成果作一介绍。自 20 世纪 80 年代中期起，董奇、周勇等就开始了对学习自我监控问题的研究并取得了很多成果，集中反映在《自我监控和智力》上。这里简要介绍他们对自我监控的界定、自我监控的特点、自我监控的结构、自我监控的发展等的成果。

1. 自我监控的界定

自我监控是一种监控主体与监控对象为同一客观事物的监控。具体来说，自我监控就是某一客观事物为了达到预定的目标，将自身正在进行的实践活动过程作为对象，不断地对其进行积极、自觉地计划、监察、检查、评价、反馈、控制和调节的过程。自我监控有广义与狭义之分。广义的自我监控范围很大，无论是机器系统还是生物系统的监控对象，只要符合监控主体和监控对象同一的标准，都属于广义自我监控的范畴。

狭义上的自我监控则专指监控主体与监控对象同一的智能监控。从严格意义上来说，只有首先属于智能监控，才有可能属于自我监控。这是因为，在理论上，如果某一客观事物要做到既是监控过程的主体，又是监控过程的客体，那么这一客观事物必定为具有主体能动性的人类，只有人类的意识才有可能将人类自身的实践活动视为作用对象，施以监视反馈和调节控制。另外，也正是由于人类具有能进行自我监视反馈和调节控制的意识，才使自己得以成为人类区别于一切非生物和其他一切生物的特殊生物。也就是说，严格意义上的自我监控应该首先是一种智能监控。当然，并不是所有的智能监控都是自我监控。在智能监控中，除自我监控外，还有外部监控。

智能监控中的自我监控也就是人类的自我监控，实质上属于人对自身活动的自我意识和自我控制。人类的自我监控贯穿于所从事的形形色色的实践活动之中，可以说无处不在。对每个人来说，从生活作息到学习工作，要保证每项活动的正常进行和顺利开展，一般来说，都离不开自我监控。正是由于自我监控在人类实践活动中发挥着重要作用，古今中外许多哲学家和学者都对其产生了浓厚的兴趣，并进行了许多分析和思考。虽然在论述这一问题时各自使用的术语有所不同，所涉及的内容存在差别，但是，它们都是关于人类个体对自身活动的自我体验、自我观察、自我控制和自我调节。

2. 自我监控的特点

（1）能动性。

人类个体的自我监控有别于各种形式的外在监控，它是个体自主地、独立地、自觉地从事和管理自己的实践活动，而不是在外界各种压力和要求下被动地从事实践活动或需要外界来管理自己的实践活动。这种对自己实践行为及有关因素进行监控的活动，其最主要的特征就是能动性。能动性是自我监控的最根本特征。

（2）反馈性。

监控是一种建立在信息反馈基础上的控制，其不可分割的两个方面之一是反馈，即对事物运动发展的实际过程进行审视、监察，以获取关于事物运动发展诸信息。自我监控作为监控的一种，无疑也具有这一特征。而且，自我监控中的信息反馈是一种个体关于自身的特殊反馈，与一般监控相比，自我监控中反馈的水平更高，特征更鲜明。具体来说，自我监控要求个体不断地去获取关于自身实践活动系统各要素变化情况的有关信息，审视和检查自身实践活动的过程与效果，显然，这种个体对自身的监视与反馈相当复杂。要对自己的实践活动进行反馈，个体需要将注意力同时集中在两个客体上：一是实践活动涉及的客体；二是正在进行实践活动的主体及其正在从事的实践活动。

（3）调节性。

在自我监控中，调节性所反映的是根据反馈回来的信息和预期目的，对自身下一步的实践活动采取修正、变革、调整等措施的控制。在个体生活与实践活动中，个体对自身各种具体的调控行为，诸如实践目标的确立、自身努力程度的调节、实践方法与解决问题策略的选择、实践时间的利用、实践步骤的安排、实践计划的执行、实践效果的检查和分析、补救措施的采取等，实质上都是个体根据获取的有关信息和已有的知识经验，对自己实践活动系统中的某个或某些因素所进行的调节活动。调节性是自我监控的基本特征。

（4）迁移性。

迁移性指从某一个领域中获得的知识和技能可适用于另一个领域的知识与技能的特征。自我监控就具有这种性质特征。从广泛的角度来分析，尽管个体所从事的生活与社会实践活动千差万别，但是对自身实践活动进行自我监控却是个体从事各种实践活动时所具有的一种共同特征，也是决定各种实践活动效率的主要影响因素。由于个体对不同类型实践活动进行监控、调节的实质是相同的，因此，在任何一种实践活动中的自我监控都具有广泛迁移的潜在可能性，既可应用于不同的实践情景中，也可应用在多种多样的实践活动上。此外，由于自我监控具有循环反馈性，它随时可以根据实践形势的变化进行相应调整以适应不同的实践情境，从而表现出广泛的迁移性。

（5）有效性。

由于自我监控出发点和目的就是尽量协调好个体自我实践系统中各种因素的作用，从而使它们发挥出最佳效果，因此，在某种意义上，自我监控就是采取各种调控措施使自己的实践过程达到最优化，包括选取最佳的实践方法，对实践要素进行最佳的配置、最佳的结合，从而使实践过程最经济、最有效。由此，自我监控自然就具备了有效性的特征。一般来说，在高水平自我监控下，实践活动更可能达到最佳状态，取得最佳效果，从而表现出高度的有效性。自我监控的有效性除了表现出对当时实践活动的即时效应之外，还表现出一种长时效应。

3. 自我监控的结构

（1）自我监控的静态结构。

从静态、性质角度出发，自我监控可划分为自我监控知识、自我监控体验和实际自我监控三个不同性质的成分。自我监控知识就是有关自我监控的知识与经验，即人们关于什么因素影响人的实践过程与结果、这些因素是怎样起作用的、它们之间又是怎样相互作用的、如何去控制与调节自己的活动等问题的认识。自我监控体验是任何伴随着实践活动的认知体验或情感体验。实际自我监控是相对于自我监控的知识与体验来说的。在关于自身实践活动的自我监控中，自我监控知识主要提供一种知识背景，而自我监控体验是伴随实践活动之中的情绪感受，只有实际自我监控才是真正意义上的监控。实际自我监控是指主体在进行实践活动的全过程中，将自己正在进行的实践活动作为意识对象，不断地对其进行一系列积极、自觉的监视、控制和调节。实际自我监控贯穿于主体实践活动的始终，下面所列举的四个方面是实际自我监控的一些典型表现：制订计划，即根据实践活动的特定目标，在一项实践活动之前计划各种实施步骤，选择策略，预测结果。执行控制，即在实践活动进行的实际过程中，及时评价、反馈实践活动进行的各种情况，发现其中存在的不足，并据此及时修正、调整方法策略。检查结果，即根据有效性标准评价各种方法策略的效果，根据实践目标评价实践活动的结果，正确估计自己是否完成任务，以及完成任务的程度与水平如何。采取补救措施，即根据对实践活动结果的检查，确定行动方案，采取相应的补救措施。

需要指出的是，虽然自我监控知识、自我监控体验以及实际自我监控具有各自不同的性质特征，但在实际的实践活动中，自我监控知识、自我监控体验和实际自我监控三者却是相互联系、相互影响和相互制约的。

（2）自我监控的动态结构。

从动态、过程的角度出发，自我监控可划分为计划、监察、检查、评价、反馈、控制和调节等一系列连续的环节。自我监控的动态结构与实践活动的发展进程是紧密联系的。因此，应结合个体实践活动的整个活动进程来考察自我监控的动态结构。只要我们仔细观察并分析人们实践活动的实际情况，不难发现，完整而全面的自我监控动态结构，应当具体表现为在实践活动的不同过程、阶段上对自己实践行为的反馈和控制，即实践活动之前对自己实践行为的计划、安排和准备，实践活动之中对自己实践行为的意识、执行和控制，实践活动之后对自己实践行为的反馈、修正、补救以及更高层次的反省和总结。在此基础上，可进一步认为，自我监控的动态结构由计划、准备、意识、方法、执行、反馈、补救、总结等八个具体环节组成（表 2.10）。

表 2.10 自我监控动态结构

环节		内 容
实践活动前的自我监控	计划	指个体在实践前对实践活动的安排。如在实践之前对做什么、如何去做以及实践时间等进行安排
	准备	指个体在实践前为实践活动作好各种具体的准备。如实践之前准备好实践工具，创设好实践环境，调节好情绪与精力状态
实践活动中的自我监控	意识	指个体在实践活动中清楚实践的目标、对象和任务。如在实践中知道为什么要这么做
	方法	指个体在实践活动中讲究策略，选择并采取合适的方式、方法。如预习时在不懂的地方做上记号，听讲时弄清老师讲课的思路，采取理解记忆的方法
	执行	指个体在实践活动中控制自己去执行计划，排除有关干扰，保证活动的顺利进行。如坚持在完成实践任务后才做其他事情
实践活动后的自我监控	反馈	指个体在实践活动后对自己的实践活动的状况及效果进行检查、反馈与评价
	补救	指个体在实践活动后根据反馈结果对自己的实践活动采取补救性措施。如一旦发现某一部分工作做得不好，就多花些时间或想一些办法去做好它
	总结	指个体在实践活动后思考和总结实践活动的经验和教训。如总结自己和借鉴别人或书本上好的工作方法和经验，不断提炼和完善自己工作的方式、方法

(3) 自我监控结构的其他模型。

关于自我监控的结构，除了上面讨论的静态与动态结构之外，还存在以下几种模型：自我监控的自我指向-任务指向结构、自我监控的一般-特殊结构、自我监控的宏观-微观结构、自我监控的隐密-外显结构、自我监控的“WHWW”结构。自我监控的结构从发生过程的角度出发，可由三个部分组成：自我监察（self-monitoring）、自我指导（self-instruction）和自我强化（self-reinforcement）。

4. 自我监控的发展

发展心理学认为，从婴儿期到青年期，个体自我监控能力经历了一个从简单到复杂、从低水平到高水平、从感觉信息控制到人格水平控制的发展过程。

在婴儿期（出生至 2 岁），个体自我监控方式最初是直接刺激所引起的皮层下的感觉控制，后来发展到几种感觉和知觉信息的整合监控，最后出现了有简单的思维参与的监控。当然，总的来讲，这时候整个自我监控能力还非常薄弱。

到了幼儿期（2～7岁），随着大、小肌肉群的发达和大脑皮层的日趋成熟，个体活动范围不断扩大，活动能力不断增强，语言与思维的发展大大提高了个体信息加工的水平和活动的目的性、预测性，进而促进了自我监控能力的较大提高。然而，这时候，高层次的自我监控还未出现。

在学龄初期（7～11岁），大脑结构和机能的成熟已接近成人水平，个体概念的运用、判断、推理能力的发展也已达到了较高水平。这时候的自我监控开始建立在认知、情感、意志行为的多系统信息加工水平之上。但此时个体的意志还比较薄弱，抗诱惑能力差。

步入少年期（11～15岁）后，由于生理上的巨大变化，个体的性意识、自我意识和思维活动有了显著的发展，社会与道德认知进一步发展。这时候的自我监控已基本属于知、情、意的整体调节与控制，意志行为日益增多，抗诱惑性能力日益增强。但由于富有激情，冲动性大，高层次自我监控不很稳定。

进入青年期（15～18岁）后，个体的生理发展日趋成熟，个体在认知、情感、意志三个方面的心理发展也都达到一个新的水平。认知趋向于复杂的信息加工，抽象思维和创造性思维突出。在情感方面，理智感、道德感、正义感、爱国主义、集体主义等高尚情感发展形成；青年期的意志行为在全部活动中所占的比例越来越大。这时期的自我监控主要是一种建立在认知和情感基础上的综合调控。与此同时，高层次的自我监控在整个行为控制中占据主导地位，青年期以后个体自我监控随着个体社会阅历的不断增多、经验的不断丰富而得以深化和完善，逐步形成为一种建立在逐步稳定的人格基础上的自我监控。

2.2.4 自主学习的研究

因为大学生的主要任务是学习，学生如何有效地进行自我控制、自我教育，完成学习任务，也是很多教育实践者和教育研究者非常关注的问题。这里介绍华东师范大学庞维国的博士学位论文《中小学学生自主学习的教学指导模式研究》的成果。

庞维国认为，要想培养学生的自主学习能力，需要把影响自主学习的诸动机因素、学习策略、元认知过程、利用学习的环境资源等方面纳入教学目标中去；建构一种行之有效的自主学习的教学指导模式，它的突破口应该是变革课堂的教学结构，其特点是：在教与学的关系上，变“学跟着教走”为“教为学服务”，树立起“以学为本，因学导教”的教学思想，把学生的自主学习与平等的师生关系引进课堂，使教学结构发生质的变化。其思路是：先学后教。即通过学生自主学习来解决现有发展区问题，通过教师的讲解、指导来解决最近发展区问题。有利于学生自主学习的教学指导程序应该是：呈现学习目标，激发学习动机，引导学生自学，自学检查，小组讨论，教师对疑难问题重点讲解，练习巩固，课堂小结等。

庞维国根据系统论和控制论的观点，在吸收国外学者研究成果的基础上，概括出一份自主学习的教学指导流程图。

从图 2.5 可以看出，有利于学生自主学习的教学流程主要包括确定学习目标、激发学习动机、自学教材内容、自学检查、集体讨论、教师讲解、练习巩固、学生小结等环节，这些环节构成流程图的主体部分。为了说明教师在学生自主学习过程中所起的作用，我们在流程图的上方添加了教师指导、启发、反馈、评价这一模块，意指在学生确定学习目标、自学教材内容、自学检查、集体讨论、练习巩固等各个环节中，教师主要起辅助、引导作用。

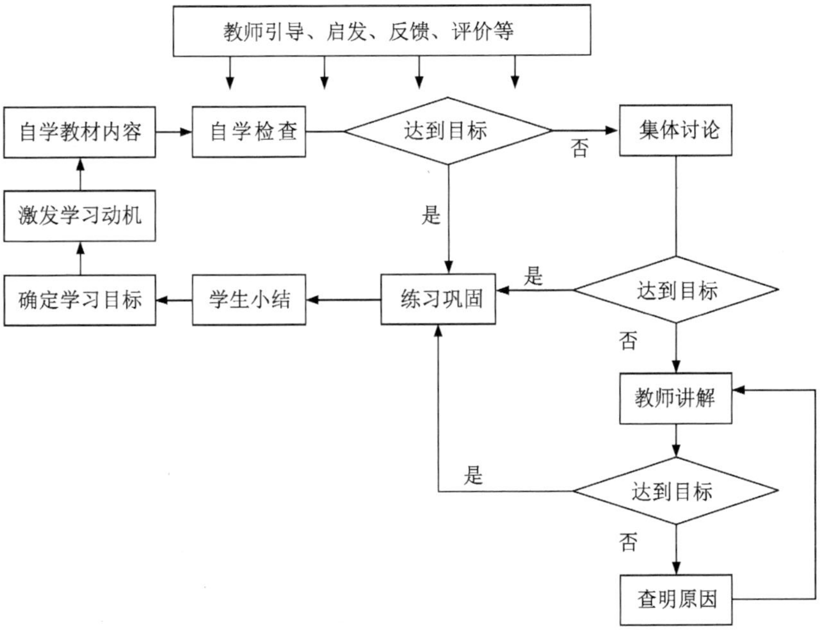

图 2.5　自主学习的教学指导流程图

该流程图的主体部分包含三个闭合的环路。第一个环路是由确定学习目标、激发学习动机、学生自主学习、自学检查、练习巩固、课堂小结等环节构成。它所表达的意思是，学生明确学习目标后通过自学就能达到目标要求。显然，在这种情况下，学习的几个环节主要是由学生自主完成的，教师从中只起引导作用。第二个环路是在第一个环路的基础上增加了集体讨论这一环节。它所表达的意思是，学生通过自学尚没有达到目标要求，但是通过集体讨论，解决了自学中的剩余问题。由于讨论主要是在学生之间进行的，因此，与在第一个环路中一样，第二个环路中教师也只对学生起引导作用，学习主要是通过学生个人或集体完成的，学习的自主权还是主要在学生这边。第三个环路在第二个环路的基础上增加了教师讲解这一环节。它表明的情况是，学生通过自学和集体讨论后，仍有一部分学习问题没有得到解决，这时就需要教师进行讲解，从而帮助学生克服学习困难，完成学习目标。当然，如果通过教师讲解，学生仍然不能完成学习任务，教师就要查明具体原因，重新讲解，必要时甚至可以暂时终止讲解。尽管如此，这一环路中所包含的多数环节仍然是主要依靠学生自己来完成的。因此，总的来说，这一教学流程把学生的学置于教学的核心地位，教学过程的诸环节多数主要是由学生自己来完成，教师在这些教学环节中主要起引导、点拨、反馈作用，这样更有利于给学生提供自主学习的机会，体现其学习的主体地位，发展其自主学习能力。

2.2.5 自我控制量表研究

1. 学习自我监控量表

北京师范大学董奇、周勇于 1994 年编制了学习自我监控量表。他们认为，所谓学习的自我监控是指学生为了保证学习的成功，提高学习的效果，达到学习的目标，运用各种方法和策略对所从事的学习活动各个方面进行自我调节和控制的过程。应从学习过程的角度来探讨学习自我监控的操作定义。因为学习的自我监控是通过学生在学习的不同过程、阶段上对自己学习行为的调节和控制表现出来的，而且学生对其学习行为的监控贯穿于整个学习过程的始终，他们学习的自我监控也在所有的学习过程中表现出来，因此结合学习进行的整个过程和阶段来界定学习的自我监控的定义，不仅有助于完整而全面地考察学习的自我监控的所有方面，而且比较符合、贴近实际学习情境，使研究的结果具有较高的生态效度和较大的推广、应用价值。

在编制学习自我监控量表时，他们紧密结合中小学学习的具体过程，首先从宏观上提出学习的自我监控是由学习之前、学习之中、学习之后三方面的具体内容构成的设想。具体来说，按自我监控在学生实际学习活动中的出现阶段来划分，学生学习的自我监控主要包括在学习活动开始之前对自己学习活动的事先计划、安排和准备，在学习活动之中对自己学习活动的意识、执行和控制，在学习活动完成之后对自己学习活动的反馈、修正和补救，以及进一步的反省和总结等三个方面。考虑到学习方法的选择与采取也是学生学习的自监控的重要方面之一，因此将它从学习活动计划的执行中独立出来。这样，综合起来就初步形成了由计划性、准备性、意识性、方法性、执行性、反馈性、补救性、总结性八个维度组成的学习的自我监控量表的结构框架。其中每个维度的具体含义见表 2. 11。

表 2.11 学习自我监控量表的结构框架

维度名称		维度含义
Ⅰ. 学习活动前的自我监控	计划性	指学生在学习前对学习活动的计划和安排。如学习之前先做好计划，对学习哪些内容、如何去学以及学习时间安排等进行计划
	准备性	指学生在学习前为学习活动做好各种具体的准备。如学习之前准备好学习用具、创设好学习环境、调节好情绪与精力
Ⅱ. 学习活动中的自我监控	意识性	指学生在学习活动中清楚学习的目标、对象和任务，如上课时知道老师为什么要讲这些内容
	方法性	指学生在预习、上课、作业、复习等学习活动中讲究策略，选择并采取合适的学习方法。如预习时在不懂的地方做上记号，听讲时弄清老师讲课的思路，采取理解记忆的方法
	执行性	指学生在学习活动中控制自己去执行学习计划，排除有关干扰，保证学习的顺利进行。如坚持在完成学习任务后才做其他事情
Ⅲ. 学习活动后的自我监控	反馈性	指学生在学习活动后对自己的学习状况及效果进行检查、反馈与评价
	补救性	指学生在学习活动后根据反馈结果对自己学习采取补救性措施。如一旦发现某一部分内容学得不好时，就多花些时间或想一些办法去学好它
	总结性	指学生在学习活动后思考和总结学习的经验和教训。如总结自己或借鉴别人和书本上好的学习方法和经验，不断提炼和完善自己学习的方式、方法

学习自我监控量表共由 70 个项目组成，分为计划性、准备性、意识性、方法性、执行性、反馈性、补救性、总结性等八个维度，其中方法性维度又分为一般方法、预习、听课及理解、课后练习、复习五个亚维度。

2. 儿童自我控制学生自陈量表

刘金花，庞美云，杨慧芳等（1998）研制了儿童自我控制学生自陈量表。该量表是学生自评式量表，用来定量评定和分析儿童自我控制水平和自我控制能力。

该量表共有 38 项，每一项描述青少年在学习行为、生活习惯、社会交往和情绪体验等方面可能出现的情况，形成四个分量表：学习行为自我控制，课堂行为及对学习的自我要求；行为习惯自我控制，生活学习的规律性、做事的自觉性和条理性；自控品质，责任感、独立性、延缓满足和忍受挫折能力等心理品质；社会交往中的自我控制，体现在与小朋友交往过程中以及在情感体验中的自我控制能力。

该量表各个项目鉴别力优良，*D* 值分布在 0.232 1～0.666 1 之间，均达到了显著性水平。各项目一月后重测与原测的相关系数分布在 0.294 5～0.644 5 之间，达到了显著性相关水平。总量表内部一致性 Cronbach α 系数为 0.925 1。效度研究显示，本量表与教师评估表相关系数为 0.516 2，达到了显著性水平。

上述两个量表带给我们一些启示，但由于其对象主要是儿童小学生和中学生，所以对大学生并不合适，不能应用。

2.3 古今中外研究的启示

从上述古今中外对控制或自我控制的哲学思辨和科学研究的脉络及成果中，我们可以得到许多启示，这些启示对我们研究的理论构思和实验设计具有重要价值。下面就从文献综述中概括出自我控制研究的几个特点：重要性、主体性、系统性、辩证性、发展性、训练性，并逐一加以简述。

2.3.1 人类自我控制的重要性

人类自我控制非常重要。无论是其所涉及领域上的宽广度和时间上的全程性，还是其涉及人类主体论和决定论之间关系本质问题的深刻性，抑或是人类自我控制的成效好坏关系人类生存、发展和幸福的功效性，都充分说明了人类自我控制的重要性。

首先，人类自我控制几乎涉及人的每一次心理和行为活动，生活中多个领域、多种方面。研究文献已经强调的作为控制的 25 个重要领域。班杜拉说："人们总是努力控制影响其生活的事件，通过对可以控制的领域进行操纵，能够更好地实现理想，防止不如意的事件发生。""对生活环境进行控制的努力几乎渗透于人一生中的所有行为之中，因为它提供了无数的个人和社会利益。"夏皮洛（Shapiro）认为："人类的最大恐惧之一就是恐惧失去控制，最强的驱动力之一就是在生活中拥有控制感。跨越生活的诸多领域，个体行为和认知可被解释成并且就是他们为获得、保持和/或再建控制感的需求的一种表达。""从婴儿为掌握自己身体所做的努力，到一个老人对身体能力的失去所做的应付努力，都可被理解为获得和保持一种在个体水平上的控制感的努力。为宇宙表面上的混乱制定规则的愿望、去创造和发现意义，也可被理解成人类为获得控制感的基本需求表达。"

其次，人类自我控制涉及人类主体论和决定论之间关系的本质问题。从哲学家对自由意志的思辨到心理学的不断深入的研究，都在试图揭示一个根本问题：人类能否有选择的自由？能否自主控制自己的心理和行为？能否自己塑造自己的命运？还是被动地被内在的生物本能或外在的环境或某种不知道的神秘力量所决定？从第一势力心理动力或精神分析学派认为我们被无意识生物的和本能的力量所控制，到第二势力行为主义将控制归因于环境因素，到第三势力人本主义/存在主义强调个人选择的重要性、个人的自由以及个人成为自己生活主宰的权利和责任，再到第四势力超个人心理学强调超越个人自我实现去追求自我、他人、社会乃至宇宙的价值和意义的共同实现，最后到社会认知理论的个人、行为和环境三元交互决定论的思想以及内隐社会认知将个人主体因素从外显层面深化到内隐层面。问题的答案是在不断丰富之中，已经超越了要么绝对主体论要么绝对决定论之争，变成一种相对主体论和决定论，已经超越了单一因素决定论，变成了多种因素相互作用决定论。问题已经从“能不能”“是不是”变成“在多大程度上能”“在什么情境下是”。

最后，人类自我控制的成效好坏关系到人类生存、发展和幸福。这一点已从控制涉及的多领域和时间的全程性得到说明。同时从班杜拉在《自我效能：控制的实施》中对控制的实施中心要素自我效能的论述，也可以看到。他认为，效能信念影响人的思维、情感、行动并产生自我激励。具体地说，这样的信念调节人们选择干什么；在他们所从事的事业中投入多少努力；在面对困难和失败时，他们能坚持多久；他们的思维模式是自我抑制的或是自我提高的；在应付困难情景时，他们经受多大压力和沮丧以及从逆境恢复的活力。个人效能感高有益于取得成就和情绪健康。自我效能的信念系统是人类动机、幸福和个人成就的基础。另外，个人自我控制可影响到集体、组织和社会的整体效能。

2.3.2 人类自我控制的主体性

人类自我控制的主体性，可以从精神分析学派对自我的存在和功能的论述中看到，悲观之中有理性；可以从人本主义对人性的理解和对控制的理解中看到，人具有善的本性和潜能，人能从态度上最终选择自由，人有自我实现的需要和可能；也可以从超个人心理学 Shapiro 提出的理想控制水平中看到，人类正是发现我们的行为受到生物、心理和社会因素的交互影响，才利用人独有的意识能力，做出考虑这些因素作用之后的更为明智的选择，去追求理想的控制水平；还可以从班杜拉指出的人类自我系统具有的五种能力——符号表征（使用符号的能力）、预测（深谋远虑的能力）、替代（观察学习的能力）、自我调节（评价性自我调节的能力）和自我反省（反思性自我意识能力），以及对自我效能的地位和作用的强调论述中看到人的能动性的基础和反映。自我效能是三元交互论中主体因素的体现。他说：“在动因的各种机制中，没有一种比个人效能信念更处于核心地位、更具普遍意义。”

郭湛在《主体性哲学：人的存在及其意义》一书中写道：从根本上讲，人的主体性是一个哲学概念，是人作为活动主体的质的规定性，是在与客体相互作用中得到发展的人的自觉、自主、能动和创造的特性。人的主体作用，不是“造物主”赋予的，而是自己在思想和行动中实现的。人作为主体之所以在自己的活动中起决定性作用，主要有以下几个原因：

第一，活动主体是主体活动的动力源或原动力之所在。人们的活动，特别是大规模的社会活动所借助的能源和动力，并不局限于人自身，但这种活动动力的最初启发或来源必在于人。人的一切主体性活动都要有人来发动或推动，因此需要开发主体活动的动力原动力，使它真正成为人的自觉的、合乎目的的活动的能动性源泉。第二，活动主体是主体活动的控制和调节中心之所在。对于个人主体来说，活动的自觉控制和调节是中枢神经系统，特别是人脑的功能。在群体活动、社会活动和人类活动中，控制和调节中心有时集中在某个人、某些人或某个社会集团那里，在当代还辅以电子计算机及其网络系统。但要实现对整个活动的控制和调节，最终仍须每个参与活动的人的中枢神经系统的积极配合。由主体的动力源或原动力所启动的人的活动，也要在主体自觉的控制和调节下，才能坚持下去并达到目的。第三，主体活动的目的从根本上说就在人的本身。人的活动的具体目的可能是某种对象或状态，但在特定的客体结果中总是折射着主体的愿望和要求，归根到底是人活动的内在目的。不然就无法解释人何以能产生活动的动力，以及人依据什么来控制和调节自己的活动。

人作为主体的决定性作用，不仅表现在物质性活动中，更表现在精神性活动中。作为主体的人既是自然的人又是社会的人，既是行动的人又是思想的人，既可以是个人主体，也可以是由个人组成的群体主体或人类主体。个人主体性的发展进程也许可以分为三个时期、九个阶段：第一个时期，初级期的个人主体性，包括四个阶段，即自在的主体性、自然的主体性、自知的主体性和自我的主体性阶段；第二个时期，转折期的个人主体性，是一个自失的主体性阶段；第三个时期，高级期的个人主体性，也包括四个阶段，即自觉的主体性、自强的主体性、自卫的主体性和自由的主体性阶段。后期个人主体性的演化与前期大体经历同样诸多阶段，只是在退行中演化的顺序与前期相反。

从控制的角度来说，主体性就是控制主体自我作用的体现，所以从这个意义讲，研究自我控制是非常适合的，且有其内在本质性。

2.3.3 人类自我控制的系统性

对系统性的界定有很多种，这里主要从自我控制的结构或过程而言。从上述文献中可以看到几个方面或几个层次的系统结构。

应该说弗洛伊德的“本我、自我、超我”的人格结构，以及自我在这个结构中发挥的调节作用，就已经具有一定的系统性，它的整体和各个要素之间相互影响，并发挥着功能。弗洛伊德的结构是一个自我控制的内部调节系统。

班杜拉的“个体、行为、环境”三元交互理论也是一个系统的结构，它已不是一个单一的因素，不是单一影响方向，而是三个要素之间双向的影响，并且个体发挥着主体作用，个体的自我效能发挥着核心作用。班杜拉的结构是一个自我控制的内外调节系统。

皮亚杰的“图式、同化、顺应、平衡”也是一个自我控制系统，它是一个自我控制内外调节发展的系统。

Shapiro 的人类控制整合理论是一个多层次、多结构、多取向的系统，它有三大假设，控制的普遍性、控制的水平性、控制的差异性；四个成分，控制感、控制模式、控制能量、控制愿望；四种模式，积极自主地能动改变模式、积极顺服地放下接受模式、消极自主的过度控制模式、消极顺服的太少控制模式；三种控制水平，次理想控制水平、正常控制水平、理想控制水平。四种模式的不同运用就会导致不同的控制水平，所以这个整合理论的最大特点是其积极和消极取向、自主和顺服取向的确定，以及由这两个维度组合成的四种控制模式。

中国古代自然哲学的阴阳五行理论，其阴阳平衡、金木水火土五行相生相克、相互作用、变化无穷的思想，是一个动态复杂系统。其在中医理论中发挥作用重大，对自我控制的研究极富启发。

当然从与自我控制一个层面的"自我监控"研究，也可看到其结构系统性。董奇把自我监控界定为某一客观事物为了达到预定的目标，将自身正在进行的实践活动过程作为对象，不断地对其进行积极、自觉的计划以及监察、检查、评价、反馈、控制和调节的过程，并认为自我监控静态结构分为自我监控知识、自我监控体验和实际自我监控三个不同性质的成分；自我监控的动态结构由计划、准备、意识、方法、执行、反馈、补救、总结等八个具体环节组成。此外自我监控的自我指向-任务指向结构，自我监控的一般-特殊结构，自我监控的宏观-微观结构，自我监控的隐密-外显结构，自我监控的自我监察、自我指导和自我强化的发生结构，从某种意义上来说，都可以看作一个系统。

此外，齐默曼提出了自我监控的"WHWW"结构："Why"（为什么）、"How"（怎么样）、"What"（是什么）和"Where"（在哪里）。齐默曼的自主学习模型（Zimmerman，1989，1998，2000），庞维国自主学习的教学指导流程，从某种意义上都可以看作一个系统。

这些系统结构对构建自我控制理论具有重要的启发价值。

2.3.4 人类自我控制的辩证性

人类自我控制的辩证性思想集中体现在 Shapiro 的人类控制整合理论之中。

首先是积极自主的控制模式和积极顺服的控制模式。积极自主的控制模式（第一象限）强调积极能动，是根据主体的愿望和需求来控制或改变环境，自我主宰自己的命运。这是非常重要的，是人主体性的体现，正如 Shapiro 命名为"普罗米修斯控制模式"，其对个体和人类的生存和发展乃至幸福具有重要的意义。但是，人的心理和行为毕竟受到生物、心理和社会因素的多重决定，不是只由人的心理或主观愿望决定，其他如生物成长成熟因素、自然环境中的不可控因素、社会制度结构的稳固性和变化滞后性、文化的差异性、任务的难度等，在一定时期内或一定情境下，是不可控的或不以人的意志而转移的，在这种情况下，如果还要坚持去改变，势必会造成过度控制（第三象限），而达不到预期的效果，反而会伤害自身的效能或健康，最后发展到心有余而力不足，只能变成消极的顺服，太少控制（第四象限），变成一种次理想控制，带来一系列的负效应。如果在这种情况下，策略性的运用积极顺服的控制模式，老子的和谐顺服模式，暂时地放下、顺其自然，等待自身力量的增长、时机的成熟、情境的进一步变化，再灵活使用积极自主的控制模式，效果会更好。反过来，如果一个人太多地使用积极顺服控制模式，没有兼顾第一象限普罗米修斯控制模式，那么就渐变成太少控制的第四象限消极顺服控制模式，同样也造成一系列次理想控制水平的负效应。所以要非常辩证地因势利导、因地制宜地平衡和灵活运用积极自主和积极顺服两种模式，不可偏废或只强调其中的一种。

和上面两种模式辩证关系相一致的是，在 Shapiro 的人类控制整合理论中控制能量的自我能量和他人能量也是辩证。不是光依赖其中的一种控制能量，而是根据不同的情景平衡使用两种控制能量来源。同样控制的愿望也不是光为个人的健康、福利，而是兼顾个人和他人，乃至社会和宇宙的价值和福祉，换句话说兼顾自我利益和他人利益、社会利益、生态利益之间的平衡。

人类控制的辩证性还可见于班杜拉从三元双向决定论的观点，来分析决定论和控制自由的关系。班杜拉说："决定论表示的是事件效果的产生而不是在教条意义上意味着行为完全决定于独立于个体的先前的一系列原因……自由往往被认为对立于决定论。从社会认知的观点来看，自由和决定论不是不相容的。自由不能被消极地理解成社会影响或情境限制的例外。它应被积极地定义为达成所期望的结果而进行的自我影响。这种动因性的因果关系非常依赖于认知上的自我调节。它通过反省思维，创造性使用掌握的知识和技能，以及选择和执行行动所需的其他自我影响方法来实现……假使在相同环境条件下，有能力进行各种选择并调节自己动机和行为的人，比那些只具有有限的个人动因手段的人更具有使事件发生的自由。""对个体动因机制的心理学分析表明人们通过认知上的指导和自我激励以及选择和建构适合自己目的的环境对实现所预期的未来发挥作用。"（Bandura，1986a）"由于具有自我影响的能力，人们至少是自己命运的部分建设者。不是决定论法则应该受到怀疑，而使决定论应被看作是单向还是双向过程的问题。假使人与环境之间存在相互作用，决定论并不含有人只是外部力量的工具这样的宿命论的观点。相互作用的因果关系为人们提供了一个对自己的命运进行控制和对自我定向设定限制的机会。"班杜拉强调环境和人之间的双向相互作用，以及决定论和控制自由度具有相对性，都显示了自我控制的辩证性。

此外，班杜拉认为人们对自身能力的信念比实际的能力水平能更好地预测他们的所作所为。但他同时又认为最终个体潜能能否发挥，在一定程度上取决于自我效能感与实际具备的知识和技能水平的相符与协调。这也体现了辩证性，因为不是说自我效能更具预测效度，那么具有自我效能就一定行，而是要把重点放在自我效能感的提高，同时又要将自我效能感和知识及技能相匹配。

2.3.5 人类自我控制的发展性

人类自我控制的发展性主要表现在控制主体个人的生理和心理的成长成熟因素、社会化道德发展阶段论以及角色变化所面临的任务变化。

从皮亚杰的认知发展阶段论来看，从时期Ⅰ（0～2岁）——感觉运动的智力时期，到时期Ⅱ（2～5岁）——符号的、直觉的或前逻辑的思维，到时期Ⅲ（6～10岁）——具体运算思维，再到时期Ⅳ（11岁至成年期）——形式的操作思维，应该说在年龄较小的时候，对自己的身体或动作等生理上的控制是可能的，而且从中会不断发展智力，但对思想、认知层面的控制，需要发展到一定的年龄阶段，需要具有形式的操作思维，类似于班杜拉符号表征能力、自我反省能力等的发展，对自己的思维、情感、动机，特别是价值观或生活道路的选择，方可达到一个较高的水平。所以对大学生的自我控制的研究重点不在于他们是否对自己身体动作方面的控制，更多的是在人生的自我控制——如何有效地设定人生目标并且去实现它。从这个意义上讲，把大学生作为研究对象是比较合适的，因其生理、心理的成长成熟已经到了较高水平。

从科尔伯格的道德发展六阶段论看：他律的；个人主义，工具的目的和交流；相互的人际关系和人际遵奉；社会体制和良心；社会契约和个人权利；普遍的道德准则。可以看到道德发展的脉络：从他律到个人，到人际，再到社会，最后到普遍标准，不断社会化的过程，不断地从他律到自律，再到自律和他律的平衡。也说明自我控制，特别是道德上的自律，需要一个发展过程，并且会逐渐做到自律和他律之间的平衡。

同样从卢文格自我发展的阶段来看：前社会阶段；共生阶段；冲动阶段；自我保护阶段；自我意识水平——从遵奉到公正阶段的过渡；公正阶段；个体化水平——从公正向自主阶段过渡；自主阶段；整合阶段。同样也可以发现大体趋势：从没有自我意识，到模糊不定的自我意识萌芽，到自我意识的增强、社会规则的内化、建立内在标准、处理内部冲突、能够自主选择并负责，再到最后的自我实现。卢文格没有标出各个阶段的年龄界限，他认为很难标明，只需对照其阶段特征来评量。所以对大学生而言，总体上应该是处于自我意识水平公正阶段，个体化水平自主阶段的多个阶段，是一个自我意识发展、社会规则内化、能够处理内部矛盾的自主阶段。因而从自我的发展或社会化过程看，研究大学生自我控制正是时候。

埃里克森的心理发展阶段研究将人生作为一个整体序列，分为八个不同心理社会发展阶段。每一个阶段发生在一个大体上的年龄范围，面临不同的任务或需要解决关键问题。他强调各阶段有一顺序性，都发生在特定的时间，并有确定的主题和处理好坏可能导致积极或消极的结果。并且强调某一阶段内的发展既依赖于先前的阶段，也影响着后阶段的发展。特别是其著名的研究——青少年期的同一性对角色混乱问题，指出同一性能否实现，影响深远。而这恰恰就是大学生所要面临的问题，也是大学生自我控制的主要内容之一，将理想自我和现实自我统一起来。而且从大学生面临的任务——学习、恋爱、找工作等，正好是处于第四、第五时期，非常需要自我控制。

Shapiro 在其整合理论中进行了个体差异分析，其指出随着年龄的增长，在青年阶段可能会偏向积极自主的控制模式，而到中年特别是老年，就会偏好积极顺服的控制模式运用。这就启发我们，对大学生而言，需要强调积极自主控制模式的运用。中国传统道家文化通过不同的载体（媒体、身边的长辈等）在潜移默化地影响我们，比如“知足常乐”“平淡是真”“枪打出头鸟”“退一步海阔天空”等，我们很容易运用积极顺服的控制模式，如果再强调此种模式，很可能会滑向消极顺服的太少控制的模式，所以为了平衡，应强调积极自主控制模式的运用。

方俊明关于自我调节发展的研究，董奇等对自我监控发展的研究也说明了自我控制发展性的特点。

此外，从国内的有关自我控制的研究来看，主要集中在儿童、中小学生人群，而对大学生的自我控制研究相对较少，所以从这个角度看，研究大学生自我控制是非常必要和有意义的。

2.3.6 人类自我控制的训练性

人们研究自我控制，不仅是要探究自我控制的影响因素、各因素之间的相互作用以及在不同年龄阶段所呈现的水平或变化规律，而且是试图在此基础上，能够通过一些方法、策略或方案来改变自我控制过程中的影响因素，来提高人们自我控制的水平。从梅臣鲍姆的自我指导训练、坎普的发生思维训练，到瑞内的自我控制干预策略模型，再到众多的自主学习教学指导方案，等等，都说明了人为干预训练对提高人们的自我控制能力和水平是有效的。人类自我控制的训练性也是人类自我控制的主体性和发展性的必然体现。

班杜拉研究已表明，效能信念影响人的思维、情感、行动并产生自我激励。这样的信念调节着人们选择干什么，在他们所从事的事业中投入多少努力，在面对困难和失败时就能坚持多久。他们的思维模式是自我抑制的或是自我提高的，在应付困难情景时，他们经受多大的压力和沮丧就能从逆境中恢复多大的活力。个人效能感高则有益于取得成就和情绪健康。自我效能的信念系统是人类动机、幸福和个人成就的基础，所以若要提高人的自我控制能力或水平，关键是提高自我效能。

那么如何提高自我效能感呢？班杜拉研究发现，从发展的角度来看，个体自我效能感主要有四个来源：成功经验、替代经验、言语劝导以及面临某一任务时的身心状态。班杜拉认为："建构自我效能有四个主要信息来源：作为能力指标的动作性掌握经验；通过能力传递及与其他人成就比较而改变效能信念的替代经验；使个体知道自己拥有某些能力的言语说服及其他类似的社会影响；一定程度上人们用于判断自己能力、力量和机能障碍脆弱性的身体和情绪状态。""动作性掌握经验是最具影响力的效能信息，因为它可以就一个人是否能够调动成功所需的一切提供最可靠的证明。""以榜样成就为中介的替代经验，也对效能评价有一定程度的影响"并且认为示范的方式可以多种多样。"所有替代性的影响方式——无论传递形式是给人印象深刻的真实示范、象征示范、录制下来的自我示范，还是认知自我示范——都会提高效能信念，改善行为表现。"言语说服也可作为加强人们自我效能的另一种手段，不过班杜拉认为言语说服的效果是有限的："言语说服在建立持续增长的效能感上可能作用有限，但只要积极评价是在现实范围之内，就能助长自我改变。""如若提高对个人能力的不现实的信念，则只会招致失败，降低说服者的权威，并进一步削弱接受者对其能力的信念。"班杜拉认为："改变效能信念的第四个主要途径是增强身体状况、降低应激水平、减少消极情绪倾向，并纠正对身体状态的错误解释。"（Bandura，1991a）

所以研究提示的人类自我控制的可训练提高性，以及班杜拉研究揭示的自我效能的关键作用及其四个来源，给本书的启发就是可针对自我效能或积极信念设计多种形式的训练，来考察训练的有效性和相对有效性。

2.4 自我控制的整合理论构想

爱因斯坦说："是理论决定我们能观察什么。"他又说："想象力比知识更重要，因为知识是有限的，而想象力概括着世界上的一切，推动着进步，并且是知识进化的源泉。严格地说，想象力是科学研究中的实在因素。"他告诉我们理论的重要性，也提示我们在研究问题时，先去综览和研究以往的先哲们和学者们对该问题的论述及其理论是多么重要，此过程就好比是爬山，自己的高度是有限的，但当不断地循着先哲们和学者们探索的道路向上爬时，自己就会站得更高、看得更远，但这还不是最终目的，更重要的是站在前人的高度上，发挥想象力，去构建新的理论，再往前迈一步。循着这种指引，这里笔者也尝试提出一个自我控制的整合理论构想。

2.4.1 整合理论的假设

该理论构想是建立在前述“控制”和“自我控制”的辞源内涵意义、上述文献综述所得六点启发以及自我控制研究问题和目的的需要的基础之上的。如上所述，本书把自我控制界定为：以自我为主体，在由生命圈、社会圈和宇宙圈组成的立体三维时空中，以个人心理和行为、外在环境和事件为对象，以实现个人、社会和宇宙内外和谐发展为原则目标，自我觉醒、自我规划、自我执行、自我评估、自我激励、自我校正的动态变化自组织系统。人类自我控制具有重要性、主体性、系统性、辩证性、发展性和训练性。我们研究自我控制就是想探究自我控制的过程要素，寻找提高自我控制能力或水平的方法，进而提高人的事业成就、生活幸福和精神价值。

所以我们提出的人类自我控制的整合理论构想，可用图 2.6（主体性）、图 2.7（系统性）、图 2.8（辩证性）、图 2.9（自组织性）四个图来表示。

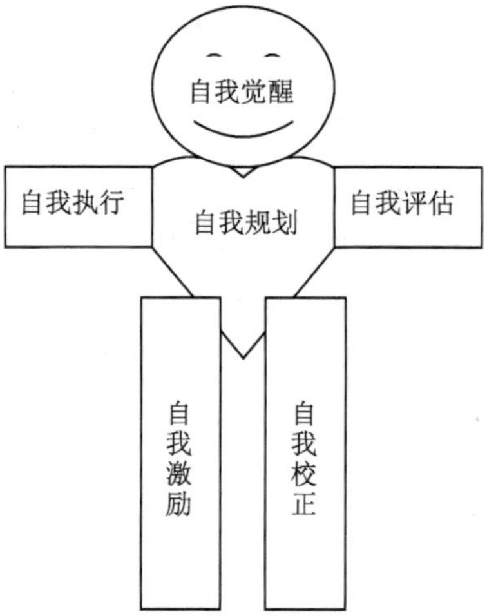

图 2.6 人类自我控制内在要素“人”形主体图

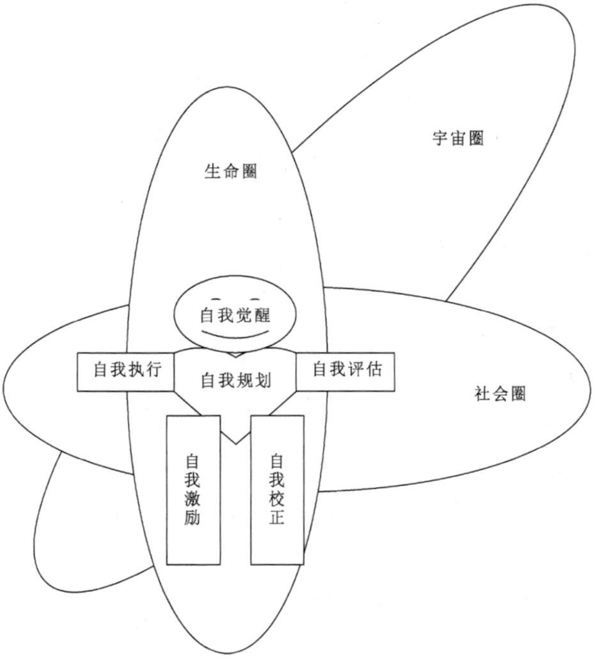

图 2.7 人类自我控制系统性功能图

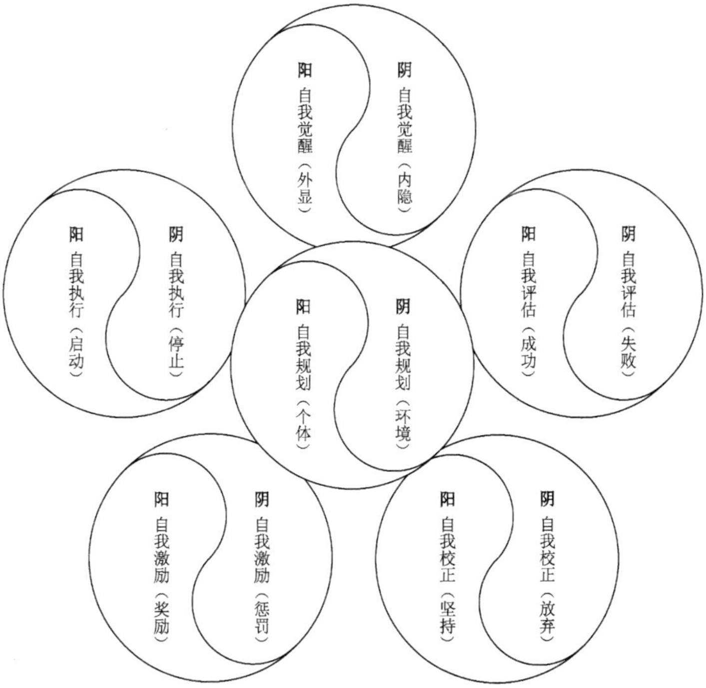

图 2.8　人类自我控制内在要素阴阳辨证变化图

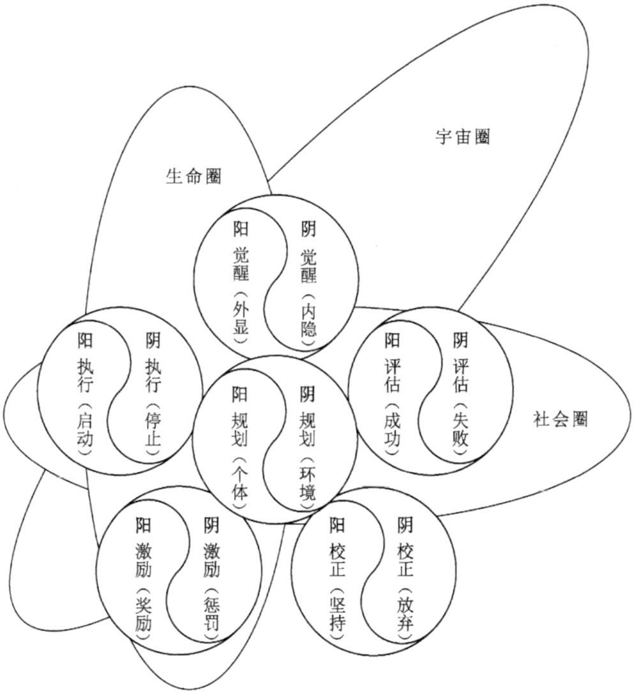

图 2.9　人类自我控制自组织整合理论模型

该整合理论构想提出四个假设。

假设一：人类自我控制是一个以自我为主体的六大要素组成的自组织有机系统。

六大要素：自我觉醒（人的大脑），自我规划（心中蓝图），自我执行（右手），自我评估（左手），自我激励（右脚），自我校正（左脚）。

要素间联系：为双向多元网络状（类似于人的神经网络系统和血液系统），要素之间相互作用，有相互促进、相互配合作用。

假设二：人类是在一个由生命圈、社会圈和宇宙圈组成的立体三维空间中，以个人心理和行为以及外在环境和事件为对象，以实现个人、社会和宇宙内外和谐发展为原则目标来进行自我控制的。

人类控制的时空是由生命圈（纵向）、社会圈（横向）和宇宙圈（斜向）组成的立体三维时空。

人类控制的对象是个人身心和行为以及外在环境和事件。

人类控制的原则目标是实现个人、社会和宇宙内外和谐发展。

假设三：每一要素内部有两种倾向：阴和阳，这两种倾向会根据系统内部和系统外部的变化与需要，既对立又统一，发生相互作用，构成了以自我规划为核心的“自我控制阴阳五行”的辩证动态变化系统。

自我觉醒：“阳”表示对外在环境变化的觉知；“阴”表示内在身心状态的觉知。

自我规划：“阳”表示在规划中强调突出个体需要；“阴”表示在规划中强调顺应环境需要。

自我执行：“阳”表示启动去做一件事；“阴”表示停止去做一件事。

自我评估：“阳”表示达成目标，对成功分析、归因；“阴”表示未达成目标，对失败分析、归因。

自我激励：“阳”表示用奖励来激励；“阴”表示用惩罚来激励。

自我校正：“阳”表示坚持原来目标或努力；“阴”表示放弃岔道或诱惑。

假设四：人类自我控制是一个动态复杂的自组织系统，具有适应和发展性。

人类自我控制系统，在人生生命圈中，从出生到死亡，有一个成长化的过程，并在不同的阶段，呈现不同的水平和不同的作用模式。

人类自我控制系统，在周围人际圈中，从个体到群体，有一个社会化的过程，并在面对不同的人、组织、任务时，采用不同的控制组合模式。

人类自我控制系统，在无垠宇宙圈中，从有形到无形，有一个和谐化的过程，并兼顾生态平衡和追求或创造永恒价值，采用不同的控制组合模式。

六大要素之中每个要素都有两种倾向，在三个圈的三维时空中，内外变化可以生成无数的复杂的组合模式，使人类自我控制具有自组织适应和发展性。唯一不变的就是变。

2.4.2 整合理论的内涵

1. 假设一的内涵

假设一主要有三层内涵：一是谁在控制？二是控制系统的要素有哪些？三是要素间的关系如何？

谁在控制？我们理论认为自我控制就是以自我为主体的控制，是我在控制，是"我控"，以区别于"他控"。因为在人的生活中，除了"我控"外，还有"他控"，而且他控可以包括不同方面：他人控制、器物控制、制度控制和规律控制等。他人控制是一种人际间的互相影响，包括工作中的上下级和同事、生活中的亲朋好友，比如在一个单位里员工总是要受到领导有形无形的控制和影响。器物控制包括居住空间、交通工具、电信网络等，比如在坐飞机旅行时，在空中你的方向就要受到飞机航行的控制，在打电话时，你的通话质量要受到通信网络的控制。制度控制主要指的社会系统的控制，如法律、规范等。规律控制主要指一些生理规律、心理规律、自然规律和社会规律等，比如你不能不饮水、不吃东西而又想获得健康，不能让一个刚出生的婴儿唱歌，不能让天不要下雨，不能让社会不发展，让时代停下脚步等。从上面的"他控"分析来看，似乎人无时无刻不处在他控之中，那么为什么还要自我控制？事实上，人确实无时无刻不处在他控之中，正因为如此，才需要人凸现主体性，进行自我控制。"自控"和"他控"是相比较而存在的，正是因为人们充分意识到我们处于他控之中，才要发挥人的主体性和能动性，不完全被动地为环境所控，我们还可以选择环境、创造环境，比如你觉得单位领导对你有恶意控制，那么你可以通过正当途径诉诸他的上级或法律，或可以换环境；又比如，你用手机通信效果不好，你可以改用有线电话，或改用互联网络联系，等等，人可有选择的自由。这就是决定论和自由意志之间的辩证关系。这也是 Shapiro 的"更理想控制水平"的实质。

而且，正因为有"他控"的存在，我们才需要有六个要素组成的、要素内外相互作用不断变化，以适应内外环境变化的自我控制系统。否则，如果不存在"他控"，自己想怎样就怎样，那么还需要自我觉醒吗？还需要自我规划吗？还需要自我执行、自我评估、自我激励和自我校正吗？都不需要。显然这不是事实。另外，当自我主体意识到他控的存在，自我有意识地假借他控的力量，为我服务时，我们理论认为这样的"他控"已经是自我控制的内容。比如，有的大学生为了让自己更好地学习，就和同学打赌，让同学监督自己。这时同学的监督虽然是由他人实施的，但它是由主体自我有意识地主动寻求的，不是被动的，所以它是自我控制的内容。这对假设二非常重要，因为有的学者认为，自我控制就是控制自己的行为，或自己的心理和行为；而笔者认为，自我控制不仅控制自己的心理和行为，还有外在的环境和事件为控制对象。外在环境可以理解为大的系统，人和物、自然和社会等，事件主要是指环境因素和人交互作用常常是通过一个任务或事件，它是一个动态的过程性控制。

控制系统的要素有哪些？我们认为控制系统的要素有自我觉醒、自我规划、自我执行、自我评估、自我激励和自我校正。自我控制的理论构想把自我控制系统比作一个人“自我”，自我觉醒是“大脑”、自我规划是“心脏”、自我执行是“右手”、自我评估是“左手”、自我激励是“右脚”、自我校正是“左脚”。为什么是这六个要素呢？因为这六个要素体现了自我主体性、问题解决规律、管理科学过程、自组织系统特点。自我觉醒体现了自我主体性，因为人有自我意识，有自觉性、目的性、选择性和能动性，如上所述，人不是被动地被内外环境“他控”，人是有主体性的，只有意识到人有主体性，意识到人能够自我选择，自我控制，适应、选择和创造环境等，他才可能进行有效的自我控制。即人必须自我觉醒，拥有能自我控制的信念，或用班杜拉的理论，必须要觉醒拥有自我效能信念。自我规划体现了问题解决规律，一般而言，任何问题解决或任务完成的过程，都需要经过两次创造，第一次是精神上的创造，第二是物质上的创造。就好比造房子，首先要有图纸，然后再施工；就好比木工在开木料前，总是要先量好，再下斧；比如要让电脑工作，首先要给电脑安装程序，然后再执行程序。所以，问题解决规律，总是心理构建在前、行为实施在后。所以就需要自我规划，先主体觉醒，然后去了解需求（自我个体、环境的需求），规划形成目标、计划和方案，然后去执行，执行时往往会碰到困难和挫折，就需要自我激励，并对执行情况评估，对岔道和诱惑进行自我校正。所以从自我觉醒、自我规划、自我执行、自我评估、自我激励和自我校正整个过程，又体现了管理科学过程。管理科学过程就是制定目标和方案、组织资源实施、领导和激励、协调和控制。同时管理过程并不是单向流程，而是一个双向回路，每个环节都是相互影响、相互作用的。所以说自我控制系统六大要素间的关系体现自组织系统特点，要素间蕴含反馈性和调节性联系，存在辩证变化关系。这就引出假设一的第三个内涵。

要素间的关系如何？理论上认为要素间的关系为双向多元网络状（类似于人的神经网络系统和血液系统），要素之间有相互促进、相互配合作用。这用人来作隐喻，就容易理解了。一个人的大脑、心脏和四肢之间是一个精确自如配合的系统，它们何以做到这点呢？主要是其内部的神经和内分泌调节系统让它们相互协调，是其内部的循环系统提供能量提供营养让它们能够进行新陈代谢保持正常功能水平，而神经系统和循环系统在全身的分布几乎都是网状的。而且神经系统走向是网状的，但总体上是两类神经，自下而上的感觉神经和自上而下的运动神经，循环系统也是这样，由心向外的动脉血管系统和由外向心的静脉血管系统。所以自我控制系统是一个由六大要素组成的、且要素之间存在双向网络状联系的有机自组织系统。从生理的角度，人凭借这些广泛双向的联系和支持，人就能面对外在环境的变化和内在环境的变化而自动变化，很好地适应。同样人的生理心理社会层面的自我控制系统，也能面对外在环境变化和内在环境的变化而有序控制调节，达到一种动态的协同平衡。自我控制系统“人”就可在生命圈中生长发展、在社会圈中左右逢源、在宇宙圈中顶天立地。

这六大要素及其要素间的网络双向关系，就整合了班杜拉的自我调节模型：自我观察、自我判断和自我反应，吸纳了他的双向决定论的思想。

2. 假设二的内涵

假设二主要有三层内涵：一是何时何地控制？二是控制什么？三是为何控制？

何时何地控制？有理论认为人的自我控制是在由生命圈、社会圈和宇宙圈组成的立体三维时空中。因为首先人是一个生物人，必将经历由出生、生长、发育、成熟、旺盛、衰退、老化、到死亡的过程，这构成了我们生命的纵向维度——生命圈，人的自我控制能力在这个自然过程中也有不同的发展水平，如皮亚杰发生认识论、科尔伯格的道德发展阶段论自律发展、卢文格的自我发展阶段论、方俊明的自我控制能力发展阶段水平等，人的自我控制的活动也可以在这个维度上找到位置，即人在不同的阶段有不同的关键任务，如埃里克森的人生心理发展阶段的关键任务。其次，人同时又是一个社会人，在生命自然生长过程中，人会学习、交往、工作，会进入不同的组织（学校、单位、家庭），会和不同的人打交道，会面临不同的任务，会沐浴在不同的文化中，简单地讲，人同时有一个社会化的过程，这样就构成了自我控制的一个横向维度——社会圈。在这个维度上，人们同样可以找到自我控制的坐标位置，如 Shapiro 指出的控制的 25 个重要领域中人际、生涯、自我等领域都可以在这个坐标上找到位置。再有，人还是宇宙中的一个存在，作为人类，虽然是万物之灵，但他仍然和自然界的其他物种、物体一样，都是宇宙间的一种存在，人类不能离开自然界的万千事物，或者忽视它们的存在，只为追求个人利益和福祉，或只追求人类利益和福祉来进行自我控制。现代社会如果单单强调人类中心论，就会造成生态的破坏、环境的恶化，反过来人类再受到环境的、自然的“报复”，如大气污染、臭氧层的破坏、生物物种的灭绝等，所以后现代主义就会强调生态和谐发展。其实我国古代的思想家既强调以人为本，同时强调天人合一。

人作为宇宙间的一个存在，人的生命圈是有限的，人的社会圈也是和生命圈相伴的，只有宇宙圈是永恒的，人如何在有限的生命里去追求永恒的存在价值呢？就是在有限的生命里去创造有形的和无形的价值，前者可以是人工造物、繁衍后代，后者可以是思想学说、人格精神。这样就可实现有限和无限的统一，古语说“立功、立言、立德”就是这个意思。这就整合了超个人心理学的追求宇宙意义的思想，辩证看待生命的死亡和价值的永恒。所以宇宙圈当然包括生命圈和社会圈的内容，除此之外，它还强调生态的和谐和价值的创造。这样就构成了第三个斜向的维度——宇宙圈。总体来看，人的自我控制是在由生命圈、社会圈和宇宙圈组成的立体三维时空中。从图 2.9 中看，我们可以形象地想象，人就像宇宙中的一颗小星星，生命圈和社会圈组成了他的“自转”，宇宙圈组成了他的“公转”，人的自我控制从宏观上讲就是要在生命圈中找到人生的方向和使命，在社会圈中找到自己的定位和载体，在宇宙圈中创造永恒的价值和贡献。笔者曾经听一位老师演讲时说：“争脚底的地盘，冲突无限，望天空的星星，空间无限。”把他的话用到这里，如果大家都去随大流、赶时髦，必然会对热点趋之若鹜，争有限的地盘，必然会你踩我、我踩你，冲突无限，如果大家看天空中的星星，虽然星星多得数都数不清，但星星之间的空间还是无限多，只要自己看准社会的需求和个人的追求，自我觉醒、自我规划，找到自己的发展方向，自我执行、自我评估，不断努力，自我激励、自我校正，持之以恒，人就可以像恒星一样，有自己的自转和公转轨道，就能在生命圈、社会圈和宇宙圈中创造价值和追求永恒。

控制什么？即控制的对象。理论上认为控制的对象包括两个方面：个人身心和行为，外在环境和事件。从前面学者对自我控制内涵的理解，可以看到大多数将自我控制的对象限于行为，有一部分人是把情绪、心理加进去，还有一部分人把生理也加进去，但对外在的环境和事件没有考虑。我们认为这是不够的，自我控制不仅应该包括个人的生理、心理和行为，即个人身心和行为，还应该包括外在环境和事件。外在环境可以理解为大的系统，人和物、自然和社会等，事件主要是指环境因素和人交互作用常常是通过一个任务或事件发生的，它是一个动态的过程性控制。如在假设一中所言，因为人有主体性，当自我主体意识到他控的存在，自我有意识地假借他控的力量为我服务时，理论上认为这样的“他控”已经是自我控制的内容。比如，有的大学生为了让自己更好地学习，就和同学打赌，让同学监督自己。这时同学的监督虽然是由他人实施的，但它是由主体自我有意识地主动寻求的，不是被动的，所以它是自我控制的内容，其他同学也就是自我控制的对象。这样就不会局限于个体本身的控制。如董奇对自我监控的界定，必须是控制主体和控制对象统一的监控才是自我监控。这样也整合了 Shapiro 的控制能量来源，自我和他人，Shapiro 认为的他人主体，一个层面是“他控”，另外一个层面是因为自我主体相信他人有力量，并假借这种力量获得控制感，我们把环境和事件作为控制对象，也兼有了两个层面的意识，也是个人主体性和能动性的体现。

为何控制？即控制的目标。应该说每个人进行自我控制的目标是个性化，而且是发展变化的，主要就是自我规划的使命目标，那么为什么还要提“实现个人、社会和宇宙和谐发展”这个原则目标呢？因为个性化的目标制定，如果没有一个更高原则作指导的话，可能会有失偏颇，会不能获得可持续发展。比如一个人光注重个人自身的发展，而不顾他人的利益，损人利己，从短期来看，当事人可能获得暂时的利益，但从长远看，“他控”的社会道德规范会使他孤立，他在社会圈中很难有大的发展。而虽然有的人合伙制定了目标，兼顾了自己和合伙人的利益，比如合伙贪污、合作劫持、合伙抢银行，他们可能暂时获得成功，实现“双赢”，但“他控”的法律会让他们遭受惩罚。如上所述，人是宇宙中的一个存在，作为人类，虽然是万物之灵，但他仍然和自然界其他物种、物体一样，人类不能离开自然界万千事物，或者忽视它们的存在，只为追求个人利益和福祉，或只追求人类利益和福祉来进行自我控制，现代社会如果单单强调人类中心论，就会造成生态的破坏、环境的恶化，反过来人类再受到环境的、自然的“报复”，如大气污染、臭氧层的破坏、生态圈失衡等。所以，“单赢”“双赢”还不够，必须达到“三赢”，把个人、社会和宇宙的和谐发展作为一个原则目标、一种评判标准，用它来指导个体制定具体个人目标。这个标准是符合“我好、你好、世界好”的“三赢或共赢”社会法则和“天人合一，生态和谐”的自然法则。21世纪教育的四个支柱“学会学习、学会合作、学会创新、学会生存”，以及从“学会生存”到“学会关心”的思想，就是强调的“实现个人、社会和宇宙和谐发展”的原则目标。

事实上，学者研究强调的自我控制要符合社会规范和个人期望，要考虑道德规范和法律制度，而社会规范、道德规范、法律制度其背后的原则应该说就是“实现个人、社会和宇宙和谐发展”。所以从这个意义上讲，我们的自我控制理论及其界定，已经包括了学者在控制依据层面上的内容。

然而，需要指出的是，“实现个人、社会和宇宙和谐发展”既然是一个原则目标，那么就不是绝对的，而是相对的。不同的人，在不同的发展阶段、不同的社会地位上、不同的情境中，对此会有不同的理解，也会有不同程度的实践这一原则。

3. 假设三的内涵

假设三内涵：要素内部结构如何？

要素内部结构如何？理论上假设每一个要素内部都有两种倾向：阴和阳。阴和阳组成变化的太极图。如前所述，在《系辞》中有“一阴一阳之谓道。阳卦多阴，阴卦多阳。其何故也？阳卦奇，阴卦偶。乾，阳物也；坤，阴物也。阴阳合德而刚柔有体。阴阳之义配日月，易简之善配至德。”阴阳观念基于天，本指气或气温；五行的观念基于地，本指物。二者所指，本来就有多方面的内在和外在的联系。物体的阴阳两面，不断地一动一静地交替着，五行万物，均由此而化生。因此，阴阳为五行之合，五行为阴阳之分，阴阳中各具五行，五行里互含阴阳。“阳变阴合，而生水火木土金，五气顺布，四时行焉。五行，一阴阳也；阴阳，一太极也；太极，本无极也。五行之生也，各一其性。无极之真，二五之精，妙合而凝。乾道成男，坤道成女。二气交感，化生万物，万物化生，而变化无穷焉。”阴阳运动的规律：两体合一、动静升降、始终持续、两极反复。阴阳五行，博大精深，这里只能简单地取其要义，即对立统一辩证运动之意。阴阳的划分可以有多种维度，如动静、上下、正负、内外、积极、消极等。而且阳中有阴，阴中有阳。

自我觉醒：“阳”表示对外在环境变化的觉知；“阴”表示内在身心状态的觉知。根据班杜拉三方互惠决定论理论，人的行为动因有环境、个人和行为三者双向决定论，也就是说人的行为不仅受到环境变化的影响，而且会受到主体因素人的信念、动机、思维、价值观等的影响，所以人作为一个有意识的主体，进行自我控制时就必须对外界环境变化要觉知，同时对自己的个性、观念、信念要觉知。前者为外在“阳”觉醒，后者为内在“阴”觉醒。二者互相变化，因为觉察外界环境变化，才会更新观念、信念，因为有信念和观念的觉醒变化，才会用新的眼光去观察环境，用新的思维去思考变化。而且自我觉醒还可以从外显和内隐的角度去理解。外显为阳，内隐为阴。这样就可以把社会认知和内隐社会认知、意识和无意识结合起来。从某种意义上讲，这对于精神分析理论和内隐社会认知理论是一种整合。

自我规划：“阳”表示在规划中强调突出个体需要；“阴”表示在规划中强调顺应环境需要。根据 Shapiro 的控制模式，一种强调以个人愿望来改变环境的积极自主的控制模式，一种是顺服环境要求，放下个人的需求的积极顺服控制模式。从这个意义上讲，在自我规划时，肯定要结合认识自我和认识社会，将二者的需求结合起来考虑。但事实上常常会发生我想要做的和社会所允许我做的并不一致，这时就会有取向出来，如果强调我一定要怎么样，那么就是一种“阳”的取向，如果暂时放下自己的追求，先顺应环境的限制，那么就是一种“阴”的取向。这两种取向在不同的发展阶段、对不同的任务时，会有不同的辩证变化。

自我执行：“阳”表示启动做一件事；“阴”表示停止做一件事。根据詹姆斯对意志障碍的论述，一种是应该做的，往往不能启动去做，另一种是不应该做的，但还是去做了。二者都是一种意志障碍。那么在自我控制中，自我执行就是要去做应该做的，停止做不该做的。所谓该与不该，就是事件和规划的目标任务有没有相关、关系如何。这也就是常说的“有所为，有所不为，方有为”。所以启动做“阳”，停止做“阴”。二者的结合会更好地完成目标。

自我评估：“阳”表示达成目标，对成功分析、归因；“阴”表示未达成目标，对失败分析、归因。执行总是围绕目标的，评估当然也是根据目标来进行的，所以从结果评估，有达成目标和未达成目标两种，前者为“阳”，后者为“阴”。

自我激励：“阳”表示用奖励来激励；“阴”表示用惩罚来激励。根据行为主义理论和认知主义理论，人的行为的保持是需要强化的，强化有奖励和惩罚两种，奖励也是激励，为“阳”，惩罚也是激励，是一种自我鞭策，为“阴”。

自我校正：“阳”表示坚持原来的目标、方法或努力；“阴”表示放弃诱惑、岔道。校正比较容易理解，“阳”表示坚持目标和努力，“阴”表示放弃诱惑和岔道。

有阴阳组成六个要素总起来的自我控制系统，也自然有偏“阳”的自我控制系统，也有偏“阴”的自我控制系统。两种偏向会根据内外系统变化而互有平衡。

4. 假设四的内涵

假设四内涵主要有：系统如何辩证变化运动？其特点是什么？

系统如何辩证变化运动？阴阳运动的规律：二体合一，为阴阳之体；动静升降，为阴阳之用；始终持续，为阴阳之性；两极反复，为阴阳之变。意思要素内部阴阳对立统一，彼此以对方的存在而存在；阳动阴静，动极则静，静极则动。换句话说，此消彼长，阴阳平衡；从太极图可以看到，阴，一终一始，阳，一始一终，所以阴阳消长，一直运动，永无终极；阳长到一定极度，就会变成反面阴，阴长到一定极度，就会转变成反面阳。所以，自我控制要素内部阴阳也是对立统一，阴阳互动，阴阳平衡，辩证变化。

要素之间也是双向网络联系，同时会根据外在环境的变化和内在系统的变化而变化。人类自我控制系统，在生命圈中，从出生到死亡，有一个成长化的过程，并在不同的阶段，会呈现出不同的水平和不同的作用模式。人类自我控制系统，在身处社会圈中，从个体到群体，有一个社会化的过程，并会在面对不同的人、组织、任务时，会采用不同的控制组合模式。人类自我控制系统，在无垠宇宙圈中，从有形到无形，有一个和谐化的过程，并会兼顾生态平衡和追求或创造永恒价值，也会采用不同的控制组合模式。六大要素中的每个要素都有两种倾向，在三个圈的三维时空中，内外变化可以生成无数的复杂的组合模式，使人类自我控制具有自组织适应和发展性。所以，唯一不变的就是变。这是《易经》的要义之一。

其特点是什么？从自我控制系统的运动变化，可以发现它是一个自组织系统、动态复杂的系统、辩证变化的系统，有反馈、有调节、有协同，所以自组织系统是一种复杂性科学的体现，兼有控制论、系统论、信息论的思想。这是一个特点。正因为它是一个自组织系统，所以它具有适应性和发展性。既能适应外界变化，又能将个人的愿望权变实现，具有发展的特点。这和皮亚杰的图式、同化、顺化、平衡的发生认识论有一致性。适应性和发展性就是顺化和同化的平衡、不平衡、再平衡的过程。

2.4.3 整合理论构想的优势

从上面的理论假设、结构图示和内涵分析，可以看到自我控制理论构想是建立在先前很多学者的研究成果或理论基础上的，并结合自己的生活经验体悟和想象提出来的。虽然还有待后面的实证研究来证实，但就其思想而言，具有一些优势。

1. 理论上的整合性

该理论的提出吸收了很多理论思想，其中中国的阴阳五行学说、夏皮罗的人类控制整合理论、班杜拉的三方互惠决定论给我们带来很大的启发和贡献。所以我们的自我控制理论自然吸收了他们的精华思想，从这个意义上讲，也整合了他们的理论。

我们构想的自我控制系统整合了夏皮罗的控制模式理论，积极自主的控制模式是“阳”，积极顺从的控制模式是“阴”，强调阴阳平衡、阴阳转化。把它放到生命圈、社会圈和宇宙圈三维时空中，使其理论的思想更具系统结构性和辩证变化性。

理论构想六大要素及其要素间的网络双向关系，整合了班杜拉的自我调节模型：自我观察、自我判断和自我反应，吸纳了他的双向决定论的思想。但我们理论认为要素间的关系为双向多元网络状（类似于人的神经网络系统和血液系统），要素之间相互作用，有相互促进、相互配合作用，是一个类似于人的“人”有机自组织系统。这更能说明人自我控制的复杂变化性。班杜拉的自我调节模型是间接的：自我观察、自我判断和自我反应，但实际上将每一个环节展开分析时是比较复杂的，我们提出的六要素既简洁又根据结构型和变化反馈性。自我控制系统是以自我规划为核心的“阴阳五行”系统。

自我觉醒还可以从外显和内隐的角度去理解。外显为阳，内隐为阴。这样就可以把社会认知和内隐社会认知、意识和无意识结合起来。从某种意义上讲，这对精神分析理论和内隐社会认知理论是一种整合。

理论构想与皮亚杰的同化和顺应发生认识论统一起来，在某种意义上，“阳”积极自主控制模式就是“同化”，而“阴”积极顺应控制模式就是“顺应”，二者也要平衡。

理论构想与中国传统文化的儒家和道家人生哲学思想统一起来，“阳”积极自主控制模式像“儒家”，强调内圣外王，积极入世，而“阴”积极顺服控制模式就像“道家”，强调无为而治，淡泊出世，这二者也要平衡，诚如一句箴言——“以出世的精神做入世的事!”

理论构想与当代中国主流的马克思主义哲学理论统一起来，意识具有能动作用和物质决定意识对立统一，就是积极自主控制模式（阳）和积极顺服控制模式（阴）的对立统一，二者平衡。

理论构想也如同 Shapiro 所讲，将西方心理学偏好个体自主能动的文化和东方道家强调天人合一、顺其自然的思想统一起来，将追求人类利益和宇宙意义结合起来。

综上所述，理论上整合性使其具有了坚实的理论基础和支持。

2. 实践上的指导性

科学理论有两种范式，一种是自下而上的，从实证数据中归纳形成；另一种是自上而下的，从理性思维演绎而来。二者都可以成立，当然也需要对方的方法（自下而上需要进一步自上而下，同样自上而下需要进一步自下而上）加以完善。科学理论的价值在于组织数据，描述、解释和预测，进而指导干预或实践。所以，本理论的提出是一种自上而下的范式，当然也需要实证研究来检验，我们后面的研究会对此设计检验。但即便没有实证研究，因其有很强的理论基础，也应该对实践具有指导价值。如斯腾伯格的成功智力理论，虽然没有实证的研究（该理论提出的一个特点，就是其不拘方法，强调理论的生态效度），但它对实践的指导价值是有目共睹的。所以，从这个层面来说该理论具有实践上的指导性优势。

该理论构想将实践教育培训领域中成功学的两种范式统一起来。根据斯蒂芬·柯维（Stephen R. Covey）《高效能人士的七个习惯》的研究。成功学有两种，一种是强调“性格伦理”，是以卡耐基书籍为代表，重视两个方面：积极进取的心态；人际关系和公关技巧。另一种是强调“品格伦理”，以富兰克林自传为代表，同样重视两个方面：人的品格；原则和习惯。柯维认为品格和性格就像一座冰山，露在水面上的冰山尖是“性格”，在水面下的大冰山体是“品格”，品格是第一位品质，性格是第二位品质，二者都重要，但前者是以后者为基础的。这比较容易理解，类似与中国的“德才兼备，以德为先”。但另一方面，性格伦理强调态度，即积极心态，品格伦理强调原则，即自然法则，这统一有一点难。事实上如果用阴阳控制模式比照，前者强调人的积极心态，即强调人的主观能动性，与积极能动的控制模式相对应，为“阳”，后者强调自然法则，即强调客观的决定因素，与积极顺服的控制模式相对应，为“阴”，二者也必须平衡起来。总体上，从激励人去追求成功的角度，会突出人的主体性、能动性，强调信念及自我效能的作用。正如在《高效能人士的七个习惯》中第一个习惯就是“积极能动”。这样就统一起来了。这两种训练都需要，关键要看对象，根据其在生命圈、社会圈和宇宙圈三维时空中的位置，以及其内在阴阳系统状态，来给予适当的教育训练。

这两种成功学在整个世界范围内都是极具影响的，在国内也都相应建立了教育训练机构，在学校、企业和成人教育中广泛传播。有了我们自组织自我控制理论，就不会厚此薄彼或因噎废食。

3. 运用上的灵活性

该理论从构想上来看，其视野是非常开阔的，也是站得比较高的。从宏观角度看，放大而言，自我可以是大我“人类”；放中而言，自我可以是中我“组织”；放小而言，可以是小我“个人”。所以可以从不同的主体角度去思考运用，具有灵活性。同样，该理论在要素层面及其内在阴阳结构层面，又是比较直观的，具可操作性。从微观角度看，它既可以为个体在人生战略层面上的自我控制提供思考框架，又可以为个体在战术层面上的自我控制提供操作工具。所以同样具有灵活性。

总之，该理论构想具有哲学思想、心理机制和管理过程的统一。

3 研究方法

本章主要从总体上对本研究中所使用的方法作一介绍。主要从研究设计，研究假设，研究的被试、程序、材料和统计三大方面作介绍。其中研究设计又从总体思路、开放式问卷设计、团体焦点问题访谈设计、结构式问卷设计、实验设计和内隐联结测验（IAT）设计几方面作了介绍，因为有的内容在后面具体章节还有涉及，所以根据内容需要，内容有详略之分。研究假设从理论构建、观察研究、相关研究和实验研究四个方面作了假设罗列，所列举的假设不完全是严格意义上的假设，有的是预期或猜测，详细罗列的目的在于让读者清楚看到研究者想做什么、想验证什么。

3.1 研究设计

3.1.1 总体思路

本研究想在文献研究的基础上，提出自己的研究理论构想，然后在理论构想的指导下，从描述、预测和干预三个层面来探讨大学生自我控制的问题。

描述：大学生自我控制的现状和特点是什么？大学生对影响自我控制的因素怎么看？他们都用什么方法来加强自我控制？

预测：大学生自我控制的内在要素有什么？它们的关系如何？有何作用机制？有无自我控制内隐层面影响机制？能否印证我们的理论构想？

干预：从某一个影响因素入手，给予多种内容和形式的处理，看能不能提高自我控制的水平，在外显和内隐层面各有何特点，哪一种处理方式更为有效？

所以，针对不同层面问题采用不同的研究设计和方法。

描述：采用观察研究方法，具体采用开放式问卷调查和团体焦点问题访谈两种方法。①

预测：采用相关研究方法和实验研究方法，具体采用结构式问卷调查方法和IAT测验。

---

① 根据B. H. 坎特威茨等著、郭秀艳等译《实验心理学——掌握心理学的研究》的研究方法分类：观察研究、相关研究和实验研究。其中将调查研究和个案研究都划为观察研究范式，这里就参照这一分类，来组织本研究的结果。

干预：采用实验研究方法，主要有被试内和被试间设计两种设计，外显效果用自陈问卷，内隐效果用 IAT 测验。

所有的研究都是在自己的理论构想指导下进行的，因而，所有层面的研究结果也都可以看作是对理论构想的不同层面的实证。

3.1.2 开放式问卷设计

开放式问卷调查主要用来回答两个问题：大学生自我控制的现状和特点是什么？大学生对影响自我控制的因素怎么看？根据我们自我控制的理论构想，结合詹姆斯对两类意志障碍的界定，另外再结合大学生的角色任务确定大的领域，我们把自我控制问题表现分成两类：一类是该做的不去做，比如学习方面、生活习惯、社会实践。询问其频度如何以及内心感受。另一类是不该做的而去做了，比如网络利用、娱乐方面、生活习惯。询问其频度如何以及内心感受。另外从影响因素方面考虑两种因素：提高和破坏，形成两个问题。再从成功归因取向形成一个问题，从挫折应对形成一个问题，最后从自我控制信念作用形成一个问题。调查采用匿名的方式。

详细的调查问卷见附录。

3.1.3 团体焦点问题访谈设计

团体焦点问题访谈拟回答一个问题：大学生都用什么方法来加强自我控制？因为这是一个让大家想办法的问题，所以我们采用团体焦点问题访谈的办法，既可以较为集中，又可以较为深入。考虑到访谈的效果，我们将人数控制在 16 人，文科和理科各个年级各 2 人。

为了防止访谈被少数健谈的人控制，期望同时发挥每个参加者的智慧，集思广益，相互激发，访谈引入了头脑风暴法，这样每个人都有机会。

访谈的焦点问题是"如何提高大学生的自我控制水平"。主试介绍头脑风暴的做法及原则：不作评判、不作争论、不考虑是否可行、以数量求质量等。头脑风暴分三个阶段：第一阶段，为了先给大家有一个独立思考的过程，先让大家在预先准备的白纸上写下自己采用的或建议的方法，不考虑和别人重复与否，然后依次逐一交流自己所写的。第二阶段，是在前一轮交流的基础上，并且有进行中的互相启发，再逐一依次发表看法，有新的方法就讲，暂时没想到的就说"过"，让下一位继续发言，类似的一轮一轮地进行，直至"知无不言，言无不尽"。第三阶段，主试就一些相关的问题，对一些同学提问交流；或对被试的提问作回答。

3.1.4 结构式问卷设计

结构式问卷主要拟回答：大学生自我控制的内在要素有什么？它们的关系如

何？有何作用机制？有关自我控制的量表有：内在-外在心理控制源量表（Rotter，1966），内控性、有势力的他人及机遇量表（Levenson，1981），控制圈（Pauthus，1983），成人 Nowicki-Strickland 内外控制量表（Nowicki，Duke，1974），Snyder 的自我调控力量表，刘金花的儿童自我控制量表，等等。但因这些量表使用的对象不同，如儿童；或项目针对性不强，而且主要偏“战术”层面的自我控制（类似于我们理论中的自我校正），缺少“战略”层面的自我控制，所以问卷编制主要根据我们的理论构想的六大要素，参考开放式问卷调查的结果以及团体焦点问题访谈的结果和启示，编制六个自我控制的分问卷，每个分问卷设计了 12 个项目，共 72 个项目，同时设计了两个效度检验的分问卷：一个是正性的检验效标，包括 6 个项目；另一个是负性的检验效标，包括 12 个项目。负性效标插在自我控制各分问卷中，同时充当策略性“反题”。问卷采用 Likert 式五点量表形式，每题有五个选择：“完全符合 = 5”“大部分符合 = 4”“不确定 = 3”“小部分符合 = 2”“完全不符合 = 1”。对每一个分问卷具体项目的内容编制设计，见第 5 章相关研究。完整的问卷见附录。

3.1.5 实验设计

实验研究主要拟回答：有无自我控制内隐层面影响机制？从某一个影响因素入手，给予多种内容和形式的处理，看能不能提高自我控制的水平？在外显和内隐层面各有何特点？哪一种处理方式更为有效？

根据班杜拉自我效能理论，自我效能信念在自我控制中起到关键的核心作用，自我效能有四个来源：直接经验、替代经验、言语说服和身心状态。所以就设计反映三个来源的处理，直接经验用游戏体验（实验二），替代经验用影视欣赏（实验三），言语说服用激励演讲（实验四），分别把三种处理当作自变量，进行前测和后测的被试内设计的干预实验研究。自变量的两个水平就是没有处理和有处理。因变量有两个方面五个变量：外显包括信念和行为指标，具体用一份自陈的包括信念和行为的 Likert 11 点量表；内隐包括积极信念和积极行为方式、自我和积极信念、自我和积极行为方式三个 IAT 的效应值。有关因变量指标在下面再详细介绍。

同时再设计一个实验，在前测和后测的间隔中不给处理的对照组（实验一）。该对照组首先被用来考察因变量指标。一方面考察外显的信念和行为量表与前面自我控制量表的关系，另一方面考察信念和积极行为方式、自我和积极信念、自我和积极行为方式有无 IAT 效应。

将上述四个实验看作一个多种处理的单因素被试间设计实验（实验五），自变量为没有处理、游戏体验、影视欣赏、激励演讲四种不同的处理，将五个因变量指标的前后差值作为四种处理比较的被试间设计的因变量。

另外还设计了一个多种处理的被试内设计的实验（实验六），自变量包括没有处理、游戏体验、游戏体验＋影视欣赏、游戏体验＋影视欣赏＋激励演讲四种水平，因变量和上面实验一样，也是包括外显和内隐的五个指标。虽然因变量的测量和上面的实验一样，分前测和后测，但从时间上来看，又可看作在不同时间上的效应，所以该实验可考察训练的频度和强度以及在时间上的效应。

本来还想设计一个反映自我效能身心状态来源的处理，用催眠放松训练，因为放松训练的音碟是立体声的，需要用耳机听，因实验室机房的计算机没有该设备，所以没办法实施，只能留待以后再研究。

以上实验研究的总体设计介绍，可用图 3.1 示意说明。可以看到实验一、二、三、四在程序上是相似的，测试的条件、主试一样，因变量也是一样的，主要是自变量处理和实验日期时间不同，而且四个实验的被试都是来自心理系一年级（2003级）的学生，由班长安排分成四组，分别参加四个实验，虽然不是采用严格意义上的随机化分配，但因他们基本背景类别变量相似，故基本上可以看作随机分配，可以将他们作为一个综合实验（实验五），但因变量与前面四个实验不同，是前面实验因变量五个指标的前后测差值。

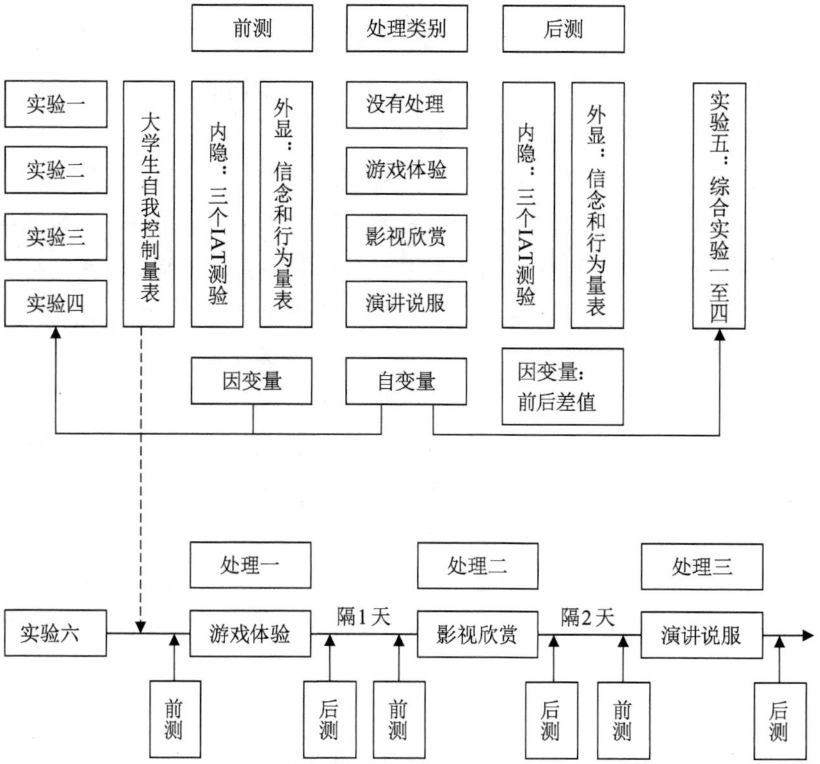

图 3.1　六个实验的设计示意图

3.1.6 内隐联结测验（IAT）设计

内隐联结测验主要拟回答：有无自我控制内隐层面影响机制？同时用作实验的内隐因变量测量方法有哪些？

已有文献证据表明，自我效能信念通过认知、动机、情感和选择过程对人们的感觉、思维、自我激励以及行动产生影响，实施自我效能信念的调节控制功能。根据我们的研究问题，我们设计了三个内隐联结测验：积极/消极信念——积极/消极行为，自我/非我——积极/消极信念，自我/非我——积极/消极行为。这里的积极和消极的信念、行为，都是和自我控制有关的，为简约起见，就直接用“积极/消极信念”代表“积极/消极自我控制信念”，或用“积极/消极行为”代表“积极/消极自我控制行为”。

从2.1.8节内隐社会认知理论中的内隐联结测验方法介绍看，实验的程序、步骤、结果记录和处理是非常统一的，由计算机自动进行，或按标准的处理方法处理数据，所以本研究内隐联结测验的设计关键就是根据研究问题选择适合的实验材料。因为三个内隐联结测验是复合的，为避免重复，下面就先介绍三个内隐联结测验的设计思想，然后集中介绍所选的材料。

测验一：积极/消极信念——积极/消极行为，简称为“信行IAT”。

目标概念：积极信念——消极信念。

属性概念：积极行为——消极行为。

相容任务：积极信念和积极行为；或消极信念和消极行为。

不相容任务：消极信念和积极行为；积极信念和消极行为。

假设：H0：在内隐层面，自我控制信念和自我控制行为之间不存在联系。

H1：在内隐层面，自我控制信念和自我控制行为之间存在联系。

通过这个测验，我们想知道在内隐层面上自我控制信念和自我控制行为之间的联系强度和方向。如果统计检验不显著，则接受假设H0，说明在内隐层面，自我控制信念和自我控制行为之间不存在联系。如果统计检验显著，则接受备择假设H1，说明在内隐层面，自我控制信念和自我控制行为之间存在联系。

联系的方向：如果IAT效应值大于0，相容联系显著强于不相容联系，则说明积极信念和积极行为之间，或消极信念和消极行为之间在内隐层面关系紧密。提示，如果在内隐层面，被试拥有积极信念，那么就可能激发积极行为，或者拥有积极行为，也会强化积极信念。反之亦然，消极信念引发消极行为，消极行为强化消极信念。如果IAT效应值小于0，则不相容联系显著强于相容联系，则被试积极信念和消极行为之间，或消极信念和积极行为之间的存在紧密联系。提示，如果在内隐层面，被试拥有积极信念，那么就可能激发消极行为，或者拥有积极行为，也会强化消极信念。反之亦然，消极信念引发积极行为，消极行为强化积极信念。

联系的强度： IAT 效应值越大，强度越强。IAT 效应值越小，强度越弱。

测验二： 自我/非我——积极/消极信念，简称为“自信 IAT”。

目标概念：自我——非我。

属性概念：积极信念——消极信念。

相容任务：自我和积极信念；非我和消极信念。

不相容任务：非我和积极信念；自我和消极信念。

假设：H0：在内隐层面，自我和信念之间不存在联系。

H1：在内隐层面，自我和信念之间存在联系。

通过这个测验，我们想知道在内隐层面上自我和自我控制信念之间的联系强度和方向。如果统计检验不显著，则接受假设 H0，说明在内隐层面，自我和自我控制信念之间不存在联系。如果统计检验显著，则接受备择假设 H1，说明在内隐层面，自我和自我控制信念之间存在联系。

联系的方向： 如果 IAT 效应值大于 0，相容联系显著强于不相容联系，则说明自我和积极信念之间，或非我和消极信念之间在内隐层面关系紧密。提示，在内隐层面，被试显著偏好拥有积极信念，而不是消极信念。如果 IAT 效应值小于 0，则不相容联系显著强于相容联系，则自我和消极信念之间，或非我和积极信念之间的存在紧密联系。提示，在内隐层面，被试显著偏好拥有消极信念，而不是积极信念。

联系的强度： IAT 效应值越大，强度越强。IAT 效应值越小，强度越弱。

测验三： 自我/非我——积极/消极行为，简称“自行 IAT”。

目标概念：自我——非我。

属性概念：积极行为——消极行为。

相容任务：自我和积极行为；非我和消极行为。

不相容任务：非我和积极行为；自我和消极行为。

假设：H0：在内隐层面，自我和行为之间不存在联系。

H1：在内隐层面，自我和行为之间存在联系。

通过这个测验，我们想知道在内隐层面上自我和自我控制行为之间的联系强度和方向。如果统计检验不显著，则接受假设 H0，说明在内隐层面，自我和自我控制行为之间不存在联系。如果统计检验显著，则接受备择假设 H1，说明在内隐层面，自我和自我控制行为之间存在联系。

联系的方向： 如果 IAT 效应值大于 0，相容联系显著强于不相容联系，则说明自我和积极行为之间，或非我和消极行为之间在内隐层面关系紧密。提示，在内隐层面，被试显著偏好拥有积极行为，而不是消极行为。如果 IAT 效应值小于 0，则不相容联系紧密显著强于相容联系，则自我和消极行为之间，或非我和积极行为之间的存在紧密联系。提示，在内隐层面，被试显著偏好拥有消极行为，而不是积极行为。

联系的强度：IAT 效应值越大，强度越强。IAT 效应值越小，强度越弱。

如前所述，内隐联结测验是通过一系列的选择反应任务来测量概念间的联系的。选择反应任务的特点决定了目标概念和属性概念都必须是成对的。这样，内隐联结测验中就有两个纬度的概念（目标概念和属性概念），每个维度上都应该根据明确的标准分成两个相对的概念。对每一个概念选取一定数量的样例（examplar）用作刺激材料。大多数研究中所用的刺激材料都是词汇（Greenwald et al.，1998），有时目标概念也常用图形来表示（Dasgupta et al.，2000），属性概念使用图形的场合很少，但也是有效的材料（Mitchell，Blair，Banaji，2003）。

笔者认为，从 IAT 的原理来看，目标概念和属性概念是相对的，都不过是社会认知语义网络的一个节点或一簇节点，内隐联想测验就是联想测量节点和节点之间或节点簇和节点簇之间的联系。所以概念用词语，一般是一个节点，比如 Greenwald 用的消极属性词“死亡”，它可能表示一种解释、意义内涵比较明确的概念。当然也有可能是节点簇，Greenwald 用的积极属性词“成功”，它可能表示有多种界定、意义内涵比较丰富的概念。如果用图片，笔者认为它可能已经不是一个节点，而是一个主题下的节点簇，人们在看图片时，可能会有多种角度对它作表征，是语义的，或者是视觉图像，或者是表象。在 IAT 测试中，在对图片进行分类时，显然是根据属性类别或目标类别聚焦于一个方面作表征或反应，这样就仍然会表现出指向性的概念。既然已有研究表明词语和图片都可以作目标概念和属性概念，那么也就说明材料本身的内涵单一或丰富关系不大。

中国的词语是非常丰富的。字数组成非常多样，有单字词（如“我”）、双字词（如“我们”）、三字词（如“一家人”）、四字词（如“四海一家”）、五字词（如“天助自助者”）、六字词（如“有志者事竟成”）、七字词（如“天生我材必有用”）以及八字词（如“天下兴亡匹夫有责”）。意义内涵也是非常丰富的，如“水滴石穿”。其中最为丰富的是四字成语，而五字词、六字词、七字词以及八字词，可以说它是词语，也可以认为它是格言警句。根据以上分析，词语和句子应该都可以作为目标概念或属性概念。根据中国人的习惯，一般形容人的行为多用四字成语，而表达某种信念则多用格言警句，所以我们用句子水平的格言警句作为信念概念类别，用四字成语作为行为概念类别。

具体的词、句是从义类成语辞典、同义词词典、反义词词典中查选出来的。选词句的依据主要有两点：一是自我控制的理论假设，包括自我觉醒、自我规划、自我执行、自我评估、自我激励、自我校正。自我觉醒主要用信念来表示，其余五个方面用行为来表示。二是词句的熟悉度和通俗度。本来初选的词语有近百条，经过商议征询意见后，才选定了下面的词语和句子。

自我——非我：有 5 对，自我：我、自己、自个、本人、自家；非我：他、他人、人家、别人、外人。

积极信念——消极信念：有 7 对，见表 3.1。

积极行为——对消极行为：有 13 对，见表 3.2。

同时将每一对信念、每一对行为组成 Likert 式 11 点量表，用作外显测量。具体词语如表 3.1、表 3.2 所列。

表 3.1　外显信念 11 点 Likert 量表及内隐 IAT 的信念句子表

序号	左边	完全信奉	很信奉	信奉	比较信奉	有点信奉	不确定	有点信奉	比较信奉	信奉	很信奉	完全信奉	右边
1	有志者事竟成	11	10	9	8	7	6	5	4	3	2	1	人算不如天算
2	功夫不负有心人	11	10	9	8	7	6	5	4	3	2	1	一切命中注定
3	天生我才必有用	11	10	9	8	7	6	5	4	3	2	1	人生就是赌博
4	君子当自强不息	11	10	9	8	7	6	5	4	3	2	1	人要知足常乐
5	人有无限潜能	11	10	9	8	7	6	5	4	3	2	1	人的能力有限
6	人有选择自由	11	10	9	8	7	6	5	4	3	2	1	环境决定一切
7	失败是成功之母	11	10	9	8	7	6	5	4	3	2	1	失败是失败之母

第一对：主要是对志向目标的信念，对应于自我规划。

第二对：主要是对坚持行动的信念，对应于自我执行。

第三对：主要是对自我实力的信念，对应于自我执行。

第四对：主要是对积极进取的信念，对应于自我激励。

第五对：主要是对自我潜能的信念，对应于自我激励。

第六对：主要是对积极心态的信念，对应于自我校正。

第七对：主要是对应对挫折的信念，对应于自我评估。

当然，上述信念的作用是广泛的，是相互作用与各个环节的，比如“天生我材必有用”，可以对应于自我执行，可以作用于自我评估，内部归因，而不是运气归因，也可以作用于自我激励，作用于自我校正等。之所以这么列出和我们理论构想的哪一个要素相对应，只是想从总体上说明这些信念整体上是对应于我们的理论构想的，并不是想把一个信念局限于一个要素。

表 3.2 外显行为 11 点 Likert 量表及内隐 IAT 的行为词汇表

序号	左边	完全符合	很符合	符合	比较符合	有点符合	不确定	有点符合	比较符合	符合	很符合	完全符合	右边
1	独立自主	11	10	9	8	7	6	5	4	3	2	1	依附盲从
2	目标明确	11	10	9	8	7	6	5	4	3	2	1	稀里糊涂
3	计划行事	11	10	9	8	7	6	5	4	3	2	1	盲目行事
4	专心致志	11	10	9	8	7	6	5	4	3	2	1	三心二意
5	办事利落	11	10	9	8	7	6	5	4	3	2	1	懒惰拖延
6	不怕挫折	11	10	9	8	7	6	5	4	3	2	1	一蹶不振
7	持之以恒	11	10	9	8	7	6	5	4	3	2	1	半途而废
8	严于律己	11	10	9	8	7	6	5	4	3	2	1	随波逐流
9	抵制诱惑	11	10	9	8	7	6	5	4	3	2	1	意志薄弱
10	勇于说不	11	10	9	8	7	6	5	4	3	2	1	没有原则
11	宁静致远	11	10	9	8	7	6	5	4	3	2	1	及时行乐
12	惯于自省	11	10	9	8	7	6	5	4	3	2	1	怨天尤人
13	知错就改	11	10	9	8	7	6	5	4	3	2	1	执迷不悟

第一对：主要是对主体作用的强调，是独立自主？还是依附盲从？对应于自我规划。

第二对：主要是对目标作用的强调，是目标明确？还是稀里糊涂？对应于自我规划。

第三对：主要是对计划作用的强调，是计划行事？还是盲目行事？对应于自我执行。

第四对：主要是对意愿作用的强调，是专心致志？还是三心二意？对应于自我执行。

第五对：主要指对执行力的强调，是办事利落、高效呢？还是懒惰拖延、慢拖呢？对应于自我执行。

第六对：主要对待挫折的态度，是不怕挫折？还是一蹶不振？对应于自我激励。

第七对：主要指恒心毅力，是持之以恒？还是半途而废？对应于自我激励。

第八对：主要强调自律，是严于律己？还是随波逐流？对应于自我校正。

第九对：主要对待诱惑冲动的态度行为，是抵制诱惑？还是意志薄弱为诱惑所俘？对应于自我校正。

第十对：主要是懂得拒绝和放弃，是勇于说不？还是没有原则，跟着别人的安排而动？对应于自我校正。

第十一对：主要强调延缓满足，是为长远目标牺牲或延缓目前的需求满足——宁静致远？还是及时行乐？对应于自我激励。

第十二对：主要是评估反省的习惯，是惯于自省、自我归因？还是怨天尤人？对应于自我评估。

第十三对：主要对错误的态度，是知错就改？还是执迷不悟？对应于自我评估。

同样，上述对每一种行为取向的归类说明也是相对的，不是绝对的，因为可能一个行为取向可以归到多个方面，如宁静致远，可以归到自我激励，也可以归到自我校正。同样之所以这么列出和我们理论构想的哪一个要素相对应，只是想从总体上说明这些行为整体上是对应于我们的理论构想的，并不是想把一个行为完全局限于一个要素。

3.2 研究假设

研究假设有多种层次，有的只是一个预想，有的是一个关系的猜测，有的是因果关系的假设，在这里，为了让阅读参考者比较清晰地了解我们想做什么，或预期什么，或证明什么，所以就将预想、猜测和假设一起以“假设”的名义罗列如下：

1. 理论建构

假设 1：人类自我控制是一个以自我为主体的六大要素组成的自组织有机系统。

假设 2：人们是在一个由生命圈、社会圈和宇宙圈组成的立体三维时空中，以个人身心和行为、外在环境和事件为对象，以实现个人、社会和宇宙内外和谐发展为原则目标来进行自我控制。

假设 3：每一要素内部有两种倾向：阴和阳。这两种倾向会根据系统内部和系统外部的变化和需要，既对立又统一，发生相互作用，构成了以自我规划为核心的自我控制“阴阳五行”的辩证动态变化系统。

假设 4：人类自我控制是一个动态复杂的自组织系统，具有适应性和发展性。

2. 观察研究

假设 1：大学生自我控制问题是普遍存在的。

假设 2：大学生自我控制问题给他们带来消极的影响。

假设 3：大学生对促进和破坏自我控制的因素会有集中趋势，可能会与我们的构想要素一致。

假设 4：大学生对成功和失败归因应该在自我内在归因占最多。

假设 5：大学生对挫折和困难的应对策略与我们构想自我激励要素一致。

假设6：大学生对自我控制信念的作用持积极肯定态度。

假设7：大学生采用自我控制的方法可能和我们的构想要素一致。

3. 相关研究

假设1：大学生自我控制结构式问卷具有良好的信效度。

假设2：大学生自我控制结构式问卷调查结果会可能从数据上支持我们的理论构想。

假设3：大学生自我控制水平在类别变量上有差异。

4. 实验研究

假设1：存在自我控制的内隐效应或机制。

假设2：对照组前测和后测之间因变量没有差异。

假设3：游戏体验训练对五个因变量产生显著效果。

假设4：影视欣赏训练对五个因变量产生显著效果。

假设5：演讲说服训练对五个因变量产生显著效果。

假设6：游戏体验、影视欣赏和演讲说服的训练效果有差异。

假设7：五个因变量在类别变量上有差异。

假设8：训练的组合、强度和频度对因变量有显著影响，在时间上具有一些差异特点。

假设9：训练处理对外显和内隐因变量的影响具有不同的规律。

3.3 被试、程序、材料、统计

3.3.1 被试

1. 开放式问卷调查

被试取自苏州大学和上海交通大学，苏州大学包括文学院（文科）、数学科学学院（理科）、管理学院（商科）、材料与工程学院（工科）四个院系四个年级的学生，以及大学生心理健康教育公选课的部分学生。上海交通大学包括电气工程专业的学生。共发放问卷1 000份，其中苏州大学800份，上海交通大学200份，回收715份，剔除废卷105份，有效问卷610份，有效问卷回收率61.0%。因学生对类别变量填答漏缺太多，难以统计有效问卷的具体分布情况。

2. 团体焦点问题访谈

被试由华东师范大学多院系多年级学生构成：艺术系2人，中文系2人，哲学系1人，心理系研究生4人，心理系三年级2人，心理系二年级2人，心理系一年级3人，共16人。

3. 结构式问卷调查

被试取自苏州大学，包括文学院、物理科技学院、外国语学院、工学院、商学院、法学院、体育学院、艺术学院、医学院，共发放问卷1 500份，回收问卷1 121份，去除52份废卷，有效问卷1 069份，有效问卷回收率71.27%。被试分布情况见表3.3。

4. 实验一、二、三、四被试

被试都是来自华东师范大学心理系一年级（2003级）的学生，总共有99人参加实验，其中有11人数据不全，在统计时被剔除，实际参加统计的被试88人，占参加实验人数的89.9%。被试参加完实验后，付给与实验时间相当的一定数量报酬以作答谢。他们的性别、学生干部、勤工助学分布见表3.4。

表3.3　结构式问卷调查被试分布一览表

类别	类别变量	人数	百分数/%
Yx 院系	1 文学院	144	13.5
	2 物理科技学院	140	13.1
	3 工学院	166	15.5
	4 法学院	81	7.6
	5 商学院	91	8.5
	6 体育学院	63	5.9
	7 艺术学院	86	8.0
	8 医学院	138	12.9
	9 外国语学院	160	15.0
	小计	1 069	100.0
Nj 年级	1 一年级	284	26.6
	2 二年级	273	25.5
	3 三年级	322	30.1
	4 四年级	190	17.8
	小计	1 069	100.0
Xb 性别	1 男性	471	44.1
	2 女性	598	55.9
	小计	1 069	100.0
Gb 学生干部	1 是（院系、班级、社团）	317	29.7
	2 否	752	70.3
	小计	1 069	100.0
Zx 勤工助学	1 是	262	24.5
	2 否	807	75.5
	小计	1 069	100.0

表 3.4 实验一、二、三、四的被试分布一览表

类别		实验一		实验二		实验三		实验四	
		人数	百分数/%	人数	百分数/%	人数	百分数/%	人数	百分数/%
性别	1 男	7	28.0	6	28.6	6	27.3	7	35.0
	2 女	18	72.0	15	71.4	16	72.7	13	65.0
	小计	25	100.0	21	100.0	22	100.0	20	100.0
学生干部	1 是	10	40.0	12	57.1	8	36.4	9	45.0
	2 否	15	60.0	9	42.9	14	63.6	11	55.0
	小计	25	100.0	21	100.0	22	100.0	20	100.0
勤工助学	1 有	6	24.0	8	38.1	9	40.9	11	55.0
	2 无	19	76.0	13	61.9	13	59.1	9	45.0
	小计	25	100.0	21	100.0	22	100.0	20	100.0

5. 实验六的被试

被试均来自华东师范大学，有两个渠道：一是华东师范大学心理学辅修班报名参加，一是通过在华东师范大学内贴海报招募志愿者被试。所以来源比较广，同时对心理学实验感兴趣。被试参加完实验后，付给与实验时间相当的一定数量报酬以作答谢。它们的分布情况见表 3.5。

表 3.5 实验六的被试分布一览表

类别	类别变量	人数	百分数/%
Yx 院系	1 文科	6	23.1
	2 理科	10	38.5
	3 工科	2	7.7
	4 法学	2	7.7
	5 商科	2	7.7
	6 艺术	1	3.8
	7 外语	3	11.5
	小计	26	100.0
Nj 年级	1 一年级	2	7.7
	2 二年级	20	76.9
	3 三年级	4	15.4
	小计	26	100.0
Xb 性别	1 男性	7	26.9
	2 女性	19	73.1
	小计	26	100.0

（续表）

类别	类别变量	人数	百分数/%
Gb 学生干部	1 是（院系、班级、社团）	12	46.2
	2 否	14	53.8
	小计	26	100.0
Zx 勤工助学	1 是	20	76.9
	2 否	6	23.1
	小计	26	100.0

3.3.2 程序

1. 开放式问卷调查

该问卷由研究主试者委托相关院系辅导员实施调查，集中发放，个别填写，最后收齐交给辅导员，再交给研究主试者。

2. 团体焦点问题访谈

首先让被试在一个宁静的教室中，围坐成一圈，主试也坐在其中，没有特别的主次之分。事先在每人位置上摆放一支笔、一张白纸和一点水果。然后主试先致谢并作自我介绍，再请被试逐一作简单的自我介绍，先营造一个轻松的、友好的、和谐的氛围。接着由主试介绍本次访谈的背景意义，以及自我控制的主要内涵。（为简约起见，还是以詹姆斯描述的两个方面来界定自我控制：一类是正常行动不能出现，称为被阻碍的意志；另一类是反常行动无法抑制，被称为爆发性意志。换句话说就是有些事应该做，却不能启动去做，有些事明知不该做，却控制不住而去做。）访谈的焦点问题是“如何提高大学生的自我控制的水平？”。为了集思广益，相互激发，所以采取头脑风暴的形式，主试介绍头脑风暴的做法及原则：不作评判、不作争论、不考虑是否可行、以数量求质量等。头脑风暴分三个阶段：第一阶段，为了给大家有一个独立思考的过程，先让大家在预先准备的白纸上写下自己采用的或建议的方法，不考虑和别人重复与否，然后依次逐一交流自己所写的。第二阶段，在前一轮交流的基础上，并且由进行中的互相启发，再逐一依次发表看法，有新的方法就讲，暂时没想到的就说“过”，让下一位继续发言，类似的一轮一轮进行，直至“知无不言，言无不尽”。第三阶段，主试会就一些相关问题，对一些同学提问交流；或对被试的提问作出回答。全过程主试作记录，并适时做一些引导和小结回馈。最后，表示感谢，并将笔送给大家作纪念。

3. 结构式问卷调查

由研究主试委托相关院系辅导员实施调查，集中发放，个别填写，最后收齐交给辅导员，再交给研究主试。

4. 实验研究

如在前面实验设计中图 3.1 所示，实验一、二、三、四、五、六的前测和后测的外显纸笔问卷测试和内隐 IAT 的测试程序是一样的，前测和后测之间的处理是不一样的。这里简单介绍一下共同的前测和后测程序。不同处理或不同处理的组合内容放到相应的实验中介绍。测试采用团体测试，地点在华东师范大学心理系计算机房。

(1) 预先通过网络发送，将三个 IAT 程序装到计算机房的各台计算机上，调试好。并给计算机编上号码。

(2) 给被试说明本次实验由前测、处理、后测三个部分组成。前测：包括先做一个“大学生自我控制调查问卷”，然后在计算机上做三个 IAT 测试（为避免被试去了解测试的原理，在给被试交代时说做三个计算机的词汇分类测试，而不说 IAT 程序测试）。再做一个书面的问卷测试。

(3) 处理：每次实验处理不一样，就简单告知到指定地点去做游戏，或看影片，或听讲座。

(4) 后测：再在计算机上做三个 IAT 测试，内容同前测一样；纸笔外显测试除指导语和前测不一样外其余同前测。

(5) 给被试说明测试编号原则，无论是书面，还是 IAT 程序，编号是统一的组成规则：日期 + 计算机号 + 前测为 1/后测为 2。

(6) 告知被试计算机实验程序的过程，分五个阶段，每一个阶段前有一个指导语，请被试根据指导语要求进行测试，每一阶段开始由被试自己决定，一个阶段和一个阶段之间有停顿，被试可以休息。但在一个阶段内是不能休息的，需要全部做完。每一部分后面给出被试反应的正确率和平均反应时。

(7) 计算机自动记录全部详细反应结果，包括对、错和反应时等信息。

3.3.3 材料

1. 材料一：问卷或量表

自编的大学生自我控制开放式的调查问卷。

自编的大学生自我控制结构式的调查问卷。

自编的大学生自我控制的信念和行为 11 点 Likert 量表。

2. 材料二：IAT 程序

IAT 计算机程序由美国 Inquisit 专业心理软件公司提供，可以经由互联网下载，经汉化和修改后用作研究用。具体 IAT 的材料选择和设计如前所述。计算机均为方正品牌奔腾 4 的计算机。

3. 材料三：处理用材料

游戏体验：“铁钉”游戏用的木盒材料是定做的，铁钉是购置的。

影视欣赏：自购的美国影片《刺激 1995》DVD 碟片。

演讲说服：由主试根据自己的自我控制理论构想来组织相应的素材，并制作幻灯片。

3.3.4 统计

所有问卷数据用 Foxpro 6.0软件输入计算机，并用 SPSS for Windows 12.0版本统计软件作数据处理和统计分析。结构方程建模用 AMOS 4.0统计软件。IAT 的原始数据由计算机自动记录，然后转换成 Microsoft Excel 文件，按照 Greenwald 建议的标准数据处理方法，进行结果计算处理，最后再用 SPSS for Windows 12.0版本统计软件作数据处理和统计分析。

4 观察研究

本章观察研究主要包括两个方面的内容：开放式问卷调查和团体焦点问题访谈。基本上以目的、设计、施测或程序、结果、讨论的结构加以报告。有关设计和施测方面的内容在本书第 3 章已有介绍，所以这里只根据结构的需要简单提一下。

4.1 开放式问卷调查

4.1.1 调查目的

从描述层面来探讨并了解大学生自我控制的问题有什么表现？大学生对影响自我控制的因素怎么看？同时为后面的结构式问卷的编制提供素材和一定的启发。

4.1.2 问卷设计

根据我们自我控制的理论构想，结合詹姆斯对两类意志障碍的界定，另外再结合大学生的角色任务确定大的领域，我们把自我控制问题表现分成两类：一类是该做的不去做，比如学习方面、生活习惯、社会实践。询问其频度如何以及内心感受。一类是不该做的而去做了，比如网络利用、娱乐方面、生活习惯。询问其频度如何以及内心感受。另外从影响因素方面考虑两种因素：提高和破坏，形成两个问题。再从成功归因取向形成一个问题，从挫折应对形成一个问题，最后从自我控制信念作用形成一个问题。以此形式表4.1和表4.2两张问卷，调查采用匿名的方式。

4.1.3 问卷施测

问卷施测的取样和程序见研究方法章节。

4.1.4 调查结果

结果统计主要从两个方面进行：一是我们期望从开放性调查问卷中看到各个问题填答的分布，从中可以发现一些集中的趋势；二是记录一些较典型的填答表述，供参考。

1. 结果分布

表中频数分布是按照顺序来排列的。有一点需要说明，因为每份有效问卷不是全部问题都填答，而且有的问题又不止一个答案，所以前面汇总的频数不一定和有效问卷数 610 份相吻合。

表 4.1　开放式问卷结果描述统计汇总

问题一：	是否有一些事情你想去做，觉得应该去做，但往往不能开始启动去做？
学习方面（470）	认真学习（152），坚持计划（103），英语（92），其他专业知识（63），看书（43），专业知识（23），考研（14），请教老师（12），完成作业（11）
生活方面（477）	早起（179），生活有规律（79），早睡（69），宿舍生活（68），锻炼（55），勤俭（14），个人卫生（5），好习惯（5），减肥（2），戒烟（1）
社会实践（171）	勤工助学（85），社会交际（65），做义工（11），助老扶贫（8），上山下乡（1），导游（1）
频度如何（388）	经常（190），一般（117），偶尔（81）
内心感受（363）	情绪低（61），自责（56），无奈（55），懊悔（37），内疚（32），苦恼（23），一般（22），矛盾（17），无所谓（15），不舒服（15），不安（13），空虚（10），有压力（9），痛苦（9），无助（8），挫败感（7），心急（4）
问题二：	是否有一些事你觉得不该去做的，但往往还是去做了？
网络利用（309）	游戏（110），聊天（101），电影（38），娱乐信息（25），看电视（13），查资料（10），看动漫（3）
娱乐方面（189）	游戏（63），电影（27），听音乐（22），打牌（20），逛街（19），娱乐信息（13），看小说（13），户外活动（12）
生活习惯（295）	睡懒觉（79），晚睡（43），晚起（43），生活无规律（39），吃零食（18），懒惰（17），勤俭不够（16），暴饮暴食（10），衣服不洗（9），做白日梦（5），抽烟（5），喝酒（4），生活邋遢（3），打扮（2），咬指甲（1），染发（1）
频度如何（451）	经常（216），一般（140），偶尔（95）
内心感受（288）	自责（52），后悔（49），无法自控（42），无所谓（34），难过（23），浪费时间（23），郁闷（16），很平常（16），短时不舒服（11），应该的（9），空虚（7），心急（3），烦（2），担心（1）
问题三：	你觉得提高自我控制能力的因素有哪些？最重要的因素是什么？
提高因素（955）	自我约束（85），意志（78），环境（71），毅力（70），自我要求/认识（68），目标（65），压力（60），内在（47），父母/朋友监督（43），信念（38），同学监督（30），自信（29），个人素质（28），动力（24），外在（22），性格（19），理智（17），情绪（17），心态（17），知识（16），人生观（15），好习惯（15），耐心（13），理想（12），意识（12），责任心（11），阅历（8），道德约束（8），榜样作用（4），勇气（3），社会舆论（3），危机感（3），爱好（3），没有经济来源（2）
问题四：	你觉得影响自我控制能力的因素有哪些？最严重的因素是什么？
影响因素（839）	外界诱惑（182），环境不好（132），自我放纵（118），惰性（106），他人影响（85），情绪不好（33），不健康心理（28），意志不坚定（25），目标不明（23），性格（22），毅力（20），不良习惯（15），外界打击（14），没有自信（10），从众（9），信念（8），不成熟（6）

（续表）

问题五：	你认为目标达成是靠自己努力，还是靠有影响力的他人，还是靠运气呢？
成功归因（586）	自己、运气和他人（237），自己（216），自己和运气（75），自己和他人（30），他人（16），运气（12）
问题六：	在你为实现目标而努力的过程中，当遇到困难和挫折时，是如何应对的？
应付方法（646）	勇敢面对（216），坚持（65），找别人帮忙（62），分析解决（59），自我激励（48），顺其自然（32），绕道而行（27），自我安慰（27），放弃（26），以后再解决（19），保持平常心（18），以退为进（18），一笑而过（14），发泄（6），不知所措（3），灰心挫败感（3），降低要求（2）
问题七：	你觉得“我能够控制自己的所思所行”的信念在你的自我控制过程中的作用如何？
信念作用（536）	很重要（236），没多少用（139），一般（125），没有用过这个信念（36）
总体	自我控制问题表现
问题表现（610）	问题一和问题二均有（447），仅有问题一（99），仅有问题二（22），问题一和问题二均无（42）

表 4.2　开放式问卷调查对问题回答的典型表述举例

问题一：	是否有一些事情你想去做，觉得应该去做，但往往不能开始启动去做？
学习方面	◇ 很想努力地学习，多受学习上的打击，所以会在自己头脑中给自己定下目标和规则，要完成的任务，但是实际上往往不成功，并不是目标、任务不实际，有时只是能坚持很短的时间。 ◇ 制订更为系统的学习计划，但又怕这样会扼杀一些兴趣，处于模式化与兴趣化两种选择的矛盾之中。 ◇ 有时想静静地学习一会儿，可是因为其他的事情（学生会）等挂在心上。 ◇ 在复习六级过程中，每天要到睡觉之前才会懊悔今天该背的单词没有背。 ◇ 想开始复习，又觉得离考试还早，明天再开始也不迟。 ◇ 学习英语，我觉得应该大量阅读，多读英文报刊或名著等，但是总因为种种原因没能做好。 ◇ 想学习本专业以外的东西，但是总因为事太多或者太难最终没有学成。 ◇ 我心中想参加自考，但是听说要考那么多门以后又难以下决心去考。 ◇ 每天听 30 分钟的听力，认真看一遍公共课的书，早晨起来看英语，早点完成老师布置的论文。 ◇ 按事先安排的计划去学习，但往往坚持不了几天；晚自习不够坚持；课后复习，几乎没有，认为主要是文科的，考前背背即可
生活方面	◇ 很难早起，往往定了闹钟还起不来。 ◇ 希望过有规律的生活使内心可以平静。 ◇ 早起是好习惯，经常锻炼也是好习惯，可惜不能坚持。 ◇ 每天早晨醒来，明知要起来早读，但是舍不得温暖的被窝。 ◇ 想将宿舍装扮得漂亮一点，不是满地垃圾和臭烘烘的袜子，也想将自己说脏话的习惯改掉。 ◇ 原本打算天天去跑步，但却没能坚持几天。 ◇ 每天的换洗衣物不能及时洗掉，总是拖到第二天才做。 ◇ 早上应该早点起床，可以吃早饭，又可以锻炼身体，但是总窝在被窝里不起来。 ◇ 每天要早睡早起，尤其是冬天，宿舍要天天打扫，把书整理好。 ◇ 早睡早起，早晨锻炼如跑步等；勤洗衣服；饮食有规律；戒烟。 ◇ 每天早上早起，晚上按时睡觉，平时管理好自己

（续表）

社会实践	◇ 有极大的热心去社会实践，一度寻找机会，见缝插针，但不能成功，曾经试过很多，但均没有成功，还在寻找。 ◇ 希望参加，很乐意参加，但学习压力大，暂时没有调整好心态。 ◇ 很想去做，以便更好地了解社会、适应社会、融入社会，比如去做家教，适当做些义务活动，但是觉得现在对这个新环境的熟悉程度有着很大的制约作用。 ◇ 想去参加，但是由于机会很少，学习紧张。 ◇ 考虑过，但是一想到那么麻烦，而且还占了很多自由时间，就不行动了。 ◇ 想多锻炼自己，又不知该如何去做，不知从哪方面着手。 ◇ 想参加很多社会实践活动，终于因时间、学习等因素而放弃。 ◇ 总是想到社会上去干一点事，积累一些社会经验，可当有机会时却又退缩了。 ◇ 很想利用寒暑假在某一工厂做临时工，锻炼自己动手能力，可往往不能启动
问题二：	是否有一些事你觉得不该去做的，但往往还是去做了？
网络利用	◇ 上网查资料，却总忍不住打开QQ。 ◇ 知道应该在网上多练习已学过的计算机知识，却总是无法控制地看网上电影、聊天。 ◇ 明知上网聊天、听歌、看电视剧很浪费时间，但是还是做了。 ◇ 每次去机房总想多查查资料，多学学英语，多练习计算机操作，但是经常把时间花在打游戏和看电影上。 ◇ 上网玩游戏，有时玩的时间太长；每次去网吧想着应该练打字等，但是总是玩游戏的次数多。 ◇ 心情不好的时候，便去上网做一些其他的事，完全是那种自暴自弃，每次过后都觉得后悔
娱乐方面	◇ 有时玩扑克，一玩就是近2个小时。 ◇ 打篮球过于频繁，玩游戏有些沉迷
生活习惯	◇ 不该吃零食，应好好吃饭，但还是忍不住要把买饭的钱买零食；不该晚起但还是忍不住。 ◇ 有不定时吃饭、暴饮暴食的情况，多数由情绪导致。 ◇ 睡懒觉。 ◇ 见到新奇的东西就想买，花钱厉害。 ◇ 饮食不均衡，明知多吃糖果不好，但仍吃了很多。 ◇ 习惯于晚睡晚起。 ◇ 不应该乱扔垃圾，不应该不洗袜子，但是还是做了这些。 ◇ 做事情喜欢拖，不能及时，喜欢躺在床上看书，明知对视力有害。 ◇ 吸烟，饮食无规律，不能够坚持早睡早起
问题三：	你觉得提高自我控制能力的因素有哪些？最重要的因素是什么？
提高因素	◇ 要自信，坚定立场，适当地强迫自己。 ◇ 目标和信念，自我责任心。 ◇ 内部的：坚强的意志，良好的心态，明确的目标。外部的：周遭环境尤其是宿舍和班级。 ◇ 首先是自我认识，知道自己的兴趣。 ◇ 经常去做，将事情转变成习惯，提高自己的控制力，锻炼意志。 ◇ 坚定的信念，理想，文化修养。 ◇ 自身养成的习惯，老师家长的教导，同学的影响。 ◇ 自己的思想觉悟水平，自己的心理素质的提高，自己的耐心和毅力。外界环境、其他人活动的影响。 ◇ 自身的认识，周围环境的约束。 ◇ 意志力和目标的可行性以及大环境的影响

（续表）

问题四：	你觉得影响自我控制能力的因素有哪些？最严重的因素是什么？
影响因素	利益诱惑，外界强迫，个人思想的转变。 享乐主义，心情等。 惰性，得过且过的心理。 环境，要不就没有孟母三迁了。 没有坚强的意志和明确的目标，周遭环境不适宜或恶劣。 周围的人或物，还有自己摇摆不定的态度。 性格、生活意识、前途迷茫、非正式组织环境较差，个人目标不明确。 自己的心情，情绪的好坏，对现状的看法和认识，还有他人所带来的影响，自己生理方面的原因
问题六：	在你为实现目标而努力的过程中，当遇到困难和挫折时，是如何应对的？
应付方法	仍然继续自己的进程或换一种方式继续，困难和挫折要勇敢地去面对并找出原因。多半要自我反省。 先难过一阵子，然后对自己说难过也没有用，除了继续努力以外没有第二条路可以走，如果选择继续走下去，难过只会使原本步履艰难的道路变得更加障碍重重，更难以达到目标。 想想更困难的事，更伟大的人处理更困难的事，再想想自己从这个经历中得到的完善与提高，还可以想想最亲近的人是否也有类似困难的事，以及他们是如何克服的。 抓住主要方面去解决，尽力去解决；实在解决不了的就自我安慰，总结，从同学朋友那里获取意见。 先搁一边等心平气和了，冷静对待，人生没有过不去的坎，但不能因为主观心情的影响导致一连串的错误。 笑面人生，把痛苦展现给别人是没有意义的，别人的怜悯换不来成功，哪里跌倒就在哪里爬起来，争的就是一口气。只要大胆向前闯，本来就是两手空空地来，大不了两手空空地去，什么也没有损失，不闯一闯真对不起这一辈子。 寻找帮助，父母朋友的鼓励总会给你安慰，我相信意志意念对人的影响。情绪稳定了，那就看自己的能力与造化了。 乐观，敢于面对，勇往直前，背水一战，直到目标的实现，即使实现不了，也不会很沮丧。 积极地自我暗示，比如对自己说“这没有什么大不了的，大家都会遇到困难”或“挫折更能激发我的斗志。”有时也对自己进行物质鼓励。 通过各种途径解决，如果实在无法解决只好放弃，何况条条大路通罗马。 首先审视一下目标是否恰当，不要乱定目标，也不能定得太低。其次，找出困难挫折的原因，再次，靠自己及询问别人找出正确的方法途径，向目标迈进。 休息一阵子，平复一下心情，再从头开始做起。 为实现目标而努力，对于困难挫折，能避就避。当无法躲避或摆脱时，强忍着去克服、去应付。毕竟没有战胜不了的困难，只要有心为目标而努力，困难总是能克服的

4.1.5 分析讨论

总体来说，自我控制的问题表现在方方面面，而且比较普遍。有自我控制方面问题或表现的占 93.1%（568/610），包括问题一和问题二都有，或仅有问题一，或仅有问题二。两方面问题都没有的只有 6.9%（42/610）。自我控制问题往往会同时表现在两个方面，问题一和问题二都有占 73.3%（447/610），不能启动去做一件事，往往是因为正在做另一件不该做的事。这一定程度上说明我们在自我控制理论构想中每个要素都有阴阳两个方面是符合实际情况的，如自我执行启动（阳）

做一件事，往往要停止（阴）做另一件事。从这个意义上讲，总体结果对我们的理论构想提供支持证据。此外，仅有问题一占 16.2%（99/610），仅有问题二占 3.6%（22/610），前者比后者占比要高。这可能表示保持一种不去违反自己定的内心标准是一个基本的要求，相对容易做到，而订了一个目标，要去执行做，可能有一定的挑战性，更难，因为目标总是高于现状的。这一点从另外一个数据的比较中也可以看出，就是从问题一的三个方面（学习、生活和社会实践）表现总频次(1 118)要比问题二的三个方面（网络利用、娱乐和生活习惯）表现的总频次（793）多。

从问题一的三个方面的表现分布来看，学习方面和生活习惯方面差不多，生活习惯略多一点，社会实践方面最少。学习方面主要表现在想认真学习（152），却做不到；想坚持计划（103），却不能坚持，想学好英语（92），但半途而废；想拓宽知识（23 + 63 = 86），却不能启动。生活习惯方面以早起和早睡（179 + 69 = 248）最为突出，生活有规律（79）、宿舍生活（68）、锻炼（55）等，总之生活方面的表现和健康非常有关。从社会实践看，勤工助学（85）、社会交际（65）最多。

从频度看，总体来说，“经常”约占 48.97%（190/388）。给人带来的内心感受来看，都是负性情绪，前五位是情绪低（61/363）、自责（56/363）、无奈（55/363）、懊悔（37/363）、内疚（32/363），其实是对自己的自我效能感的破坏。对自己的学习和健康都有消极的影响。

从问题二的三个方面表现分布来看，网络利用方面最为突出，其次是生活习惯，最后是娱乐。网络利用以游戏（110）、聊天（101）最为突出。生活方面仍然是睡懒觉（79）、晚睡（43）、晚起（43）、生活无规律（39）。娱乐以游戏（63）、电影（27）、听音乐（22）、打扑克（20）较为突出。

从频度看，总体来说，“经常”约占 47.89%（216/451）。从给人带来的内心感受来看，都是负性情绪，前五位是自责（52/288）、后悔（49/288）、无法自控（42/288）、无所谓（34/288）、难过（23/288），其实也是对自己的自我效能感的破坏。对自己的学习和健康也都有消极的影响，自责、后悔、无法自控等，让人的能量和自尊大大降低。

所以从问题一和问题二的结果来看，大学生自我控制问题表现比较普遍。从频度上看，“经常”约占 50%。给学生造成自责、悔恨、苦闷等负面情绪的影响，给学习和健康带来消极影响。这跟我们的预想一致。

从促进自我控制的因素来看，促进因素主要强调自我因素，如自我约束（85）、意志（78）、毅力（70）、自我要求/认识（68）、目标（65）、内在（47）、信念（38）、自信（29）、个人素质（28）；外界因素第二位，环境（71）、压力（60）、父母/朋友监督（43）、同学监督（30）、动力（24）、外在（22）等。

从破坏自我控制的因素来看，破坏因素突出的因素是诱惑（182）、环境不好（132）、自我放纵（118）、惰性（106）、他人影响（85）。从总数看，自我因素和外在因素差不多。

从学生所列的因素来看，基本上也和我们理论构想的要素是一致的。

从成功归因来看，归因于自己、运气和他人（237），自己（216），自己和运气（75），自己和他人（30），他人（16），运气（12）。我们原来预期"自己"内在归因排第一，实际上，比较辩证的观点是"自己、运气和他人"排第一位。真正认为靠他人和靠运气的很少。

从挫折和困难应对来看，积极能动方面占绝大多数：勇敢面对（216）、坚持（65）、找别人帮忙（62）、分析解决（59）、自我激励（48）；但同时也有顺服以退为进的策略：顺其自然（32）、绕道而行（27）、自我安慰（27）、放弃（26）、以后再解决（19）、保持平常心（18）、以退为进（18）、一笑而过（14）。说明我们的理论构想的"阳"和"阴"是和实际一致的。

从自我控制信念来看，认为很重要（236）、一般（125）、没多少用（139）、没有用过这个信念（36），说明信念的激励作用也是因人而异的，总体上认为很重要的占多数。

综上所述，调查结果基本上与我们的预想一致：大学生自我控制问题是普遍存在的；大学生自我控制问题给他们带来消极的影响；大学生对促进和破坏自我控制的因素与我们构想要素基本一致；大学生对挫折和困难的应对策略与我们构想的自我激励要素一致；大学生对自我控制信念的作用持积极肯定态度。只有预想 4"大学生对成功和失败归因应该自我内在归因占最多"，与调查结果稍有出入，调查结果为"自己、运气和他人"排第一位。

另外，开放式调查中学生的很多描述为后面编制问卷提供了参考素材。

4.2 团体焦点问题访谈

4.2.1 访谈目的

从描述层面来探讨大学生是如何来进行自我控制的？为后面结构式问卷的编制提供了素材和一定的启发。

4.2.2 访谈程序

访谈的焦点问题为"如何提高大学生的自我控制的水平?"采取头脑风暴的形式，访谈程序见研究方法章节。

4.2.3 访谈结果

从访谈中，得到很多提高自我控制的具体做法，大体上和我们的理论构想一致。为了比较清晰地呈现，就以我们的理论构想的六大要素作为结构来整理同学提出的方法。具体见表 4.3。

表 4.3 团体焦点问题访谈结果汇总

要素	访谈结果
自我觉醒	增强紧迫感； 充分理解任务的重要性，明确目标和意义； 大学生不接触实践项目，接触的大多都是试验性的，应该让他们多接触实际项目，有很多压力，就会提高责任心； 多接触社会，多观察别人是如何生存的，思考自己； 多接触年长的、经历丰富的、有经验的人； 提高成就动机，成就动机是否强烈是决定一个人自我控制能力的关键； 靠自己从意识思想上根本解决，而不是靠别人监督，否则也只能短期克服； 对切身利益的压力明确，使自己清醒； 人生观和世界观
自我规划	目标非常明确，图像化、视觉化； 给自己定一个将来一段时间的工作或学习目标，写下来贴在床头或每天都能看到的地方，常常激励自己，同时还能给自己订一个完成目标后的奖励方法，更能激励自己； 不要有太多的新计划，应用成果来强化； 目标不要太大，在自己能力能够控制范围内； 转移学生注意力，兴趣转移了，注意力和控制力自然就提高了，找自己的兴趣所在，把握能够控制的方面； 内心空虚就容易自我控制不好
自我执行	计划具体化，制订小步计划，每日完成（计划应合理）； 订短期目标，列出任务计划清单（时间表）； 把自己抛到一种环境中去，关键是迈出第一步“启动”； 把事情放在前面做掉，不要到后来没有时间，而导致事情完不成； 简化手续，想到的事，立即做，少计划，多做； 宏伟目标和近期目标相结合，小目标量化，体验不断成功感成就感； 要远离那些容易和你目标背道而驰的朋友或事物（在目标实现前一段时间），免受他们的负面影响； 给自己创造环境，有利于学习的环境； 切断干扰源（电视、上网），人为设计障碍、加锁、设定闹钟； 跟班、与他人一起完成工作； 设定几种满足时段的习惯，到星期天猛玩； 约朋友按时打电话； 行为习惯方式； 计划和目标（身边要有笔记）； 不要拖延

（续表）

要素	访谈结果
自我评估	认识到所学知识的重要性； 每天都看到成果； 每天检查不良后果（比如减肥）； 两害相权取其轻； 认识到应该做的好处、不该做的害处，清晰地写下来，详细，明确化； 人为设置障碍，打赌，以避免别人对自己形象的评价损失； 经常反思，厘清我现在自己在做什么； 想象自己时间有限，不完成目标的后果； 及时刹车，冷静、反思、分析，分析原因，寻找对策； 回避诱惑不是办法，要找原因； 忠恕：尽己容人
自我激励	积极暗示，比如，不就是一个晚上吗？战略上藐视，战术上重视； 想象父母的辛劳，感恩，把妈妈声音录在手机里； 体验焦虑，找伟大人物和自己比较； 自我暗示，自控就是维持自己的心态； 学习方面，维持一种兴趣、一种成就感，保持良性循环； 在限定条件下，完成任务，给予奖励，自我奖赏； 随时给自己刺激物提醒自己； 往往在长期努力得不到理想的结果时，经受挫败，自我控制能力往往会下降，自暴自弃； 找一个自控能力较强的同学，多和他接近，并可以邀请他一起参加你的目标活动； 学习伙伴竞赛，或假想竞争对手； 找到志同道合的伙伴，相互激励； 室友督促奖惩； 请有经验的人、过来人现身说法； 参加心理辅导（团队培训）； 和别人交流； 用科技方法使得外部行为与快乐联结起来
自我校正	告诉周围的同学或朋友你最近要做的一件事情，请求他们督促你，帮你克服自身惰性； 可以说服周围的同学和你一起完成某件事，在共同努力中可以一起督促，彼此提醒； 不妨和同学打一些善意的赌，比方说，如果我去网吧超过一小时，就罚我打扫卫生一个星期等，限制自己有时无法克制的某些欲望； 锻炼自己的自控力，比如不带钱，到美食店只能看，不能买； 如果有的目标实现起来诱惑太大，那就一定要“转移疗法”，把注意力转移到其他事物上来抵制诱惑； 注意力转到感兴趣的事上去； 反其道而行之，先充分满足，然后诱惑就不称其为诱惑； 催眠（暗示）； 对诱惑说“不”； 实在经不住就先满足一下； 行为疗法（惩罚，弹皮筋，奖赏）
影响因素	与年龄有关； 个性特点有影响自我控制能力； 靠一个人的成熟，经历、阅历、挫折、炼狱； 培养自己的人格、素质，人文学，心智成熟，综合提高

4.2.4 分析讨论

首先，访谈的结果显示大学生实际采用自我控制的方法和我们的理论构想的六大要素非常一致。我们访谈的焦点问题“如何提高大学生的自我控制的水平?”目的就是想了解大学生都用什么方法来进行自我控制。访谈采取头脑风暴的形式，让大家把自己平时所用的方法都讲出来，把自己能想到的方法都讲出来，把自己观察到别人用的方法也讲出来，互相激发，直到知无不言，言无不尽。而且研究主试为了不让他们受我们研究框架的影响，在访谈过程中，笔者主要是记录和适时追问启发一下。我们事先并没有对他们说要从哪些方面来谈，只要围绕焦点问题即可，从访谈结果汇总可以看到，他们提出的所有办法都可以纳入我们理论构想的六大要素中，从这一点，也是对我们的理论构想的实证支持。因为不仅是我们根据研究理论和生活经验构想的，而且大学生在实际生活学习中也是这么做的。

其次，访谈结果——同学们所提方法和具体描述，为我们编制结构式大学生自我控制问卷提供了很好的参考价值。

从自我觉醒来看，主要包括对目标意义、成就动机、人生观的强调，多接触社会、多观察别人的生存，提高责任感、紧迫感。

从自我规划来看，主要包括目标要明确、不要太多、不要太大，考虑自己的兴趣。没有目标，内心空虚就很容易失去自我控制力。

从自我执行来看，主要包括目标具体化、列任务清单并及早做、创造有利环境、远离不利环境、请人监督提醒、人为设置障碍或隔绝、延缓满足等。

从自我评估来看，主要包括每天检查积极结果和不良后果、反思自己的处境、分析利弊、查找原因等。

从自我激励来看，主要包括积极暗示、调整心态、父母期望、伟人力量、关注兴趣、自我奖励、同学惩罚、他人激励、竞争激励、参加培训、科技办法等。

从自我校正来看，主要包括同学的帮助督促、自控能力的锻炼、转移疗法、过渡满足、学会拒绝、行为疗法、兴趣转移等。

此外，对于自我控制能力的影响因素，同学们提出还与年龄成熟因素、个人的阅历、个性特点、素质培养等有关。

5 相关研究

5.1 研究目的

探究大学生自我控制的内在要素之间有什么关系和结构？对理论构想进行验证，能否初步形成一个大学生自我控制的测评工具，考察类别变量之间的差异情况。这主要通过结构式问卷的编制、评定、建模和分析。

在本研究中相关层面的研究还在实验研究中有所体现，这里不再分析，放到实验章节去分析。

5.2 问卷编制

有关自我控制的量表有“内在-外在心理控制源量表”（Rotter，1966），“内控性、有势力的他人及机遇量表”（Levenson，1981），“控制圈”（Pauthus，1983），“成人 Nowicki-Strickland 内外控制量表”（Nowicki & Duke，1974），Snyder 的自我调控力量表，刘金花的儿童自我控制量表，等等。但因这些量表使用的对象不同，如儿童；或项目针对性不强，而且主要偏“战术”层面的自我控制（类似于我们理论中的自我校正），缺少“战略”层面的自我控制的项目。所以问卷编制主要根据我们的理论构想的六大要素，参考开放式问卷调查的结果、团体焦点问题访谈的结果和启示，编制六个自我控制的分问卷，每个分问卷设计了 12 个项目，共 72 个项目，同时设计了两个效度检验的分问卷，一个是正性的检验效标，包括 6 个项目；另一个是负性的检验效标，包括 12 个项目。负性效标插在自我控制各分问卷中，同时充当策略性“反题”。问卷采用 Likert 式五点量表形式，每题有 5 个选择：“完全符合 = 5”“大部分符合 = 4”“不确定 = 3”“小部分符合 = 2”“完全不符合 = 1”。对每一个分问卷具体项目的内容编制设计，在表 5.1 做了概要说明。完整的问卷见附录。

表 5.1　结构式大学生自我控制问卷编制说明

分问卷目	题号	项目内容编制设计
自我觉醒	1	对政治变革带来机遇和挑战并存的觉知
	2	对经济发展带来自主选择、生存方式变化的觉知
	3	对文化流变带来多元价值观影响的觉知
	4	对科技进步造成竞争要素模式变化的觉知
	6	对人具有主体性的信念
	7	对大学自我教育的信念
	8	对珍惜时间价值的信念
	9	对自强不息发展的信念
	11	对因果归因规律的信念
	12	对目标决心价值的信念
	13	对人有巨大潜能的信念
	14	对人能自我调控的信念
自我规划	16	有人生规划的意识
	17	对自我认识的探索
	18	对社会需求的了解
	19	对差距认识和对目标的明确
	21	寻求专业人士帮助
	22	对大学阶段个人使命的明晰
	23	对未来情感生活的预期
	24	对角色规范期望的明确
	26	建立大学四年目标体系
	27	对大目标进行分解限定
	28	对各目标可行性的考虑
	29	对目标后果利害的预期
自我执行	31	制订计划，按计划行事
	32	计划的个性化、应对性和灵活性
	33	按优先次序执行计划，不拖延
	34	对老师风格的主动响应
	36	对大学自我教育的重视
	37	对考试作用的正确认识
	38	对学术活动的选择参加
	39	对社团活动的选择参加
	41	对社会交往的平衡把握
	42	对身体锻炼健康的重视
	43	对良好环境的主动营造
	44	对科技工具的善加运用

（续表）

分问卷目	题号	项目内容编制设计
自我评估	45	确立评估的内心标准和目标体系
	46	每天自我内省，总结进步和教训
	47	每周（月）总结的习惯，评估改进
	48	关注内外环境的变化，以便适时调整
	49	评估每一件具体任务完成的时间、质量和效果
	51	对自己的情绪、精力和效率评估，适时调整
	52	评估临时事务，灵活应对
	53	随身携带记事本，适时记录
	54	合理作纵向和横向比较
	55	对自我内在评价和外在评价
	56	对成功和失败进行归因分析
	57	积极和理性地对待他人评价
自我激励	58	用积极自我暗示，想象预期结果来激励
	59	用内部语言肯定自己对目标的行动力
	61	养成自我奖励的习惯，自我犒劳
	62	用内部语言肯定自己对诱惑的自制力
	63	选择优秀同学做榜样，运用榜样激励
	64	对自己的过错作内心的惩罚，内讼鞭策
	66	对困难积极正面思考，找方法克服，不轻言放弃
	67	对挫折积极正面评价，把它当磨炼，向更高目标攀登
	68	积极寻找方法，调试自己的心情
	69	运用名人传记的奋斗历程和精神，激励自己
	70	运用亲朋好友的期望激励自己
	71	参加励志成才主题的课程和训练，学习有关理念和方法
自我校正	72	主动寻求心理咨询人士的帮助
	73	把目标视觉化、可见化，自我提醒和同学督促
	74	学会说不，谢绝与目标无关的活动或邀请，或作统筹双赢安排
	76	主动选择或营造环境，避开诱惑
	77	打赌预设损失，善用同学和朋友的监督
	78	学会委托授权，发挥他人和团队的作用
	79	有意识地调整注意的焦点，关注积极面和自己的影响圈
	80	懂得放弃的重要性，有所不为
	81	了解网络资源特性，延迟娱乐需求满足
	82	寻找拖延的原因，对症下药
	83	利用后果想象预期，控制冲动、抵制诱惑
	84	相信自己，不自暴自弃

（续表）

分问卷目	题号	项目内容编制设计
正性效标	85	学习成绩
	86	评优评奖
	87	在自我控制方面，老师的积极评价
	88	在自我控制方面，家长的积极评价
	89	在自我控制方面，同学的积极评价
	90	在自我控制方面，自己的积极评价
负性效标	5	认为努力不如运气好，走一步算一步
	10	从高中考上大学，应该放松放松，好好玩玩
	15	受周围同学玩乐诱惑，和他们一样玩玩
	20	计划背多少英语单词或句子，但往往只能背几天就不了了之
	25	不会拒绝，身不由已地应不该应的约请
	30	锻炼身体，三天打鱼，两天晒网
	35	想上网查资料学习，但常常控制不住去网上娱乐
	40	不能平衡社团活动和学习，陷入混乱
	50	有睡懒觉的习惯，常常不能马上起床
	60	常常因拖延任务而感到压力重重
	65	不能兼顾社会实践和学习的平衡，过早忙于挣钱
	75	不会调适心情，长时陷入不良情绪之中

5.3 样本及施测

样本情况及施测情况见本书第 3 章，此处不再重复。

5.4 问卷项目分析

项目分析即在求出每一题项的“临界比率”（Critical Ratio，CR 值），作为删减题项的一个指标。本研究项目分析用测验总分最高的 27% 和最低的 27% 作为高分组（在统计表中为 1 组）和低分组（在统计表中为 2 组），考察各个分问卷每个项目的指标：27% 高/低分组的均值、标准差、标准误、独立样本的均数比较 t 检验。如果 t 检验显著，则表明该项目具有鉴别力，是可取的。

另外，对各项目的区分度作分析。项目区分度就是求各项目得分与分问卷总分的相关系数。根据 R. L. Ebel 提出的项目区分度的评价标准为：0. 40 以上为优良；

0. 30～0. 39 为合格；0. 20～0. 29 为勉强可用；0. 20 以下应淘汰。

说明："zwjx" 表示 "自我觉醒"、" zwgh" 表示 "自我评估"、"zwzx" 表示 "自我执行"、"zwpg" 表示 "自我评估"、"zwjl" 表示 "自我激励"、"zwjz" 表示 "自我校正"、"zxxb" 表示 "正性效标"、"fxxb" 表示" "负性效标"。字母代号组成规则就是拼音首字母组合。在有的表中以字母代号表示。

5. 4. 1 自我觉醒分问卷项目分析

自我觉醒分问卷见表 5. 2～表 5. 4。

表 5. 2 自我觉醒分问卷 27%高低分组的基本统计

题项	组别	样本数	均值	标准差	标准误
q1	1	331	4. 85	0. 394	0. 022
	2	294	3. 81	1. 086	0. 063
q2	1	331	4. 67	0. 538	0. 030
	2	294	3. 49	0. 966	0. 056
q3	1	331	4. 63	0. 601	0. 033
	2	294	3. 51	0. 973	0. 057
q4	1	331	4. 79	0. 479	0. 026
	2	294	3. 56	1. 013	0. 059
q6	1	331	4. 65	0. 580	0. 032
	2	294	3. 46	0. 986	0. 058
q7	1	331	4. 68	0. 597	0. 033
	2	294	3. 63	0. 965	0. 056
q8	1	331	4. 77	0. 511	0. 028
	2	294	3. 54	1. 003	0. 059
q9	1	331	4. 53	0. 731	0. 040
	2	294	3. 17	1. 081	0. 063
q11	1	331	4. 76	0. 491	0. 027
	2	294	3. 52	1. 060	0. 062
q12	1	331	4. 53	0. 680	0. 037
	2	294	3. 08	1. 093	0. 064
q13	1	331	4. 72	0. 557	0. 031
	2	294	3. 50	1. 008	0. 059
q14	1	331	4. 72	0. 523	0. 029
	2	294	3. 62	0. 994	0. 058

表 5.3　自我觉醒分问卷 27%高低分组的独立样本 *t* 检验结果

题项		Levene's 检验		*t* 检验						
		F 值	显著性（Sig.）	*t* 值	自由度（df）	显著性（双侧）	均值差	标准误差	95%置信区间	
									下限	上限
q1	EVA	149.784	0.000	16.211	623	0.000	1.036	0.064	0.911	1.162
	EVNA			15.489	361.064	0.000	1.036	0.067	0.905	1.168
q2	EVA	109.891	0.000	19.156	623	0.000	1.181	0.062	1.060	1.302
	EVNA			18.566	446.470	0.000	1.181	0.064	1.056	1.306
q3	EVA	74.602	0.000	17.431	623	0.000	1.115	0.064	0.989	1.240
	EVNA			16.975	476.726	0.000	1.115	0.066	0.986	1.244
q4	EVA	194.331	0.000	19.660	623	0.000	1.224	0.062	1.102	1.347
	EVNA			18.934	406.866	0.000	1.224	0.065	1.097	1.351
q6	EVA	104.614	0.000	18.676	623	0.000	1.193	0.064	1.068	1.319
	EVNA			18.146	461.993	0.000	1.193	0.066	1.064	1.323
q7	EVA	72.182	0.000	16.657	623	0.000	1.057	0.063	0.932	1.182
	EVNA			16.222	477.218	0.000	1.057	0.065	0.929	1.185
q8	EVA	170.451	0.000	19.615	623	0.000	1.229	0.063	1.106	1.352
	EVNA			18.942	423.383	0.000	1.229	0.065	1.102	1.357
q9	EVA	42.059	0.000	18.619	623	0.000	1.361	0.073	1.218	1.505
	EVNA			18.213	505.454	0.000	1.361	0.075	1.214	1.508
q11	EVA	196.706	0.000	19.157	623	0.000	1.244	0.065	1.116	1.371
	EVNA			18.436	402.376	0.000	1.244	0.067	1.111	1.377
q12	EVA	57.706	0.000	20.062	623	0.000	1.444	0.072	1.303	1.585
	EVNA			19.543	478.778	0.000	1.444	0.074	1.299	1.589
q13	EVA	118.541	0.000	18.979	623	0.000	1.219	0.064	1.093	1.345
	EVNA			18.390	444.613	0.000	1.219	0.066	1.088	1.349
q14	EVA	129.069	0.000	17.677	623	0.000	1.106	0.063	0.983	1.229
	EVNA			17.094	431.836	0.000	1.106	0.065	0.979	1.234

注：1. “Levene's 检验” 即 Levene's Test，表示方差相等的列文氏检验（Levene's Test for Equality of Variances）；

2. “EVNA” 表示假设两个组方差不相等（Equal variances not assumed）；

3. “EVA” 表示假设两个组方差相等（Equal variances assumed）。

表 5.4 自我觉醒分问卷 r^{pb} 相关表（项目与分问卷总分相关）

项目	q1	q2	q3	q4	q6	q7
Pearson 相关系数	0.545（**）	0.544（**）	0.539（**）	0.573（**）	0.539（**）	0.534（**）
显著性（双侧）	0.000	0.000	0.000	0.000	0.000	0.000
样本数	1 069	1 069	1 069	1 069	1 069	1 069
项目	q8	q9	q11	q12	q13	q14
Pearson 相关系数	0.591（**）	0.576（**）	0.582（**）	0.570（**）	0.573（**）	0.551（**）
显著性（双侧）	0.000	0.000	0.000	0.000	0.000	0.000
样本数	1 069	1 069	1 069	1 069	1 069	1 069

** 相关显著性的 0.01 水平（双侧）。

从上面的统计分析可以看到，自我觉醒所有项目的 *CR* 值都达到显著水平，r^{pb}值均超过 0.4，达到优良标准。所以自我觉醒分问卷的所有项目显示非常理想的项目性能，均可接受。

5.4.2 自我规划分问卷项目分析

自我规划分问卷见表 5.5～表 5.7。

表 5.5 自我规划分问卷 27%高低分组的基本统计

题项	组别	样本数	均值	标准差	标准误
q16	1	309	4.67	0.566	0.032
	2	337	3.37	1.119	0.061
q17	1	309	4.68	0.526	0.030
	2	337	3.20	1.077	0.059
q18	1	309	4.28	0.723	0.041
	2	337	2.40	0.937	0.051
q19	1	309	4.46	0.700	0.040
	2	337	2.84	1.006	0.055
q21	1	309	3.15	1.396	0.079
	2	337	1.64	0.922	0.050
q22	1	309	4.65	0.594	0.034
	2	337	3.40	1.114	0.061
q23	1	309	4.50	0.832	0.047
	2	337	3.52	1.134	0.062
q24	1	309	4.73	0.560	0.032
	2	337	3.98	0.943	0.051

（续表）

题项	组别	样本数	均值	标准差	标准误
q26	1	309	4. 21	0. 831	0. 047
	2	337	2. 50	0. 997	0. 054
q27	1	309	3. 83	0. 992	0. 056
	2	337	2. 06	0. 903	0. 049
q28	1	309	4. 29	0. 730	0. 042
	2	337	2. 59	0. 993	0. 054
q29	1	309	4. 41	0. 731	0. 042
	2	337	2. 93	1. 164	0. 063

表 5. 6　自我规划分问卷 27%高低分组的独立样本 *t* 检验结果

题项		Levene's 检验		*t* 检验						
		F 值	显著性 (Sig.)	*t* 值	自由度 (df)	显著性 (双侧)	均值差	标准误差	95%置信区间	
									下限	上限
q16	EVA	182. 582	0. 000	18. 367	644	0. 000	1. 299	0. 071	1. 160	1. 438
	EVNA			18. 845	506. 749	0. 000	1. 299	0. 069	1. 163	1. 434
q17	EVA	186. 444	0. 000	21. 892	644	0. 000	1. 481	0. 068	1. 348	1. 614
	EVNA			22. 484	496. 997	0. 000	1. 481	0. 066	1. 351	1. 610
q18	EVA	20. 728	0. 000	28. 383	644	0. 000	1. 881	0. 066	1. 751	2. 011
	EVNA			28. 697	625. 980	0. 000	1. 881	0. 066	1. 752	2. 010
q19	EVA	40. 604	0. 000	23. 601	644	0. 000	1. 623	0. 069	1. 488	1. 758
	EVNA			23. 961	601. 404	0. 000	1. 623	0. 068	1. 490	1. 756
q21	EVA	105. 158	0. 000	16. 287	644	0. 000	1. 505	0. 092	1. 323	1. 686
	EVNA			16. 012	526. 349	0. 000	1. 505	0. 094	1. 320	1. 689
q22	EVA	145. 728	0. 000	17. 567	644	0. 000	1. 250	0. 071	1. 110	1. 389
	EVNA			17. 998	521. 857	0. 000	1. 250	0. 069	1. 113	1. 386
q23	EVA	45. 561	0. 000	12. 414	644	0. 000	0. 979	0. 079	0. 824	1. 134
	EVNA			12. 577	615. 061	0. 000	0. 979	0. 078	0. 826	1. 132
q24	EVA	22. 837	0. 000	12. 185	644	0. 000	0. 752	0. 062	0. 631	0. 873
	EVNA			12. 441	554. 807	0. 000	0. 752	0. 060	0. 633	0. 871
q26	EVA	24. 550	0. 000	23. 579	644	0. 000	1. 712	0. 073	1. 569	1. 854
	EVNA			23. 764	638. 272	0. 000	1. 712	0. 072	1. 570	1. 853
q27	EVA	7. 105	0. 008	23. 735	644	0. 000	1. 769	0. 075	1. 623	1. 916
	EVNA			23. 637	623. 586	0. 000	1. 769	0. 075	1. 622	1. 916

（续表）

题项		Levene's 检验		*t* 检验						
		F 值	显著性（Sig.）	*t* 值	自由度（df）	显著性（双侧）	均值差	标准误差	95%置信区间	
									下限	上限
q28	EVA	47.982	0.000	24.659	644	0.000	1.704	0.069	1.568	1.840
	EVNA			24.981	615.518	0.000	1.704	0.068	1.570	1.838
q29	EVA	59.749	0.000	19.219	644	0.000	1.485	0.077	1.333	1.637
	EVNA			19.584	572.039	0.000	1.485	0.076	1.336	1.634

表 5-7 自我规划分问卷 r^{pb} 相关表（项目与分问卷总分相关）

项目	q16	q17	q18	q19	q21	q22
Pearson 相关系数	0.562（**）	0.632（**）	0.673（**）	0.648（**）	0.480（**）	0.525（**）
显著性（双侧）	0.000	0.000	0.000	0.000	0.000	0.000
样本数	1 069	1 069	1 069	1 069	1 069	1 069
项目	q23	q24	q26	q27	q28	q29
Pearson 相关系数	0.407（**）	0.399（**）	0.657（**）	0.644（**）	0.675（**）	0.588（**）
显著性（双侧）	0.000	0.000	0.000	0.000	0.000	0.000
样本数	1 069	1 069	1 069	1 069	1 069	1 069

从上面的项目统计分析可以看到，自我规划的所有项目的 *CR* 值都达到显著水平，r^{pb} 值均超过 0.4（除 q24 题 0.399 外），达到优良标准。所以自我规划分问卷的所有项目显示非常理想的项目性能，均可接受。

5.4.3 自我执行分问卷项目分析

自我执行分问卷见表 5.8～表 5.10。

表 5.8 自我执行分问卷 27%高低分组的基本统计

题项	组别	样本数	均值	标准差	标准误
q31	1	306	3.82	0.990	0.057
	2	298	1.94	0.904	0.052
q32	1	306	4.23	0.774	0.044
	2	298	2.49	1.096	0.063
q33	1	306	4.00	0.896	0.051
	2	298	2.05	0.973	0.056
q34	1	306	4.16	0.812	0.046
	2	298	2.57	1.037	0.060

（续表）

题项	组别	样本数	均值	标准差	标准误
q36	1	306	4.13	0.857	0.049
	2	298	2.30	0.996	0.058
q37	1	306	4.08	0.853	0.049
	2	298	2.51	1.126	0.065
q38	1	306	4.11	0.904	0.052
	2	298	2.28	1.034	0.060
q39	1	306	4.18	0.867	0.050
	2	298	2.38	1.104	0.064
q41	1	306	4.43	0.676	0.039
	2	298	3.20	1.120	0.065
q42	1	306	4.19	0.784	0.045
	2	298	2.67	1.034	0.060
q43	1	306	4.40	0.696	0.040
	2	298	2.88	1.138	0.066
q44	1	306	4.02	0.977	0.056
	2	298	2.44	1.106	0.064

表 5.9　自我执行分问卷 27%高低分组的独立样本 t 检验结果

题项		Levene's 检验		t 检验						
		F 值	显著性（Sig.）	t 值	自由度（df）	显著性（双侧）	均值差	标准误差	95%置信区间	
									下限	上限
q31	EVA	2.373	0.124	24.353	602	0.000	1.881	0.077	1.729	2.032
	EVNA			24.382	599.538	0.000	1.881	0.077	1.729	2.032
q32	EVA	58.190	0.000	22.578	602	0.000	1.739	0.077	1.587	1.890
	EVNA			22.478	533.060	0.000	1.739	0.077	1.587	1.891
q33	EVA	1.944	0.164	25.538	602	0.000	1.943	0.076	1.794	2.092
	EVNA			25.510	595.014	0.000	1.943	0.076	1.793	2.093
q34	EVA	39.535	0.000	21.054	602	0.000	1.593	0.076	1.444	1.742
	EVNA			20.987	562.465	0.000	1.593	0.076	1.444	1.742
q36	EVA	9.927	0.002	24.160	602	0.000	1.825	0.076	1.677	1.974
	EVNA			24.112	583.976	0.000	1.825	0.076	1.677	1.974
q37	EVA	58.298	0.000	19.326	602	0.000	1.568	0.081	1.409	1.728
	EVNA			19.256	553.573	0.000	1.568	0.081	1.408	1.728

（续表）

题项		Levene's 检验		t 检验						
		F 值	显著性(Sig.)	t 值	自由度(df)	显著性（双侧）	均值差	标准误差	95%置信区间	
									下限	上限
q38	EVA	6.732	0.010	23.297	602	0.000	1.839	0.079	1.684	1.994
	EVNA			23.256	586.939	0.000	1.839	0.079	1.684	1.995
q39	EVA	37.994	0.000	22.370	602	0.000	1.804	0.081	1.646	1.962
	EVNA			22.299	563.044	0.000	1.804	0.081	1.645	1.963
q41	EVA	104.646	0.000	16.392	602	0.000	1.230	0.075	1.083	1.377
	EVNA			16.291	485.421	0.000	1.230	0.076	1.082	1.378
q42	EVA	39.949	0.000	20.368	602	0.000	1.518	0.075	1.372	1.665
	EVNA			20.295	553.825	0.000	1.518	0.075	1.371	1.665
q43	EVA	93.944	0.000	19.851	602	0.000	1.519	0.077	1.369	1.670
	EVNA			19.731	489.243	0.000	1.519	0.077	1.368	1.671
q44	EVA	14.174	0.000	18.542	602	0.000	1.573	0.085	1.407	1.740
	EVNA			18.511	588.687	0.000	1.573	0.085	1.406	1.740

表 5.10　自我执行分问卷 r^{pb} 相关表（项目与分问卷总分相关）

项目	q31	q32	q33	q34	q36	q37
Pearson 相关系数	0.646（**）	0.631（**）	0.665（**）	0.605（**）	0.655（**）	0.557（**）
显著性（双侧）	0.000	0.000	0.000	0.000	0.000	0.000
样本数	1 069	1 069	1 069	1 069	1 069	1 069
项目	q38	q39	q41	q42	q43	q44
Pearson 相关系数	0.625（**）	0.564（**）	0.561（**）	0.599（**）	0.588（**）	0.520（**）
显著性（双侧）	0.000	0.000	0.000	0.000	0.000	0.000
样本数	1 069	1 069	1 069	1 069	1 069	1 069

从上面的项目统计分析可以看到，自我执行的所有项目的 *CR* 值都达到显著水平，r^{pb}值均超过 0.4，达到优良标准。所以自我执行分问卷的所有项目显示非常理想的项目性能，均可接受。

5.4.4　自我评估分问卷项目分析

自我评估分问卷见表 5.11～表 5.13。

表 5.11　自我评估分问卷 27%高低分组的基本统计

题项	组别	样本数	均值	标准差	标准误
q45	1	326	4.03	0.976	0.054
	2	333	2.44	0.976	0.053
q46	1	326	3.79	1.063	0.059
	2	333	1.83	0.917	0.050
q47	1	326	3.73	1.012	0.056
	2	333	1.74	0.837	0.046
q48	1	326	4.23	0.768	0.043
	2	333	2.43	0.978	0.054
q49	1	326	4.13	0.862	0.048
	2	333	2.49	1.046	0.057
q51	1	326	4.42	0.714	0.040
	2	333	2.88	1.089	0.060
q52	1	326	4.41	0.673	0.037
	2	333	3.15	0.989	0.054
q53	1	326	3.52	1.269	0.070
	2	333	1.69	0.904	0.050
q54	1	326	4.37	0.777	0.043
	2	333	2.91	1.056	0.058
q55	1	326	4.12	0.985	0.055
	2	333	2.88	1.126	0.062
q56	1	326	4.35	0.728	0.040
	2	333	2.81	1.045	0.057
q57	1	326	4.36	0.783	0.043
	2	333	3.34	1.110	0.061

表 5.12　自我评估分问卷 27%高低分组的独立样本 *t* 检验结果

题项		Levene's 检验		*t* 检验						
		F 值	显著性（Sig.）	*t* 值	自由度（df）	显著性（双侧）	均值差	标准误差	95%置信区间	
									下限	上限
q45	EVA	4.699	0.031	20.900	657	0.000	1.589	0.076	1.440	1.739
	EVNA			20.900	656.691	0.000	1.589	0.076	1.440	1.739
q46	EVA	8.714	0.003	25.319	657	0.000	1.956	0.077	1.805	2.108
	EVNA			25.280	639.124	0.000	1.956	0.077	1.804	2.108

（续表）

题项		Levene's 检验		t 检验						
		F 值	显著性（Sig.）	t 值	自由度（df）	显著性（双侧）	均值差	标准误差	95%置信区间	
									下限	上限
q47	EVA	9. 441	0. 002	27. 549	657	0. 000	1. 991	0. 072	1. 849	2. 133
	EVNA			27. 494	629. 761	0. 000	1. 991	0. 072	1. 849	2. 133
q48	EVA	28. 971	0. 000	26. 295	657	0. 000	1. 804	0. 069	1. 669	1. 938
	EVNA			26. 362	627. 677	0. 000	1. 804	0. 068	1. 669	1. 938
q49	EVA	33. 359	0. 000	21. 976	657	0. 000	1. 642	0. 075	1. 496	1. 789
	EVNA			22. 020	638. 446	0. 000	1. 642	0. 075	1. 496	1. 789
q51	EVA	70. 421	0. 000	21. 507	657	0. 000	1. 546	0. 072	1. 405	1. 688
	EVNA			21. 599	574. 244	0. 000	1. 546	0. 072	1. 406	1. 687
q52	EVA	46. 839	0. 000	19. 148	657	0. 000	1. 264	0. 066	1. 134	1. 394
	EVNA			19. 223	586. 348	0. 000	1. 264	0. 066	1. 135	1. 393
q53	EVA	57. 597	0. 000	21. 404	657	0. 000	1. 834	0. 086	1. 666	2. 002
	EVNA			21. 330	586. 362	0. 000	1. 834	0. 086	1. 665	2. 003
q54	EVA	48. 532	0. 000	20. 155	657	0. 000	1. 458	0. 072	1. 316	1. 600
	EVNA			20. 219	609. 939	0. 000	1. 458	0. 072	1. 317	1. 600
q55	EVA	23. 405	0. 000	14. 989	657	0. 000	1. 237	0. 083	1. 075	1. 399
	EVNA			15. 010	648. 887	0. 000	1. 237	0. 082	1. 075	1. 398
q56	EVA	50. 014	0. 000	21. 891	657	0. 000	1. 539	0. 070	1. 401	1. 677
	EVNA			21. 972	593. 922	0. 000	1. 539	0. 070	1. 401	1. 677
q57	EVA	62. 352	0. 000	13. 601	657	0. 000	1. 020	0. 075	0. 872	1. 167
	EVNA			13. 649	597. 623	0. 000	1. 020	0. 075	0. 873	1. 166

表 5. 13　自我评估分问卷 r^{pb} 相关表（项目与分问卷总分相关）

项目	q45	q46	q47	q48	q49	q51
Pearson 相关系数	0. 586（**）	0. 650（**）	0. 689（**）	0. 684（**）	0. 634（**）	0. 648（**）
显著性（双侧）	0. 000	0. 000	0. 000	0. 000	0. 000	0. 000
样本数	1 069	1 069	1 069	1 069	1 069	1 069
项目	q52	q53	q54	q55	q56	q57
Pearson 相关系数	0. 571（**）	0. 579（**）	0. 616（**）	0. 502（**）	0. 642（**）	0. 447（**）
显著性（双侧）	0. 000	0. 000	0. 000	0. 000	0. 000	0. 000
样本数	1 069	1 069	1 069	1 069	1 069	1 069

从上面的项目统计分析可以看到，自我评估的所有项目的 *CR* 值都达到显著水平，r^{pb}值均超过 0.4，达到优良标准。所以自我评估分问卷的所有项目显示非常理想的项目性能，均可接受。

5.4.5 自我激励分问卷项目分析

自我激励分问卷见表 5.14～表 5.16。

表 5.14 自我激励分问卷 27%高低分组的基本统计

题项	组别	样本数	均值	标准差	标准误
q58	1	323	4.52	0.666	0.037
	2	291	3.15	1.113	0.065
q59	1	323	4.39	0.786	0.044
	2	291	2.82	1.067	0.063
q61	1	323	4.32	0.939	0.052
	2	291	2.93	1.239	0.073
q62	1	323	4.20	0.895	0.050
	2	291	2.79	1.100	0.064
q63	1	323	4.25	0.918	0.051
	2	291	2.68	1.075	0.063
q64	1	323	4.14	1.006	0.056
	2	291	2.91	1.186	0.070
q66	1	323	4.59	0.621	0.035
	2	291	3.24	1.027	0.060
q67	1	323	4.44	0.695	0.039
	2	291	2.88	1.003	0.059
q68	1	323	4.46	0.812	0.045
	2	291	3.09	1.204	0.071
q69	1	323	4.27	0.935	0.052
	2	291	2.56	1.123	0.066
q70	1	323	4.46	0.864	0.048
	2	291	3.14	1.174	0.069
q71	1	323	4.14	0.974	0.054
	2	291	2.32	1.030	0.060

表 5.15　自我激励分问卷 27%高低分组的独立样本 t 检验结果

题项		Levene's 检验		t 检验						
		F 值	显著性(Sig.)	t 值	自由度(df)	显著性(双侧)	均值差	标准误差	95%置信区间	
									下限	上限
q58	EVA	71.623	0.000	18.702	612	0.000	1.369	0.073	1.225	1.513
	EVNA			18.245	463.556	0.000	1.369	0.075	1.221	1.516
q59	EVA	33.423	0.000	20.870	612	0.000	1.568	0.075	1.421	1.716
	EVNA			20.550	529.153	0.000	1.568	0.076	1.419	1.718
q61	EVA	41.292	0.000	15.731	612	0.000	1.388	0.088	1.215	1.561
	EVNA			15.511	537.855	0.000	1.388	0.089	1.212	1.564
q62	EVA	24.756	0.000	17.546	612	0.000	1.414	0.081	1.256	1.573
	EVNA			17.361	559.794	0.000	1.414	0.081	1.254	1.574
q63	EVA	17.539	0.000	19.557	612	0.000	1.573	0.080	1.415	1.731
	EVNA			19.397	573.201	0.000	1.573	0.081	1.414	1.733
q64	EVA	21.918	0.000	13.849	612	0.000	1.226	0.088	1.052	1.399
	EVNA			13.732	571.667	0.000	1.226	0.089	1.050	1.401
q66	EVA	82.069	0.000	19.894	612	0.000	1.347	0.068	1.214	1.480
	EVNA			19.417	466.846	0.000	1.347	0.069	1.211	1.484
q67	EVA	36.375	0.000	22.560	612	0.000	1.560	0.069	1.424	1.695
	EVNA			22.150	509.328	0.000	1.560	0.070	1.421	1.698
q68	EVA	74.278	0.000	16.579	612	0.000	1.362	0.082	1.201	1.524
	EVNA			16.257	500.456	0.000	1.362	0.084	1.198	1.527
q69	EVA	25.357	0.000	20.524	612	0.000	1.706	0.083	1.543	1.869
	EVNA			20.331	566.474	0.000	1.706	0.084	1.541	1.871
q70	EVA	50.814	0.000	15.931	612	0.000	1.317	0.083	1.155	1.479
	EVNA			15.686	528.527	0.000	1.317	0.084	1.152	1.482
q71	EVA	7.347	0.007	22.491	612	0.000	1.819	0.081	1.661	1.978
	EVNA			22.425	596.695	0.000	1.819	0.081	1.660	1.979

表 5.16　自我激励分问卷 r^{pb} 相关表（项目与分问卷总分相关）

项目	q58	q59	q61	q62	q63	q64
Pearson 相关系数	0.591（**）	0.604（**）	0.499（**）	0.550（**）	0.585（**）	0.414（**）
显著性（双侧）	0.000	0.000	0.000	0.000	0.000	0.000
样本数	1 069	1 069	1 069	1 069	1 069	1 069
项目	q66	q67	q68	q69	q70	q71
Pearson 相关系数	0.576（**）	0.637（**）	0.516（**）	0.579（**）	0.481（**）	0.609（**）
显著性（双侧）	0.000	0.000	0.000	0.000	0.000	0.000
样本数	1 069	1 069	1 069	1 069	1 069	1 069

从上面的项目统计分析可以看到，自我激励的所有项目的 *CR* 值都达到显著水平，r^{pb}值均超过 0.4，达到优良标准。所以自我激励分问卷的所有项目显示非常理想的项目性能，均可接受。

5.4.6 自我校正分问卷项目分析

自我校正分问卷见表 5.17～表 5.19。

表 5.17 自我校正分问卷 27%高低分组的基本统计

题项	组别	样本数	均值	标准差	标准误
q72	1	322	3.79	1.085	0.060
	2	298	1.63	0.883	0.051
q73	1	322	3.60	1.204	0.067
	2	298	1.59	0.922	0.053
q74	1	322	4.18	0.827	0.046
	2	298	2.45	1.146	0.066
q76	1	322	4.22	0.854	0.048
	2	298	2.83	1.144	0.066
q77	1	322	3.73	1.228	0.068
	2	298	1.86	0.980	0.057
q78	1	322	4.07	0.871	0.049
	2	298	2.18	1.001	0.058
q79	1	322	4.30	0.710	0.040
	2	298	2.86	1.077	0.062
q80	1	322	4.11	1.019	0.057
	2	298	2.65	1.118	0.065
q81	1	322	4.12	0.913	0.051
	2	298	2.55	1.146	0.066
q82	1	322	4.21	0.827	0.046
	2	298	2.84	1.088	0.063
q83	1	322	4.22	0.775	0.043
	2	298	2.72	1.100	0.064
q84	1	322	4.42	0.707	0.039
	2	298	3.27	1.133	0.066

表 5.18 自我校正分问卷 27%高低分组的独立样本 t 检验结果

题项		Levene's 检验		t 检验						
		F 值	显著性 (Sig.)	t 值	自由度 (df)	显著性 (双侧)	均值差	标准误差	95%置信区间	
									下限	上限
q72	EVA	7.703	0.006	26.991	618	0.000	2.155	0.080	1.998	2.312
	EVNA			27.206	608.072	0.000	2.155	0.079	1.999	2.310
q73	EVA	30.957	0.000	23.231	618	0.000	2.012	0.087	1.842	2.182
	EVNA			23.467	597.333	0.000	2.012	0.086	1.844	2.181
q74	EVA	49.255	0.000	21.637	618	0.000	1.727	0.080	1.570	1.884
	EVNA			21.375	536.978	0.000	1.727	0.081	1.568	1.886
q76	EVA	56.483	0.000	17.326	618	0.000	1.398	0.081	1.240	1.557
	EVNA			17.135	547.351	0.000	1.398	0.082	1.238	1.558
q77	EVA	16.202	0.000	20.787	618	0.000	1.864	0.090	1.688	2.040
	EVNA			20.967	605.158	0.000	1.864	0.089	1.690	2.039
q78	EVA	8.559	0.004	25.091	618	0.000	1.887	0.075	1.740	2.035
	EVNA			24.957	590.758	0.000	1.887	0.076	1.739	2.036
q79	EVA	86.243	0.000	19.863	618	0.000	1.446	0.073	1.303	1.588
	EVNA			19.561	507.758	0.000	1.446	0.074	1.300	1.591
q80	EVA	12.136	0.001	16.944	618	0.000	1.454	0.086	1.286	1.623
	EVNA			16.884	600.629	0.000	1.454	0.086	1.285	1.624
q81	EVA	40.697	0.000	18.911	618	0.000	1.568	0.083	1.405	1.730
	EVNA			18.748	567.372	0.000	1.568	0.084	1.403	1.732
q82	EVA	40.284	0.000	17.713	618	0.000	1.369	0.077	1.217	1.521
	EVNA			17.531	553.254	0.000	1.369	0.078	1.216	1.522
q83	EVA	51.149	0.000	19.643	618	0.000	1.493	0.076	1.343	1.642
	EVNA			19.388	529.175	0.000	1.493	0.077	1.341	1.644
q84	EVA	89.986	0.000	15.213	618	0.000	1.144	0.075	0.997	1.292
	EVNA			14.955	490.572	0.000	1.144	0.077	0.994	1.295

表 5.19 自我校正分问卷 r^{pb} 相关表（项目与分问卷总分相关）

项目	q72	q73	q74	q76	q77	q78
Pearson 相关系数	0.657（**）	0.609（**）	0.575（**）	0.541（**）	0.606（**）	0.642（**）
显著性（双侧）	0.000	0.000	0.000	0.000	0.000	0.000
样本数	1 069	1 069	1 069	1 069	1 069	1 069
项目	q79	q80	q81	q82	q83	q84
Pearson 相关系数	0.591（**）	0.525（**）	0.551（**）	0.539（**）	0.603（**）	0.510（**）
显著性（双侧）	0.000	0.000	0.000	0.000	0.000	0.000
样本数	1 069	1 069	1 069	1 069	1 069	1 069

从上面的项目统计分析可以看到，自我校正的所有项目的 *CR* 值都达到显著水平，r^{pb}值均超过 0.4，达到优良标准。所以自我校正分问卷的所有项目显示非常理想的项目性能，均可接受。

5.4.7 负性效标分问卷项目分析

负性效标分问卷见表 5.20～表 5.22。

表 5.20 负性效标分问卷 27%高低分组的基本统计

题项	组别	样本数	均值	标准差	标准误
q5	1	305	3.09	1.224	0.070
	2	309	1.84	0.902	0.051
q10	1	305	3.02	1.296	0.074
	2	309	1.50	0.750	0.043
q15	1	305	3.32	1.165	0.067
	2	309	1.58	0.763	0.043
q20	1	305	4.15	0.934	0.053
	2	309	2.39	1.148	0.065
q25	1	305	4.04	0.952	0.055
	2	309	2.44	1.160	0.066
q30	1	305	4.01	1.079	0.062
	2	309	2.68	1.346	0.077
q35	1	305	3.93	1.058	0.061
	2	309	2.05	1.083	0.062
q40	1	305	2.92	1.496	0.086
	2	309	1.40	0.713	0.041
q50	1	305	4.16	0.951	0.054
	2	309	2.65	1.334	0.076
q60	1	305	4.02	0.932	0.053
	2	309	2.51	1.234	0.070
q65	1	305	2.92	1.351	0.077
	2	309	1.38	0.740	0.042
q75	1	305	3.80	1.089	0.062
	2	309	2.34	1.178	0.067

表 5.21 负性效标分问卷 27%高低分组的独立样本 t 检验结果

题项		Levene's 检验		t 检验						
		F 值	显著性（Sig.）	t 值	自由度（df）	显著性（双侧）	均值差	标准误差	95%置信区间	
									下限	上限
q5	EVA	36.324	0.000	14.386	612	0.000	1.247	0.087	1.077	1.417
	EVNA			14.358	558.764	0.000	1.247	0.087	1.077	1.418
q10	EVA	93.838	0.000	17.750	612	0.000	1.515	0.085	1.347	1.682
	EVNA			17.692	485.714	0.000	1.515	0.086	1.347	1.683
q15	EVA	60.533	0.000	21.947	612	0.000	1.742	0.079	1.586	1.898
	EVNA			21.890	523.354	0.000	1.742	0.080	1.586	1.898
q20	EVA	21.190	0.000	20.820	612	0.000	1.759	0.084	1.593	1.925
	EVNA			20.848	590.562	0.000	1.759	0.084	1.594	1.925
q25	EVA	36.313	0.000	18.664	612	0.000	1.599	0.086	1.431	1.767
	EVNA			18.688	592.399	0.000	1.599	0.086	1.431	1.767
q30	EVA	60.620	0.000	13.570	612	0.000	1.337	0.099	1.143	1.530
	EVNA			13.589	587.438	0.000	1.337	0.098	1.144	1.530
q35	EVA	0.003	0.956	21.709	612	0.000	1.876	0.086	1.706	2.046
	EVNA			21.712	611.939	0.000	1.876	0.086	1.706	2.046
q40	EVA	275.034	0.000	16.073	612	0.000	1.517	0.094	1.331	1.702
	EVNA			16.007	433.999	0.000	1.517	0.095	1.331	1.703
q50	EVA	77.677	0.000	16.099	612	0.000	1.507	0.094	1.323	1.691
	EVNA			16.133	557.307	0.000	1.507	0.093	1.323	1.690
q60	EVA	52.191	0.000	17.038	612	0.000	1.505	0.088	1.332	1.679
	EVNA			17.068	572.840	0.000	1.505	0.088	1.332	1.678
q65	EVA	146.060	0.000	17.539	612	0.000	1.539	0.088	1.367	1.712
	EVNA			17.478	470.036	0.000	1.539	0.088	1.366	1.712
q75	EVA	5.295	0.022	15.945	612	0.000	1.460	0.092	1.280	1.640
	EVNA			15.953	609.338	0.000	1.460	0.092	1.280	1.640

表 5.22 负性效标分问卷 r^{pb} 相关表（项目与分问卷总分相关）

项目	q5	q10	q15	q20	q25	q30
Pearson 相关系数	0.479（**）	0.565（**）	0.626（**）	0.557（**）	0.548（**）	0.427（**）
显著性（双侧）	0.000	0.000	0.000	0.000	0.000	0.000
样本数	1 069	1 069	1 069	1 069	1 069	1 069

（续表）

项目	q35	q40	q50	q60	q65	q75
Pearson 相关系数	0.575（**）	0.494（**）	0.467（**）	0.484（**）	0.504（**）	0.474（**）
显著性（双侧）	0.000	0.000	0.000	0.000	0.000	0.000
样本数	1 069	1 069	1 069	1 069	1 069	1 069

从上面的项目统计分析可以看到，负性效标的所有项目的 *CR* 值都达到显著水平，r^{pb} 值均超过 0.4，达到优良标准。所以负性效标分问卷的所有项目显示非常理想的项目性能，均可接受。

5.4.8 正性效标分问卷项目分析

正性效标分问卷见表 5.23～表 5.25。

表 5.23 正性效标分问卷 27%高低分组的基本统计

题项	组别	样本数	均值	标准差	标准误
q85	1	313	4.30	0.655	0.037
	2	351	2.09	0.974	0.052
q86	1	313	4.08	0.941	0.053
	2	351	1.61	0.841	0.045
q87	1	313	4.11	0.737	0.042
	2	351	1.90	0.884	0.047
q88	1	313	4.61	0.574	0.032
	2	351	2.99	1.184	0.063
q89	1	313	4.50	0.584	0.033
	2	351	3.30	1.110	0.059
q90	1	313	4.37	0.807	0.046
	2	351	3.02	1.221	0.065

表 5.24 正性效标分问卷 27%高低分组的独立样本 *t* 检验结果

题项		Levene's 检验		*t* 检验						
		F 值	显著性 (Sig.)	*t* 值	自由度 (df)	显著性（双侧）	均值差	标准误差	95%置信区间	
									下限	上限
q85	EVA	33.799	0.000	33.837	662	0.000	2.206	0.065	2.078	2.334
	EVNA			34.577	616.970	0.000	2.206	0.064	2.081	2.332
q86	EVA	0.018	0.893	35.712	662	0.000	2.470	0.069	2.334	2.606
	EVNA			35.485	630.039	0.000	2.470	0.070	2.333	2.607

（续表）

题项		Levene's 检验		t 检验						
		F 值	显著性（Sig.）	t 值	自由度（df）	显著性（双侧）	均值差	标准误差	95%置信区间	
									下限	上限
q87	EVA	27.089	0.000	34.673	662	0.000	2.205	0.064	2.080	2.330
	EVNA			35.032	659.086	0.000	2.205	0.063	2.082	2.329
q88	EVA	106.352	0.000	22.023	662	0.000	1.621	0.074	1.477	1.766
	EVNA			22.820	518.147	0.000	1.621	0.071	1.482	1.761
q89	EVA	94.003	0.000	17.206	662	0.000	1.206	0.070	1.068	1.343
	EVNA			17.774	542.026	0.000	1.206	0.068	1.072	1.339
q90	EVA	41.760	0.000	16.674	662	0.000	1.357	0.081	1.197	1.516
	EVNA			17.053	612.141	0.000	1.357	0.080	1.200	1.513

表 5.25　正性效标分问卷 r^{pb} 相关表（项目与分问卷总分相关）

项目	q85	q86	q87	q88	q89	q90
Pearson 相关系数	0.750（**）	0.753（**）	0.798（**）	0.711（**）	0.602（**）	0.568（**）
显著性（双侧）	0.000	0.000	0.000	0.000	0.000	0.000
样本数	1 069	1 069	1 069	1 069	1 069	1 069

从上面的项目统计分析可以看到，正性效标的所有项目的 *CR* 值都达到显著水平，r^{pb}值均超过 0.4，达到优良标准。所以正性效标分问卷的所有项目显示非常理想的项目性能，均可接受。

5.5　问卷信度分析

信度有外在信度和内在信度两大类。外在信度通常指不同时间测量时量表一致性的程度，再测信度是外在信度最常用的检验法。内在信度指的是每一个量表是否测量的单一概念，同时组成量表题项的内在一致性程度如何。常用“Crobach α”系数表示。本研究受时间和条件所限，没有进行再测，所以不能进行重测信度的考量，主要是内部信度。

有学者认为量表内在信度 α 系数在 0.80 以上，表示量表有较高的信度（Bryman，Cramer，1997；Gay，1992）。也有学者认为如果在信度 α 系数在 0.90 以上，表示量表信度甚佳（Gay，1992）。对信度的下限看法不一。有的学者认为信度 α 系数在 0.70 以上为最小信度值（Devellis，1991；Nunnally，1978）。如果信度过低在 0.60 以下，应重新修订或重新编制问卷为宜。

下面就对自我控制的六个分问卷和总问卷、两个效标问卷的信度逐一分析。

5.5.1 自我觉醒分问卷信度分析

自我觉醒分问卷信度分析见表 5.26。

表 5.26 自我觉醒分问卷的信度分析

题项	若项目去除量表均值	若项目去除量表方差	项目与总量表相关系数	若项目去除的 Gronbach's α 系数
q1	45.35	33.392	0.439	0.786
q2	45.65	33.031	0.428	0.787
q3	45.65	33.148	0.423	0.787
q4	45.50	32.735	0.462	0.784
q6	45.69	33.015	0.419	0.788
q7	45.57	33.287	0.421	0.788
q8	45.54	32.582	0.484	0.782
q9	45.89	31.986	0.446	0.786
q11	45.53	32.528	0.469	0.783
q12	45.92	31.989	0.437	0.787
q13	45.59	32.811	0.464	0.784
q14	45.56	33.185	0.442	0.786

从表中可以看到内在信度 α 系数的值全部在 0.78 以上，接近 0.80。而总的自我觉醒分问卷的 Cronbach's α 信度系数为 0.800。所以自我觉醒分问卷具有较好的信度，其测量结果是稳定可靠的。

5.5.2 自我规划分问卷信度分析

自我规划分问卷信度分析见表 5.27。

表 5.27 自我规划分问卷的信度分析

题项	若项目去除量表均值	若项目去除量表方差	项目与总量表相关系数	若项目去除的 Gronbach's α 系数
q16	39.05	49.135	0.458	0.803
q17	39.16	48.083	0.540	0.796
q18	39.77	46.361	0.575	0.792
q19	39.46	47.358	0.553	0.795
q21	40.76	48.924	0.328	0.817

（续表）

题项	若项目去除量表均值	若项目去除量表方差	项目与总量表相关系数	若项目去除的Gronbach's α 系数
q22	39.12	49.690	0.415	0.806
q23	39.11	51.398	0.282	0.817
q24	38.80	52.403	0.299	0.814
q26	39.77	46.878	0.559	0.794
q27	40.22	46.663	0.537	0.795
q28	39.71	46.726	0.583	0.792
q29	39.46	47.885	0.474	0.801

从表中可以看到内在信度 α 系数的值有一半在 0.79 以上，接近 0.80，有一半超过 0.80。而总的自我规划分问卷的 Cronbach's α 信度系数为 0.816。所以自我规划分问卷具有较好的信度，其测量结果是稳定可靠的。

5.5.3 自我执行分问卷信度分析

自我执行分问卷信度分析见表 5.28。

表 5.28 自我执行分问卷的信度分析

题项	若项目去除量表均值	若项目去除量表方差	项目与总量表相关系数	若项目去除的Gronbach's α 系数
q31	37.20	58.547	0.547	0.823
q32	36.62	59.425	0.537	0.824
q33	37.01	58.190	0.570	0.821
q34	36.71	60.362	0.511	0.826
q36	36.82	58.706	0.562	0.822
q37	36.74	60.807	0.449	0.831
q38	36.95	59.069	0.523	0.825
q39	36.78	60.025	0.448	0.831
q41	36.22	62.000	0.472	0.829
q42	36.59	60.629	0.506	0.827
q43	36.34	60.864	0.494	0.827
q44	36.85	61.165	0.401	0.835

从表中可以看到内在信度 α 系数的值全部在 0.82 以上。而总的自我执行分问卷的 Cronbach's α 信度系数为 0.839。所以自我执行分问卷具有较好的信度，其测量结果是稳定可靠的。

5.5.4 自我评估分问卷信度分析

自我评估分问卷信度分析见表 5. 29。

表 5. 29 自我评估分问卷的信度分析

题项	若项目去除量表均值	若项目去除量表方差	项目与总量表相关系数	若项目去除的 Gronbach's α 系数
q45	36. 89	58. 250	0. 481	0. 831
q46	37. 37	56. 137	0. 547	0. 826
q47	37. 44	55. 818	0. 599	0. 822
q48	36. 76	56. 579	0. 600	0. 822
q49	36. 78	57. 403	0. 538	0. 827
q51	36. 46	57. 820	0. 562	0. 825
q52	36. 38	59. 832	0. 482	0. 831
q53	37. 56	57. 082	0. 454	0. 834
q54	36. 44	58. 552	0. 528	0. 828
q55	36. 63	59. 867	0. 386	0. 838
q56	36. 54	57. 923	0. 556	0. 826
q57	36. 32	61. 656	0. 341	0. 840

从表中可以看到内在信度 α 系数的值全部在 0. 82 以上。而总的自我评估分问卷的 Cronbach's α 信度系数为 0. 841。所以自我评估分问卷具有很好的信度，其测量结果是稳定可靠的。

5.5.5 自我激励分问卷信度分析

自我激励分问卷信度分析见表 5. 30。

表 5. 30 自我激励分问卷的信度分析

题项	若项目去除量表均值	若项目去除量表方差	项目与总量表相关系数	若项目去除的 Gronbach's α 系数
q58	39. 86	47. 171	0. 493	0. 771
q59	40. 07	46. 365	0. 498	0. 770
q61	40. 09	47. 506	0. 364	0. 784
q62	40. 17	47. 085	0. 433	0. 776
q63	40. 32	46. 124	0. 465	0. 773
q64	40. 19	49. 098	0. 272	0. 793

（续表）

题项	若项目去除量表均值	若项目去除量表方差	项目与总量表相关系数	若项目去除的 Gronbach's α 系数
q66	39.83	47.540	0.478	0.773
q67	40.09	46.252	0.544	0.766
q68	39.93	47.740	0.395	0.780
q69	40.33	45.784	0.451	0.775
q70	39.86	48.193	0.353	0.784
q71	40.53	45.111	0.484	0.771

从表中可以看到内在信度 α 系数的值全部在 0.76 以上，接近 0.80。而总的自我激励分问卷的 Cronbach's α 信度系数为 0.791。所以自我激励分问卷具有较好的信度，其测量结果是稳定可靠的。

5.5.6 自我校正分问卷信度分析

自我校正分问卷信度分析见表 5.31。

表 5.31 自我校正分问卷的信度分析

题项	若项目去除量表均值	若项目去除量表方差	项目与总量表相关系数	若项目去除的 Gronbach's α 系数
q72	36.74	54.902	0.548	0.799
q73	36.87	55.685	0.486	0.806
q74	36.01	57.615	0.464	0.807
q76	35.78	58.858	0.434	0.810
q77	36.69	56.116	0.488	0.805
q78	36.24	56.240	0.543	0.800
q79	35.76	58.582	0.500	0.805
q80	35.89	58.901	0.411	0.812
q81	35.96	58.112	0.437	0.810
q82	35.78	59.258	0.437	0.809
q83	35.87	57.926	0.508	0.804
q84	35.50	60.194	0.412	0.811

从表中可以看到内在信度 α 系数的值几乎全部在 0.80 以上（除 q72 为 0.799）。而总的自我校正分问卷的 Cronbach's α 信度系数为 0.820。所以自我校正分问卷具有较好的信度，其测量结果是稳定可靠的。

5.5.7 自我控制总问卷信度分析

自我控制总问卷信度分析见表 5. 32。

表 5. 32 自我控制总问卷的信度分析

题项	若项目去除量表均值	若项目去除量表方差	项目与总量表相关系数	若项目去除的 Gronbach's α 系数
q1	251. 82	1 386. 986	0. 303	0. 950
q2	252. 12	1 385. 549	0. 298	0. 950
q3	252. 12	1 386. 367	0. 290	0. 950
q4	251. 97	1 386. 989	0. 279	0. 950
q6	252. 16	1 383. 468	0. 323	0. 950
q7	252. 04	1 388. 822	0. 259	0. 950
q8	252. 01	1 384. 988	0. 312	0. 950
q9	252. 36	1 377. 580	0. 360	0. 950
q11	252. 00	1 382. 802	0. 333	0. 950
q12	252. 38	1 375. 033	0. 388	0. 950
q13	252. 06	1 383. 166	0. 341	0. 950
q14	252. 03	1 384. 624	0. 329	0. 950
q16	252. 16	1 375. 648	0. 396	0. 950
q17	252. 26	1 368. 897	0. 488	0. 950
q18	252. 88	1 358. 036	0. 556	0. 949
q19	252. 57	1 363. 902	0. 522	0. 950
q21	253. 87	1 362. 292	0. 437	0. 950
q22	252. 23	1 376. 396	0. 385	0. 950
q23	252. 22	1 383. 834	0. 279	0. 950
q24	251. 91	1 389. 202	0. 268	0. 950
q26	252. 87	1 360. 154	0. 546	0. 949
q27	253. 33	1 356. 733	0. 558	0. 949
q28	252. 82	1 357. 479	0. 590	0. 949
q29	252. 57	1 366. 058	0. 463	0. 950
q31	253. 36	1 358. 235	0. 517	0. 950
q32	252. 78	1 361. 619	0. 511	0. 950
q33	253. 17	1 356. 593	0. 537	0. 949
q34	252. 87	1 363. 021	0. 520	0. 950
q36	252. 98	1 360. 377	0. 511	0. 950
q37	252. 90	1 365. 831	0. 457	0. 950

(续表)

题项	若项目去除量表均值	若项目去除量表方差	项目与总量表相关系数	若项目去除的Gronbach's α 系数
q38	253. 11	1 358. 524	0. 519	0. 950
q39	252. 94	1 361. 550	0. 468	0. 950
q41	252. 38	1 371. 190	0. 469	0. 950
q42	252. 75	1 366. 843	0. 481	0. 950
q43	252. 50	1 365. 509	0. 500	0. 950
q44	253. 01	1 365. 597	0. 436	0. 950
q45	252. 98	1 363. 267	0. 490	0. 950
q46	253. 46	1 355. 756	0. 528	0. 949
q47	253. 53	1 354. 472	0. 568	0. 949
q48	252. 85	1 356. 566	0. 582	0. 949
q49	252. 87	1 360. 908	0. 522	0. 949
q51	252. 55	1 363. 670	0. 528	0. 949
q52	252. 47	1 369. 922	0. 491	0. 950
q53	253. 65	1 358. 899	0. 462	0. 950
q54	252. 54	1 366. 537	0. 502	0. 950
q55	252. 73	1 371. 900	0. 389	0. 950
q56	252. 63	1 361. 495	0. 556	0. 949
q57	252. 41	1 376. 046	0. 391	0. 950
q58	252. 34	1 372. 111	0. 455	0. 950
q59	252. 55	1 369. 781	0. 445	0. 950
q61	252. 58	1 373. 819	0. 356	0. 950
q62	252. 66	1 368. 399	0. 451	0. 950
q63	252. 80	1 361. 313	0. 509	0. 950
q64	252. 67	1 381. 260	0. 277	0. 950
q66	252. 31	1 369. 765	0. 499	0. 950
q67	252. 57	1 362. 759	0. 565	0. 949
q68	252. 41	1 377. 924	0. 339	0. 950
q69	252. 81	1 361. 267	0. 479	0. 950
q70	252. 35	1 377. 551	0. 337	0. 950
q71	253. 01	1 349. 827	0. 597	0. 949
q72	253. 60	1 355. 019	0. 505	0. 950
q73	253. 74	1 360. 060	0. 440	0. 950
q74	252. 88	1 363. 770	0. 465	0. 950

(续表)

题项	若项目去除量表均值	若项目去除量表方差	项目与总量表相关系数	若项目去除的 Gronbach's α 系数
q76	252. 64	1 370. 223	0. 424	0. 950
q77	253. 55	1 366. 309	0. 394	0. 950
q78	253. 10	1 362. 208	0. 480	0. 950
q79	252. 62	1 364. 457	0. 538	0. 949
q80	252. 75	1 370. 445	0. 405	0. 950
q81	252. 83	1 369. 980	0. 395	0. 950
q82	252. 65	1 368. 197	0. 473	0. 950
q83	252. 73	1 365. 459	0. 495	0. 950
q84	252. 36	1 369. 366	0. 491	0. 950

从表中可以看到内在信度 α 系数的值全部在 0. 94 以上。而总的自我控制分问卷的 Cronbach's α 信度系数为 0. 950。所以自我控制总问卷具有极佳的信度，其测量结果是稳定可靠的。

5. 5. 8　负性效标分问卷信度分析

负性效标分问卷信度分析见表 5. 33。

表 5. 33　负性效标分问卷的信度分析

题项	若项目去除量表均值	若项目去除量表方差	项目与总量表相关系数	多重相关的平方	若项目去除的 Gronbach's α 系数
q5	31. 56	53. 600	0. 350	0. 183	0. 735
q10	31. 83	52. 084	0. 450	0. 325	0. 723
q15	31. 57	50. 834	0. 520	0. 370	0. 715
q20	30. 59	51. 554	0. 430	0. 257	0. 725
q25	30. 69	51. 996	0. 423	0. 212	0. 726
q30	30. 58	53. 879	0. 273	0. 127	0. 745
q35	30. 95	50. 649	0. 441	0. 213	0. 723
q40	31. 92	52. 719	0. 355	0. 260	0. 734
q50	30. 53	52. 995	0. 316	0. 139	0. 739
q60	30. 69	52. 974	0. 344	0. 174	0. 736
q65	31. 91	52. 692	0. 369	0. 274	0. 732
q75	30. 92	53. 038	0. 330	0. 162	0. 737

从表中可以看到内在信度 α 系数的值全部在 0. 71 以上。而总的负性效标分问卷的 Cronbach's α 信度系数为 0. 748。所以负性效标分问卷是可以接受的，其测量

结果是基本上可靠的。

5.5.9 正性效标分问卷信度分析

正性效标分问卷信度分析见表5.34。

表5.34 正性效标分问卷的信度分析

题项	若项目去除量表均值	若项目去除量表方差	项目与总量表相关系数	多重相关的平方	若项目去除的Cronbach's α 系数
q85	17.32	16.464	0.603	0.435	0.742
q86	17.65	15.755	0.585	0.575	0.748
q87	17.45	16.032	0.677	0.578	0.724
q88	16.65	17.528	0.570	0.412	0.752
q89	16.57	19.116	0.450	0.319	0.778
q90	16.78	18.847	0.377	0.220	0.795

从表中可以看到内在信度 α 系数的值全部在0.72以上。而总的正性效标分问卷的Cronbach's α 信度系数为0.790。所以正性效标分问卷是可以接受的，其测量结果是基本上可靠的。

5.6 问卷因素分析

因素分析具有简化数据变量的功能，以较少的层面来表示原来的数据结构，它根据变量间的彼此相关，找出变量间潜在的关系结构，变量间简单的结构关系称为“成分”（Components）或因素（factors）。因素分析通常应用在三个层面：显示变量间因素分析的组型（Pattern）；侦察变量间的群组（Clusters），每个群组所包括的变量彼此相关性很高，同构性较大，亦即关系密切的个别变量合并为一个子群；减少大量变量数目，使之成为一组涵括变量较少的统计自变量（称为因素），每个因素与原始变量间都存在某种线性关系，而以少数因素层面来代表多数、个别、独立的变量。所以因素分析可以看成是对问卷结构效度的一种考察。因素分析可分为探索性因素分析和验证性因素分析。

对本问卷结构效度的考察，根据我们的自我控制理论构想，可以从两个方面来进行：首先对问卷中自我控制的六大要素分问卷作探索性因素分析，来探明其12个项目之间的关系，找出分问卷的因素，达到简化数据变量的功能。其次用验证性因素分析或结构方程建模来对自我控制的项目、因素、要素之间的理论构想模型加以验证。本节主要从第一个方面，用探索性因素分析方法，对自我控制的六大要素分问卷进行因素分析。每个因素分析的结果报告按照以下顺序：KMO和Bartlett's

Test，对取样适当性和因素分析的适合性作检验；转轴前后的整体变异解释（Total Variance Explained）表；因素抽取的陡坡图（Scree Plot），也称碎石图；转轴后的因素矩阵负荷（Rotated Component Matrix）表；因素的命名。

KMO检验，其值越大，表示变量间共同因素越多，越适合进行因素分析。根据Kaiser（1974）的观点，当KMO值小于0.5时，表示不宜进行因素分析。Bartlett's Test显著，表示母群体的相关矩阵间有共同因素存在，适合进行因素分析；反之，则不合适。

5.6.1 自我觉醒分问卷因素分析

自我觉醒分问卷因素分析图表如表5.35、表5.36和图5.1所示。

表5.35 自我觉醒分问卷KMO和巴特利特球形检验结果表

抽样适合性的KMO检验（Kaiser-Meyer-Olkin Measure of Sampling Adequacy）		0.867
巴特利特球形检验（Bartlett's Test of Sphericity）	卡方估计值（Approx. Chi-Square）	2 350.652
	自由度（df）	66
	显著性（Sig.）	0.000

从表中可以看到KMO值为0.867，远大于0.50，Bartlett's Test显著，说明自我觉醒分问卷适合作因素分析。

表5.36 自我觉醒分问卷可解释总方差结果表

成分	初始特征值（Initial Eigenvalues）			提取的平方载荷之和（Extraction Sums of Squared Loadings）			旋转后的平方载荷之和（Rotation Sums of Squared Loadings）		
	总特征值	占方差百分比/%	累计占方差百分比/%	总特征值	占方差百分比/%	累计占方差百分比/%	总特征值	占方差百分比/%	累计占方差百分比 /%
1	3.768	31.397	31.397	3.768	31.397	31.397	2.747	22.896	22.896
2	1.192	9.935	41.332	1.192	9.935	41.332	2.212	18.436	41.332
3	0.970	8.080	49.412						
4	0.933	7.772	57.184						
5	0.762	6.348	63.531						
6	0.732	6.103	69.634						
7	0.712	5.931	75.565						
8	0.661	5.505	81.070						
9	0.633	5.277	86.347						
10	0.577	4.810	91.157						
11	0.537	4.475	95.632						
12	0.524	4.368	100.000						

注：提取方法为主成分分析法。

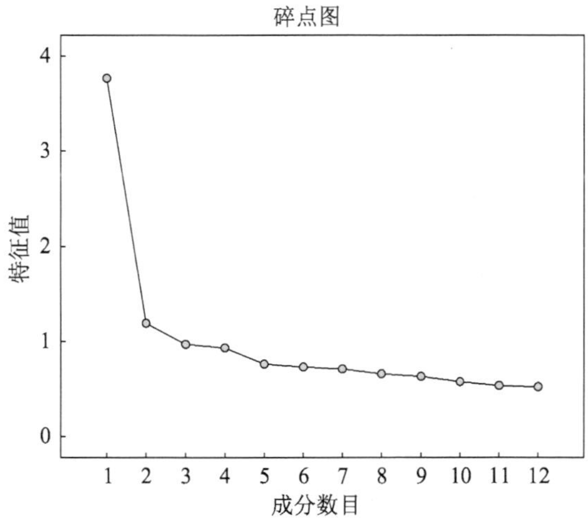

图 5.1　自我觉醒分问卷因素抽取陡坡图

因素抽取采用主成分分析法，依据特征值大于 1 和陡坡图来抽去因素个数。从表中特征值和总体解释变异数据以及陡坡图，自我觉醒分问卷宜抽去两个因素，解释总变异 41.332%。

表 5.37　自我觉醒分问卷旋转后的成分矩阵（a）结果表

题项	内容	因素	
		1	2
q14	对人能自我调控的信念	0.691	
q13	对人有巨大潜能的信念	0.646	
q9	对自强不息发展的信念	0.621	
q8	对珍惜时间价值的信念	0.584	
q7	对大学自我教育的信念	0.561	
q12	对目标决心价值的信念	0.521	
q11	对因果归因规律的信念	0.499	
q6	对人具有主体性的信念	0.407	
q2	对经济发展带来自主选择、生存方式变化的觉知		0.772
q1	对政治变革带来机遇和挑战并存的觉知		0.655
q3	对文化流变带来多元价值观影响的觉知		0.641
q4	对科技进步造成竞争要素模式变化的觉知		0.627

注：1. 提取方法为主成分分析法；旋转方法为采用 kaiser 标准化的方差最大法。
2. 一次旋转收敛于 3 次迭代。

从表 5. 37 中可以看到，因素一有 q14，q13，q9，q8，q7，q12，q11，q6 八个项目，都是一些信念，从表中所列每一个项目的内容，可以看到第一个就是“对人能自我调控的信念”，依次是“对人有巨大潜能的信念”“对自强不息发展的信念”“对珍惜时间价值的信念”“对大学自我教育的信念”“对目标决心价值的信念”“对因果归因规律的信念”“对人具有主体性的信念”，换句话说，因素一就是相信人能自我调控、有巨大潜能、靠自强不息发展、珍惜时间生命、在大学强调自我教育、只要有志向有决心、去努力就一定能收获成功，并且有选择的自由，能积极能动地应对困难和挫折。总体来看，可以把因素一命名为“自我效能信念”。因素二有 q2，q1，q3，q4 四个项目，从表中看四个项目的内容主要是对时代环境变化的觉知：政治变革、经济发展、文化交流和科技进步。所以把因素二命名为“环境变化觉知”。自我觉醒包括两个因素：自我效能信念和环境变化觉知。

5. 6. 2 自我规划分问卷因素分析

自我规划分问卷因素分析如表 5. 38、表 5. 39 和图 5. 2 所示。

表 5. 38 自我规划分问卷 KMO 和巴特利特球形检验结果表

抽样适合性的 KMO 检验（Kaiser-Meyer-Olkin Measure of Sampling Adequacy）		0. 853
巴特利特球形检验（Bartlett's Test of Sphericity）	卡方估计值（Approx. Chi-Square）	3 371. 038
	自由度（df）	66
	显著性（Sig.）	0. 000

从表中可以看到 KMO 值为 0. 853，远大于 0. 50，Bartlett's Test 显著，说明自我规划分问卷适合作因素分析。

表 5. 39 自我规划分问卷可解释总方差结果表

成分	初始特征值（Initial Eigenvalues）			提取的平方载荷之和（Extraction Sums of Squared Loadings）			旋转后的平方载荷之和（Rotation Sums of Squared Loadings）		
	总特征值	占方差百分比/%	累计占方差百分比/%	总特征值	占方差百分比/%	累计占方差百分比/%	总特征值	占方差百分比/%	累计占方差百分比 /%
1	4. 094	34. 114	34. 114	4. 094	34. 114	34. 114	2. 596	21. 636	21. 636
2	1. 564	13. 031	47. 145	1. 564	13. 031	47. 145	2. 243	18. 690	40. 325
3	1. 070	8. 914	56. 058	1. 070	8. 914	56. 058	1. 888	15. 733	56. 058
4	0. 836	6. 968	63. 026						
5	0. 791	6. 591	69. 617						
6	0. 678	5. 647	75. 264						
7	0. 643	5. 355	80. 619						

（续表）

成分	初始特征值（Initial Eigenvalues）			提取的平方载荷之和（Extraction Sums of Squared Loadings）			旋转后的平方载荷之和（Rotation Sums of Squared Loadings）		
	总特征值	占方差百分比/%	累计占方差百分比/%	总特征值	占方差百分比/%	累计占方差百分比/%	总特征值	占方差百分比/%	累计占方差百分比 /%
8	0.529	4.408	85.027						
9	0.509	4.239	89.266						
10	0.439	3.660	92.926						
11	0.429	3.573	96.499						
12	0.420	3.501	100.000						

注：提取方法为主成分分析法。

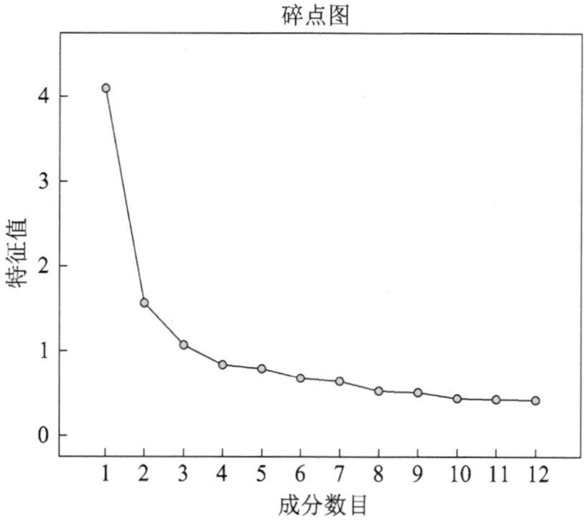

图 5.2　自我规划分问卷因素抽取陡坡图

因素抽取采用主成分分析法，依据特征值大于 1 和陡坡图来抽去因素个数。从表中特征值和总体解释变异数据以及陡坡图，自我规划分问卷宜抽取 3 个因素，解释总变异 56.058%。

表 5.40　自我规划分问卷旋转后的成分矩阵(a)结果表

题项	内容	因素		
		1	2	3
q27	对大目标进行分解限定	0.812		
q28	对各目标可行性的考虑	0.691		
q26	建立大学四年目标体系	0.663		
q21	寻求专业人士帮助	0.659		

（续表）

题项	内容	因素		
		1	2	3
q29	对目标后果利害的预期	0. 446		
q17	对自我认识的探索		0. 796	
q16	有人生规划的意识		0. 712	
q19	对差距认识和对目标的明确		0. 667	
q18	对社会需求的了解		0. 663	
q24	对角色规范期望的明确			0. 777
q23	对未来情感生活的预期			0. 668
q22	对大学阶段个人使命的明晰			0. 607

注：1. 提取方法为主成分分析法；旋转方法为采用 kaiser 标准化的方差最大法。
2. 一次旋转收敛于 5 次迭代。

从表 5. 40 可以看到，因素一有 q27，q28，q26，q21，q29 五个项目，其内容主要有对大目标的分解限定、考虑目标可行性、建立大学四年的阶段目标体系、懂得寻求专业人士的帮助，并对目标后果利害预期。总体上是关于确立目标的内容，大目标、阶段目标、小目标都有，且考虑目标的可行性和预期后果，还寻求专业帮助。所以将因素一命名为“建立目标体系”。因素二包括 q17，q16，q19，q18 四个项目，主要内容有规划意识、认识自我、认识社会、找出理想和现实的差距，明确方向目标。所以把因素二命名为“定位人生方向”。因素三有 q24，q23，q22 三个项目，主要内容对角色期望的明确或认知，q23“对未来情感生活的预期”和 q22“对大学阶段个人使命的明晰”，从某种意义上讲，就是对未来情感生活角色的期望和目前作为大学生角色的期望的认知。所以把因素三命名为“认知角色期望”。自我规划包括三个因素：建立目标体系、定位人生方向、认知角色期望。

5. 6. 3　自我执行分问卷因素分析

自我执行分问卷因素分析如表 5. 41、表 5. 42 和图 5. 3 所示。

表 5. 41　自我执行分问卷 KMO 和巴特利特球形检验结果表

抽样合适性的 KMO 检验（Kaiser-Meyer-Olkin Measure of Sampling Adequacy）		0. 892
巴特利特球形检验（Bartlett's Test of Sphericity）	卡方估计值（Approx. Chi-Square）	3 192. 600
	自由度（df）	66
	显著性（Sig.）	0. 000

从表中可以看到 KMO 值为 0. 892，远大于 0. 50，Bartlett's Test 显著，说明自我执行分问卷适合作因素分析。

表 5.42 自我执行分问卷可解释总方差结果表

成分	初始特征值（Initial Eigenvalues）			提取的平方载荷之和（Extraction Sums of Squared Loadings）			旋转后的平方载荷之和（Rotation Sums of Squared Loadings）		
	总特征值	占方差百分比/%	累计占方差百分比/%	总特征值	占方差百分比/%	累计占方差百分比/%	总特征值	占方差百分比/%	累计占方差百分比 /%
1	4. 370	36. 413	36. 413	4. 370	36. 413	36. 413	2. 514	20. 947	20. 947
2	1. 083	9. 028	45. 441	1. 083	9. 028	45. 441	2. 111	17. 591	38. 538
3	1. 004	8. 366	53. 807	1. 004	8. 366	53. 807	1. 832	15. 269	53. 807
4	0. 884	7. 368	61. 175						
5	0. 749	6. 240	67. 416						
6	0. 695	5. 791	73. 207						
7	0. 637	5. 311	78. 518						
8	0. 570	4. 746	83. 264						
9	0. 547	4. 562	87. 826						
10	0. 529	4. 405	92. 231						
11	0. 500	4. 169	96. 399						
12	0. 432	3. 601	100. 000						

注：提取方法为主成分分析法。

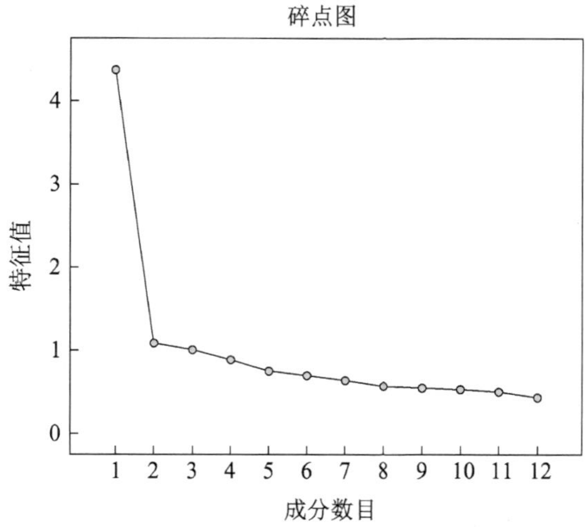

图 5.3 自我执行分问卷因素抽取陡坡图

因素抽取采用主成分分析法，依据特征值大于 1 和陡坡图来抽取因素个数。从表中特征值和总体解释变异数据以及陡坡图，自我执行分问卷宜抽取 3 个因素，解释总变异 53. 807%。

表 5.43　自我执行分问卷旋转后的成分矩阵(a)结果表

题项	内容	因素		
		1	2	3
q31	制订计划，按计划行事	0.790		
q32	计划的个性化、应对性和灵活性	0.711		
q33	按优先次序执行计划，不拖延	0.702		
q36	对大学自我教育的重视	0.532		
q34	对老师风格的主动响应	0.485		
q42	对身体锻炼健康的重视		0.746	
q43	对良好环境的主动营造		0.727	
q41	对社会交往的平衡把握		0.684	
q44	对科技工具的善加运用		0.443	
q38	对学术活动的选择参加			0.774
q39	对社团活动的选择参加			0.772
q37	对考试作用的正确认识			0.445

注：1. 提取方法为主成分分析法；旋转方法为采用 kaiser 标准化的方差最大法。
2. 一次旋转收敛于 6 次迭代。

从表 5.43 可以看到，因素一包括 q31，q32，q33，q36，q34 五个项目，主要内容有制订计划，按计划行动，注意优先次序、不拖延，同时考虑计划的个性化、灵活应对性。就大学的主要任务学习，一方面重视自我教育，多种方式自学，另一方面灵活相应老师风格，从教学中学习。所以把因素一命名为“执行计划学习”。因素二包括 q42，q43，q41，q44 四个项目，主要内容有对自我身心状态的重视，并通过锻炼来保持提高健康水平，选择并营造有利于学习的良好环境，平衡交往和学习需求，利用现代科技工具来提高学习的效果。总体上说是一种环境的建设，自我身心健康可以看作内环境，交往可以看作人际环境，科技工具可以看作技术环境，当然还有物理空间环境，目的是为了更有效地支持学习或完成任务。所以把因素二命名为“创设环境支持”。因素三有 q38，q39，q37 三个项目，主要内容有对大学里主要的两类活动，即学术活动和社团活动的选择参加，以及对考试的一种认知，并以此来指导平时的学习活动。所以把因素三命名为“选择活动参加”。因为是自我执行要素，所以其因素命名时考虑具有动态特征。

5.6.4　自我评估分问卷因素分析

自我评估分问卷因素分析如表 5.44、表 5.45 和图 5.4 所示。

表 5.44 自我评估分问卷 KMO 和巴特利特球形检验结果表

抽样适合性的 KMO 检验（Kaiser-Meyer-Olkin Measure of Sampling Adequacy）		0.881
巴特利特球形检验（Bartlett's Test of Sphericity）	卡方估计值（Approx. Chi-Square）	3 571.503
	自由度（df）	66
	显著性（Sig.）	0.000

从表中可以看到 KMO 值为 0.881，远大于 0.50，Bartlett's Test 显著，说明自我评估分问卷适合作因素分析。

表 5.45 自我评估分问卷可解释总方差结果表

成分	初始特征值（Initial Eigenvalues）			提取的平方载荷之和（Extraction Sums of Squared Loadings）			旋转后的平方载荷之和（Rotation Sums of Squared Loadings）		
	总特征值	占方差百分比/%	累计占方差百分比/%	总特征值	占方差百分比/%	累计占方差百分比/%	总特征值	占方差百分比/%	累计占方差百分比 /%
1	4.449	37.072	37.072	4.449	37.072	37.072	2.895	24.126	24.126
2	1.303	10.857	47.929	1.303	10.857	47.929	2.856	23.803	47.929
3	0.891	7.422	55.351						
4	0.875	7.290	62.641						
5	0.744	6.203	68.843						
6	0.718	5.985	74.829						
7	0.632	5.269	80.097						
8	0.600	5.000	85.098						
9	0.499	4.154	89.252						
10	0.489	4.073	93.326						
11	0.468	3.903	97.229						
12	0.333	2.771	100.000						

注：提取方法为主成分分析法。

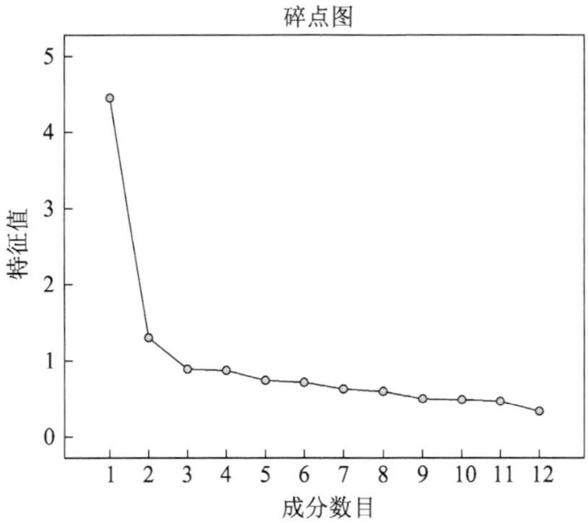

图 5.4 自我评估分问卷因素抽取陡坡图

因素抽取采用主成分分析法，依据特征值大于 1 和陡坡图来抽取因素个数。从表中特征值和总体解释变异数据以及陡坡图，自我评估分问卷宜抽取两个因素，解释总变异 47.929%。

表 5.46　自我评估分问卷旋转后的成分矩阵(a)结果表

题项	内容	因素	
		1	2
q56	对成功和失败进行归因分析	0.663	
q52	评估临时事务，灵活应对	0.655	
q54	合理作纵向和横向比较	0.622	
q51	对自己的情绪、精力和效率评估，适时调整	0.615	
q57	积极和理性地对待他人评价	0.612	
q55	对自我内在评价和外在评价	0.586	
q45	确立评估的内心标准和目标体系	0.413	
q47	每周（月）总结的习惯，评估改进		0.831
q46	每天自我内省，总结进步和教训		0.805
q53	随身携带记事本，适时记录		0.695
q48	关注内外环境的变化，以便适时调整		0.584
q49	评估每一件具体任务完成的时间、质量和效果		0.498

注：1. 提取方法为主成分分析法；旋转方法为采用 kaiser 标准化的方差最大法。
2. 一次旋转收敛于 3 次迭代。

从表 5.46 可以看到，因素一有 q56，q52，q54，q51，q57，q55，q45 七个项目，主要内容有确立评估的内心标准和目标体系，以此为评估依据，对目标完成情况作评估，对成功和失败进行归因分析，以便调整，评估从多方面进行，对自己身心、情绪、效率的评估，对临时的事务进行评估应对，对自己作横向和纵向比较，兼顾内在和外在的评价，重视自我评价，理性对待他人评价。所以把因素一命名为“多维结果归因”，其更多的是偏重结果的事后评估。因素二有 q47，q46，q53，q48，q49 五个项目，主要内容有每天、每周、每月的内省评估，同时随时随地对内外环境的变化予以关注，并对每一件任务完成过程中的时间、质量和效果作评估，避免犹豫拖延和沉迷诱惑，还及时记录自己的心得体会，一种心智的成长。所以把因素二命名为“动态过程省察”。因此，自我评估包括两个因素：多维结果归因和动态过程省察。

5.6.5　自我激励分问卷因素分析

表 5.47　自我激励分问卷 KMO 和巴特利特球形检验结果表

抽样适合性的 KMO 检验（Kaiser-Meyer-Olkin Measure of Sampling Adequacy）		0.844
巴特利特球形检验（Bartlett's Test of Sphericity）	卡方估计值（Approx. Chi-Square）	2 513.906
	自由度（df）	66
	显著性（Sig.）	0.000

从表中可以看到KMO值为0.844，远大于0.50，Bartlett's Test显著，说明自我激励分问卷适合作因素分析。

表5.48 自我激励分问卷可解释总方差结果表

成分	初始特征值 (Initial Eigenvalues)			提取的平方载荷之和 (Extraction Sums of Squared Loadings)			旋转后的平方载荷之和 (Rotation Sums of Squared Loadings)		
	总特征值	占方差百分比/%	累计占方差百分比/%	总特征值	占方差百分比/%	累计占方差百分比/%	总特征值	占方差百分比/%	累计占方差百分比 /%
1	3.750	31.248	31.248	3.750	31.248	31.248	2.367	19.722	19.722
2	1.151	9.589	40.838	1.151	9.589	40.838	1.821	15.174	34.896
3	1.065	8.876	49.714	1.065	8.876	49.714	1.778	14.818	49.714
4	0.970	8.081	57.795						
5	0.853	7.109	64.905						
6	0.752	6.268	71.172						
7	0.713	5.938	77.110						
8	0.682	5.681	82.791						
9	0.625	5.207	87.998						
10	0.537	4.479	92.478						
11	0.499	4.158	96.636						
12	0.404	3.364	100.000						

注：提取方法为主成分分析法。

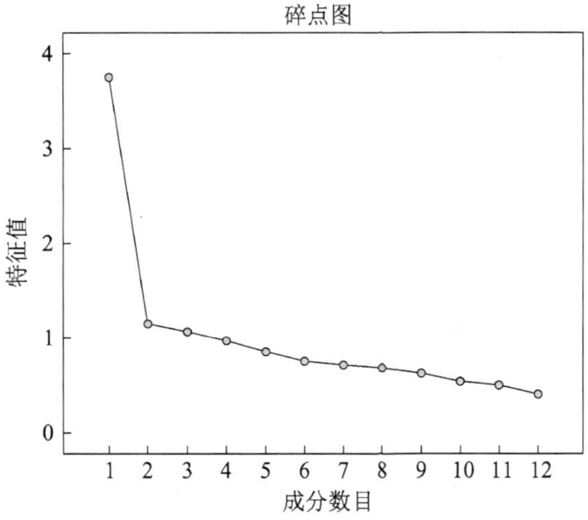

图5.5 自我激励分问卷因素抽取陡坡图

因素抽取采用主成分分析法，依据特征值大于 1 和陡坡图来抽取因素个数。从表中特征值和总体解释变异数据以及陡坡图，自我激励分问卷宜抽取 2 个因素，解释总变异 49.714%。

表 5.49　自我激励分问卷旋转后的成分矩阵(a)结果表

题项	内容	因素		
		1	2	3
q67	对挫折积极正面评价，把它当磨炼，向更高目标攀登	0.665		
q66	对困难积极正面思考，找方法克服，不轻言放弃	0.664		
q68	积极寻找方法，调试自己的心情	0.659		
q58	用积极自我暗示，想象预期结果来激励	0.616		
q70	运用亲朋好友的期望激励自己	0.487		
q61	养成自我奖励的习惯，自我犒劳		0.724	
q62	用内部语言肯定自己对诱惑的自制力		0.624	
q59	用内部语言肯定自己对目标的行动力		0.551	
q64	对自己的过错作内心的惩罚，内讼鞭策		0.534	
q71	参加励志成才主题的课程和训练，学习有关理念和方法			0.786
q69	运用名人传记的奋斗历程和精神，激励自己			0.710
q63	选择优秀同学做榜样，运用榜样激励			0.632

注：1. 提取方法为主成分分析法；旋转方法为采用 kaiser 标准化的方差最大法。
2. 一次旋转收敛于 3 次迭代。

从表 5.49 可以看到，因素一有 q67，q66，q68，q58，q70 五个项目，主要内容有以积极的心态对待挫折和困难，从认知评价上把他们视为一种磨炼、一种成长机会，不轻言放弃。积极能动地用多种办法来调试自己的心情。并用自我积极暗示，预想目标完成的预期结果来激励自己，一种愿景拉力激励；用亲朋好友的期望鞭策激励，一种外在推力激励。所以把因素一命名为“积极能动应对”。因素二有 q61，q62，q59，q64 四个项目，主要内容有养成自我奖励的习惯，用多种个性化的方式及时自我犒劳，用内部语言肯定自己对目标的行动力和自己对诱惑的自制力，并对自己的过错作内心的惩罚，内讼鞭策。因素二激励都是自己施予的，强调及时强化，激励包括两个方面，有奖励也有惩罚。所以把因素二命名为“自我及时奖惩”。因素三有 q71，q69，q63 三个项目，主要内容有用名人或优秀的同学作榜样，从他们那里汲取智慧和精神力量，勉励自己。主动寻找参加励志成才主题的课程和训练，学习有关理念和方法。这从某种意义上来讲，仍可看作一种借用榜样力量，因为励志的课程和训练，其主要内容仍然是一些杰出人士的现身说法或传经送宝。所以把因素三命名为“善借榜样力量”。因此，自我激励包括三个因素：积极能动应对、自我及时奖惩、善借榜样力量。

5.6.6 自我校正分问卷因素分析

自我校正分问卷因素分析如表 5.50、表 5.51 和图 5.6 所示。

表 5.50 自我校正分问卷 KMO 和巴特利特球形检验结果表

提样适合性的 KMO 检验（Kaiser-Meyer-Olkin Measure of Sampling Adequacy）		0.867
巴特利特球形检验（Bartlett's Test of Sphericity）	卡方估计值（Approx. Chi-Square）	2 984.764
	自由度（df）	66
	显著性（Sig.）	0.000

从表中可以看到 KMO 值为 0.867，大于 0.50，Bartlett's Test 显著，说明自我校正分问卷适合作因素分析。

表 5.51 自我校正分问卷可解释总方差结果表

成分	初始特征值（Initial Eigenvalues）			提取的平方载荷之和（Extraction Sums of Squared Loadings）			旋转后的平方载荷之和（Rotation Sums of Squared Loadings）		
	总特征值	占方差百分比/%	累计占方差百分比/%	总特征值	占方差百分比/%	累计占方差百分比/%	总特征值	占方差百分比/%	累计占方差百分比 /%
1	4.056	33.797	33.797	4.056	33.797	33.797	2.908	24.231	24.231
2	1.392	11.603	45.400	1.392	11.603	45.400	2.540	21.169	45.400
3	0.913	7.605	53.005						
4	0.832	6.933	59.938						
5	0.802	6.681	66.619						
6	0.759	6.322	72.941						
7	0.662	5.517	78.458						
8	0.609	5.078	83.536						
9	0.573	4.774	88.310						
10	0.525	4.374	92.684						
11	0.482	4.019	96.703						
12	0.396	3.297	100.000						

注：提取方法为主成分分析法。

因素抽取采用主成分分析法，依据特征值大于 1 和陡坡图来抽取因素个数。从表中特征值和总体解释变异数据以及陡坡图，自我校正分问卷宜抽取两个因素，解释总变异 41.332%。

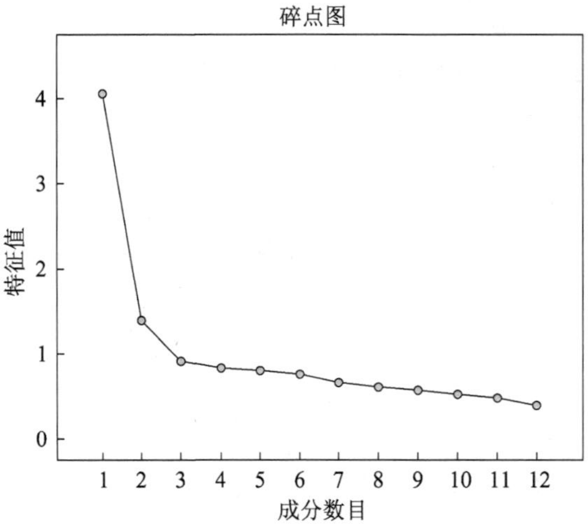

图 5.6　自我校正分问卷因素抽取陡坡图

表 5.52　自我校正分问卷旋转后的成分矩阵(a)结果表

题项	内容	因素	
		1	2
q79	有意识地调整注意的焦点，关注积极面和自己的影响圈	0.691	
q84	相信自己，不自暴自弃	0.668	
q82	寻找拖延的原因，对症下药	0.633	
q83	利用后果想象预期，控制冲动、抵制诱惑	0.625	
q80	懂得放弃的重要性，有所不为	0.617	
q74	学会说不，谢绝与目标无关的活动或邀请、或作统筹双赢安排	0.461	
q76	主动选择或营造环境，避开诱惑	0.452	
q81	了解网络资源特性，延迟娱乐需求满足	0.442	
q73	把目标视觉化、可见化，自我提醒和同学督促		0.828
q72	主动寻求心理咨询人士的帮助		0.767
q77	打赌预设损失，善用同学和朋友的监督		0.747
q78	学会委托授权，发挥他人和团队的作用		0.552

注：1. 提取方法为主成分分析法；旋转方法为采用 kaiser 标准化的方差最大法。
　　2. 一次旋转收敛于 3 次迭代。

从表 5.52 可以看到，因素一有 q79，q84，q82，q83，q80，q74，q76，q81 八个项目，主要内容有自我运用多种策略对行为进行调控，包括调整注意的焦点，关注积极面，把自己的时间精力放在自己能影响的事上（影响圈），寻找分析拖延的原因，对症下药解决，利用后果预期想象来控制冲动、抵制诱惑，学会说不，学会放弃，有所不为，主动选择和营造环境，避开诱惑，了解网络的极大丰富性和重复可及性，学会延迟娱乐需求满足。所以把因素一命名为“自我策略调控”。因素二有 q73，q72，q77，q78 四个项目，主要内容有把目标视觉化和可见化，帮助自我提醒和同学督促，主动寻求心理咨询人士的帮助，用打赌预设损失的方法，善用同学和朋友的监督，并学会委托授权，发挥他人和团队的作用。主要内容都是寻求他人帮助督促来达到自我校正。所以把因素二命名为“他人帮助督促”。因此，自我校正有两个因素：自我策略调控和他人帮助督促。

5.7 问卷结构分析

问卷结构分析模式图如图 5.7 所示。

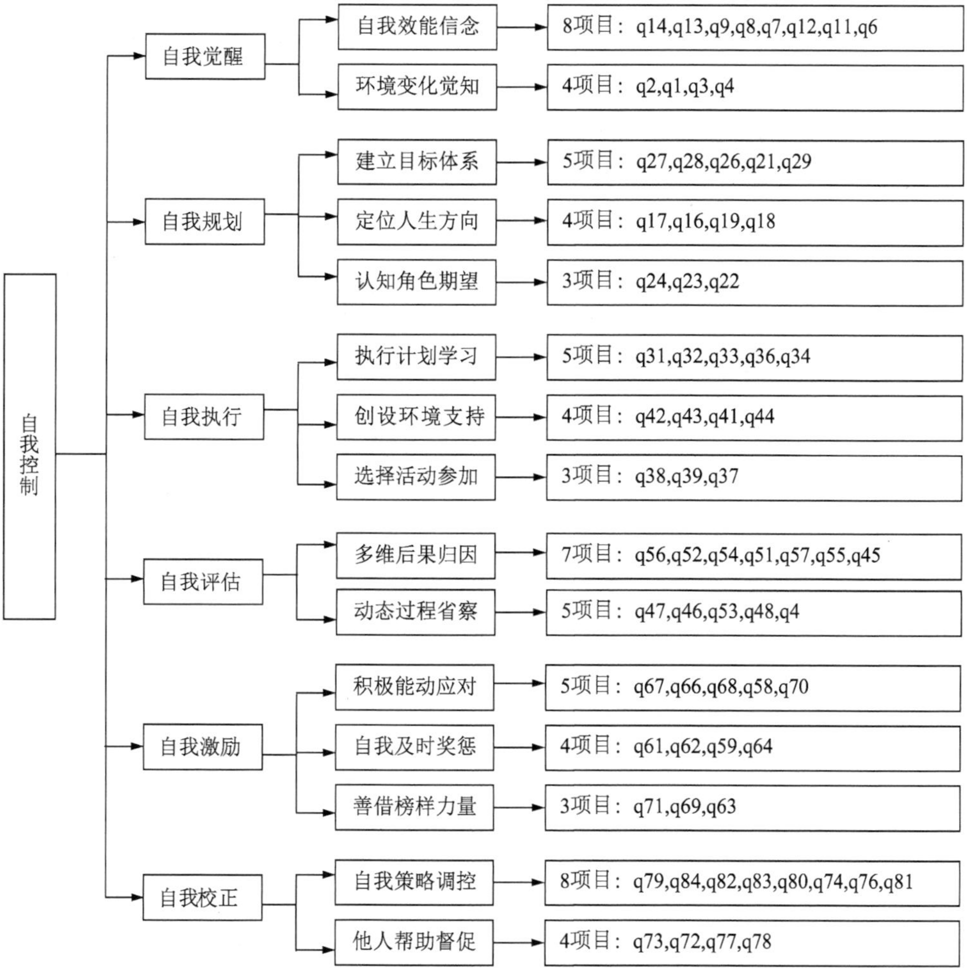

图 5.7　自我控制主因素、要素、因素、项目结构图

从自我控制各分问卷的因素分析结果可以看到，自我控制问卷的大体结构分成四个层面：1 个主因素，6 个要素，15 个因素，72 个项目。这一结构在要素层面是我们理论构建的，因素层面是探索性因素分析所得。

所以，问卷的结构分析主要在要素层面，看我们理论构想的六大要素是否测了一个我们称之为“自我控制”的主因素。本节主要通过对六大要素作探索性因素分析和结构方程建模来验证我们理论构想的结构。

5.7.1 自我控制总问卷因素分析

自我控制总问卷因素分析如表 5.53～表 5.55 和图 5.8 所示。

表 5.53 自我控制总问卷 KMO 和巴特利特球形检验结果表

抽样适合性的 KMO 检验（Kaiser-Meyer-Olkin Measure of Sampling Adequacy）		0.887
巴特利特球形检验（Bartlett's Test of Sphericity）	卡方估计值（Approx. Chi-Square）	3 770.790
	自由度（df）	15
	显著性（Sig.）	0.000

从表中可以看到 KMO 值为 0.887，远大于 0.50，Bartlett's Test 显著，说明自我控制总问卷适合作因素分析。

表 5.54 自我控制总问卷可解释总方差结果表

成分	初始特征值（Initial Eigenvalues）			提取的平方载荷之和（Extraction Sums of Squared Loadings）			旋转后的平方载荷之和（Rotation Sums of Squared Loadings）		
	总特征值	占方差百分比/%	累计占方差百分比/%	总特征值	占方差百分比/%	累计占方差百分比/%	总特征值	占方差百分比/%	累计占方差百分比 /%
1	3.962	66.035	66.035	3.962	66.035	66.035			
2	0.770	12.829	78.864						
3	0.406	6.763	85.627						
4	0.318	5.304	90.932						
5	0.291	4.849	95.781						
6	0.253	4.219	100.000						

注：提取方法为主成分分析法。

因素抽取采用主成分分析法，依据特征值大于 1 和陡坡图 5.8 来抽取因素个数。从表中特征值和总体解释变异数据以及陡坡图，自我控制总问卷只能抽取一个因素，解释总变异 66.035%。

表 5.55 自我控制分问卷成分矩阵(a)结果表

内容		因素
		1
zwpg	自我评估	0.865
zwzx	自我执行	0.857
zwjl	自我激励	0.848
zwgh	自我规划	0.845
zwjz	自我校正	0.825
zwjx	自我觉醒	0.604

注：1. 提取方法为主成分分析法。
2. 一次成分提取。

从因素分析只能抽取一个要素的结果来看，说明这六大要素确实存在一个共同的主因素，能解释总变异 66.035%。这从一个方面对我们的理论构想提供了数据支持。

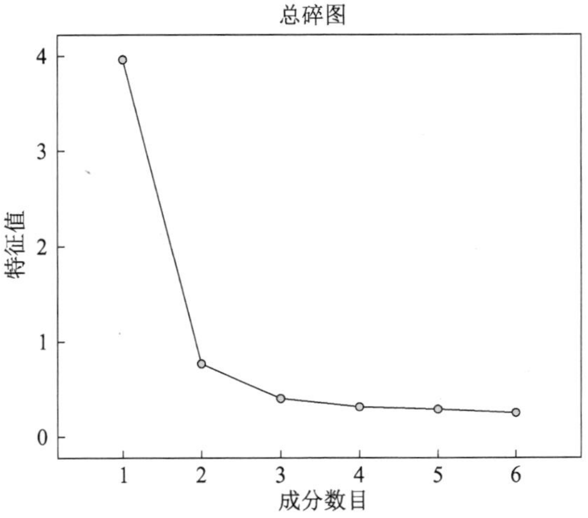

图 5.8 自我控制总问卷因素抽取陡坡图

5.7.2 问卷结构方程建模

为了验证问卷的结构效度，也为了验证我们理论构想的结构，我们进行了验证性因素分析（Confirmatory Factor Analysis，CFA)。我们用每个因素的项目测量值之和表示每个因素值，并构建下面两个模型：模型一是因素（15 个因素)、要素（6 大要素）和主因素（1 个主因素“自我控制”）三层次结构关系模型；模型二是六大要素之间的网络结构关系模型。

模型一，自我控制问卷结构层次模型，我们假设 15 个因素、6 个要素、1 个主因素之间有一种三层次的结构关系。15 个因素的组合组成了 6 个要素，6 个要素组成 1 个主因素，如图 5.9 所示，图中数值为因子载荷，拟合指标见表 5.56。

模型二，自我控制要素网络关系模型，我们假设 6 个要素之间存在双向网络状的联系，如图 5.10 所示，图中数值为相关系数，拟合指标见表 5.57。

用 AMOS 4.0 软件建模。在建模过程中，对误差项中可能的一种共同因素进行剔除纯化，两个模型拟合的各项指标均达到理想水平。

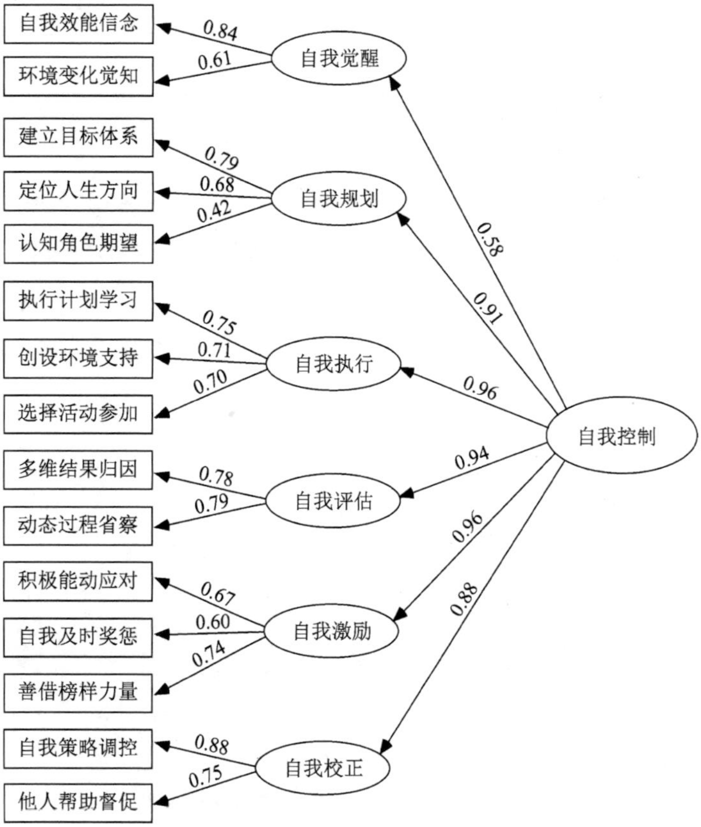

图 5.9　自我控制的层次结构模型图

1. 模型一：自我控制的层次结构模型

表 5.56 各项拟合指标均达到理想的水平，RMSEA 为 0.060，GFI，CFI，NFI，TLI，AGFI 均超过 0.90。根据统计学家研究建议，拟合优度指数 GFI 应大于 0.90（Tanaka，Huba，1984），调整的拟合优度指数 AGFI 应大于 0.90（Tanaka，Huba，1984），近似均方根误差 RMSEA 应小于 0.08（Steiger，Lind，1980），相对拟合指数 CFI 应大于 0.90（Coffin，1993），标准拟合指数 NFI 应大于 0.90（Bentler，Bonett，1980），Tucker-Lewis 指数 TLI 应大于 0.90（Tucker，Lewis，1980），递增拟

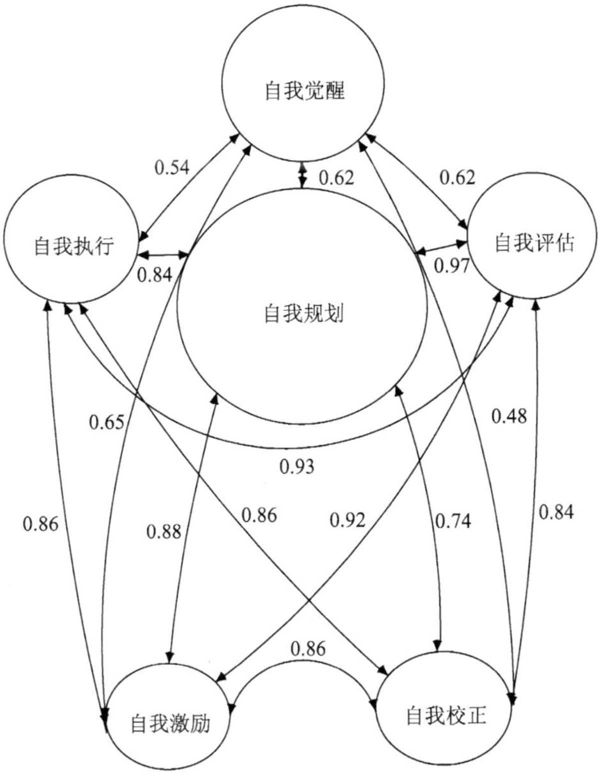

图 5.10　自我控制的要素的网络关系结构模型图

合指数 IFI 应大于 0.90（Bollen，1989）。提示我们的假设是成立的，因素、要素和主因素之间存在一种三层次的结构关系模型。

表 5.56　自我控制层次结构模型拟合指标

指标	RMSEA	GFI	AGFI	CFI	NFI	TLI	IFI
数值	0.060	0.962	0.930	0.969	0.962	0.951	0.970

从模型中因素对要素的贡献来看，总体上每个要素的几个因素的因子载荷都相差不大，自我觉醒、自我规划、自我激励中有一个因素比较突出，比如自我效能信念对自我觉醒的贡献比较大；自我规划中的认知角色期望对自我规划贡献相对要小；善借榜样力量对自我激励贡献较大。从要素对主因素的贡献来说，自我觉醒对自我控制的贡献相对而言要小，这和我们预想的不太一致，因为根据班杜拉的自我效能信念理论，我们预期自我觉醒对自我控制贡献比较大。也许自我控制从某种意义上讲，更多的偏操作层面。另外一种可能，自我觉醒通过影响其他五个要素间接地影响自我控制。

我们的理论构想每个要素内部都存在阴、阳两种取向，这里我们结合上面因素分析的结果，来看看是否蕴含阴、阳两种取向。下文括号中是因素对要素的因子载荷。

自我觉醒包括“自我效能信念”（0.84）和“环境变化觉知”（0.61），自我效能信念对自我觉醒的贡献要大一些。“阳”可以理解为对外在环境变化的觉知；“阴”可以理解为对内在心理层面信念的觉知。这和我们理论假设一致。同时还可以从外显和内隐角度来理解“阳”和“阴”。对外在“环境变化的觉知”可理解为一种外显觉醒“阳”，而人主体与环境交互作用的过程中，环境的变化可以触发一些内在的自我效能信念外显化，一种内隐觉醒（阴）。阴阳相互作用表现在：一方面，在对外在环境变化的觉知过程中，可能强化一些信念或内化一些信念，这就是阳向阴的转变，外显向内隐转变；另一方面，内化的很多信念，可能在内隐层面起作用，但如果碰到特定的环境或情境，可能触发某些与情景相关的内隐信念外显化，到外显层面上起作用。外显和内隐的“钢筋水泥”关系（杨治良等，1998），相比较而存在，有一定的独立性，相互影响而作用，又有一定的依存性。

自我规划包括“建立目标体系”（0.79）、“定位人生方向”（0.68）和“认知角色期望”（0.41）。从模型中可以看到，虽然认知角色期望对自我规划的贡献稍小，但它反映了一种外在他人的需求，可以把它看成“阴”；定位人生方向，可能更多地考虑自己的发展，所以可看成“阳”，当然其内部已包括了认识社会和认识自我，已是一种阴阳体现。建立目标体系，可以看成阴阳的平衡或变化。

自我执行包括“执行计划学习”（0.75）、“创设环境支持”（0.70）和“选择活动参加”（0.70）。执行计划学习可以看成是一种启动，“阳”执行，而选择活动参加主要是对一些与目标无关的活动说不，不参加可以看成一种停止，“阴”执行。启动和停止都是一种为完成目标的自我执行行为。创设环境支持其实也包含内在的阴阳，所谓支持性的环境，就需要对有利的交往、锻炼、空间或工具去执行，对不利的则不去做。

自我评估包括“多维结果归因”（0.78）和“动态过程省察”（0.79）。多维结果归因和动态过程省察中总是对照目标（不管是大目标，还是小目标）来评估，基本上要包括完成预期目标的成功和未完成预期目标的失败两种。成功可以理解为“阳”评估，失败可以理解为“阴”评估。

自我激励包括“积极能动应对”（0.66）、“自我及时奖惩”（0.60）和“善借榜样力量”（0.74）。自我及时奖惩中的奖励可以看成一种“阳”激励，惩罚可以看成一种“阴”激励。另外，自我及时奖惩可以看成是靠自我力量，也可理解为一种“阳”激励，善借榜样力量可以看成靠他人力量，可以理解为一种“阴”激励。而且从相关系数看，榜样激励的作用较大。积极能动应对，则包括自我愿景的拉力和亲朋期望的推力等，其实也包含一种阴阳的关系。从这一要素的阴阳分析，提示我们在理论构想时将要素内的阴阳表现只列了一种维度，可能是不够的，只能作为一种例子而已，其实阴阳是可以表现在多方面的。

自我校正包括“自我策略调控”（0.88）“他人帮助督促”（0.75）。同样，自我策略调控可以看成是靠自我力量，也可理解为一种“阳”校正，他人帮助督促可以看成靠他人力量，可以理解为一种“阴”校正。当然自我调控策略中，有自己积极能动的一面，如调整注意的焦点，放到完成目标上，也有懂得放弃、说不或延迟满足等。所以一面是坚持，可看成“阳”校正，另一面是放弃，可看成“阴”校正。

总之，从要素的因素分析结果，从某种程度上，对要素内部存在阴、阳两种倾向的自我控制理论构想是成立的，只是不一定将阴阳限定在一个维度上，可以是多种维度。而且中国的阴阳是一高度抽象的哲学概念，当把它具体化时，可以作多种对立同一概念的理解，阴阳无处不在，阴阳无时不在。

2. 模型二：自我控制要素网络关系结构模型

从表 5.57 看，拟合各项指标均达到理想的水平，RMSEA 为 0.061，GFI，CFI，NFI，TLI，AGFI 均超过 0.90。而且从图 5.10 中模型间相关系数看，大部分相关系数都在 0.80 以上，有三个相关系数达到 0.90 以上，每一个要素都和其他五个要素密切相关，而且联系的强度较高。其中自我觉醒和其他五个要素间的相关系数相对要低一点。总体上，模型拟合指标及要素间的相关系数，提示我们构想的自我控制的理论模型是成立的。

表 5.57　自我控制的要素的网络关系结构模型拟合指标

指标	RMSEA	GFI	AGFI	CFI	NFI	TLI	IFI
数值	0.061	0.964	0.925	0.971	0.965	0.948	0.972

自我控制的理论构想把自我控制系统比作一个人“自我”，自我觉醒是“大脑”，自我规划是“心脏”，自我执行是“右手”，自我评估是“左手”，自我激励是“右脚”，自我校正是“左脚”。它们之间的联系不是单向，也不仅仅是双向的，而是双向网络状的，是多方双向相互影响、相互支持的。图 5.10 中的数据证实了这点。这用人来作隐喻，就容易理解了。一个人的大脑、心脏和四肢之间是一个精确自如配合的系统，它们何以做到这点呢？主要是其内部的神经和内分泌调节系统让它们之间相互协调，是其内部的循环系统提供能量和营养让它们能够新陈代谢以保持正常功能水平，而神经系统和循环系统在全身的分布几乎都是网状的。而且神经系统走向是网状的，但总体上是两类神经，自下而上的感觉神经和自上而下的运动神经，循环系统也是这样，由心向外的动脉血管和由外向心的静脉系统。所以自我控制系统是一个六大要素组成的、要素之间存在双向网络状联系的有机自组织系

统。从生理的角度，人凭借这些广泛双向的联系和支持，人就能面对外在环境的变化和内在环境的变化而自动变化，很好地适应。同样人的生理心理社会层面的自我控制系统，也能面对外在环境变化和内在环境的变化而有序控制调节，达到一种动态的协同平衡。在人际圈中左右逢源，在宇宙圈中顶天立地。

下面我们来看看要素间的联系，括号内的数值是两要素之间的相关系数。

自我觉醒是“大脑”。只有大脑觉醒了，即拥有“自我效能信念”和对“环境变化觉知”，才能去自我规划（0.62），才能去自我执行（0.54），才能去自我评估（0.62），才能去自我激励（0.65），才能去自我校正（0.48）。根据班杜拉的理论，效能信念主要通过人类活动认知、动机、感情和选择过程，从自我觉醒同五个要素间的相关系数之大小来看，与自我激励、自我规划、自我评估关系较自我执行和自我校正更为密切，可能前三者包含更多成分的认知、动机、感情和选择过程。比如自我激励往往要涉及认知上的积极正面评价，动机上的愿景拉力激励，感情上的情绪调节以及行为上的选择等。而自我校正虽然也涉及上述四个方面，但从我们问卷的因素分析，其主要包含“自我策略调控”和“他人帮助督促”，偏行为层面较多一点。从总体上看，自我觉醒和其他要素间的相关系数，相比较其他要素间相关系数而言要小。这与我们预想的假设不太一致。根据班杜拉的自我效能的理论，我们预想自我觉醒含有“自我效能信念”和“环境变化知觉”可能会对每一个要素产生较大的影响，但数据提示影响是广泛存在的，联系也较为密切，但没有其他要素之间的关系密切。我们分析原因：一个原因是否是自我效能信念的影响不光光是通过外显的影响，而是还通过内隐的影响？所以通过外显的评量，尚不能完全反映其对其余五个要素的影响，可以在后面的实验中再来分析。另一个原因，是否是它通过对自我激励、自我规划和自我评估（相关系数相对较高的要素）的影响而间接地影响其他要素，因为要素间的联系是网络状的。

自我规划是“心脏”。人类的特点之一，就是有自我意识，有主体性，即行动往往是有目的的，具有如班杜拉所言的深谋远虑的能力。如同造房一样，首先要由先前的设计，有施工行动图纸，一种思想上的创造，然后才能真正开始施工，进行物质上的创造。否则，这房子是不能很好地被建成，或即便是被盲目建成，往往也是有危险不能长久的。所以，如果把我们的人生之旅或大学四年学习生涯当作是要建立一个自己的“生活大厦”或“智慧大厦”，同样非常需要自我规划，形成自己的“心中蓝图”。自我规划“心中蓝图”对于其他要素的价值就好比心脏对于我们大脑、四肢的价值一样，它通过广泛连接的“循环系统”为它们提供能量和营养。自我规划为自我执行提供行动目标和计划（0.84），为自我评估提供判断标准和依据（0.97），为自我激励提供方向和力量（0.88），为自我校正提供方向和依据（0.74），为自我觉醒转化行动方案（0.62）。其中与自我评估关系特别紧密，说明有了规划、有了目标，才能有效地评估，同时评估的结果也会影响我们的定位和目标的校正。总之它是一个核心的要素，其他的执行、评估、激励、校正都是围绕它来进行的。

自我执行是“右手”。有蓝图只是第一步，蓝图的实现就要靠行动——自我执行。行动力也是非常关键的。执行是对规划的落实和回馈（0.84），执行的过程和结果要自我评估（0.93），执行的启动和坚持要自我激励（0.86），执行的方向和力度要自我校正（0.86），执行是对自我觉醒的知行转化（0.54）。其中自我执行和自我评估的关系最为密切，正好比“两手都要硬”的道理一样，既要做又要评估总结，才能保证方向和进程的控制。

自我评估是“左手”。在执行的过程中，需要不断地自我评估反馈，包括多维结果归因和动态过程省察，自我评估为自我规划反馈调整信息（0.97），自我评估为执行保驾护航（0.93），自我评估为激励提供信号和方向（0.92），自我评估为校正提供反馈和依据（0.84），自我评估为自我觉醒提供回馈和强化（0.62）。可以看到自我评估和其他要素间的关系非常密切。

自我激励是“右脚”。自我激励总是围绕目标规划的（0.88），一般总是在执行过程中的激励（0.86），在评估发现问题如困难、挫折等（0.92），也和自我校正相互配合的（0.86），激励需要自我效能信念内力和环境变化觉知的压力（0.65）。

自我校正是“左脚”。自我校正也是围绕目标规划的（0.74），校正和执行往往是相伴随的（0.86），校正和评估是互为反馈的（0.84），校正和激励是互相配合的（0.86），校正和自我觉醒也是分不开的，环境变化觉知是校正的触动因素，自我效能信念是校正的力量之一（0.48）。

从上可以看出，自我控制的六大要素像人的器官一样，是密切相关、不可分割、相互影响的，是一个动态的协同的自组织系统。比如“双手”之间、“双脚”之间、“手脚”之间互相配合。自我执行和自我评估之间相互作用，评估就是要评估执行的过程和结果，评估的目的又是为了更好、更快、更准地执行计划，完成目标。而自我激励和自我校正之间，也是相互配合、相互作用的，自我激励就是在前进的道路上，在向目标攀登的过程中，对道路上的如“高山”般的困难和如“险壑”般的挫折，积极能动地应对；自我校正就是在前进的道路上，向目标攀登的过程中，对一些和目标方向不符的“岔道”能够校正方向，不入岔道，或能迷途知返，对路旁的各种“诱惑”，能够说不，或懂得放弃。我们不难理解，人们想走“岔道”或屈服“诱惑”，往往就是害怕正路上的“高山”和“险壑”。所以自我激励和自我校正相互配合，就能在人生的旅途或实现目标的道路上走得更远、走得更高。如回到詹姆斯的意志障碍的论述，一种是该做而不能做，就需要自我执行和自我激励二者的“右手右脚配合”；另一种是不该做的而去做了，就需要自我评估和自我校正二者的“左手左脚配合”。

写到这里，脑子里突然出现北京 2008 年奥运会的标志，一个人形五环的太极拳韵图。自我控制系统“人”，根据我们的理论构想中的阴阳消长平衡，就好像“手脚四肢”配合，加上“意念”“心志”的配合，也就像在打太极拳，刚柔相济，变化无穷。

5.8 问卷效度分析

上一节问卷的结构分析，其实就是问卷的内在结构效度，从上面的分析数据及模型可以看到，问卷的结构效度是非常理想的。本节主要看一下问卷的外部效度。

外部效度的指标最好用被试的一些客观指标，如学业成绩等。有研究已经表明一个自我控制水平高的人，其完成任务、达成目标的水平也会高，其学业成绩也会相应地高。反之亦然。但由于受条件所限，效标采用自陈问卷，包括两个方面：正性效标和负性效标。正性效标是学校成绩、学校获奖和老师的积极评价，以及家长、同学和自己对自己在自我控制方面的积极评价。负性效标是在开放式问卷中以及团体焦点问题访谈中同学描述的常见的自我控制不良或问题的表现，把它们编制成负性效标分问卷。经过前面对正性效标的项目分析和信度分析，可以认为这两个效表问卷是可靠的。

所以，如果自我控制问卷的总分和正性效标总分呈正相关，和负性效标总分呈负相关，并达到统计显著的话，那么提示我们的自我控制问卷具有较好的外部效度。

从表 5.58 中的数据可以看到，自我控制问卷总分与正性效标问卷总分呈正相关，相关系数 0.509，达到统计显著。自我控制问卷总分和负性效标总分呈负相关，相关系数为 −0.084，达到统计显著。提示我们自我控制问卷具有较好的外部效度。

表 5.58　自我控制和正性效标、负性效标的相关分析表

类别	项目	自我控制 zwkz
正性效标 zxxb	Pearson 相关系数	0.509(**)
	显著性（双侧）	0.000
	样本数	1 069
负性效标 fxxb	Pearson 相关系数	−0.084(**)
	显著性（双侧）	0.006
	样本数	1 069

5.9 问卷类别变量比较

前面的问卷项目分析、信度分析、因素分析、结构分析和效度分析，都可看作是对自我控制问卷本身信效度的检验，对问卷编制所参照的自我控制理论构想的实证检验。结果表明它是一个具有很好的信效度的大学生自我控制评量工具。当然在没有进一步作重测检验和大规模常模研究之前，还不能把它称为严格意义上的大学生自我控制量表。

所以本节主要看专业、年级、性别、学生干部、勤工助学五个类别变量，看他们的自我控制及其要素有无差别，有何特点。

5.9.1 专业变量差异比较

从样本情况中可以看到。问卷中的被试组成来自 9 个院系，分属不同的学科专业门类，用数字来表示：1 为文科；2 为理科；3 为工科；4 为法学；5 为商科；6 为体育；7 为艺术；8 为医科；9 为外语。在表中报告时用数字代表，在文字表述中用相应的学科专业。单因素的方差分析见表 5.59。

表 5.59 专业变量差异比较的单因素 ANOVA 分析表

内在要素	方差来源	离均差方和	自由度(df)	均方	F 值	显著性水平(Sig.)
自我觉醒	组间	957.712	8	119.714	3.173	0.001
	组内	39 995.822	1 060	37.732		
	总体	40 953.534	1 068			
自我规划	组间	1 828.362	8	228.545	4.124	0.000
	组内	58 747.590	1 060	55.422		
	总体	60 575.951	1 068			
自我执行	组间	1 818.491	8	227.311	3.286	0.001
	组内	73 319.523	1 060	69.169		
	总体	75 138.013	1 068			
自我评估	组间	1 586.132	8	198.266	2.953	0.003
	组内	71 178.970	1 060	67.150		
	主体	72 765.102	1 068			
自我激励	组间	784.540	8	98.067	1.797	0.074
	组内	57 837.271	1 060	54.563		
	主体	58 621.811	1 068			

（续表）

内在要素	方差来源	离均差方和	自由度（df）	均方	F 值	显著性水平（Sig.）
自我校正	组间	916.305	8	114.538	1.704	0.093
	组内	71 237.770	1 060	67.205		
	总体	72 154.075	1 068			
自我控制	组间	35 342.257	8	4 417.782	3.192	0.001
	组内	1 466 911.808	1 060	1 383.879		
	总体	1 502 254.065	1 068			

从表5.59可以看到，自我控制总体水平、自我觉醒、自我规划、自我执行、自我评估有专业变量的组间差异，而自我激励和自我校正两要素组间差异不显著。

从均数的两两比较看，理科生比文科生在自我控制（均数差为18.928 17(*)，$p=0.019$）、自我规划（均数差3.749 40(*)，$p=0.022$）、自我执行（4.128 77(*)，$p=0.026$）方面要好。而且理科生比医科生在自我执行方面要好（均数差4.056 00(*)，$p=0.036$。）其余均数比较差异不显著。提示理科生强调系统、逻辑、理性的训练，这可能使他们相对而言比较严谨，会在自我控制、自我规划、自我执行方面产生积极影响。

5.9.2 年级变量差异比较

表5.60 年级变量差异比较ANOVA分析

内在要素	方差来源	离均差方和	自由度（df）	均方	F 值	显著性水平（Sig.）
自我觉醒	组间	862.433	3	287.478	7.637	0.000
	组内	40 091.101	1 065	37.644		
	总体	40 953.534	1 068			
自我规划	组间	328.749	3	109.583	1.937	0.122
	组内	60 247.203	1 065	56.570		
	总体	60 575.951	1 068			
自我执行	组间	89.896	3	29.965	0.425	0.735
	组内	75 048.117	1 065	70.468		
	总体	75 138.013	1 068			
自我评估	组间	163.160	3	54.387	0.798	0.495
	组内	72 601.942	1 065	68.171		
	总体	72 765.102	1 068			
自我激励	组间	154.839	3	51.613	0.940	0.421
	组内	58 466.972	1 065	54.899		
	总体	58 621.811	1 068			

（续表）

内在要素	方差来源	离均差方和	自由度（df）	均方	F 值	显著性水平（Sig.）
自我校正	组间	133.281	3	44.427	0.657	0.579
	组内	72 020.794	1 065	67.625		
	总体	72 154.075	1 068			
自我控制	组间	6 174.302	3	2 058.101	1.465	0.222
	组内	1 496 079.764	1 065	1 404.770		
	总体	1 502 254.065	1 068			

从表 5.60 可以看到，只有自我觉醒有年级变量的组间显著差异，自我控制及其他五个要素均无年级显著差异。

均数多重比较显示大学一年级的同学在自我觉醒上比二年级（均数差为 1.870 32(*)，$p=0.005$）、三年级（均数差为 1.814 58(*)，$p=0.004$）和四年级（均数差为 2.407 78(*)，$p=0.001$）都要高。二年级、三年级和四年级之间在自我觉醒水平上没有显著差异。这与我们的预想不一致，我们原预想，随着年级的升高，自我觉醒的水平应该会相应升高。其原因可能是大学一年级的学生刚上大学，对环境有一个适应过程，因而对环境变化比较关注。并且，一年级的学生处于一种新的定位阶段，所以其对自身内在的了解和探索较多。而高年级学生已经进入了比较多元的发展。另外一个可能原因是大学生扩招，2003 年 6 月是大学生扩招后第一次就业，媒体比较关注，报道也多，而现在的大学一年级对社会就业形势已经有了比较多的关注。

5.9.3 性别变量差异比较

表 5.61 男女差异比较 ANOVA 分析

内在要素	方差来源	离均差方和	自由度（df）	均方	F 值	显著性水平（Sig.）
自我觉醒	组间	0.627	1	0.627	0.016	0.898
	组内	40 952.907	1 067	38.381		
	总体	40 953.534	1 068			
自我规划	组间	1 008.661	1	1 008.661	18.068	0.000
	组内	59 567.290	1 067	55.827		
	总体	60 575.951	1 068			
自我执行	组间	737.300	1	737.300	10.574	0.001
	组内	74 400.713	1 067	69.729		
	总体	75 138.013	1 068			

(续表)

内在要素	方差来源	离均差方和	自由度(df)	均方	F值	显著性水平(Sig.)
自我评估	组间	876.601	1	876.601	13.011	0.000
	组内	71 888.501	1 067	67.374		
	总体	72 765.102	1 068			
自我激励	组间	7.754	1	7.754	0.141	0.707
	组内	58 614.057	1 067	54.934		
	总体	58 621.811	1 068			
自我校正	组间	1 050.895	1	1 050.895	15.770	0.000
	组内	71 103.180	1 067	66.638		
	总体	72 154.075	1 068			
自我控制	组间	15 111.925	1	15 111.925	10.843	0.001
	组内	1 487 142.141	1 067	1 393.760		
	总体	1 502 254.065	1 068			

从表5.61可以看到，男女在自我觉醒和自我激励方面没有差异。而男女在自我规划（男生均数44.220 8，女生均数42.264 2）、自我执行（男生均数41.010 6，女生均数39.337 8）、自我评估（男生均数41.163 5，女生均数39.339 5）、自我校正（男生均数40.490 4，女生均数38.493 3）和自我控制总体水平（男生均数260.471 3，女生均数252.898 0）差异达到统计显著，男性要高于女性。社会对男性事业发展期望比较高，这可能使男生更为关注自身发展，显现出在自我控制方面男生总体水平高于女生。

5.9.4 学生干部变量差异比较

表5.62 学生干部变量比较方差分析ANOVA

内在要素	方差来源	离均差方和	自由度(df)	均方	F值	显著性水平(Sig.)
自我觉醒	组间	451.012	1	451.012	11.881	0.001
	组内	40 502.522	1 067	37.959		
	总体	40 953.534	1 068			
自我规划	组间	775.923	1	775.923	13.845	0.000
	组内	59 800.028	1 067	56.045		
	总体	60 575.951	1 068			
自我执行	组间	1 392.652	1	1 392.652	20.150	0.000
	组内	73 745.361	1 067	69.115		
	总体	75 138.013	1 068			

（续表）

内在要素	方差来源	离均差方和	自由度 (df)	均方	F 值	显著性水平 (Sig.)
自我评估	组间	1 160. 122	1	1 160. 122	17. 287	0. 000
	组内	71 604. 980	1 067	67. 109		
	总体	72 765. 102	1 068			
自我激励	组间	159. 981	1	159. 981	2. 920	0. 088
	组内	58 461. 830	1 067	54. 791		
	总体	58 621. 811	1 068			
自我校正	组间	358. 339	1	358. 339	5. 325	0. 021
	组内	71 795. 736	1 067	67. 287		
	总体	72 154. 075	1 068			
自我控制	组间	23 119. 046	1	23 119. 046	16. 677	0. 000
	组内	1 479 135. 019	1 067	1 386. 256		
	总体	1 502 254. 065	1 068			

从表 5. 62 可以看到，学生干部组与不是学生干部组在自我激励方面没有差异。学生干部组与不是学生干部在自我觉醒（是 50. 766 6，否 49. 344 4）、自我规划（是 44. 438 5，否 42. 573 1）、自我执行（是 41. 832 8，否 39. 333 8）、自我评估（是 41. 747 6，否 39. 466 8）、自我校正（是 40. 265 0，否 38. 997 3）、自我控制总体水平（是 263. 397 5，否 253. 215 4）上差异达到统计显著，前者要高于后者。说明做学生干部，本身对自我控制能力要求提高了，同时也锻炼了学生干部实际自我控制水平。

5. 9. 5　勤工助学变量差异比较

表 5. 63　勤工助学变量差异比较 ANOVA

内在要素	方差来源	离均差方和	自由度 (df)	均方	F 值	显著性水平 (Sig.)
自我觉醒	组间	14. 057	1	14. 057	0. 366	0. 545
	组内	40 939. 477	1 067	38. 369		
	总体	40 953. 534	1 068			
自我规划	组间	66. 764	1	66. 764	1. 177	0. 278
	组内	60 509. 188	1 067	56. 710		
	总体	60 575. 951	1 068			
自我执行	组间	130. 069	1	130. 069	1. 850	0. 174
	组内	75 007. 944	1 067	70. 298		
	总体	75 138. 013	1 068			

（续表）

内在要素	方差来源	离均差方和	自由度（df）	均方	F 值	显著性水平（Sig.）
自我评估	组间	131.873	1	131.873	1.937	0.164
	组内	72 633.229	1 067	68.072		
	总体	72 765.102	1 068			
自我激励	组间	37.562	1	37.562	0.684	0.408
	组内	58 584.249	1 067	54.906		
	总体	58 621.811	1 068			
自我校正	组间	33.344	1	33.344	0.493	0.483
	组内	72 120.731	1 067	67.592		
	总体	72 154.075	1 068			
自我控制	组间	1 537.682	1	1 537.682	1.093	0.296
	组内	1 500 716.383	1 067	1 406.482		
	总体	1 502 254.065	1 068			

从表 5.63 中，参加勤工助学与否在自我控制及其要素上均无差异。原想勤工助学可能对学生自我控制的要求较高，同时也会促进学生实际自我控制能力的提高。调查结果却并不支持这一设想。

5.10 分析讨论

调查结果与我们的猜测比较一致。

（1）大学生自我控制结构式问卷具有良好的信效度。

从问卷的项目分析、信度分析、因素分析、结构效度和外部效度分析，特别是验证性因素分析结果，都说明本问卷具有良好的信效度，可以作为大学生自我控制评量的一个工具。

（2）大学生自我控制结构式问卷结构方程建模支持我们的理论构想。

通过验证性因素分析（Confirmatory Factor Analysis，CFA）。模型拟合指标均达到理想水平。表明因素、要素和主因素之间三层次的结构关系模型，和六大要素之间的网络结构关系模型都成立。这非常有力地支持我们的理论构想。自我控制有六大要素，彼此之间存在双向网络联系，要素内部存在阴阳的辩证结构。

（3）大学生自我控制水平在类别变量上有差异。

专业比较：理科生比文科生在自我控制、自我规划、自我执行方面要好。另外理科生比医科生在自我执行方面要好。其余均数比较差异不显著。

年级比较：只有自我觉醒有年级变量的组间显著差异，一年级的同学在自我觉醒上比二年级、三年级和四年级都要高。

性别比较：男女在自我觉醒和自我激励方面没有差异。而男女在自我规划、自我执行、自我评估、自我校正和自我控制总体水平差异达到统计显著，男性要高于女性。

干部比较：学生干部组与不是学生干部组在自我激励方面没有差异。学生干部组与不是学生干部在自我觉醒、自我规划、自我执行、自我评估、自我校正、自我控制总体水平上差异达到统计显著，前者要高于后者。

勤助比较：参加勤工助学与否在自我控制及其要素上均无差异。

6 实验研究

本章共有6个实验，其设计、假设、被试、程序已在研究方法中作了介绍，这里就不再重复介绍了，只在需要的地方简单提一下。下面每个实验按照引言、方法、结果、讨论的结构来报告。

6.1 实验一：自我控制的内隐效应

6.1.1 引言

如前所述，已有文献证据表明，自我效能信念通过认知、动机、情感和选择过程对人们的感觉、思维、自我激励以及行动产生影响，实施自我效能信念的调节控制功能。具体来说，这样的信念调节人们选择干什么；在他们所从事的事业中投入多少努力；在面对困难和失败时，他们能坚持多久；他们的思维模式是自我抑制的还是自我提高的；在应付困难情景时，他们经受多大压力和沮丧以及从逆境恢复的活力。个人效能感高有益于取得成就和情绪健康。自我效能的信念系统是人类动机、幸福和个人成就的基础。

从班杜拉的研究可以看到，自我效能信念的关键作用，根据我们对自我控制的界定和理论构想，自我效能信念恰恰可被看作是一种对自我控制能力的信念。班杜拉的书名《自我效能：控制的实施》也能说明这点。自我效能，指的是个体对自己具有组织和执行达到特定成就的能力的信念。因此，它是个体对自己能力的一种主观感受，而不是能力本身。所以，我们在对自我控制作理论构想和问卷编制时，把有关自我控制的信念作为自我觉醒的重要内容，并预设人们要想拥有较高的自我控制水平，其必须首先在大脑里要有能自我控制一系列的信念才行，也就是我们构想的自我觉醒，即要能醒觉自己拥有这些信念。并且通过因素分析，将这些信念命名为“自我效能信念”。应该说我们自我控制理论构建及其实证因素分析所得的“自我效能信念”和班杜拉所说的“自我效能信念”性质是一样的，只是更具体。所以，如果我们能有效地影响人们自我效能信念，就能有效改变人们的自我控制能力或水平。正因为如此，我们把影响自我效能信念作为我们实验研究的关键。

不仅在学术界强调自我效能信念的重要价值，而且在世界范围内的成功励志的书籍出版和教育训练中，也特别强调人信念的力量，认为信念是一种最强大的力量、最根源的作用。有效地励志训练，常常会在瞬间改变一个人，让一些人发现自己巨大的潜能，变得积极能动起来，作出原来想都不敢想的成就。这也是此类训练存在的价值。但是，也发现有一部分人在接受训练时激动不已，豪情万丈，准备要干一番大的事业，但训练结束后，回到自己的现实生活环境中，随着时间的推移，激情慢慢就消退了，慢慢回归到原来的生活状态。是什么原因造成这样的差别呢？

有一种观点认为，训练所传递的信念前者已进入他的潜意识，后者没有进入他的潜意识，才造成他们之间的差别。也就是说信念巨大作用在外显层面是很容易被感受到的，但它是否能长时间地发挥作用，就要看它有没有进入潜意识。如果能进入潜意识，它就能发挥持久的作用。所以在教育训练中，就有用催眠的方法或神经语言程式学（NLP）方法，让某种信念传送到潜意识层面来开发潜能。从催眠后的暗示效应存在，即当人们在催眠状态下接受某种指示后，他（她）醒来之后会按照这一指示做出某种动作，这种观点可能有一定的道理。

那么能不能从内隐社会认知的角度来研究，借助内隐社会认知的研究方法IAT，来考察训练到底能否将信念影响到内隐的层面？是否存在自我控制的内隐机制呢？用什么样的训练方式更能达到这种效果呢？

要研究上述问题，首先必须有一种工具能测到内隐层面的信念。根据IAT的原理，我们认为可以来设计有关自我效能信念和自我控制行为方式的IAT测验，来检测自我效能信念在内隐层面和行为的关系，以及这种信念和自我的关系，行为和自我的关系。

我们的逻辑思路是这样的：在外显层面，自我效能信念对人行为的积极影响作用已被广泛研究证实，那么在内隐层面，自我效能信念和自我控制行为方式之间有没有关系呢？关系是如何的呢？如果积极的自我效能信念和积极的自我控制行为方式关系密切的话，即有IAT正效应，就说明在内隐层面，积极的自我效能信念和积极的自我控制行为方式关系密切，消极的自我效能信念和消极的自我控制行为关系密切。换句话说，就是如果人们拥有积极的自我效能信念，就会促进人们在外显层面对自我控制的有效（或积极）行为方式的选择，同时也促进在内隐层面对自我控制有效（或积极）行为方式的选择——对自我控制行为的内隐积极态度的形成或转变产生影响。即自我效能信念对自我控制的影响机制有外显和内隐两种方式。所以，只要实验发现自我效能信念和自我控制行为方式存在IAT正效应，我们就可以证明自我效能信念对自我控制的影响有内隐机制。进而我们就可以通过有效提高自我效能信念的四种方式：直接经验、替代经验、言语说服和身心状态，来提高自我效能信念水平，达到既可在外显层面提高自我控制水平，又可在内隐层面对自我控制产生积极持久的影响。

我们如何知道被试在内隐层面的自我效能信念的水平、自我控制的行为态度呢？所以我们又设计了自我效能信念和自我的 IAT，自我控制行为态度和自我的 IAT。通过这两个测验，我们可以知道被试的内隐自我效能信念水平和内隐自我控制行为态度。这里要做两点说明：

一是自我效能信念水平上的差异，可以用积极自我效能信念和消极自我效能信念词对（或句对）组成 11 点的 Likert 量表来外显测量，比如原来我“有点相信”“人有无限潜能”信念，后来经过训练变得“很相信”。这就是水平的变化。也可以通过自我效能信念和自我的 IAT 效应值，来测积极自我效能信念在内隐层面与自我关系的紧密程度。如果 IAT 效应值小于 0，则说明被试在内隐层面积极自我效能信念偏好不仅没有，而且可能拥有消极的自我效能信念偏好；如果 IAT 效应值等于 0，则说明被试在内隐层面没有积极自我效能信念偏好；如果 IAT 效应值大于 0，则说明被试在内隐层面有积极自我效能信念偏好。

二是自我控制行为方式态度。与上面的信念相似，自我控制行为方式态度上的差异，可以用积极自控行为方式和消极自控行为方式词对组成 11 点的 Likert 量表来外显测量，比如我原来是与“懒惰拖延”比较符合，经过训练，虽然暂时还没有实际的行为方式的改变，但可以从态度取向层面，在现在和未来我更倾向于“办事利落”，而且倾向“办事利落”的程度也可选择。也可以通过自我控制行为方式和自我的 IAT，来测量积极自控行为方式和自我的关系的紧密程度。如果 IAT 效应值小于 0，则说明被试在内隐层面不仅没有积极自我控制行为方式偏好，而且可能有消极的自我控制行为方式偏好；如果 IAT 效应值等于 0，则说明被试在内隐层面没有积极自我控制行为方式偏好；如果 IAT 效应值大于 0，则说明被试在内隐层面有积极自我控制行为方式偏好。

上面所说的 IAT 效应值小于、等于、大于 0，都是建立在统计检验基础上，不是光看其数值。

从前面对大学生自我控制问卷的分析，其信效度都比较理想，可以用它来作为外显的测量。但是 IAT 需要用词汇作材料，不适宜用项目样的长句来做材料。所以我们就根据我们自我控制的理论构想，选择了与自我控制有关的信念和行为方式成语词汇（或句子）来做材料。而且我们根据 IAT 测验的特点，选择了 7 个积极和消极的自我效能信念句对和 13 个自我控制行为方式词对，一方面用它们来设计三个内隐联结测验：积极/消极信念—积极/消极行为，自我/非我—积极/消极信念，自我/非我—积极/消极行为。这里的积极/消极的信念、行为都是和自我控制有关的，为简约起见，就直接用“积极/消极信念”代表“积极/消极自我控制信念”，或用“积极/消极行为”代表“积极/消极自我控制行为”。另一方面，同时将这些句对和词对组成 11 点的 Likert 量表，用于外显测量。那么这个自我控制信念和行为外显测量的 11 点的 Likert 量表与前面的大学生自我控制结构式问卷有何关系，是否可以用 Likert 量表来表示外显测量水平，这也是本实验想考察的。

所以本实验的目的主要有以下几点：

（1）考察自我效能信念和自我控制行为方式是否存在 IAT 正效应，来证明自我效能信念对自我控制的影响是否有内隐机制。

（2）考察自我效能信念和自我的 IAT 效应水平。

（3）考察自我控制行为态度和自我的 IAT 效应水平。

（4）考察自我控制信念和行为外显测量的 11 点的 Likert 量表与前面的大学生自我控制结构式问卷有无相关关系，是否可以用 Likert 量表来表示外显测量水平。

（5）把本次实验作为后面训练处理的对照组，在不给训练处理的情况下，5 个因变量在前测和后测上有无差异。

6.1.2 方法

设计：实验采用被试内设计，作为对照组。自变量：无训练处理，前测和后测间隔时间约 50 分钟。因变量有 5 个：外显信念量表得分、外显行为量表得分、信念/行为 IAT 效应值、自我/信念 IAT 效应值、自我/行为 IAT 效应值。

假设：存在信念/行为 IAT 效应、自我/信念 IAT 效应和自我/行为 IAT 效应。在不给训练处理，只是时间间隔的情况下，前测和后测 5 个因变量没有差异。

被试：华东师范大学心理系一年级（2003 级）的学生 25 人。所有被试均自愿参加实验，对电脑的有关操作均熟悉。实验完后付给一定的报酬。

材料：

内隐测量：IAT 程序采用美国 Inquisit 专业软件，我们对该软件中的词汇进行了必要的汉化。形成了积极/消极信念—积极/消极行为、自我/非我—积极/消极信念、自我/非我—积极/消极行为三个 IAT。实验均采用团体施测，每个被试做三个测验。程序记录被试的每一次按键反应的时间及正误。为简约起见，下面就用“信行 IAT”“自信 IAT”“自行 IAT”来分别代表上面三个 IAT。后面的实验同样如此。

外显测量：自编的自我控制信念和行为外显测量的 11 点的 Likert 量表（下面简称为自控信行量表）。需要说明的是，前测和后测间隔时间很短，包括后面的有训练处理的实验，都是在训练完马上就做后测，信念改变是可以发生的，但实际的行为改变还没有时间表现出来，所以主要是从行为方式的选择态度上来评量。而且这样就和内隐的行为态度测量对应起来。因此我们在前测和后测指导语上作了一点变化，在前测量表中指导语要求被试选择“过去到现在”所信奉的信念或通常采用的行为方式的位置，在后测量表中指导语要求被试选择“现在及将来”所信奉的信念或拟采用的行为方式的位置。详细的量表指导语可参见附录。

为了考察自我控制信念和行为外显测量的11点的Likert量表与前面的大学生自我控制结构式问卷有无相关关系，是否可以用Likert量表来表示外显测量水平。在前测前做大学生自我控制结构式问卷填答。

程序：IAT测验按计算机程序及其指导语要求进行。

前测：大学生自我控制结构式问卷填答；先顺序做信行IAT、自信IAT、自行IAT；后填答外显信行自控量表。

处理：休息50分钟。

后测：内容同前测。

6.1.3 结果

根据Greenwald et al.（1998）对IAT原始数据的处理标准，对本实验数据进行了如下处理：

（1）每一段的最前面两次尝试不进行统计；

（2）反应时低于300毫秒的，转化为300毫秒，反应时高于3 000毫秒的，转化为3 000毫秒；

（3）先对反应时进行对数转化，然后再求平均数；

（4）在求平均数时，错误反应的反应时也计算在内；

（5）如果被试的平均反应时或错误率过高，他们的数据不计入统计，一般情况下错误率超过20%的被试其数据视为无效。

注意：所有统计检验都是采用对数转换过的数值，包括IAT效应值也是对数转换过的差值。但为了直观看到不一致和一致任务反应时的差别，在报告时仍用原始的反应时数据。

1. 自我控制内隐效应

从表6.1可以看到，三个IAT测验无论在前测还是在后测，不一致任务反应时都明显长于一致任务，检验均达到统计显著（$p<0.05$），且三个IAT效应值均大于0。说明被试的信行IAT、自信IAT、自行IAT效应显著，在内隐层面，积极的自我效能信念和积极的自我控制行为方式有密切联系，自我效能信念影响自我控制行为存在内隐机制；自我和积极自我效能信念有密切联系，被试群体对积极自我效能信念有偏好；自我和积极的自我控制行为方式有密切联系，被试群体对积极的自

我控制行为方式有偏好。

表 6.1 三个 IAT 的内隐前测和后测的测量结果

类别	IAT 测验	任务形式	均值	标准差	样本数	IAT 效应值	t 值	显著性（双侧）
前测	信行 IAT	不一致任务	1 669. 127 1	565. 619 00	18	0. 389 73	7. 106	0. 000
		一致任务	1 097. 909 7	283. 999 68	18			
	自信 IAT	不一致任务	1 253. 972 7	250. 687 41	20	0. 112 33	2. 243	0. 037
		一致任务	1 119. 493 2	220. 304 51	20			
	自行 IAT	不一致任务	1 112. 557 4	233. 327 78	20	0. 204 35	5. 841	0. 000
		一致任务	898. 813 2	139. 431 95	20			
后测	信行 IAT	不一致任务	1 750. 714 3	375. 950 82	18	0. 569 85	11. 612	0. 000
		一致任务	973. 159 7	127. 019 57	18			
	自信 IAT	不一致任务	1 094. 223 3	180. 731 52	20	0. 084 69	2. 231	0. 038
		一致任务	1 004. 031 8	164. 848 98	20			
	自行 IAT	不一致任务	1 016. 555 9	178. 134 04	20	0. 119 55	3. 009	0. 007
		一致任务	901. 025 0	155. 256 49	20			

2. 外显量表相关分析

从表 6. 1 可以看到，外显测量的 11 点的 Likert 量表中的信念分量表与结构式问卷中的自我觉醒、自我规划、自我激励以及自我控制总问卷相关显著，而外显行为与自我规划、自我执行、自我评估、自我激励、自我校正以及自我控制总问卷均相关显著。所以 11 点外显信念和外显行为组成的词对式自我控制量表和结构式自我控制量表显著相关。提示可以用 11 点 Likert 量表作为工具，来进行外显自控信念和行为测量，与内隐 IAT 测量对应起来。

表 6.2 外显信行量表与大学生自我控制结构式问卷相关分析

前测	项目	自我觉醒	自我规划	自我执行	自我评估	自我激励	自我校正	自我控制
外显信念	Pearson 相关系数	0. 577(**)	0. 550(**)	0. 369	0. 388	0. 432(*)	0. 269	0. 495(*)
	显著性（双侧）	0. 003	0. 004	0. 069	0. 055	0. 031	0. 193	0. 012
	样本数	25	25	25	25	25	25	25
外显行为	Pearson 相关系数	0. 233	0. 542(**)	0. 493(*)	0. 477(*)	0. 422(*)	0. 490(*)	0. 533(**)
	显著性（双侧）	0. 263	0. 005	0. 012	0. 016	0. 036	0. 013	0. 006
	样本数	25	25	25	25	25	25	25

注：** 相关显著性在 0. 01 水平（双侧）；
* 相关显著性在 0. 05 水平（双侧）。

3. 内隐和外显前后测比较

从表 6. 3 可以看到，自信 IAT、自行 IAT、外显测量和外显行为前后两次测量结果没有差异（$p>0.05$），表明在没有给训练处理时，4个因变量都没有发生显著变化，所以可以用此组作对照组。而信行IAT在前测和后测上效应值有差异（$t=-2.748$，$p=0.014$），后测信行IAT的效应值比前测要大。这与我们假设不一致，可能是由于一些被试没有在前测前做完结构式问卷，改放到在前、后测之间休息时间内做所引起。因为填答该问卷时，就等于接受了一个与自我控制有关的阅读材料处理，可能会提高IAT效应值（图6.1、图6.2）。

表6.3　内隐和外显前测和后测比较分析

测验	类别	平均数	标准差	样本数	前测和后测差值	t 值	显著性(双侧)
信行IAT	前测	0.389 7	0.232 69	18	−0.180 12	−2.748	0.014
	后测	0.569 9	0.208 20	18			
自信IAT	前测	0.112 3	0.223 95	20	0.027 64	0.507	0.618
	后测	0.084 7	0.169 76	20			
自行IAT	前测	0.204 3	0.156 47	20	0.084 80	1.842	0.081
	后测	0.119 6	0.177 68	20			
外显信念	前测	62.840 0	12.960 45	25	10.960 00	1.855	0.076
	后测	51.880 0	28.108 90	25			
外显行为	前测	111.520 0	18.748 60	25	17.360 00	1.760	0.091
	后测	94.160 0	50.572 29	25			

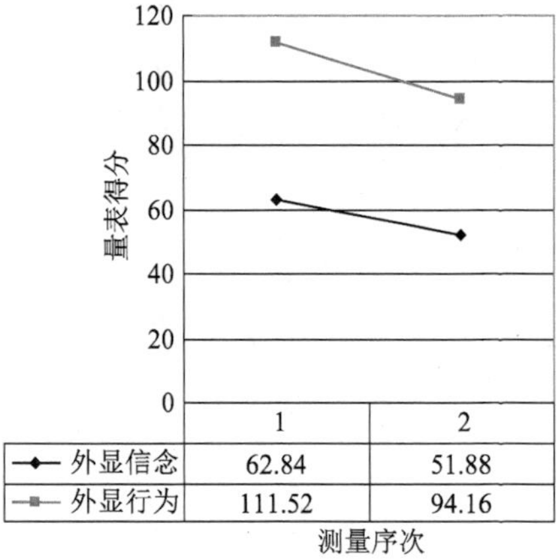

图6.1　对照组外显信念和行为前测和后测变化

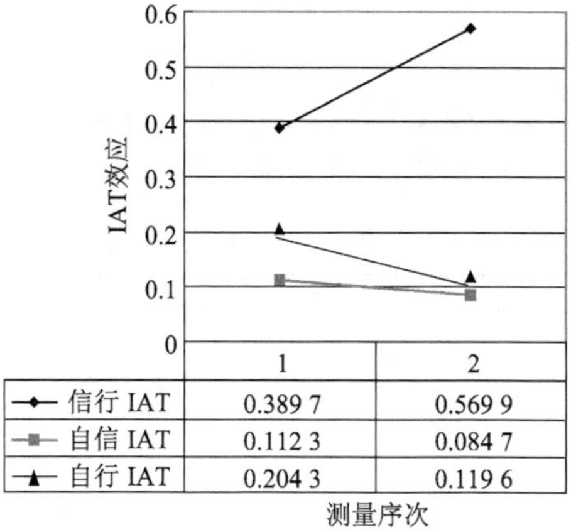

图6.2　对照组内隐信行IAT、自信IAT和自行IAT前测和后测变化

6.1.4　讨论

从上面的实验结果看，被试信行IAT、自信IAT、自行IAT效应显著，检验均达到统计显著（$p<0.05$），且三个 IAT 效应值均大于 0。证实我们的研究假设，自我效能信念和自我控制行为方式存在 IAT 正效应，提示自我效能信念对自我控制的影响有内隐机制；自我和积极自我效能信念有密切联系，被试群体对积极自我效能信念有偏好；自我和积极的自我控制行为方式有密切联系，被试群体对积极的自我控制行为方式有偏好。

结果也表明，我们可以用信行 IAT、自信 IAT、自行 IAT 作为研究工具，来测量被试在内隐层面，对自我效能信念和自我控制行为方式关系的认知，被试对积极自我效能信念的偏好程度，被试对积极自我控制行为方式的偏好，进而来研究各种提高自我效能信念来源的训练效果，为后面的实验提供了必要的前提。

从内隐社会认知研究看，自我和非我作为目标概念，用多种属性概念，来编制 IAT，来测内隐自我概念、内隐自尊、内隐刻板印象等，已经有较多的研究（蔡华俭，2001），而用两类信念作目标概念、用两类行为方式态度作属性概念的研究尚未见到，所以从编制 IAT 角度，本实验在方法上做了探索。

11 点外显信念和外显行为组成的词对式自我控制量表和结构式自我控制量表显著相关。提示可以用 11 点 Likert 量表作工具，来进行外显自控信念和行为测量，与内隐 IAT 测量对应起来。

内隐和外显前后测比较，总体上与我们的假设相符，四个因变量自信 IAT、自行 IAT、外显测量和外显行为前后两次测量结果没有差异。信行 IAT 在前测和后测上效应值有差异，后测比前测有显著提高。这与我们假设不一致，可能是由于一些被试没有在前测前做完结构式问卷，改放到在前后测之间休息时间内做所引起。因为填答该问卷时，就等于接受了一个与自我控制有关的阅读材料处理，可能会提高 IAT 效应值。但从总体上讲，该组作为对照组，前测和后测之间的时间自然影响不会造成五个因变量的显著变化，所以，后面的实验在比较训练效果时，就可以比较五个因变量前测和后测之间的差异，来说明训练的效果。

总之，该实验达到预期目的。

6.2 实验二：游戏体验训练效果

6.2.1 引言

实验一揭示了自我效能信念能够从外显和内隐两个方面来影响自我控制。那么如何提高自我效能信念呢？班杜拉研究发现，从发展的角度看，个体自我效能信念主要有四个来源：成功经验（或直接经验）、替代经验、言语劝导以及面临某一任务时的身心状态。班杜拉认为："建构自我效能有四个主要信息来源：作为能力指标的动作性掌握经验；通过能力传递及与其他人成就比较而改变效能信念的替代经验；使个体知道自己拥有某些能力的言语说服及其他类似的社会影响；一定程度上人们用于判断自己能力、力量和机能障碍脆弱性的身体和情绪状态。”而其中“动作性掌握经验是最具影响力的效能信息，因为它可以就一个人是否能够调动成功所需的一切提供最可靠的证明。”

从梅臣鲍姆的自我指导训练、坎普的发生思维训练，到瑞内的自我控制干预策略模型，再到众多的自主学习教学指导方案，等等，都说明了人为的干预训练对提高人们的自我控制能力和水平是有效的。

游戏体验学习不仅在儿童教育中广泛使用，发挥着重要作用，而且在成人教育中也被越来越多地使用。美国主题探索（Project Adventure，PA）的体验学习或教育就是这类游戏体验学习的训练的代表。PA 最初源于 20 世纪 40 年代的海上救生训练，后来从 70 年代起，被广泛用于教育和训练，并从美国引进到世界许多国家且得到进一步发展。90 年代 PA 被引进到中国，在国内很多的教育训练机构、管理咨询公司都有运用，成为教育训练最主要的形式之一，也是最受欢迎的训练形式之一。体验学习的形式有很多，如通过各种游戏、户外野营、高空绳索等，使人们在参与挑战中，获得成长。

游戏体验主要就是一种直接操作的活动，被试可以从中体悟学习，建立某种信念。因此，本实验的目的，就是想考察游戏体验训练对自我效能信念的影响，能否在外显和内隐层面提高自我效能水平，从而提高自我控制水平。

6.2.2　方法

设计：实验采用被试内设计。两个自变量：游戏体验处理实施前和实施后。五个因变量：外显信念量表得分、外显行为量表得分、信念/行为 IAT 效应值、自我/信念 IAT 效应值、自我/行为 IAT 效应值。

假设：经过训练处理，前测和后测五个因变量有所提高。

被试：华东师范大学心理系一年级（2003 级）的学生 21 人。所有被试均自愿参加实验，对电脑的有关操作均熟悉。实验完后付给一定的报酬。

材料：内隐测量：“信行 IAT”“自信 IAT”“自行 IAT”三个 IAT。外显测量：自编 11 点自控信行量表。

程序：前测、处理、后测。前测和后测内容相同。

处理：游戏训练共包括四个阶段：热身活动、分组活动、启发游戏、主题游戏。启发游戏是一个旨在传递合作、创新和打破自我设限的游戏。主题游戏“钉子精神”，旨在传递“可能”信念，不同人可以从中体验有志者事竟成、功夫不负有心人、天生我材必有用、人有无限潜能、人有选择自由、失败是成功之母等信念。“可能”信念就是一种自我效能，在游戏中，当被试认为游戏任务是可能的，他就会不断去尝试，找各种各样的方法，不放弃；当被试认为游戏任务是不可能的，那么他马上就放弃，不仅如此，他还会找出各种理由证明这是不可能的，还会对那些不放弃的人说消极的话、讽刺的话。这个游戏取自共好国际管理咨询公司的培训，据说最初源于美国的PA。这个游戏有相当的挑战性，往往在做的过程中，大家会做得精疲力竭，几乎都说“不可能”，当大家都觉得不可能时，如果有一个被试做成功之后，会给其他人以非常强烈的冲击和震撼。借此可以让被试建立“不是不可能，而是暂时还没有想到办法”的信念，将来在生活中遇到困难或挫折时，就会将注意的焦点放在去寻找方法上，而不是找借口或怨天尤人，这对自我控制实现目标非常有价值。全过程由研究主试带领。整个游戏活动时间约70分钟。

6.2.3　结果

1. IAT效应值分析

从表6.4可以看到，前测和后测的信行IAT和自行IAT的效应显著，不一致任务反应时比一致任务显著长。同样说明被试群体在内隐层面将积极的自我效能信念和积极的自我控制行为方式联系在一起；并说明被试群体对积极的自我控制行为方式有偏好。但自信IAT在前测不一致任务和一致任务没有显著差异（$t=1.112$，$p=0.280$），表明被试群体在内隐层面对积极的自我效能信念没有明显的偏好。这并不影响把它作为工具，因为如果训练后，不一致任务和一致任务有差异了，就可以说明被试对积极自我效能信念从没有偏好到形成偏好，是一种从无到有的提高，不一定是从一已有的强度提高到另外一个强度。不过，在本实验中，后测自信IAT效应仍然不显著（$t=0.488$，$p=0.631$）。

表6.4　前测和后测所有IAT的效应值

类别	IAT测验	任务形式	均值	标准差	样本数	IAT效应值	t值	显著性(双侧)
后测	信行IAT	不一致任务	1 608.158 5	564.327 94	21	0.344 26	3.896	0.001
		一致任务	1 095.121 6	223.468 61	21			
	自信IAT	不一致任务	1 189.813 6	270.986 26	20	0.077 22	1.112	0.280
		一致任务	1 105.672 7	291.165 55	20			
	自行IAT	不一致任务	1 112.113 2	205.064 08	20	0.202 39	5.984	0.000
		一致任务	910.019 1	193.685 11	20			
后测	信行IAT	不一致任务	1 458.723 7	573.939 63	20	0.412 67	4.180	0.001
		一致任务	911.259 2	260.470 14	20			
	自信IAT	不一致任务	1 018.266 1	270.708 75	21	0.033 72	0.488	0.631
		一致任务	991.372 3	306.642 81	21			
	自行IAT	不一致任务	940.486 0	189.570 35	21	0.170 68	4.783	0.000
		一致任务	800.491 6	197.545 22	21			

2. 因变量前后测比较

从表 6.5 可以看到，内隐的三个因变量信行 IAT（$t=-0.972$，$p=0.343$）、自信 IAT（$t=1.349$，$p=0.193$）、自行 IAT（$t=0.965$，$p=0.347$）前后测之间均无显著差异，提示训练没有在内隐层面产生效果，或者说没有产生及时的效果（因为没有设计过长时间后再测量）。从外显的两个因变量指标可以看到，外显信念发生显著变化（$t=-3.133$，$p=0.005$），训练后信念量表得分提高了 5.476 19，因为信念量表共有 7 条句对，所以差不多每个信念都提高一个级别，这说明游戏训练对改变外显自我效能信念是非常有效的。而外显自我控制行为偏好选择变化不显著（$t=0.635$，$p=0.533$）。原因可能有两点：一是本游戏训练设计的目标就是传递信念，而不是偏重方法指导；二是行为选择的变化可能需要过程，使以后这些自我效能信念再影响到真正的行为层面（图 6.3、图 6.4）。

表 6.5　因变量前测和后测比较 *t* 检验结果

测验	类别	平均数	标准差	样本数	前测和后测差值	*t* 值	显著性(双侧)
信行 IAT	前测	0.328 5	0.408 87	20	−0.084 12	−0.972	0.343
	后测	0.412 7	0.441 49	20			
自信 IAT	前测	0.077 2	0.310 48	20	0.065 13	1.349	0.193
	后测	0.012 1	0.308 74	20			
自行 IAT	前测	0.202 4	0.151 25	20	0.034 29	0.965	0.347
	后测	0.168 1	0.167 34	20			
外显信念	前测	67.190 5	32.242 24	21	−5.476 19	−3.133	0.005
	后测	72.666 7	34.840 11	21			
外显行为	前测	106.761 9	18.873 01	21	−1.238 10	−0.635	0.533
	后测	108.000 0	17.787 64	21			

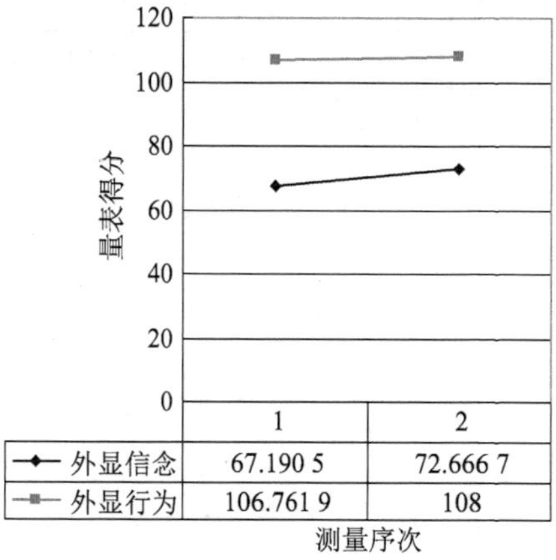

图 6.3　游戏训练组外显信念和行为前测和后测变化

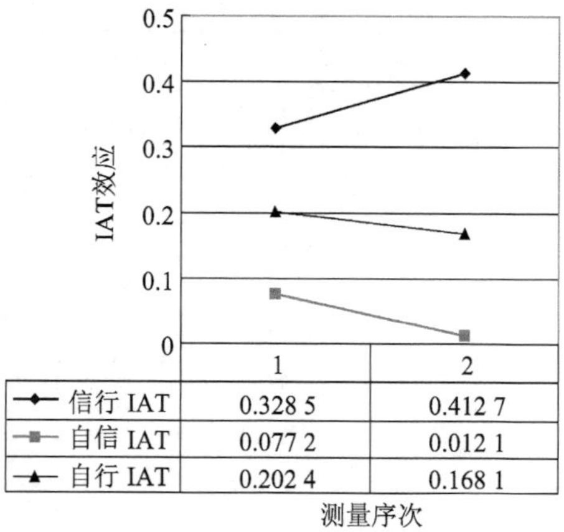

图 6.4　游戏训练组内隐信行 IAT、自信 IAT 和自行 IAT 前测和后测变化

6.2.4 讨论

前测和后测的信行 IAT 和自行 IAT 的效应显著，说明被试群体在内隐层面将积极的自我效能信念和积极的自我控制行为方式联系在一起，并说明被试群体对积极的自我控制行为方式有偏好。但自信 IAT 效应不显著，表明被试群体在内隐层面对积极的自我效能信念没有明显的偏好。从外显信念前测量表为 67.190 5，因为外显信念共有 7 个句对，总分为 77 分，平均分为 9 分多，在“相信”的级别上，这或许表明外显和内隐并不一致。

内隐的三个因变量信行 IAT 前后测之间均无显著差异，提示训练没有在内隐层面产生效果，或者说没有产生及时的效果（因为没有设计过长时间后再测量）。从外显的两个因变量指标可以看到，外显信念发生显著变化，平均差不多每个信念都提高一个级别，而外显自我控制行为偏好选择变化不显著。这说明游戏训练对改变外显自我效能信念是非常有效的。也表明游戏训练在短暂即时效果上，对外显和内隐的信念的影响是不一样的，外显立竿见影，内隐纹丝不动。长期效果有待进一步研究。

6.3 实验三：影视欣赏训练效果

6.3.1 引言

如前所述，班杜拉认为个体自我效能信念主要有四个来源：成功经验（或直接经验）、替代经验、言语劝导以及面临某一任务时的身心状态。其中第二个就是替代经验。他说：“以榜样成就为中介的替代经验，也对效能评价有一定程度的影响。”并且认为示范的方式可以多种多样。“所有替代性的影响方式——无论传递形式是给人印象深刻的真实示范、象征示范、录制下来的自我示范，还是认知自我示范——都会提高效能信念，改善行为表现。”

替代经验其实就是一种观察学习，班杜拉认为，观察学习主要是一个信息加工过程，其中观察者将有关示范原型的行为结构和环境事件的信息转换成符号表征，作为观察者以后表现这种行为的内部指导。观察学习可以分为四个子过程：注意过程、保持过程、生成过程、动机过程。

前面的直接经验，如游戏体验从某种意义上讲是一种试误学习或顿悟学习，而在生活中，不可能每件事都去试误发现，班杜拉提出的观察学习，为人们获得知识和信念提供了捷径。班杜拉将由反应结果引起的试误学习和由示范作用引起的观察学习统一起来，宏观地探讨了创新事物的社会传播过程。人的一切行为或技能，最初必然是通过各行为领域内的先驱性个体的试误学习获得的。一旦这些行为或技能被一定范围内的个体习得而逐渐转变成人类的普遍经验，那么其他个体就可以通过榜样的示范过程获得这些技能。现代通信技术的发展导致任何新的行为方式、思想观念、价值态度等都可以在一夜之间传遍世界的每个角落。人们对社会现实的发展越来越依赖于符号环境。在社会认知论看来，符号的示范作用是思想、价值观和行为方式传播的关键，符号的观察学习（symbolic modes of modeling）具有广泛传播的社会效应。

特别是现在和未来数字生存的时代，互联网的飞速发展，提供实时的、互动的、超时空的多媒体观察学习平台。我们原先能观察学习的资源是相对有限的，通过身边的朋友、同学、老师、公共杰出人士，或是通过书本载体、艺术载体来观察学习，而今在互联网上的学习资源几乎是无限的。一般而言，文字符号有其抽象简约性特点，会在认知层面给人知识或智慧。而视觉影视艺术作品，虽然不能给人抽象简约的知识，但它往往可以更多地调动人们的信息摄取通道，加入更多的情感成分，所以往往是给人以深刻持久的印象。

由于互联网的发展，电影欣赏已不再受剧院播放时空和内容的限制，人们可以根据自己的需要随时欣赏。一般认为，优秀电影（事实上并不限于电影，也包括电视、虚拟的电子游戏等）都是非常有效的观察学习的资源。

所以本实验的目的，就是考察一下优秀的励志影片，其中主人公榜样精神信念能否有效地影响观众，提高他们的自我效能信念，进而提高他们的自我控制水平。

6.3.2 方法

设计：实验采用被试内设计。两个自变量：影视欣赏处理实施前和实施后。五个因变量：外显信念量表得分、外显行为量表得分、信念/行为 IAT 效应值、自我/信念 IAT 效应值、自我/行为 IAT 效应值。

假设：经过训练处理，前测和后测五个因变量有提高。

被试：华东师范大学心理系一年级（2003 级）的学生 22 人。所有被试均自愿参加实验，对电脑的有关操作均熟悉。实验完后付给一定数量报酬。

材料：内隐测量："信行 IAT""自信 IAT""自行 IAT"三个 IAT。外显测量：自编 11 点自控信行量表。

程序：前测、处理、后测。前测和后测内容相同。

处理：欣赏美国大片 *The Shawshank Redemption*，译名《肖申克的救赎》，又译《刺激 1995》。

该片是弗兰克·达拉邦特根据美国作家史蒂芬·金的小说《丽塔·海华丝与肖申克的救赎》改编而成，首映于 1994 年 9 月的多伦多电影节，获当年美国电影学院奖，包括最佳影片在内的 7 项提名，但美国本土票房收入不过 2 800 万美元，这与它在舆论界的有口皆碑是极不相称的。然而，1995 年，随着美国哥伦比亚广播公司在有线电视网的首播，它在当年击败了轰动一时的影片《真实的谎言》，摘走了家用录像带租售排行榜第一的桂冠。译名《刺激1995》大概是形容它在1995年奥斯卡上的刺激经历。据说《肖申克的救赎》与当年的《阿甘正传》有得一拼，但最终没能问鼎。从该片的影响可见其品质，更重要的是它被誉为励志类必看的十部影片之一，其内容是很丰富和深刻的，这里难以将其内容概要形诸文字，该片所传递的信念恰恰是我们研究的自我效能信念或自我控制信念，包括我们量表中所有的信念：有志者事竟成、功夫不负有心人、天生我材必有用、人有无限潜能、人有选择自由、失败是成功之母等。

本片主人公安迪·杜弗瑞所思所行传递的突出信念，就类似于意义治疗创始人弗兰克在集中营中发现的真理——人有最终选择的自由，一种心灵的力量。诚如一位观众的评论："相信自己，不放弃希望，不放弃努力，耐心地等待生命中属于自己的辉煌，这就是肖申克的救赎。"

6.3.3 结果

1. IAT效应值分析

从表6.6可以看到，前测和后测的信行IAT、自信IAT和自行IAT的效应均显著，同样说明被试群体在内隐层面将积极的自我效能信念和积极的自我控制行为方式联系在一起；被试群体在内隐层面对积极的自我效能信念有明显的偏好；被试群体对积极的自我控制行为方式有偏好（图6.5、图6.6）。

表6.6 前测和后测所有IAT的效应值

类别	IAT测验	任务形式	均值	标准差	样本数	IAT效应值	t值	显著性(双侧)
前测	信行IAT	不一致任务	1 805.161 9	519.878 84	21	0.474 55	5.166	0.000
		一致任务	1 092.881 4	235.223 36	21			
	自信IAT	不一致任务	1 205.826 2	337.265 31	21	0.146 87	4.002	0.001
		一致任务	1 025.183 3	218.243 36	21			
	自行IAT	不一致任务	1 090.791 3	239.656 98	21	0.264 21	7.221	0.000
		一致任务	827.208 4	128.376 23	21			
后测	信行IAT	不一致任务	1 793.122 0	397.947 02	21	0.657 53	14.750	0.000
		一致任务	917.438 6	167.391 39	21			
	自信IAT	不一致任务	1 014.632 9	207.447 90	21	0.122 06	2.957	0.008
		一致任务	904.524 8	224.852 18	21			
	自行IAT	不一致任务	925.344 5	178.275 06	21	0.154 46	6.861	0.000
		一致任务	787.917 4	115.347 50	21			

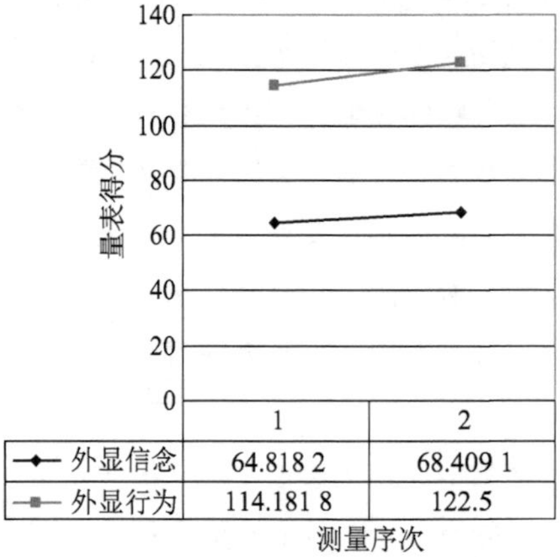

图 6.5　影视欣赏组外显信念和行为前测和后测变化

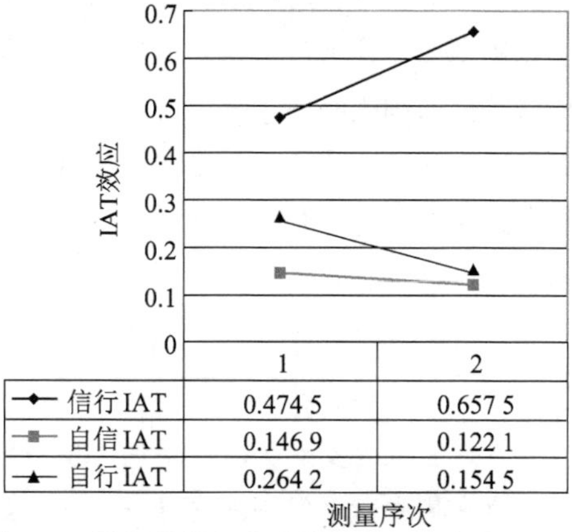

图 6.6　影视欣赏组内隐信行 IAT、自信 IAT 和自行 IAT 前测和后测变化

2. 因变量前后测比较

从表 6.7 可以看到，有两个内隐因变量信行 IAT（$t=-1.837$，$p=0.081$）、自信 IAT（$t=0.641$，$p=0.529$）前后测之间均无显著差异，提示训练没有在内隐层面产生效果，或者说没有产生及时的效果。而自行 IAT（$t=3.452$，$p=0.003$）前后测之间有显著差异，但不是后测提高，而是下降，提示训练后被试在内隐层面对积极的自我控制行为方式的偏好反而下降了。而与内隐不变或下降相反的是，外显的信念（$t=-4.703$，$p=0.000$）和行为（$t=-2.932$，$p=0.008$）都发生了显著变化，比前测显著提高。

表 6.7　因变量前测和后测比较 t 检验结果

测验	类别	平均数	标准差	样本数	前测和后测差值	t 值	显著性(双侧)
信行 IAT	前测	0.474 5	0.420 93	21	−0.182 99	−1.837	0.081
	后测	0.657 5	0.204 28	21			
自信 IAT	前测	0.146 9	0.168 17	21	0.024 81	0.641	0.529
	后测	0.122 1	0.189 18	21			
自行 IAT	前测	0.264 2	0.167 67	21	0.109 75	3.452	0.003
	后测	0.154 5	0.103 17	21			
外显信念	前测	64.818 2	7.675 79	22	−3.590 91	−4.703	0.000
	后测	68.409 1	7.436 46	22			
外显行为	前测	114.181 8	15.683 28	22	−8.318 18	−2.932	0.008
	后测	122.500 0	13.937 79	22			

6.3.4 讨论

总体上来说，与我们假设不完全相符，影视欣赏训练只对外显的信念和行为起到了积极作用，显著提高了被试对积极的自我效能信念的相信程度和对积极的自我控制行为的选择。但与外显效果相反的是，影视欣赏训练对内隐两个因变量指标没有产生即时的显著影响，对自行 IAT 有显著下降影响。

这再次提示训练对自我效能信念和自控行为的作用，外显和内隐不一样。但有一点，训练在外显层面上是有效的。在内隐层面的效果，至少是即时效果不明显，而且当外显行为显著提高时，内隐对积极自控行为的偏好却是减弱了。

6.4 实验四：演讲说服的训练效果

6.4.1 引言

个体自我效能信念四个来源中的第三个就是言语劝导或言语说服。言语说服也可作为加强人们自我效能的另一种手段，不过班杜拉认为，言语说服的效果是有限的，“言语说服在建立持续增长的效能感上可能作用有限，但只要积极评价是在现实范围之内，就能助长自我改变。”“不过，如若提高对个人能力的不现实的信念，则只会招致失败，降低说服者的权威，并进一步削弱接受者对其能力的信念。”

在生活中有“听君一席话，胜读十年书”的说法，说的也是言语的力量。在企业教育训练界也有一种说法“读万卷书，行万里路，阅人无数，名师点悟”，也就是生活中的一些智者或大师、权威或专家，他们的言语常常具有非凡的影响力。另外，生活中一些值得信赖的朋友或情感很近的亲人，他们的言语有时也是非常有影响力的。

如果将言语的概念内涵扩大一点，那么我们在阅读时、在交流时、在沉思时，都是一种言语的说服，读书是和跨时代的人在对话，交流是和同时代的人在对话（包括网络上的交流），沉思则是和自己在对话。生活的经验告诉我们，言语交流对一个人的成长是多么重要。

如前文献所述，梅臣鲍姆（1971）和 Goodman 依照鲁利亚提出的言语和行为关系发展的三阶段论为儿童设计了自我指导训练方案：训练他们自言自语，以此作为发展外部行为自我控制力的一条途径。训练过程一般分为三个阶段：第一阶段，儿童的行为主要由成人言语所控制；第二阶段，儿童的外部言语开始成为有效的行为调节者；第三阶段，儿童的内部言语则担负起自我管理的职责，至此，任务完成。这种认知-行为训练后来被成功地用于确立内部言语对以下行为的控制：多动儿童的破坏性行为、侵犯儿童的侵犯行为（改善其认知功能和亲社会行为）、学前儿童的捣乱行为、幼儿园和低年级儿童的欺骗行为以及正常孩子的类似行为等。言语为何有此作用呢？梅臣鲍姆（1977）指出以下几种原因：①言语能够使刺激的特点更加突出，对儿童起到提醒作用；②言语指导能将儿童的注意力引到问题或事件的相关方面上；③言语能帮助儿童形成如何行动的一系列设想；④言语有利于儿童保持短时记忆中有关的信息。坎普合取了自我言语指导技术和 Spivack 与 Shure（1974）的增加人际技巧方案的某些技术，为年幼的富有侵犯攻击性的男孩设计了发声思维方案（Think Aloud Program）。Spivack 与 Shure 的训练方案是用于这样的儿童：他们是一些处境不利、地位低下的孩子，在处理人际问题上，不能灵活地考虑多种解决策略。Spivack 与 Shure 的方案便在一系列的社会推理练习中训练儿童，发展其因果思维，鼓励他们在同伙伴发生冲突的情境时产生多种可用的问题策略和预见特定解决方式的结果。总的来讲就是应用因果思维于社会情景中。坎普的方案综合了两种训练方案技术的理由是：仅对侵犯行为进行言语抑制是不太可能导致更好的行为，除非儿童拥有另外一套取而代之的社会行为技能。研究者发现，这种训练，使有的儿童在友爱、减少冲动和多动等方面进步显著，在亲社会行为和认知功能的改善上收效更为显著。

言语说服或训练不仅用于小孩，在成人教育训练中也有广泛运用。我们老师的上课、咨询员的指导、领导的劝说等，都是一种言语说服。另外有一类言语说服就是激励演讲。常常借用很多小故事、像表演一样富有感染力地向听众传递某种理论、方法、信念，或激励产生行动，等等。

本实验的目的就是考察激励演讲对提高自我效能信念、自我控制信念和行为的效果。

6.4.2　方法

设计：实验采用被试内设计。两个自变量：演讲说服处理实施前和实施后。五个因变量：外显信念量表得分、外显行为量表得分、信念/行为 IAT 效应值、自我/信念 IAT 效应值、自我/行为 IAT 效应值。

假设：经过训练处理，前测和后测五个因变量有提高。

被试：华东师范大学心理系一年级（2003 级）的学生 20 人。所有被试均自愿参加实验，对电脑的有关操作均熟悉。实验完后付给一定数量报酬。

材料：内隐测量："信行 IAT""自信 IAT""自行 IAT"三个 IAT。外显测量：自编 11 点自控信行量表。

程序：前测、处理、后测。前测和后测内容相同。

处理：有研究主试根据本研究的理论构想，从自我觉醒、自我规划、自我执行、自我评估、自我激励和自我校正六方面，结合从开放式问卷调查和团体焦点问题访谈所了解的大学生在自我控制方面的一些问题，更重要的是结合一些典型实例，给被试以观念、信念和方法上影响和激励。演讲结合幻灯片呈现，并有一些小互动。整个时间约 50 分钟。

6.4.3 结果

1. IAT 效应值分析

从表 6.8 可以看到，前测和后测的信行 IAT、自信 IAT 和自行 IAT 的效应均显著，同样说明被试群体在内隐层面将积极的自我效能信念和积极的自我控制行为方式联系在一起；被试群体在内隐层面对积极的自我效能信念有明显的偏好；被试群体对积极的自我控制行为方式有偏好。

表 6.8 前测和后测所有 IAT 的效应值

测验	类别	平均数	标准差	样本数	前测和后测差值	t 值	显著性(双侧)
信行 IAT	不一致任务	1 651.553 3	457.878 85	19	0.479 97	6.601	0.000
	一致任务	998.469 5	181.221 02	19			
自信 IAT	不一致任务	1 121.814 8	237.695 99	20	0.165 66	3.318	0.004
	一致任务	944.861 4	184.906 70	20			
自行 IAT	不一致任务	1 017.217 6	202.000 73	20	0.214 31	6.410	0.000
	一致任务	818.448 4	153.706 72	20			
信行 IAT	不一致任务	1 631.031 9	328.437 98	19	0.641 58	12.535	0.000
	一致任务	851.289 5	131.395 31	19			
自信 IAT	不一致任务	969.276 8	191.066 66	19	0.127 01	3.395	0.003
	一致任务	846.820 6	117.966 02	19			
自行 IAT	不一致任务	896.011 8	130.998 30	20	0.089 54	2.930	0.009
	一致任务	825.925 0	166.060 56	20			

2. 因变量前后测比较

从表 6.9 可以看到，演讲说服训练后，外显的信念（$t=-5.300$，$p=0.000$）比前测显著提高，前测均数是 66.55，平均在“相信”级别多，训练后均数达到 71.85，平均在“很相信”级别 。事实上不可能对 7 个信念平均增加，往往是有的达到“完全相信”。

同样外显行为（$t=-14.600$，$p=0.000$）比前测也显著提高，前测均数为 110.25，后测均数达到 124.85，提高了 14.6 分，共 13 个词对，也平均提高了一个级别。从图 6.7 中可以看到外显信念和外显行为呈一致上升。

表 6.9　因变量前测和后测比较 t 检验结果

测验	类别	平均数	标准差	样本数	前测和后测差值	t 值	显著性(双侧)
信行 IAT	前测	0. 480 0	0. 316 95	19	−0. 161 61	−2. 514	0. 022
	后测	0. 641 6	0. 223 10	19			
自信 IAT	前测	0. 157 7	0. 226 47	19	0. 030 74	0. 492	0. 629
	后测	0. 127 0	0. 163 06	19			
自行 IAT	前测	0. 214 3	0. 149 53	20	0. 124 76	2. 529	0. 020
	后测	0. 089 5	0. 136 68	20			
外显信念	前测	66. 550 0	6. 419 34	20	−5. 300 00	−7. 266	0. 000
	后测	71. 850 0	4. 804 33	20			
外显行为	前测	110. 250 0	13. 950 57	20	−14. 600 00	−6. 714	0. 000
	后测	124. 850 0	12. 516 41	20			

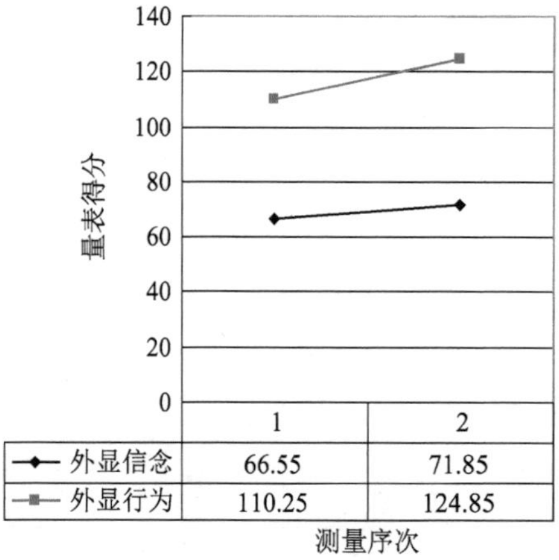

图 6.7　演讲说服组外显信念和行为前测和后测变化

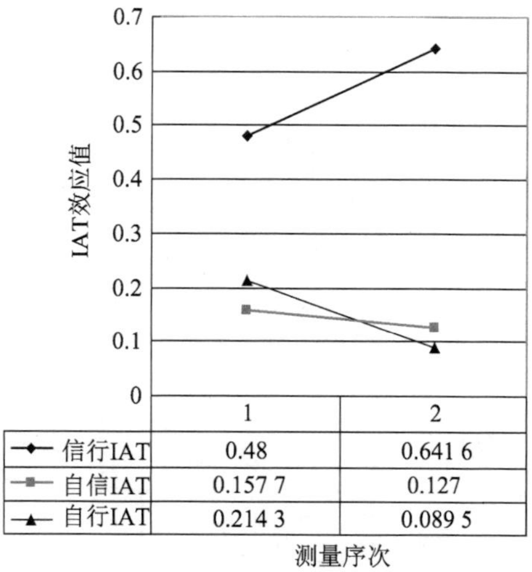

图 6.8　演讲说服组内隐信行 IAT、自信 IAT 和自行 IAT 前测和后测变化

内隐因变量信行 IAT（$t=-0.161\ 61$，$p=0.022$）也发生显著的变化，后测比前测显著提高。提示训练强化了被试在内隐层面积极的自我效能信念和积极的自我控制行为偏好之间的联系。从图 6. 8 中可以看到，外显信念和外显行为的变化趋势和内隐信行 IAT 的变化趋势是一致的。提示外显的信念和行为的一致变化，同样可能在内隐层面加强信念和行为之间的联系。

自信 IAT（$t=.030\ 74$，$p=0.629$）前后测之间均无显著差异，提示训练没有在内隐层面产生效果，或者说没有产生及时的效果。

而自行 IAT（$t=0.124\ 76$，$p=0.020$）前后测之间有显著差异，有下降的趋势，并达到显著，提示训练后被试在内隐层面对积极的自我控制行为方式的偏好反而下降了。

从图 6.7 和图 6.8 可以明显看到外显行为和内隐自行呈相反的变化趋势。

6.4.4 讨论

从总体上看，外显行为和内隐自行 IAT 的效果是相反的，外显信念和内隐自信 IAT 的效果也不一样，再次提示训练对被试外显和内隐影响是不一样的，甚至是相反的。

但从信行 IAT 的变化来看，外显信念和外显行为的提高与内隐信念和行为二者关系密切是一致的。这提示信行 IAT 和自信 IAT、自行 IAT 不是一个层次类别的联系，前者是自我效能信念和自我控制行为的关系，只表示一种看法倾向，而不是像后二者那样，跟自我相关联。

外显信念和外显行为的一致变化，可能会提高信念和行为在内隐层面的相容程度。但在与自我联系上，外显提高，内隐就下降，相反的趋势很明显，而且在几个实验中都有不同程度的类似趋势表现。有理由提出这样一个假设：内隐和外显作用机制不一样，在即时效应上有相互拮抗的作用。

这个实验结果与我们的假设不完全符合，外显的符合，内隐表现则各不相同。

6.5 实验五：三种训练效果比较

6.5.1 引言

实验一是作为一个基础性的研究，揭示自我效能信念影响机制的存在，为后面的研究提供测量工具上的验证和准备，并作为一种对照组，表明后面的实验可以用前后测的比较来反映训练的效果。实验二至实验四，三种训练处理的前后测比较。这三种处理代表了提高自我效能的三种来源，那么这三种训练处理有没有差异呢？

所以本实验的目的就是要比较游戏体验、影视欣赏、演讲说服三种训练的效果。

6.5.2 方法

设计：应该说该实验是在前四个实验的基础上复合处理数据，是一种被试间设计。四个自变量：无处理、游戏体验、影视欣赏、演讲说服；五个因变量：外显信念量表得分、外显行为量表得分、信念/行为 IAT 效应值、自我/信念 IAT 效应值、自我/行为 IAT 效应值的后测和前测的差值。如图 6.9 所示。

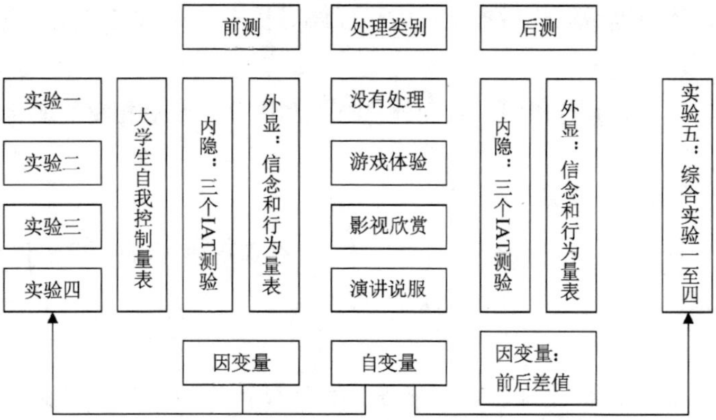

图 6.9　实验五和前四个实验之间的关系示意图

假设： 三种处理应该有差异。

被试： 华东师范大学心理系一年级（2003 级）学生 99 人。所有被试均自愿参加实验，对电脑的有关操作均熟悉。实验完后付给一定的报酬。

材料： 内隐测量："信行 IAT""自信 IAT""自行 IAT"三个 IAT。外显测量：自编 11 点自控信行量表。

程序： 前测、处理、后测。前测和后测内容相同。

处理： 四种处理分别同前。

6.5.3　结果

1. 因变量四组组间比较

从表 6.10 可以看到，内隐指标因变量信行 IAT（$F=0.325$，$p=0.807$）、自信 IAT（$F=0.137$，$p=0.938$）、自行 IAT（$F=0.924$，$p=0.433$）不存在组间差异，外显信念（$F=5.513$，$p=0.002$）和外显行为（$t=5.690$，$p=0.001$）四组间存在显著差异。主要表现在三种处理与对照组之间的差异，说明训练处理前测与后测之间的差异是真正由训练引起的。而三种训练处理在外显行为和外显信念没有差异。

表 6.10　因变量四组组间比较 ANOVA 方差分析

内在要素	方差来源	离均差方和	自由度 (df)	均方	*F* 值	显著性水平 (Sig.)
信行 IAT	组间	0.128	3	0.043	0.325	0.807
	组内	9.745	74	0.132		
	总体	9.873	77			
自信 IAT	组间	0.021	3	0.007	0.137	0.938
	组内	3.979	76	0.052		
	总体	4.000	79			

（续表）

内在要素	方差来源	离均差方和	自由度（df）	均方	F 值	显著性水平（Sig.）
自行 IAT	组间	0.095	3	0.032	0.924	0.433
	组内	2.634	77	0.034		
	总体	2.729	80			
外显信念	组间	4 470.602	3	1 490.201	5.513	0.002
	组内	22 707.716	84	270.330		
	总体	27 178.318	87			
外显行为	组间	13 300.846	3	4 433.615	5.690	0.001
	组内	65 453.142	84	779.204		
	总体	78 753.989	87			

2. 类别变量比较

在没有接受处理之前，这四组的前测的五个因变量，可以看成是同质，即把他们看成是一大组，这样我们来看这个大样本的一些类别变量的特点。

3. 性别比较

男女（男 26，女 62）统计发现五个因变量、自我控制六要素及自我控制的总体水平均无显著差异。

表 6.11 男女在五个因变量、自我控制六要素及总体水平的比较

内容		Levene's 检验		t 检验				
		F 值	显著性（Sig.）	t 值	自由度（df）	显著性（双侧）	均值差	标准误差
自我觉醒	EVA	0.024	0.878	−1.002	86	0.319	−1.102 98	1.100 44
	EVNA			−0.997	46.447	0.324	−1.102 98	1.106 15
自我规划	EVA	0.199	0.656	1.321	86	0.190	2.171 22	1.643 12
	EVNA			1.394	53.174	0.169	2.171 22	1.557 15
自我执行	EVA	0.484	0.488	−0.563	86	0.575	−1.026 05	1.822 52
	EVNA			−0.581	50.478	0.564	−1.026 05	1.765 65
自我评估	EVA	0.676	0.413	0.846	86	0.400	1.491 32	1.762 83
	EVNA			0.848	47.176	0.401	1.491 32	1.759 49
自我激励	EVA	0.086	0.769	0.636	86	0.526	1.085 61	1.706 43
	EVNA			0.643	48.160	0.523	1.085 61	1.687 51
自我校正	EVA	6.465	0.013	1.326	86	0.188	2.172 46	1.637 76
	EVNA			1.555	68.996	0.124	2.172 46	1.396 89

（续表）

内容		Levene's 检验		t 检验				
		F 值	显著性（Sig.）	t 值	自由度（df）	显著性（双侧）	均值差	标准误差
自我控制	EVA	0.319	0.574	0.619	86	0.537	4.791 56	7.734 86
	EVNA			0.631	49.047	0.531	4.791 56	7.587 65
外显信念	EVA	0.040	0.842	−1.257	86	0.212	−5.165 01	4.110 39
	EVNA			−1.550	77.343	0.125	−5.165 01	3.333 15
外显行为	EVA	0.007	0.935	0.277	86	0.783	1.102 98	3.984 73
	EVNA			0.277	47.175	0.783	1.102 98	3.977 21
信行 IAT	EVA	14.321	0.000	−1.650	77	0.103	−0.143 43	0.086 92
	EVNA			−1.321	27.960	0.197	−0.143 43	0.108 57
自信 IAT	EVA	0.430	0.514	−0.715	79	0.477	−0.041 38	0.057 89
	EVNA			−0.647	33.549	0.522	−0.041 38	0.063 98
自行 IAT	EVA	0.022	0.883	1.543	79	0.127	0.058 70	0.038 04
	EVNA			1.556	41.142	0.127	0.058 70	0.037 73

4. 干部比较

学生干部组在自我规划、自我执行、自我评估和自我控制总体水平上均显著高于非学生干部组。在外显信念和外显行为上没有差异。在内隐因变量指标信行 IAT 上显著高于非学生干部组，在自信 IAT 指标上无差异，在自行 IAT 上学生干部组低于非学生干部组。外显的自我控制水平学生干部高，而内隐对积极的自我控制行为的偏好反而低，提示外显和内隐类似一种阴阳关系，此消彼长。

表 6.12　干部类别在五个因变量及自我控制六要素及总体水平的比较

内容	gb	样本数	均值	标准差	均值差	t 值	自由度	显著性(双侧)
自我觉醒	1	39	50.897 4	5.184 97	−0.612 77	−0.604	86	0.547
	2	49	51.510 2	4.330 72				
自我规划	1	39	44.974 4	5.132 39	3.668 24	2.492	86	0.015
	2	49	41.306 1	7.966 61				
自我执行	1	39	42.923 1	6.441 58	3.882 26	2.391	86	0.019
	2	49	39.040 8	8.351 54				
自我评估	1	39	41.512 8	6.552 91	3.982 21	2.540	86	0.013
	2	49	37.530 6	7.853 08				

（续表）

内容	gb	样本数	均值	标准差	均值差	t 值	自由度	显著性(双侧)
自我激励	1	39	44. 205 1	6. 207 72	2. 225 54	1. 434	86	0. 155
	2	49	41. 979 6	7. 954 27				
自我校正	1	39	39. 076 9	7. 068 78	1. 505 49	0. 996	86	0. 322
	2	49	37. 571 4	7. 017 83				
自我控制	1	39	263. 589 7	25. 826 06	14. 650 97	2. 110	86	0. 038
	2	49	248. 938 8	36. 704 00				
外显信念	1	39	65. 153 8	25. 105 61	－0. 111 46	－0. 029	86	0. 977
	2	49	65. 265 3	8. 105 49				
外显行为	1	39	114. 359 0	16. 046 79	6. 461 02	1. 797	86	0. 076
	2	49	107. 898 0	17. 287 09				
信行 IAT	1	35	0. 510 5	0. 330 87	0. 159 01	2. 017	77	0. 047
	2	44	0. 351 4	0. 361 03				
自信 IAT	1	36	0. 119 6	0. 204 22	－0. 011 10	－0. 211	79	0. 834
	2	45	0. 130 7	0. 257 92				
自行 IAT	1	36	0. 182 2	0. 145 04	－0. 071 27	－2. 090	79	0. 040
	2	45	0. 253 5	0. 158 22				

6.5.4 讨论

四组比较结果表明，游戏体验、影视欣赏和演讲说服三种方式对因变量的影响（后测与前测之间的差值）组间差异不显著。这说明，这三种形式的训练，代表了提高自我效能的三种来源，可以对不同因变量有不同程度的影响（已如前面实验结果），但这种影响程度的大小，三种方式之间没有明显差异。这与我们的假设不一致。

性别比较表明，男女在五个因变量、自我控制六要素及自我控制的总体水平上均无显著差异。所以从这一点也反过来说明在分组实验时男女比例影响不大。

学生干部组在自我规划、自我执行、自我评估和自我控制总体水平上均显著高于非学生干部组。在外显信念和外显行为上没有差异。在内隐因变量指标信行 IAT 上显著高于非学生干部组，在自信 IAT 指标上无差异，在自行 IAT 上学生干部组低于非学生干部组。外显的自我控制水平学生干部高，而内隐对积极的自我控制行为的偏好反而低，提示外显和内隐类似一种阴阳关系，此消彼长。

6.6 实验六：综合训练处理效果

6.6.1 引言

实验一是来证实自我控制内隐效应的存在，考量外显测量工具，为后面的实验打基础。实验二、实验三、实验四是分别考察三种训练的效果，通过前测与后测的比较。实验五是将前三种训练实验做组间比较。这些实验的着眼点主要放在考察训练方式的效果上面。另一方面，如何有效地组合使用这些训练，强化他们在被试身上的影响，特别是在时间进程中的效果，是我们在构想实验时的另一考虑。因为这三种训练处理是放在一个星期中的不同天内，第一天做游戏体验训练处理，第二天做影视欣赏训练处理，第四天做演讲说服训练处理，所以我们可以设计一组被试全程参加三种训练，看各种训练的组合效果。

这样该组被试就接受了提高自我效能信念的三个来源的训练，作为直接经验的游戏体验，作为替代经验的影视欣赏，作为言语说服的演讲说服，我们预期在外显层面产生明显的作用，在内隐层面也会产生显著效应。

本实验的目的就是想证实我们这种猜想。

6.6.2 方法

设计：采用被试内设计，四个自变量：没有处理、游戏体验、游戏体验 + 影视欣赏、游戏体验 + 影视欣赏 + 激励演讲；五个因变量：外显信念量表得分、外显行为量表得分、信念/行为 IAT 效应值和自我/信念 IAT 效应值和自我/行为 IAT 效应值。

假设：被试接受不同的训练组合处理，会有不同的效应。显现训练的频度和强度以及在时间上的效应。

被试：被试均来自华东师范大学，有两个渠道：一是华东师范大学心理学辅修班报名参加，二是通过在华东师范大学内贴海报招募志愿者被试。所以被试来源比较广，同时对心理学实验感兴趣。所有被试均自愿参加实验，对电脑的有关操作均熟悉。实验完后付给一定的报酬。

材料：内隐测量："信行 IAT""自信 IAT""自行 IAT"三个 IAT。外显测量：自编 11 点自控信行量表。

程序：如图 6.10 所示。

处理：四种处理内容分别同前。

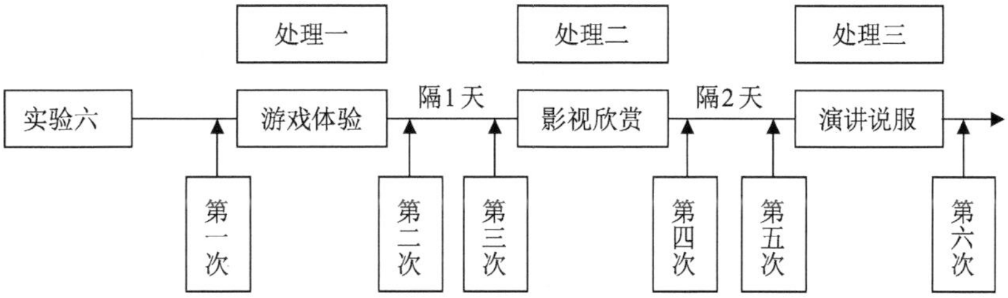

图 6.10　实验六处理和测量程序示意

6.6.3　结果

为了使结果呈现和文字表述清晰，因为前测、后测内容都是一样的，所以可以按时间的先后顺序，将每次因变量的测查结果用第一次、第二次、第三次、第四次、第五次、第六次表示，从上面的程序图可以看到：

第一次和第二次比较可看作游戏体验处理效果。

第一次和第三次比较可看作游戏体验处理的隔天效果。

第一次和第四次比较可看作游戏体验 + 影视欣赏处理的效果。

第一次和第五次比较可看作游戏体验 + 影视欣赏处理的隔天效果。

第一次和第六次比较可看作游戏体验 + 影视欣赏 + 演讲说服处理的效果。

第二次和第三次比较可看作游戏训练后间隔一天前后变化（稳定性或慢效应）。

第二次和第四次比较可看作游戏后和游戏 + 影视后的比较。

第二次和第五次比较可看作游戏后和游戏 + 影视后隔两天的比较。

第二次和第六次比较可看作游戏后和游戏 + 影视 + 演讲后的比较。

第三次和第四次比较可看作影视前 + 影视后的比较。

第三次和第五次比较可看作影视前和影视后两天后的比较。

第三次和第六次比较可看作影视前和影视 + 演讲后的比较。

第四次和第五次比较可看作影视训练后间隔两天的前后的变化（稳定性或慢效应）。

第四次和第六次比较可看作影视训练后和影视 + 演讲后的比较。

第五次和第六次比较可看作演讲处理前后的比较。

从我们设计的最初想法，主要是看五个因变量第一次和第二次、第四次、第六次有没有差异，或有何变化趋势。这样主要可以看处理组合对因变量的影响。另外，第二次和第三次之间隔一天，第四次和第五次之间隔两天，所以我们又可以比较它们的差异，可以看训练在时间上的变化情况和稳定情况。所以我们在下面的两两配对均数比较表中，将六次测量两两各种组合都进行了统计检验，共 15 对，次序如上面说明，在文字描述时，我们有重点的描述，具体 15 对之间的比较可参见表 6.13 中检验数据。同时我们用图直观地呈现六次测量各因变量的变化趋势。

1. 三个 IAT 内隐效应分析

从表 6.13 可以看到，每一次内隐测量都具有内隐效应，且 IAT 值都大于 0。所以从这一组样本看，仍然可证明积极的自我效能信念和积极的自我控制行为之间在内隐层面有密切联系。存在自我效能对自我控制影响的内隐机制。也表明被试群体对积极的自我效能信念有偏好，对积极的自我控制行为方式有偏好。也提示我们可以用这三个 IAT 的效应值作为因变量，来看训练处理的效果。

表 6.13 信行 IAT、自信 IAT、自行 IAT 内隐效应的分析

内隐测量的变量	测量序次	配对差异（Paired Differences）					t 值	自由度（df）	显著性（双侧）
		均数	标准差	均数的标准误	差异的 95%置信区间				
					下限	上限			
信行 IAT	第一次	0.302 78	0.626 72	0.125 34	0.044 08	0.561 48	2.416	24	0.024
	第二次	0.614 64	0.314 83	0.065 65	0.478 50	0.750 79	9.363	22	0.000
	第三次	0.610 43	0.381 46	0.076 29	0.452 97	0.767 88	8.001	24	0.000
	第四次	0.605 98	0.314 02	0.061 58	0.479 15	0.732 82	9.840	25	0.000
	第五次	0.610 23	0.212 86	0.044 38	0.518 18	0.702 27	13.749	22	0.000
	第六次	0.586 21	0.267 66	0.054 64	0.473 19	0.699 24	10.729	23	0.000
自信 IAT	第一次	0.269 35	0.194 26	0.038 85	0.189 16	0.349 54	6.933	24	0.000
	第二次	0.239 30	0.227 41	0.046 42	0.143 28	0.335 33	5.155	23	0.000
	第三次	0.207 98	0.226 54	0.046 24	0.112 32	0.303 64	4.497	23	0.000
	第四次	0.236 22	0.193 01	0.037 85	0.158 26	0.314 18	6.241	25	0.000
	第五次	0.200 54	0.161 92	0.033 05	0.132 17	0.268 91	6.067	23	0.000
	第六次	0.201 34	0.194 63	0.038 93	0.121 00	0.281 68	5.172	24	0.000
自行 IAT	第一次	0.240 58	0.184 08	0.036 82	0.164 60	0.316 57	6.535	24	0.000
	第二次	0.228 36	0.175 46	0.035 82	0.154 27	0.302 45	6.376	23	0.000
	第三次	0.193 67	0.189 06	0.037 08	0.117 30	0.270 03	5.223	25	0.000
	第四次	0.176 58	0.156 24	0.030 64	0.113 47	0.239 68	5.763	25	0.000
	第五次	0.107 97	0.170 65	0.034 13	0.037 53	0.178 41	3.163	24	0.004
	第六次	0.144 94	0.138 23	0.027 65	0.087 88	0.202 00	5.243	24	0.000

2. 外显信念的比较分析

从外显信念的六次测量变化趋势图（图 6.11）和表 6.14 可以看到，被试群体总体上信念水平呈波浪式升高，特别是第一次和第二次之间有一个明显的升高，说明游戏体验训练能显著提高外显信念水平（$t=-2.34975$，$p=0.001$）；第二次和第三次之间有所回落，但不显著（$t=3.66227$，$p=0.423$）；第三次和第四次之间又有一个明显的提高，说明影视欣赏训练能显著提高外显信念水平；第四次和第五次之间，期间间隔两天，没有训练，信念水平有明显下降（$t=3.78036$，$p=0.024$），提示训练提高的信念水平不够稳定，有波动；第五次和第六次之间有所下降，但不显著（$t=7.18$，$p=0.796$），提示演讲说服对外显信念的改善作用不明显。第一次和第四次比较，即中间接受了两种训练，外显信念水平极显著提高（$t=-4.68587$，$p=0.000$）；第一次和第六次之间比较，从趋势图上看，第六次明显高于第一次，二者之间的均数差达到 5.692 31，应该说比较大，但统计检验在 0.05 水平上不显著（$t=-1.630$，$p=0.116$）。

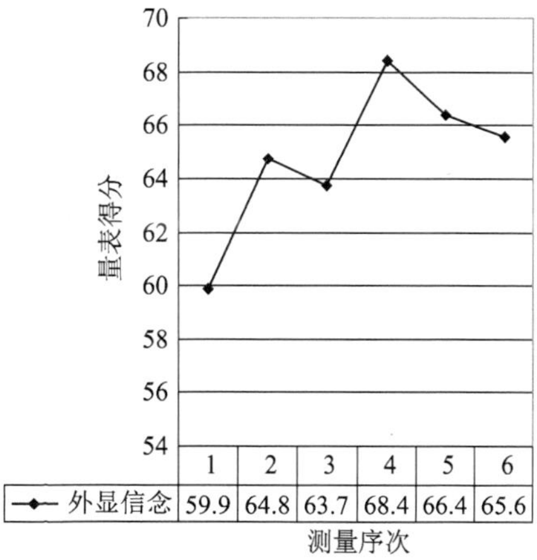

图 6.11　外显信念的六次测量变化趋势

表 6.14　外显信念六次测量两两比较分析

比较	序次	均数	样本数	标准差	两次差值均数	t 值	显著性
比较 1	第一次	59.884 6	26	11.580 42	−4.884 62	−2.349 75	0.001
	第二次	64.769 2	26	12.397 77			
比较 2	第一次	59.884 6	26	11.580 42	−3.846 15	−0.918 57	0.012
	第三次	63.730 8	26	11.484 10			
比较 3	第一次	59.884 6	26	11.580 42	−8.538 46	−4.685 87	0.000
	第四次	68.423 1	26	7.139 60			
比较 4	第一次	59.884 6	26	11.580 42	−6.500 00	−3.520 37	0.000
	第五次	66.384 6	26	8.998 12			
比较 5	第一次	59.884 6	26	11.580 42	−5.692 31	−1.630	0.116
	第六次	65.576 9	26	14.988 46			
比较 6	第二次	64.769 2	26	12.397 77	1.038 46	3.662 27	0.423
	第三次	63.730 8	26	11.484 10			
比较 7	第二次	64.769 2	26	12.397 77	−3.653 85	0.447 68	0.078
	第四次	68.423 1	26	7.139 60			
比较 8	第二次	64.769 2	26	12.397 77	−1.615 38	1.346 29	0.272
	第五次	66.384 6	26	8.998 12			

（续表）

比较	序次	均数	样本数	标准差	两次差值均数	*t* 值	显著性
比较 9	第二次	64.769 2	26	12.397 77	−0.807 69	6.233 79	0.815
	第六次	65.576 9	26	14.988 46			
比较 10	第三次	63.730 8	26	11.484 10	−4.692 31	−1.423 35	0.007
	第四次	68.423 1	26	7.139 60			
比较 11	第三次	63.730 8	26	11.484 10	−2.653 85	−0.435 82	0.021
	第五次	66.384 6	26	8.998 12			
比较 12	第三次	63.730 8	26	11.484 10	−1.846 15	4.880 30	0.577
	第六次	65.576 9	26	14.988 46			
比较 13	第四次	68.423 1	26	7.139 60	2.038 46	3.780 36	0.024
	第五次	66.384 6	26	8.998 12			
比较 14	第四次	68.423 1	26	7.139 60	2.846 15	9.135 41	0.360
	第六次	65.576 9	26	14.988 46			
比较 15	第五次	66.384 6	26	8.998 12	0.807 69	7.183 84	0.796
	第六次	65.576 9	26	14.988 46			

所以，从总体上来说，训练对外显自我效能信念提高有促进作用，单次训练效果会回落，需要有一次的训练强化提高巩固。相对而言，演讲说服对外显信念的改善作用不明显，这一点与前面实验四单独比较结果不一致，实验四结果提示演讲说服对外显信念有明显的提高作用，两实验之间的差异，可能是因为实验六在演讲说服处理前已接受两个训练处理，外显信念已经达到一个较高的水平，其增长的空间有限，所以演讲说服的效果显现会受到一定的限制，效果不明显。

3. 外显行为的比较分析

从外显行为的六次测量变化趋势图（图 6.12）和表 6.15 可以看到，被试群体总体上外显行为水平呈明显升高趋势，只在第四次和第五次之间有回落。第一次和第二次之间有一个明显的升高，说明游戏体验训练能显著提高外显自我控制行为水平（$t = -3.008\ 93$，$p = 0.001$）；第二次和第三次之间，间隔一天，没有训练，其增高的趋势仍然保持，并达到显著（$t = -2.352\ 63$，$p = 0.001$）；第三次和第四次之间又有一个明显的提高，说明影视欣赏

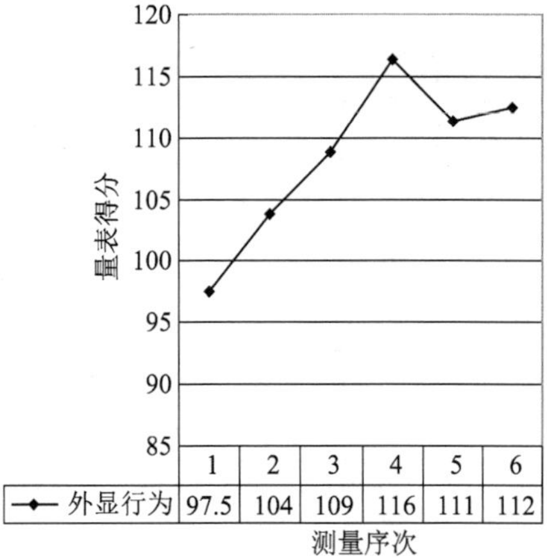

图 6.12　外显行为的六次测量变化趋势

训练能显著提高外显行为水平（$t=-3.07534$，$p=0.002$）；第四次和第五次之间，期间间隔两天，没有训练，行为水平有明显回落（$t=8.63063$，$p=0.010$），提示训练提高的行为水平不够稳定，有波动；第五次和第六次之间有所上升，但不显著（$t=10.76976$，$p=0.858$）。第一次和第四次比较，即中间接受了两种训练，外显行为水平极显著提高（$t=-14.24274$，$p=0.000$）；第一次和第六次比较，中间接受了三种训练处理，中间间隔三天，从趋势图上看，第六次明显高于第一次，统计检验在 0.05 水平上显著（$t=-14.92308$，$p=0.015$）。

表 6.15　外显行为六次测量两两比较分析

比较	序次	均数	样本数	标准差	两次差值均数	t 值	显著性
比较 1	第一次	97.500 0	26	14.980 65	−6.307 69	−3.008 93	0.001
	第二次	103.807 7	26	14.845 93			
比较 2	第一次	97.500 0	26	14.980 65	−11.307 69	−8.171 18	0.000
	第三次	108.807 7	26	16.122 08			
比较 3	第一次	97.500 0	26	14.980 65	−18.846 15	−14.242 74	0.000
	第四次	116.346 2	26	16.099 55			
比较 4	第一次	97.500 0	26	14.980 65	−13.884 62	−10.364 67	0.000
	第五次	111.384 6	26	17.017 82			
比较 5	第一次	97.500 0	26	14.980 65	−14.923 08	−3.173 33	0.015
	第六次	112.423 1	26	28.254 80			
比较 6	第二次	103.807 7	26	14.845 93	−5.000 00	−2.352 63	0.001
	第三次	108.807 7	26	16.122 08			
比较 7	第二次	103.807 7	26	14.845 93	−12.538 46	−9.320 89	0.000
	第四次	116.346 2	26	16.099 55			
比较 8	第二次	103.807 7	26	14.845 93	−7.576 92	−4.381 86	0.000
	第五次	111.384 6	26	17.017 82			
比较 9	第二次	103.807 7	26	14.845 93	−8.615 38	2.887 48	0.136
	第六次	112.423 1	26	28.254 80			
比较 10	第三次	108.807 7	26	16.122 08	−7.538 46	−3.075 34	0.002
	第四次	116.346 2	26	16.099 55			
比较 11	第三次	108.807 7	26	16.122 08	−2.576 92	0.601 76	0.107
	第五次	111.384 6	26	17.017 82			
比较 12	第三次	108.807 7	26	16.122 08	−3.615 38	8.145 55	0.532
	第六次	112.423 1	26	28.254 80			
比较 13	第四次	116.346 2	26	16.099 55	4.961 54	8.630 63	0.010
	第五次	111.384 6	26	17.017 82			

（续表）

比较	序次	均数	样本数	标准差	两次差值均数	*t* 值	显著性
比较 14	第四次	116.346 2	26	16.099 55	3.923 08	15.583 06	0.495
	第六次	112.423 1	26	28.254 80			
比较 15	第五次	111.384 6	26	17.017 82	−1.038 46	10.769 76	0.858
	第六次	112.423 1	26	28.254 80			

所以，从总体上来说，训练对外显自我控制行为提高有显著促进作用。相对而言，演讲说服对外显行为的改善作用不明显，原因可能同外显信念，或者也可能是因为演讲说服在最后一次，其增长的空间有限，所以效果不明显。

4. 内隐信行 IAT 的比较分析

从内隐信行 IAT 的六次测量变化趋势图（图 6.13）和表 6.16 可以看到，被试群体总体上内隐信行 IAT 效应值水平先升高后保持在一个水平，没有明显的变化。第一次和第二次之间有一个明显的升高，说明游戏体验训练能显著提高内隐信行 IAT 效应值（$t=-2.957$，$p=0.007$）；第二次和第三次之间，间隔一天，没有训练，内隐信行 IAT 效应值没有明显变化，保持在一个水平（$t=-0.245$，$p=0.809$）；第三次和第四次之间，接受影视欣赏训练，内隐信行 IAT 效应值没有明显变化，仍保持在一个水平（$t=0.222$，$p=0.826$）；第四次和第五次之间，期间间隔两天，没有训练，内隐信行 IAT 效应值没有明显变化，还是保持在一个水平（$t=-0.785$，$p=0.441$）；第五次和第六次之间，接受演讲说服训练，内隐信行 IAT 效应值没有明显变化，继续保持在一个水平（$t=0.993$，$p=0.332$）。第一次和第四次比较，即中间接受了两种训练，内隐信行 IAT 效应值水平显著提高（$t=-3.413$，$p=0.002$）；第一次和第六次之间比较，中间接受了三种训练处理，中间间隔三天，从趋势图上看，内隐信行 IAT 效应值第六次明显高于第一次，统计检验在 0.05 水平上显著（$t=-2.588$，$p=0.017$）。

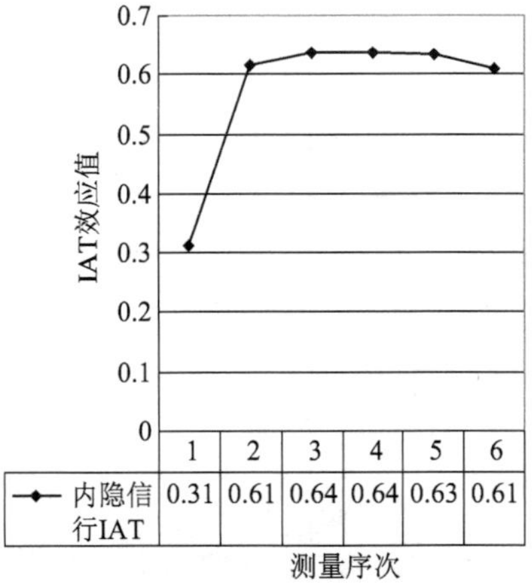

图 6.13　信行 IAT 的六次测量变化趋势

所以从总体上来说，游戏体验训练能显著提高内隐信行 IAT 效应值，即提高被试群体内隐层面积极的自我效能信念和积极的自我控制行为方式之间的联系，强化自我效能信念的内隐控制效应。同时也发现，积极的自我效能信念和积极的行为方式之间的联系，在被试群体内隐层面二者的联系达到一定水平后，就比较稳定，维持在一个水平。

表 6.16 信行 IAT 的六次测量两两比较分析

比较	序次	均数	样本数	标准差	两次差值均数	t 值	显著性
比较 1	第一次	0.312 7	23	0.626 38	−0.301 94	−2.957	0.007
	第二次	0.614 6	23	0.314 83			
比较 2	第一次	0.290 1	24	0.636 93	−0.348 00	−3.169	0.004
	第三次	0.638 1	24	0.363 10			
比较 3	第一次	0.302 8	25	0.626 72	−0.334 39	−3.413	0.002
	第四次	0.637 2	25	0.276 37			
比较 4	第一次	0.283 6	22	0.660 23	−0.349 22	−2.653	0.015
	第五次	0.632 8	22	0.187 68			
比较 5	第一次	0.267 6	23	0.641 41	−0.342 09	−2.588	0.017
	第六次	0.609 7	23	0.247 11			
比较 6	第二次	0.619 9	22	0.321 19	−0.020 70	−0.245	0.809
	第三次	0.640 6	22	0.377 13			
比较 7	第二次	0.614 6	23	0.314 83	−0.025 18	−0.355	0.726
	第四次	0.639 8	23	0.282 36			
比较 8	第二次	0.598 4	20	0.329 58	−0.051 01	−0.683	0.503
	第五次	0.649 4	20	0.180 80			
比较 9	第二次	0.619 9	22	0.321 19	−0.004 44	−0.064	0.949
	第六次	0.624 4	22	0.242 45			
比较 10	第三次	0.610 4	25	0.381 46	0.012 46	0.222	0.826
	第四次	0.598 0	25	0.317 77			
比较 11	第三次	0.585 3	23	0.387 16	−0.024 92	−0.377	0.710
	第五次	0.610 2	23	0.212 86			
比较 12	第三次	0.604 3	24	0.388 38	0.018 04	0.220	0.828
	第六次	0.586 2	24	0.267 66			
比较 13	第四次	0.572 2	23	0.317 19	−0.038 02	−0.785	0.441
	第五次	0.610 2	23	0.212 86			
比较 14	第四次	0.589 4	24	0.321 66	0.003 21	0.059	0.953
	第六次	0.586 2	24	0.267 66			
比较 15	第五次	0.609 0	22	0.217 78	0.041 50	0.993	0.332
	第六次	0.567 5	22	0.272 11			

5. 内隐自信 IAT 的比较分析

从内隐自信 IAT 的六次测量变化趋势图（图 6.14）和表 6.17 可以看到，被试群体总体上内隐自信 IAT 效应值水平保持在一个水平，微微波动，又有一点下降的趋势，但变化不显著。第一次和第二次之间有一个下降的趋势，但不显著（$t=0.527$，$p=0.604$）；第二次和第三次之间，间隔一天，没有训练，内隐自信 IAT 效应值仍是下降的趋势，但也不显著（$t=0.706$，$p=0.488$）；第三次和第四次之间接受影视欣赏训练，内隐自信 IAT 效应值，有一点提高，但达不到统计显著（$t=-0.672$，$p=0.508$），表明励志电影对被试群体偏好积极的自我效能信念有积极作用，不过这个作用还不够显著；第四次和第五次之间，期间间隔两天，没有训练，内隐自信 IAT 效应值有下降的趋势，但不显著（$t=1.386$，$p=0.179$）；第五次和第六次之间，接受演讲说服训练，内隐自信 IAT 效应值有所上升，但仍不显著（$t=-0.260$，$p=0.797$），这同样表明演讲说服对被试群体偏好积极的自我效能信念有积极作用，不过这个作用还不够显著。第一次和第四次比较，即中间接受了两种训练，内隐自信 IAT 效应值，有降有升，所以总体上差异不显著（$t=0.825$，$p=0.418$）；第一次和第六次之间比较，中间接受了三种训练处理，中间间隔三天，从趋势图上看，内隐自信 IAT 效应值第六次要低于第一次，但统计检验不显著（$t=1.535$，$p=0.138$）。从统计的角度看，两两比较只有第一次和第五次之间差异达到显著（$t=2.339$，$p=0.029$）。

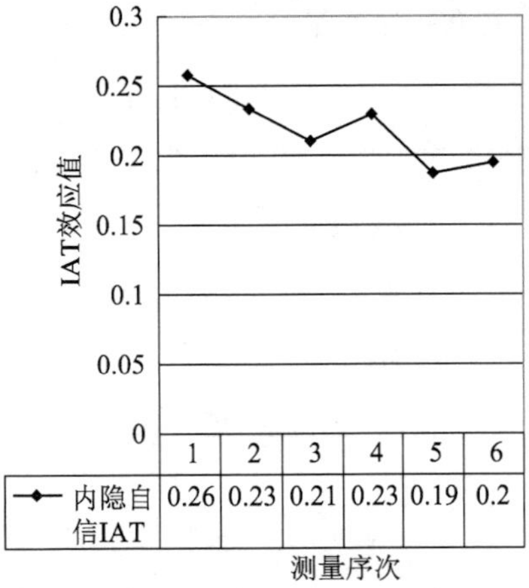

图 6.14　自信 IAT 的六次测量变化趋势

表 6.17　自信 IAT 的六次测量两两比较分析

比较	序次	均数	样本数	标准差	两次差值均数	t 值	显著性
比较 1	第一次	0.257 9	23	0.198 07	0.024 49	0.527	0.604
	第二次	0.233 4	23	0.230 63			
比较 2	第一次	0.281 2	23	0.194 34	0.070 65	1.242	0.227
	第三次	0.210 6	23	0.231 27			
比较 3	第一次	0.269 3	25	0.194 26	0.040 40	0.825	0.418
	第四次	0.228 9	25	0.193 32			
比较 4	第一次	0.284 0	23	0.193 30	0.096 23	2.339	0.029
	第五次	0.187 7	23	0.152 66			

（续表）

比较	序次	均数	样本数	标准差	两次差值均数	t 值	显著性
比较 5	第一次	0. 272 0	24	0. 197 98	0. 077 02	1. 535	0. 138
	第六次	0. 195 0	24	0. 196 13			
比较 6	第二次	0. 251 8	22	0. 233 66	0. 042 43	0. 706	0. 488
	第三次	0. 209 4	22	0. 236 78			
比较 7	第二次	0. 239 3	24	0. 227 41	－0. 001 44	－0. 033	0. 974
	第四次	0. 240 7	24	0. 197 17			
比较 8	第二次	0. 252 2	22	0. 232 51	0. 039 86	0. 890	0. 383
	第五次	0. 212 3	22	0. 163 53			
比较 9	第二次	0. 242 4	23	0. 232 01	0. 023 92	0. 428	0. 673
	第六次	0. 218 5	23	0. 186 39			
比较 10	第三次	0. 208 0	24	0. 226 54	－0. 034 00	－0. 672	0. 508
	第四次	0. 242 0	24	0. 198 10			
比较 11	第三次	0. 239 2	22	0. 208 47	0. 031 30	0. 733	0. 472
	第五次	0. 207 9	22	0. 167 24			
比较 12	第三次	0. 226 1	23	0. 213 12	0. 025 90	0. 505	0. 618
	第六次	0. 200 2	23	0. 203 19			
比较 13	第四次	0. 247 7	24	0. 192 80	0. 047 17	1. 386	0. 179
	第五次	0. 200 5	24	0. 161 92			
比较 14	第四次	0. 236 4	25	0. 196 99	0. 035 09	0. 749	0. 461
	第六次	0. 201 3	25	0. 194 63			
比较 15	第五次	0. 200 5	24	0. 161 92	－0. 009 78	－0. 260	0. 797
	第六次	0. 210 3	24	0. 193 46			

所以，总体上个体对积极信念的偏好是比较稳定的，但稳定之中，有一种慢慢的下降趋势，而提高自我效能信念的训练，是可以对它的下降起到阻抑和提升作用的。游戏体验对内隐积极自我效能信念影响不显著，与外显信念的显著提高形成鲜明对比。

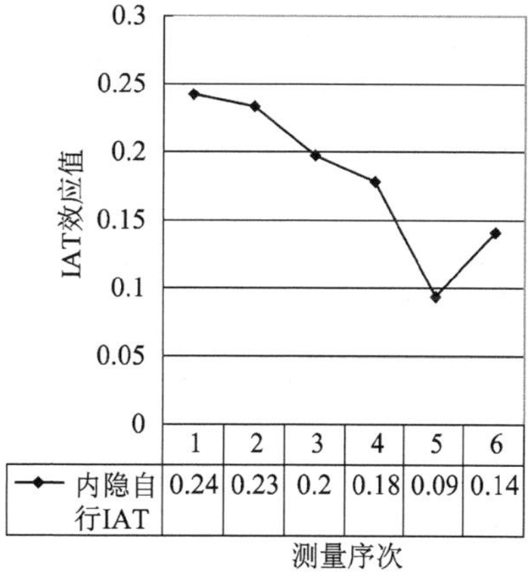

图 6. 15 自行 IAT 的六次测量变化趋势

6. 内隐自行 IAT 的比较分析

从内隐自行 IAT 的六次测量变化趋势图（图 6. 15）和表 6. 18 可以看到，被试群体总体上内隐自行 IAT 效应值呈下降的趋势。第一次和第二次之间有一个下降的趋势，但不显著（$t=0.240$，$p=0.812$）；第二次和第三次之间，间隔一天，没有训练，内隐自行 IAT 效应值仍是下降的趋势，但也不显著（$t=1.065$，$p=0.298$）；第三次和第四次之间接受影视欣赏训练，内隐自信 IAT 效应值仍是下降的趋势，但达不到统计显著（$t=0.669$，$p=0.510$）；第四次和第五次之间，期间间隔两天，没有训练，内隐自信 IAT 效应值继续有下降的趋势，而且幅度较大，接近显著（$t=2.064$，$p=0.050$）；第五次和第六次之间，接受演讲说服训练，内隐自行 IAT 效应值明显上升，但不显著（$t=-1.269$，$p=0.216$），这表明演讲说服对被试群体偏好积极的自我控制行为有积极作用，不过这个作用还不够显著。第一次和第四次比较，即中间接受了两种训练，内隐自行 IAT 效应值，有降有升，所以总体上差异不显著（$t=1.757$，$p=0.092$）；第一次和第六次之间比较，中间接受了三种训练处理，中间间隔三天，从趋势图上看，内隐自行 IAT 效应值第六次要明显低于第一次，统计检验显著（$t=2.277$，$p=0.032$）。两两比较显著的还有第一次和第五次之间（$t=3.331$，$p=0.003$）、第二次和第五次之间（$t=2.865$，$p=0.009$）、第二次和第六次之间（$t=2.284$，$p=0.032$）、第三次和第五次之间（$t=2.333$，$p=0.028$）。

表 6.18　自行 IAT 的六次测量两两比较分析

比较	序次	均数	样本数	标准差	两次差值均数	t 值	显著性
比较 1	第一次	0.242 4	23	0.192 06	0.008 78	0.240	0.812
	第二次	0.233 7	23	0.177 44			
比较 2	第一次	0.240 6	25	0.184 08	0.043 12	0.966	0.344
	第三次	0.197 5	25	0.191 95			
比较 3	第一次	0.240 6	25	0.184 08	0.062 88	1.757	0.092
	第四次	0.177 7	25	0.159 35			
比较 4	第一次	0.246 3	24	0.185 78	0.152 57	3.331	0.003
	第五次	0.093 7	24	0.158 36			
比较 5	第一次	0.246 3	24	0.185 78	0.104 99	2.277	0.032
	第六次	0.141 3	24	0.139 96			
比较 6	第二次	0.228 4	24	0.175 46	0.030 77	1.065	0.298
	第三次	0.197 6	24	0.187 68			
比较 7	第二次	0.228 4	24	0.175 46	0.052 86	1.571	0.130
	第四次	0.175 5	24	0.160 04			
比较 8	第二次	0.237 6	23	0.173 37	0.122 48	2.865	0.009
	第五次	0.115 1	23	0.175 35			
比较 9	第二次	0.237 6	23	0.173 37	0.086 14	2.284	0.032
	第六次	0.151 4	23	0.141 29			

（续表）

比较	序次	均数	样本数	标准差	两次差值均数	t 值	显著性
比较 10	第三次	0.193 7	26	0.189 06	0.017 09	0.669	0.510
	第四次	0.176 6	26	0.156 24			
比较 11	第三次	0.206 8	25	0.180 48	0.098 81	2.333	0.028
	第五次	0.108 0	25	0.170 65			
比较 12	第三次	0.206 8	25	0.180 48	0.061 84	1.792	0.086
	第六次	0.144 9	25	0.138 23			
比较 13	第四次	0.182 0	25	0.156 96	0.074 01	2.064	0.050
	第五次	0.108 0	25	0.170 65			
比较 14	第四次	0.182 0	25	0.156 96	0.037 03	1.362	0.186
	第六次	0.144 9	25	0.138 23			
比较 15	第五次	0.108 0	25	0.170 65	−0.036 97	−1.269	0.216
	第六次	0.144 9	25	0.138 23			

所以，总体上个体对积极自我控制行为方式的偏好是稳中有降的趋势。这些差异说明游戏训练和影视欣赏训练对被试在内隐层面对积极自我控制行为方式的偏好影响不大，甚至有相反的影响，而演讲说服则有积极的影响。这与外显行为的显著提高形成鲜明对比。

7. 外显和内隐因变量的比较分析

从图 6.16 外显信念和行为变化趋势比较、图 6.17 内隐三个 IAT 变化趋势比较和表 6.19 统计检验的结果，以及上述单独对每一个因变量变化趋势的分析，我们可以发现：

（1）外显信念和外显行为的变化趋势基本上是一致的，都是在游戏训练处理下显著提高，在影视欣赏训练下，继续显著升高。在第四次和第五次间隔两天没有处理的情况下，略有下降。到演讲说服训练，基本上维持一个较高的水平。

（2）内隐自信 IAT 和自行 IAT 效应值的变化趋势基本上也是一致的，游戏训练对它们没有显著影响，而且总体上有下降趋势，影视欣赏训练对它们有积极作用，但达不到显著水平。在第四次和第五次间隔两天没有处理的情况下，有所下降。到演讲说服训练，对内隐自信 IAT 和自行 IAT 效应值提高有促进作用。

（3）被试群体总体上内隐信行 IAT 效应值水平先升高后保持在一个水平，没有明显的变化。

（4）游戏训练对自我效能信念和自我控制行为的影响，在外显和内隐层面显著不一样，外显显著增高，内隐有下降趋势，但不显著，至少可以说是稳定不升高，出现内隐和外显的分离现象，提示外显作用和内隐作用是两个不同的机制，可能有相互平衡的作用，互相此消彼长。

(5) 影视欣赏训练对外显信念和行为有显著提高，同时对内隐积极自我控制信念和自我控制行为方式的偏好有积极影响，但达不到统计显著。同样，言语说服训练对外显和内隐信念和行为的影响趋势也是比较一致的。提示外显作用和内隐作用具有协同作用。

(6) 内隐和外显作用之间的平衡和协同作用的存在，对我们理论构想中的阴阳辩证关系提供一定的证据。

(7) 游戏训练虽没有显著提高自信 IAT 和自行 IAT 的效应值，即提高积极自我效能信念的偏好和积极自我控制行为方式的偏好，但它显著提高了信行 IAT 效应值。表明游戏训练能在内隐层面加强积极信念和积极行为的密切结合。

(8) 外显信念和外显行为的一致性提高，内隐信行 IAT 也提高，提示外显信念和行为一致性提高对内隐层面积极信念和积极行为一致性联系有促进作用。

(9) 从时间维度上，训练的强度增加，包括内容和频度的增加，对外显的信念和行为有显著的提高效应。对内隐信行 IAT 有提高效应，但达到一个水平后，就维持在较高水平，后面的训练对它的影响不大。对内隐自信 IAT 和自行 IAT 的效应，二者的影响总的趋势一致，在时间进程上，游戏训练处理对二者有降低的趋势，后面影视欣赏和演讲说服有提高的趋势，呈波浪形。总体上，外显信念和行为有不一致，也有一致的表现。

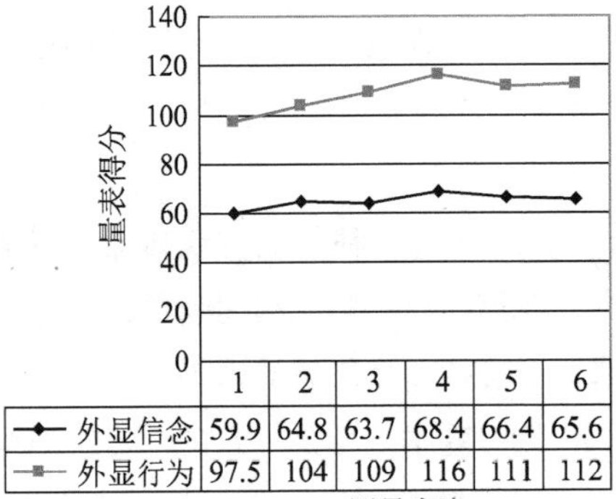

图 6.16 外显信念和行为六次测量变化趋势比较

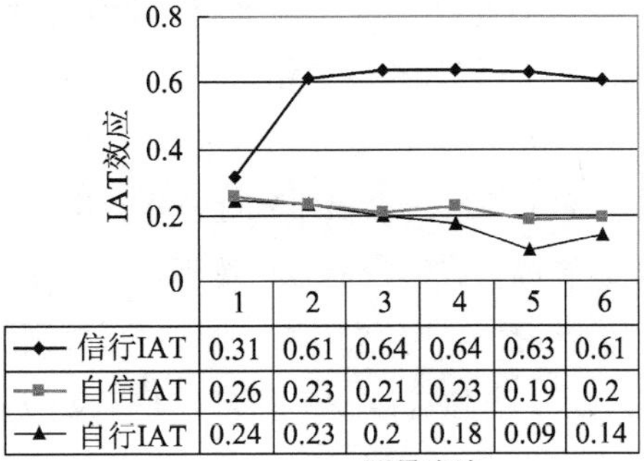

图 6.17 内隐三个 IAT 的六次测量变化趋势比较

表 6.19 五个因变量的六次测量两两比较分析

比较	序次	外显信念		外显行为		信行 IAT		自信 IAT		自行 IAT	
		均数差	显著性	均数差	显著性	均数差	显著性	均数差	显著性	均数差	显著性
比较 1	第一次	-4.884 62	0.001	-6.307 69	0.001	-0.301 94	0.007	0.024 49	0.604	0.008 78	0.812
	第二次										

（续表）

比较	序次	外显信念		外显行为		信行 IAT		自信 IAT		自行 IAT	
		均数差	显著性	均数差	显著性	均数差	显著性	均数差	显著性	均数差	显著性
比较2	第一次	−3.846 15	0.012	−11.307 69	0.000	−0.348 00	0.004	0.070 65	0.227	0.043 12	0.344
	第三次										
比较3	第一次	−8.538 46	0.000	−18.846 15	0.000	−0.334 39	0.002	0.040 40	0.418	0.062 88	0.092
	第四次										
比较4	第一次	−6.500 00	0.000	−13.884 62	0.000	−0.349 22	0.015	0.096 23	0.029	0.152 57	0.003
	第五次										
比较5	第一次	−5.692 31	0.116	−14.923 08	0.015	−0.342 09	0.017	0.077 02	0.138	0.104 99	0.032
	第六次										
比较6	第二次	1.038 46	0.423	−5.000 00	0.001	−0.020 70	0.809	0.042 43	0.488	0.030 77	0.298
	第三次										
比较7	第二次	−3.653 85	0.078	−12.538 46	0.000	−0.025 18	0.726	−0.001 44	0.974	0.052 86	0.130
	第四次										
比较8	第二次	−1.615 38	0.272	−7.576 92	0.000	−0.051 01	0.503	0.039 86	0.383	0.122 48	0.009
	第五次										
比较9	第二次	−0.807 69	0.815	−8.615 38	0.136	−0.004 44	0.949	0.023 92	0.673	0.086 14	0.032
	第六次										
比较10	第三次	−4.692 31	0.007	−7.538 46	0.002	0.012 46	0.826	−0.034 00	0.508	0.017 09	0.510
	第四次										
比较11	第三次	−2.653 85	0.021	−2.576 92	0.107	−0.024 92	0.710	0.031 30	0.472	0.098 81	0.028
	第五次										
比较12	第三次	−1.846 15	0.577	−3.615 38	0.532	0.018 04	0.828	0.025 90	0.618	0.061 84	0.086
	第六次										
比较13	第四次	2.038 46	0.024	4.961 54	0.010	−0.038 02	0.441	0.047 17	0.179	0.074 01	0.050
	第五次										
比较14	第四次	2.846 15	0.360	3.923 08	0.495	0.003 21	0.953	0.035 09	0.461	0.037 03	0.186
	第六次										
比较15	第五次	0.807 69	0.796	−1.038 46	0.858	0.041 50	0.332	−0.009 78	0.797	−0.036 97	0.216
	第六次										

6.6.4 讨论

总体上，实验结果和我们的假设有的相符，有的不相符。相符表现在外显信念和行为效果上以及信念和行为在内隐层面的关系上（内隐信行 IAT），不相符表现在内隐层面自我对积极自我效能信念和积极自我控制行为偏好上。

前面实验二、实验三和实验四，已经表明三种训练对外显信念和外显行为有显著的促进提高作用，本实验在时间角度上，同样发现有如此的效果，而且训练组合会使促进的效果更为显著，当然，当外显信念和外显行为达到一定水平后，其增长的幅度就会受到限制，从而维持在一定水平上。

外显信念和外显行为的变化趋势基本上是一致的。都是在游戏训练处理下显著提高，在影视欣赏训练下，继续显著升高。在第四次和第五次间隔两天没有处理的情况下，略有下降。到演讲说服训练基本上维持一个较高的水平。

内隐自信 IAT 和自行 IAT 的效应值变化趋势基本上也是一致的。游戏训练对它们没有显著影响，而且总体上有下降趋势，影视欣赏训练对它们有积极作用，但达不到显著水平。在第四次和第五次间隔两天没有处理的情况下，有所下降。到演讲说服训练，对内隐自信 IAT 和自行 IAT 的效应值提高均有促进作用。

外显信念和行为一致变化，内隐信念和行为一致变化，当外显和内隐变化的方向有呈相反趋势，提示外显作用和内隐作用是两个不同的机制，可能有相互平衡的作用，互相此消彼长。比如游戏训练对自我效能信念和自我控制行为的影响，在外显和内隐层面显著不一样，外显显著增高，内隐有下降趋势，但不显著，至少可以说是稳定不升高，出现内隐和外显的分离现象。

外显作用和内隐作用可能有协同作用。如影视欣赏训练对外显信念和行为有显著提高，同时对内隐积极自我控制信念和自我控制行为方式的偏好有积极影响，但达不到统计显著。同样言语说服训练对外显和内隐信念和行为的影响趋势也是比较一致的。

外显信念和外显行为的一致性提高，内隐信行 IAT 也提高，提示外显信念和行为一致性提高对内隐层面积极信念和积极行为一致性联系有促进作用。如游戏体验训练虽没有显著提高自信 IAT 和自行 IAT 的效应值，即提高积极自我效能信念的偏好和积极自我控制行为方式的偏好，但它显著提高了信行 IAT 的效应值。表明游戏体验训练能在内隐层面加强积极信念和积极行为的密切结合。

从时间维度上看，训练的强度增加，包括内容和频度的增加，对外显的信念和行为有显著的提高效应。对内隐信行 IAT 有提高效应，但达到一个水平后，就维持在较高水平，后面的训练对它的影响不大。对内隐自信 IAT 和自行 IAT 的效应二者的影响总的趋势一致，在时间进程上，游戏处理训练对二者有降低的趋势，后面影视欣赏训练和演讲说服训练有提高的趋势，呈波浪形。总体上与外显信念和行为变化有不一致的地方，也有一致的表现。

总之，本实验表明训练对提升自我效能信念和自控行为是有效的，并且有两种不同的机制，外显影响和内隐影响。外显影响和内隐影响之间既有此消彼长的作用存在，又有彼此协同作用存在，它们之间有一种平衡，这对我们理论构想中的阴阳辩证关系提供一定的实验证据。

而且，Mathews 等（1989）用实验表明内隐学习和外显学习之间存在协同效应，即当二者同时发生时，会相互促进，产生正的交互作用。Jacoby（1993）提出了意识和无意识的独立模型（Independence Model），该模型假设意识和无意识相对独立，既可以单独影响作业，也可以共同发挥作用。Joordens（1994）等则提出了意识和无意识的冗余模型（Redundancy Model），对意识和无意识的关系进行了修正，认为不存在意识的独立性，意识是附着于无意识的，但是无意识可以相对独立发挥作用。而高桦和杨治良（1997）则在以上模型的基础上构建了潜意识模型，以具有动态机制的前意识为中介，反映出意识和无意识作用的动态关系，达到了相对的完善性。但在其后，杨治良等（1998）用钢筋水泥模型形象地分析了意识和无意识之间的关系，他指出意识和无意识就像一座大厦框架结构中的钢筋和水泥，既有相对独立性，二者在任何水平和层面上又都是一个有机的结合体。杨治良等（2003）提出了意识和无意识权衡现象的四个特征：相互独立、相互作用、互为主次、互相依存。郭秀艳（2003）认为传统研究将内隐学习视为单纯无意识的加工过程，随着研究的深入，这一看法已经开始受到研究者的质疑，内隐学习和意识的关系也日渐受到研究者的关注。毫无疑问，无意识性是内隐学习的首要特质，但研究发现内隐学习具有理解性，意识也可能在其中发挥作用。

以上这些研究证据，对我们将外显影响和内隐影响之间的作用关系类比于“阴阳”，也提供了支持。

7 总体讨论

首先，我们在中华元典《易经》的“天行健，君子以自强不息”的开篇中，踏上大学生自我控制研究之旅，从时代进步呼唤自强精神、大学教育强调自我教育、个人发展需要自我管理的研究背景中，选择自强精神、自我教育、自我管理的实质或关键自我控制作为我们的研究问题，并从大学生的身心特点和社会角色的适合性和研究现状的需求性，选择大学生作为研究对象。其次，我们对古今中外的有关控制或自我控制的部分文献作了梳理，在前人研究成果的启发以及对自我控制词源意义的探究下，结合生活经验和思辨想象，把哲学思想、心理机制和管理过程统一在一起，提出了一种整合的自我控制自组织理论构想。然后，在这个理论构想的指导下，把“大学生自我控制研究”这一大问题从描述、预测和干预三个层面细分为几个具体的小问题，并从观察研究、相关研究和实验研究三种范式，设计了开放式问卷调查、团体焦点问题访谈、结构式问卷调查、内隐联想测验和训练干预效果观察的实验。研究结果从总体上支持了我们的理论构想，这一构想用文字表述就是：自我控制是以自我为主体，在由生命圈、社会圈和宇宙圈组成的立体三维时空中，以个人身心和行为、外在环境和事件为对象，以实现个人、社会和宇宙内外和谐发展为原则目标的，自我觉醒、自我规划、自我执行、自我评估、自我激励、自我校正的动态变化自组织系统。同时，它又回应了“天行健，君子当自强不息”。

在本章总体讨论中，我们将从发现和创新、局限和设想、结论和展望三个方面对整个研究作总结。从某种意义上讲，这三个方面都是研究总意义的体现，加上在问题提出章节已经阐述过选题的意义，所以在总体讨论中不再单列研究的意义内容。

7.1 发现和创新

7.1.1 研究发现

我们的研究是围绕研究问题和研究假设展开的，所以下文就从回答问题和验证假设的角度来总结我们的研究发现。

1. 描述层面

(1) 大学生自我控制的现状和特点是什么?

开放式问卷调查发现：①大学生自我控制问题是普遍存在的。有自我控制方面问题或表现的占93.1%（568/610），“应该做而没做”（学习、生活和社会实践）表现总频次（1 118）比“不该做而做”（网络利用、娱乐和生活习惯）表现总频次（793）多。②大学生自我控制问题给其自身带来消极影响。从频度上看，“经常”约占50%。另外，还给学生造成自责、悔恨、苦闷等负性情绪的影响，对学习和健康带来消极影响。

结构式问卷调查发现：①专业比较：理科生比文科生在自我控制、自我规划、自我执行方面做得好。而且理科生比医科生在自我执行方面要好。其余均数比较差异不显著。②年级比较：只有自我觉醒有年级变量的组间显著差异，一年级学生在自我觉醒上比二年级、三年级和四年级都要高。③性别比较：男女在自我觉醒和自我激励方面没有差异。而男女在自我规划、自我执行、自我评估、自我校正和自我控制总体水平上差异达到统计显著，男性要高于女性。④干部比较：学生干部组与不是学生干部组在自我激励方面没有差异。学生干部组与不是学生干部组在自我觉醒、自我规划、自我执行、自我评估、自我校正、自我控制总体水平上差异达到统计显著，前者要高于后者。⑤勤助比较：参加勤工助学与否在自我控制及其要素上均无差异。

(2) 大学生对影响自我控制的因素怎么看?

开放式问卷调查发现：①大学生对促进和破坏自我控制的因素的认识既有集中趋势，又呈现多元化。促进和破坏因素均集中在自我因素和环境因素两大类，多元化体现和我们理论构想的六大要素较为一致。“自我约束”在众多促进因素中排第一，“诱惑”在破坏因素中排第一；②大学生对成功和失败归因“自己、运气和他人”排第一（40.4%），“自己”排第二（36.9%），“自己和运气”排第三（12.8%）。③大学生对挫折和困难的应对策略有多种，既有积极能动应对为主（阳），又有以退为进顺服（阴），前者占绝大多数。④大学生对“我能控制我的所思所行”自我控制信念的作用持积极肯定态度。认为很重要（44.0%）、一般（23.3%）、没多少用（25.9%）、没有用过（6.8%）。

(3) 大学生都用什么方法来加强自我控制?

团体焦点问题访谈发现：大学生被试提出的所有办法都可以纳入我们理论构想的六大要素中。换句话说，大学生实际生活中也是从自我觉醒、自我规划、自我执行、自我评估、自我激励和自我校正六个要素来加强自控的，不过他们并不一定是系统的和自觉的。

2. 预测层面

(1) 大学生自我控制的内在要素有什么？它们之间的关系如何？有何作用

机制？

结构式问卷调查发现：①大学生自我控制结构式问卷具有良好的信效度。从问卷的项目分析、信度分析、因素分析、结构效度和外部效度分析，特别是验证性因素分析结果，都说明本问卷具有良好的信效度，可以作为一个大学生自我控制评量工具。②自我控制的内在要素包括自我觉醒、自我规划、自我执行、自我评估、自我激励、自我校正六大要素。六大要素经过因素分析又可分成 15 个因素，它们分别是：自我效能信念、环境变化觉知、建立目标体系、定位人生方向、认知角色期望、执行计划学习、创设环境支持、选择活动参加、多维结果归因、动态过程省察、积极能动应对、自我及时奖惩、善借榜样力量、自我策略调控、他人帮助督促。③15 个因素之间的关系可用验证性因素分析得到两个结构方程模型：自我控制层次结构模型（图 7.1），自我控制要素网络模型（图 7.2）。④作用机制：自我控制的六大要素之间存在双向网络联系，要素内部存在阴阳的辩证结构。

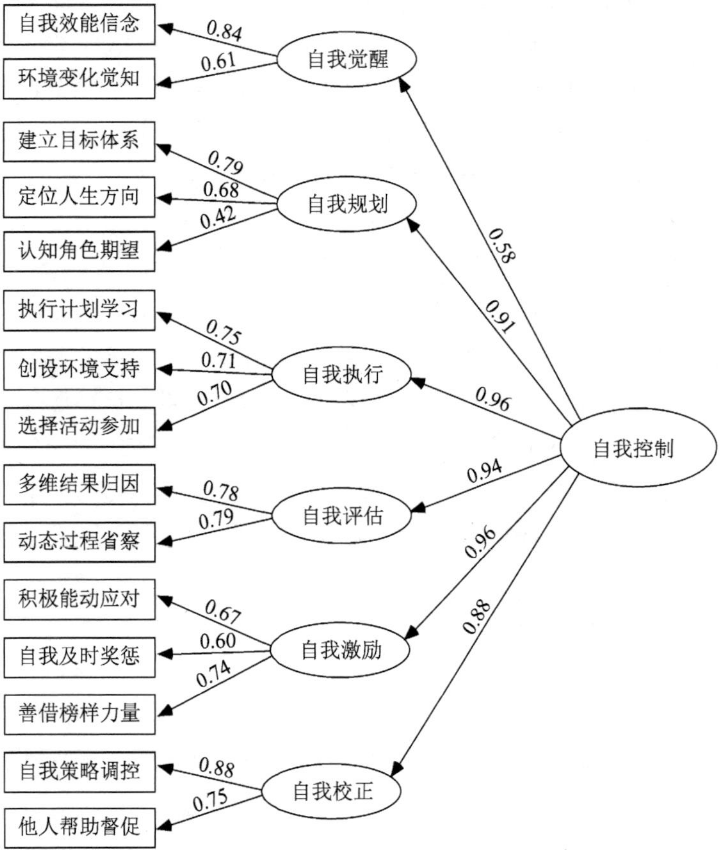

图 7.1　自我控制层次结构模型

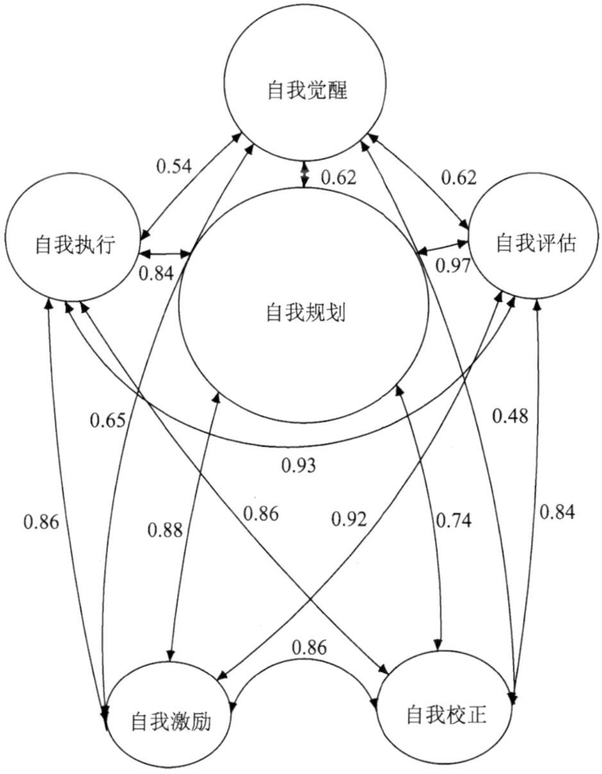

图 7.2　自我控制要素网络模型

(2) 能否印证我们的理论构想?

前文的研究结果从一定程度上实证支持了我们的人类自我控制的自组织理论构想(图 7.3),也印证了该理论构想的四个假设。所以,我们可以把它作为一个自我控制的整合理论。

(3) 有无自我控制内隐层面影响机制?

实验一发现: 存在自我效能信念对自我控制影响的内隐效应或机制。被试信行IAT、自信IAT、自行IAT效应显著,检验均达到统计显著($p<0.05$),且三个IAT效应值均大于0。证实我们的研究假设,自我效能信念和自我控制行为方式存在IAT正效应,提示自我效能信念对自我控制的影响有内隐机制;自我和积极自我效能信念有密切联系,被试群体对积极自我效能信念有偏好;自我和积极的自我控制行为方式有密切联系,被试群体对积极的自我控制行为方式有偏好。

3. 干预层面

多种内容和形式的处理,能否提高自我控制的水平?在外显和内隐层面各有何特点?哪一种处理方式更为有效?

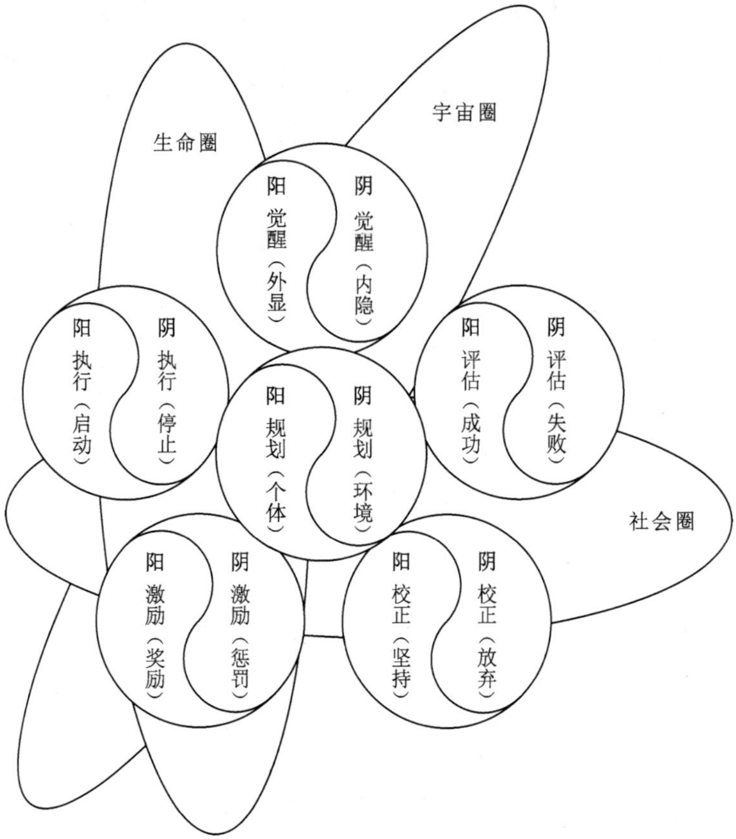

图 7.3　人类自我控制的自组织理论

实验二发现：游戏体验训练对外显信念提高有显著效果，平均差不多每个信念都提高一个级别；对外显自我控制行为偏好选择变化没有显著作用。对内隐的三个因变量信行 IAT 前后测之间均无显著差异，提示训练没有在内隐层面产生效果，或者说没有产生及时的效果。

实验三发现：影视欣赏训练对外显的信念和行为起到了积极作用，显著提高了被试对积极自我效能信念的相信程度和对积极的自我控制行为的选择。但与外显效果相反的是，影视欣赏训练对内隐两个因变量信行 IAT、自信 IAT 指标没有产生即时的显著影响，对自行 IAT 有显著下降影响。

实验四发现：演讲说服训练对外显的信念和外显行为达到了显著的提高效果；对内隐因变量信行 IAT 也发生显著的变化，后测比前测显著提高。提示训练强化了被试在内隐层面积极自我效能信念和积极自我控制行为偏好之间的联系。对自信 IAT 前后测之间均无显著差异，提示训练没有在内隐层面产生效果，或者说没有产生及时的效果。对自行 IAT 前后测之间有显著差异，有下降的趋势，并达到显著，提示训练后被试在内隐层面对积极自我控制行为方式的偏好反而下降了。

实验五发现： 四组比较结果表明，游戏体验、影视欣赏和演讲说服三种方式对因变量的影响（后测与前测之间的差值）组间差异不显著。这说明，三种形式的训练代表了提高自我效能的三种来源，可以对不同因变量有不同程度的影响（如前面实验结果），但这种影响程度的大小，三种方式之间并没有明显差异。这与我们的假设不一致。

实验六发现：

① 外显信念和外显行为的变化趋势基本上是一致的。都是在游戏训练处理下显著提高，在影视欣赏训练下，继续显著升高。在第四次和第五次间隔两天没有处理的情况下，略有下降。到演讲说服训练基本上维持在一个较高的水平。

② 内隐自信 IAT 和自行 IAT 效应值的变化趋势基本上也是一致的。游戏训练对它们没有显著影响，而且总体上有下降趋势，影视欣赏训练对它们有积极作用，但达不到显著水平。在第四次和第五次间隔两天没有处理的情况下，有所下降。到演讲说服训练，对内隐自信 IAT 和自行 IAT 效应值提高有促进作用。

③ 外显信念和行为一致变化，内隐信念和行为一致变化，但外显和内隐变化的方向有呈相反趋势，提示外显作用和内隐作用是两个不同的机制，可能有相互平衡的作用，互相此消彼长。比如游戏训练对自我效能信念和自我控制行为的影响，在外显和内隐层面显著不一样，外显显著增高，内隐有下降趋势，但不显著，至少可以说是稳定不升高，出现内隐和外显的分离现象。

④ 外显作用和内隐作用可能有协同作用。如影视欣赏对外显信念和行为有显著提高，同时对内隐积极自我控制信念和自我控制行为方式的偏好有积极影响，但达不到统计显著。同样演讲说服对外显和内隐的信念和行为的影响趋势也是比较一致的。

⑤ 外显信念和外显行为的一致性提高，内隐信行 IAT 也提高，提示外显信念和行为一致性提高对内隐层面积极信念和积极行为一致性联系有促进作用。如游戏体验训练虽没有显著提高自信 IAT 和自行 IAT 的效应值，即提高积极自我效能信念的偏好和积极自我控制行为方式的偏好，但它显著提高了信行 IAT 的效应值。表明游戏体验能在内隐层面加强积极信念和积极行为的密切结合。

⑥从时间维度上看，训练的强度增加，包括内容和频度的增加，对外显的信念和行为有显著的提高效应。对内隐信行 IAT 有提高效应，但达到一个水平后，就维持在较高水平，后面的训练对它的影响不大。对内隐自信 IAT 和自行 IAT 的效应二者影响总体趋势一致，在时间进程上，游戏处理训练对二者有降低的趋势，后面影视欣赏训练和演讲说服训练对其有提高的趋势，呈波浪形。总体上与外显信念和行为变化有不一致的地方，也有一致的表现。

实验二、三、四、六发现：从总体上看，游戏体验、影视欣赏、演讲说服三种训练，以及三种训练的组合，对外显信念、或外显行为、或外显信念及外显行为的提高有显著效果，对内隐自我、积极自我效能信念偏好和对积极自我控制行为方式的偏好影响不明显，而且还有与外显变化相反的趋势。这与我们的假设不一致，我们假设三种训练对外显的因变量和内隐的因变量均有显著提高作用。但提示外显影响和内隐影响可能有不同的机制，外显影响和内隐影响之间既有此消彼长的作用存在，又有彼此协同作用存在，它们之间有一种平衡，这与我们理论构想中的阴阳辩证关系有一致性。也与实验研究的假设 9 一致，训练处理对外显和内隐因变量的影响具有不同的规律。

7.1.2 研究创新

1. 理论创新

我们对古今中外的有关控制或自我控制的部分文献作了梳理，在前人研究成果的启发下，在对自我控制词源意义的探究下，结合生活经验和思辨想象，把哲学思想、心理机制和管理过程统一在一起，提出了一种整合的自我控制自组织理论构想，并经过观察、相关和实验研究证实了这一理论构想。所以本研究在理论上创新地提出了人类自我控制自组织理论。这一理论用文字表述就是：自我控制是以自我为主体，在由生命圈、社会圈和宇宙圈组成的立体三维时空中，以个人身心和行为、外在环境和事件为对象，以实现个人、社会和宇宙内外和谐发展为原则目标的，自我觉醒、自我规划、自我执行、自我评估、自我激励、自我校正的动态变化自组织系统。

如前所述：该理论具有丰富的内涵，显示三方面优势，也可以说是它的创新之处或价值所在。①理论上的整合性；②实践上的指导性；③运用上的灵活性。从另外一个角度，也可以说该理论在解释、预测和干预方面均具有重要价值。

(1) 理论上的整合性。

该理论创新性地将中国的阴阳五行学说的哲学思想和当代复杂性科学自组织理论结合，融入自我控制的机制结构系统中。该理论吸收了 Shapiro 的人类控制理论的四个象限控制模式的思想，并创新性地增加了生命圈、社会圈和宇宙圈三维时空，故更具系统结构性和辩证变化性。该理论吸收了班杜拉的三方互惠决定论思想，整合了班杜拉的自我调节模型，同时创新性地提出了以自我规划为核心的、六要素网络双向作用的自我控制“阴阳五行”有机自组织系统，使我们的理论既简洁又更具结构性和变化反馈性。该理论发现的自我控制的外显和内隐机制，把社会认知和内隐社会认知结合起来、精神分析的意识和无意识结合起来。该理论从发展的角度将皮亚杰的同化和顺应发生认识论统一起来。该理论和中国的传统文化的儒家和道家人生哲学思想统一起来，“以出世的精神做入世的事”。该理论和当代中国主流的马克思主义哲学理论统一起来，意识具有能动作用和物质决定意识对立统一，就是积极自主控制模式（阳）和积极顺服控制模式（阴）的对立统一、平衡。该理论也将西方心理学偏好个体自主能动的文化和东方道家强调天人合一、顺其自然的思想统一起来，把追求人类利益和宇宙意义结合起来。

（2）实践上的指导性。

因为该理论提出具有厚实的前人研究理论基础，同时又经过实证研究验证，所以其在实践上具有指导性。它可以成为提高时代进步所需的自强精神有力的理论依据和实践工具；它可以成为提高大学教育所需的自我教育有力的理论依据和实践工具；它可以成为个人发展所需的自我管理的理论依据和实践工具。而且该理论将现行实践教育培训领域中成功学的两种范式统一起来，不会厚此薄彼，或因噎废食，而是辩证权变灵活使用，发挥更大的效用。该理论具有哲学思想、心理机制和管理过程的统一，是“天行健，君子以自强不息”的体现。而且由于自我控制问题的基础性，该理论对心理学、教育学、管理学、社会学等研究具有参考价值。

（3）运用上的灵活性。

宏观角度可以从不同的主体角度去思考运用，自我可以是大我“人类”，可以是中我“组织”，可以是小我“个人”，具有灵活性。从微观角度看，它既可以为一个个体的人生战略层面上的自我控制提供思考框架，又可以为一个个体的战术层面上的自我控制提供操作工具，同样具有灵活性。该理论有中国文化特色，可以运用在中国的大学生中，也可以运用到其他人群。因为该理论中放进了生命圈、社会圈和宇宙圈的三维立体时空坐标，所以它就具有跨文化的灵活性。社会圈的广泛内涵包括文化、亚文化的规范、习俗等。

2. 方法创新

首先，本研究尝试用句子作为内隐联结测验的材料，来研究自我控制的内隐效应，这可以作为一种方法学去探索。

其次，在观察研究的团体焦点问题访谈中，我们采用了头脑风暴法，来收集大学生自我控制的方法，从实际效果来看，效率高，容易操作。

最后，本研究试图把理论的探索和实践的应用结合起来，考察一些训练方式的效果，以作为将来实践应用的基础，这样就把科学研究和人文关怀结合起来，来回应研究背景。故研究兼有行动研究特点，具有良好的生态效度。

3. 结果发现

本研究初步揭示了大学生自我控制问题的表现和特点，初步揭示了大学生对影响自我控制因素的看法，局部揭示了大学生提高自我控制的办法，揭示了大学生自我控制内部要素及其关系和作用机制，初步形成了大学生自我控制水平的测评工具，初步揭示了自我控制存在内隐作用机制，初步揭示了不同训练处理及其组合对自我控制的影响及特点，发现了训练处理对自我控制的外显影响和内隐影响具有不同特点，总体上印证了我们提出的人类自我控制的自组织理论构想。

7.2 局限和设想

由于受到时间和条件等限制，本研究还存在一些局限或不足，需要进一步研究完善。所以在这里将研究局限和完善设想一并介绍。主要有以下几个方面：

结构式问卷的重测信度检验，没有能够做。需要将来再调查分析。

结构式问卷的外部效度指标，是被试的自陈正性和负性分问卷的得分。最好能够找客观指标，如学生的学业成绩、学生学校评优评奖的综合测评分等，这样可能更有说服力。如果将来时间和经费许可，是可以进一步去研究的。

我们研究只是初步形成了大学生自我控制水平的评量工具，要想把自我控制问卷变成一个完整的评量工具，还需要更大范围的样本研究，制定常模，形成解释手册。

由于训练是团体式训练，所以为了统一行动，IAT 测验的前测和后测都是团体测试，而计算机房内的计算机数量只有 60 台，除去其中几台有故障的，差不多都得用上，所以被试和被试之间坐得很近，可能会有一些干扰。因为 IAT 是反应时测验，个人的注意水平、情绪状态、生理状态可能都会有些影响。好在 IAT 的效应主要是同一个测验中的不一致任务与一致性任务之差，状态的影响在不一致性任务和一致性任务中是一样的，可以平衡掉这方面的一些影响。理想的办法，是找一个大的机房，互相之间有一些间隔。

训练的前测和后测之间时间间隔的问题。训练完马上就测可以看到它们的即时效果，但很难看到它的远期效果。而且从实验结果看，训练的即时效果主要表现在外显的信念和行为指标上，而对内隐的指标影响不明显，甚至是与外显影响方向相反。根据经验，训练后的外显的效果，一般随时间会慢慢衰减，根据我们发现外显和内隐之间的“阴阳”平衡和协同机制，那么是否有可能，随着时间的延长，外显效果慢慢消退，而内隐效果会慢慢增长？虽然实验六已经有时间上的测量，但从总体上来讲，还是比较短。所以将来可以再找那些参加实验的被试，过半年后再测一下，而且到那时起对外显行为的评定就不完全是选择偏好的认知评定，还有真正的行为变化。在实验后一个半月左右的一天，在图书馆借书，突然有人和我打招呼，她说她参加我的实验后，受到很大的启发和收益，说她现在有方向了，并且正在实践我在演讲说服训练中的建议之一：像老师一样学习，像领导一样管理，像考官一样练习，像平常一样考试。我从中受到启发，也许内隐效果的显现，是先有外显信念或观念的改变，以及行为方式的改变，慢慢在行为过程中内化信念和行为偏好，习惯化，这样内隐的信念和行为偏好又会不知不觉地来影响在外显层面对积极自我效能信念进一步的偏好选择，这样进入一个外显和内隐相互作用的良性循环。所以，要想验证这一猜想，只有在间隔时间较长的情况下做复测。当然，间隔时间长了，有可能在间隔中有其他因素的混杂。这是一个矛盾。

因为不具备条件，所以没能够做催眠放松处理。其实，这是最具有吸引力和期待的实验。一方面班杜拉自我效能信念的第四个来源是身心状态，通过这个实验可以考察一下催眠放松的影响。更重要的是另一方面，既然有催眠后效应存在，那么如果研究主试将被试诱导进入催眠状态后，将积极的自我效能信念作为一种指令传输给被试，如果在被试从催眠状态恢复到清醒状态后，能够检测到他们外显的信念和行为的显著变化，以及在内隐层面的对积极自我效能信念和积极自我控制行为方式的偏好的显著变化，那么，就在意识和无意识之间找到一种桥梁或通道，这将具有重大和深远意义。因为这将对内隐记忆、内隐学习、内隐社会认知研究以及无意识的研究开辟一种新的领域；在行为矫正，特别是问题行为或成瘾性行为的矫治方面将发挥巨大的作用；在人的智力和潜能开发方面，也是具有重要应用价值。如果那样的话，那么催眠将作为一种心理学的手段，和基因工程作为一种生物学的手段，在影响人的心理和行为方面共同发挥重要作用。这是一种研究设想。当然，我们本次准备做的实验也只能算是一个初步尝试。如果将来条件许可的话，可以更好地设计研究。

此外，中国古代的哲学思想博大精深，我对此所知甚浅，主要得益于本科学医，在中医学课程中对阴阳五行的理论有所介绍。所以在构建理论时，主要取其思想要义，日后还要进一步研究完善。

7.3 结论和展望

7.3.1 结论

时代进步呼唤自强精神、大学教育强调自我教育、个人发展需要自我管理，而自强精神、自我教育、自我管理的实质或关键就是自我控制。本研究根据大学生的身心特点、社会角色的适合性和研究现状的需求性，选择大学生作为研究对象。

本研究对古今中外的有关控制或自我控制的部分文献作了梳理，在前人研究成果的启发下，在对自我控制词源意义的探究下，结合生活经验和思辨想象，把哲学思想、心理机制和管理过程统一在一起，提出了一种整合的自我控制自组织理论构想。然后，在这个理论构想的指导下，把“大学生自我控制研究”大问题细分为描述、预测和干预三个层面的几个具体小问题，并从观察研究、相关研究和实验研究三种范式，设计了开放式问卷调查、团体焦点问题访谈、结构式问卷调查、内隐联想测验、和游戏体验、影视欣赏和演讲说服三种训练及其组合的干预效果观察的实验研究。

研究获得如下结果：初步揭示了大学生自我控制问题的表现和特点，初步揭示了大学生对影响自我控制因素的看法，局部揭示了大学生提高自我控制的办法，揭示了大学生自我控制内部要素及其关系和作用机制，初步形成了大学生自我控制水平的测评工具，初步揭示了自我控制存在内隐作用机制，初步揭示了不同训练处理及其组合对自我控制的影响及特点，发现了训练处理对自我控制的外显影响和内隐影响具有不同特点，类似于阴阳，总体上印证了我们提出的人类自我控制的自组织理论构想。

研究得出了以下结论：①自我控制是以自我为主体，在由生命圈、社会圈和宇宙圈组成的立体三维时空中，以个人身心和行为、外在环境和事件为对象，以实现个人、社会和宇宙内外和谐发展为原则目标的，自我觉醒、自我规划、自我执行、自我评估、自我激励、自我校正的动态变化自组织系统。②自我控制是可能的、是有规律可循的、是可以训练提高的。

该研究具有创新意义和广泛应用价值。

在理论上，本研究创新性提出并验证了一种自我控制的自组织理论，它具有理论上的整合性、实践上的指导性和运用上的灵活性，在人类自我控制的解释、预测和干预方面具有重要价值，对心理学、教育学、管理学、社会学等研究具有参考价值。

在方法上，本研究尝试用句子作为内隐联结测验的材料，来研究自我控制的内隐效应；在团体焦点问题访谈中，采用了头脑风暴的方法，效率高，效果好；把理论探索和实践训练结合，兼有行动研究特点，具有良好的生态效度。

在实践上，本研究所提出的人类自我控制自组织理论及模型可以成为提高时代进步所需自强精神、大学教育所需自我教育、个人发展所需自我管理的又一理论依据和实践工具，可用来指导个体获得成功和幸福，进而推动组织和社会进步，具有广泛的应用价值。

7.3.2 展望

在科技革命、社会变革和文化交流的推动下，我们已经迎来了网络社会、知识经济、市场体制、多元文化的时代，一个充满机遇和挑战，特别强调个体终身学习、自主选择、自我发展的时代，时代的进步呼唤自强精神。

大学教育强调自我教育，当今互联网的飞速发展，为自我教育创造了前所未有的学习资源和学习平台，不仅需要而且可以实现自我教育。互联网是世界上最大的“大学”。现代的大学生拥有最好的图书馆、博物馆，只要手指轻轻一点，就可以通过全球互联网随时随地运用多媒体教学进行自我教育。

大学生是社会的人才和精英，是未来组织的骨干和家庭的年轻父母，他们的发展对社会、对组织、对家庭的健康发展都起着关键作用。而且他们的发展会牵动着上一代、关系到下一代、影响着同一代，他们还会对社会其他同龄人和非同龄人起到模范影响作用。对大学生而言，无论是其学习准备，还是其职业生涯，甚至是其成家立业，都非常需要自我管理。

自强精神、自我教育、自我管理的实质或关键就是自我控制，这既是我们的研究背景，也是我们的展望前景。

天、地、人，人居天地之间，顶天立地。研究人的心理学，也肩负着“顶天立地”的使命。“顶天”就是进行基础前沿研究，去“探知大脑工作的原理，揭示意识起源的奥秘”等，“立地”就是用心理学为大众服务，去“提升人们的工作效能，改善人们的生活品质”等。所以作为基础心理学专业、心理学应用方向的学生，在研究设计时也期望能将二者结合起来，一方面期望能对自我控制的机制认识有所深化，另一方面希望能找到提高自我控制水平的训练办法。本研究提出的自我控制自组织理论和提高自我控制水平的训练是对这种期望的回应。

当我们展望未来时，我们仍然要将二者结合起来，一方面，继续深化自我控制的研究，并且对中国古代哲学进行进一步的学习研究，去开发和完善具有中国文化特色的理论；另一方面，将研究成果开发成训练课程，并利用现代科技网络的力量，为广大的大学生服务，提高自强精神、推广自我教育、强化自我管理。

如果说和平和发展是时代的两大主题，那么科技和人性是时代进步的两大引擎。而利用互联网来推广自我教育，是科技和人性的完美结合，如果能办一个大学生自我教育专题网站，在网站上将我们自我控制的自组织理论的每一个组成部分进行板块建设，其内容应该是非常丰富的。而且可以充分发挥班杜拉的观察学习理论，来建设各种类别的影视、课程、甚至游戏等学习资源。同时和虚拟世界的自我教育相配合，可以进行面对面的教育训练。这是一个美好的梦想。

事实上，已经有很多大学生学习网站。特别令人高兴的是，2004 年 4 月 17 日，《文汇报》头版以“63 所高校共建网上‘家园’——中国大学生在线将于青年节开通”为题，对建设“中国大学生在线”网站情况作了报道。报道说：“中国大学生将有自己的网上‘家园’。昨天，教育部在上海召开了全国高校思想政治教育示范网站中国大学生在线开通筹备工作网络视频会议。据介绍，中国大学生在线将在 5 月 4 日正式开通，目前全国已有 63 所高校参与深度共建，上海有复旦大学、同济大学等 8 所高校。每所高校都承担一个板块建设，目前已经有近 40 个栏目进入测试阶段，完全建成后的中国大学生在线将囊括中国高校学校思想政治工作和生活的所有内容。全国各大高校的500多个优秀的思想政治类、素质教育类和综合服务类网站将在中国大学生在线有一个集中展示的平台，大学生们能够互通有无，同时让全社会都了解大学生们的思想、学习、生活情况。”

我坚信，在国家、大学和个人层面的共同努力下，“自强不息，厚德载物”，新世纪大学生自我教育之路会越来越宽广。

路漫漫其修远兮，吾将上下而求索。

参考文献

爱德华·C.托尔曼,1999.动物和人的目的性行为.李维,译.杭州:浙江教育出版社.

班杜拉,2001.思想和行动的社会基础——社会认知论.林颖等,译.上海:华东师范大学出版社:6-22.

班杜拉,2003.自我效能:控制的实施.缪小春等,译.上海:华东师范大学出版社:1,6-13,113-152,248-249.

蔡华俭,杨治良,周颖,等,2002.大学生性别自我概念的结构研究.心理学报,34(2):167-173.

蔡华俭,周颖,史青海,2001.内隐联想测验及其在性别刻板印象研究中的应用.社会心理研究,11(4):6-11.

陈向明,2000.质的研究方法与社会科学研究.北京:教育科学出版社.

但菲,2001.游戏对幼儿自我控制能力影响的现场研究.心理科学, 24(5):616-617.

邓赐平, 刘金花,1998.儿童自我控制能力教育对策研究.心理科学, 21(3):270-271.

董奇,周勇,陈红兵,1996.自我监控与智力.杭州:浙江人民出版社.

董奇,周勇,1994.论学生学习的自我监控.北京师范大学报(社科版)(1).

方俊明,1990.认知心理学与人格教育.西安:陕西师范大学出版社:329.

傅安球,1990.中国儿童青少年意志发展与教育//朱智贤.中国青少年心理发展与教育.北京:中国卓越出版公司:353-373.

高旭成,吴明证,梁宁建,2003.IAT效应在不同目标概念水平上的差异研究.心理科学,26(4):628-630.

高桦, 杨治良.前意识模型的提出和大学生情绪-心境的实验研究[J].心理科学,1997,20:212-216.

葛兰西,1990.实践哲学.徐崇温,译.重庆:重庆出版社:34-35,4.

郭秀艳,2003.试析内隐学习的意识——无意识兼容性.心理科学,26(6):1015-1019.

郭湛,2002.主体性哲学:人的存在及其意义.昆明:云南人民出版社:28-29,31,67.

韩根东,1994.多功能义类成语大辞典.北京:中国商业出版社:242-275.

韩进之,杨丽珠,魏华忠,1987.我国大学生自我意识发展特点研究.心理发展与教育(4):1-7.

何东涛,王永跃,葛列众,2003.学生自我效能发展影响因素研究.教育发展研究,4-5:162-165.

简·卢文格,1998.自我的发展.韦子木,译.杭州:浙江教育出版社:16-27,116-118.

金剑强,郑全全,2003.朝向目标努力过程中自我控制的机制和策略.人类工效学,9(1):52-54.

莱斯利·P.斯特弗等,2002.教育中的建构主义.高文等,译.上海:华东师范大学出版社,2002.

李红,王乃弋,2004.论执行功能及其发展研究.心理科学,27(2):426-430.

李蔚霞等，1992.少年自控能力形成的实验研究.新疆大学学报(4).
李晓文，2000.不同适应水平小学生自我表现特征及其内涵比较——小学生自我调节机制的一项研究.华东师范大学学报(教育科学版)，18(4)：37-43.
李晓文，1989.关于自我意识发展轨迹的探索.心理科学通讯，1：43-48.
里奇拉克，1994.发现自由意志与个人责任.许泽民，罗选民，译.贵阳：贵州人民出版社.
刘慧，2003.论学业自我效能感的培养.赣南师范学院学报(4)：57-60.
刘金花，庞美云，杨慧芳，1998.儿童自我控制学生自陈量表的编制.心理科学，21(2)：108-114，190.
刘九生，1989.循环不息的梦魇——阴阳五行观念及其历史文化效应.北京：国际文化出版公司：16.
刘岩，2003.学生自我效能、心理控制源与应激的关系.中国心理卫生杂志，17(1)：36-41.
罗伯特·伯格，罗纳德·费德瑞柯，1993.人类行为. 梅毅，译.北京：中国社会科学出版社.
罗伯特·凯根，1999.发展的自我. 韦子木，译.杭州：浙江教育出版社：37-38，57-61.
罗伯特·索拉索，2002..21 世纪的心理科学与脑科学. 朱滢，陈煊之，等，译.北京：北京大学出版社.
麦克斯维尔·梅尔兹，1988.个性的改造——心理控制学.南剑，编译.北京：红旗出版社.
梅家驹，竺一鸣，高蕴琦，等，1983.同义词词林.上海：上海辞书出版社.
倪海，2002."习得性无助"学生及教育对策.江西教育学院学报(社会科学版)，23(5)：29-32.
庞维国，2003.自主学习——学与教的原理和策略.上海：华东师范大学出版社.
庞维国，2001.中小学生自主学习的教学指导模式研究.上海：华东师范大学心理系博士学位论文.
漆书青，戴海崎，丁树良，1998.现代教育与心理测量学原理.南昌：江西教育出版社.
任应秋，1960.阴阳五行.上海：上海科学技术出版社，2.
容中逵，2002.论班杜拉社会学习理论的现实教育意义.高教论坛(6)：129-131.
山口彰，1989.怎样进行自我完善——能力与才干的自我发现.史继晟，刘福丽，译.北京：科学普及出版社.
斯蒂芬·柯维，2003.高效能人士的七个习惯. 顾淑馨等，译.北京：中国青年出版社：16-19.
宋辉，杨丽珠，1996.儿童自我控制发展研究综述.辽宁师范大学学报(社科版)(6)：35-38.
孙晓敏，张厚粲，2003.二十世纪一百位最著名的心理学家.心理科学，26(2)：343.
吴明隆，2000.SPSS 统计应用实务.北京：中国铁道出版社：29，36，47.
吴明证，梁宁建，许静，等，2004.内隐社会态度的矛盾现象研究.心理科学，27(2)：281-283.
夏征农，1999. 辞海(普及本).上海：上海辞书出版社：自 5362，我 3831，控 1994，制 522.
向继霖，1999.论实现"自我控制"是实现目标管理的精髓.湖南纺织高等专科学校学报，9(1)：41-43.
肖晓滢，1991.儿童自我控制发展研究简述.心理发展与教育，2：40-42.
谢松龄，1989.天人象：阴阳五行学说史导论.济南：山东文艺出版社.

徐速，刘金花，1999.儿童自我控制水平与父母管教态度间关系的研究.心理科学，22(2)：177-178.

徐速，刘金花，1999.儿童自我控制水平与父母教育观念间关系的研究.心理发展与教育(2)：23-26.

徐璇，2000.国外儿童自我控制研究述评.山东师范大学硕士论文：6.

许政援，吴念阳，闵瑞芳，1987. 3—6岁幼儿控制自己行为能力的发展特点和影响发展的因素.心理学报（1）：18-24.

杨慧芳，刘金花，1997.西方对父母控制模式与儿童自我控制关系的研究.心理发展与教育（2）：62-64.

杨丽珠，宋辉，2003.幼儿自我控制能力发展的研究.心理与行为研究(1)：51-56.

杨丽珠，于松梅，2002.儿童自我延迟满足心理机制的研究综述.心理科学，25(6)：712-715.

杨治良，高桦，郭力平，1998.社会认知具有更强的内隐性——兼论内隐和外显的"钢筋水泥"关系.心理学报，30(1)：1-5.

杨治良，郭力平，王沛，等，1999.记忆心理学(第二版).上海：华东师范大学出版社.

杨治良，李林，2003.意识和无意识权衡现象的四个特征.心理科学，26(6)：962-966.

杨治良，刘素珍，钟毅平，等，1997.内隐社会认知的初步实验研究.心理学报，29(1)：17-22.

杨治良，1998.实验心理学.杭州：浙江教育出版社.

尹爱田，张可芳，1992.吸烟行为的社会控制和自我控制.中国社会医学(4)：41-42，37.

游伯龙，2002.行为的新境界：知己知彼的成功术.北京：中国友谊出版公司.

于国庆，李其维，2003.从智力的三元理论到成功智力：是对IQ的再次超越吗？心理科学，26(4)：612-616.

约翰・葛瑞德，理查・班德勒，2003.出神入化.呼和浩特：内蒙古出版社.

张春兴，2002.心理学思想的流变——心理学名人传.上海：上海教育出版社：228-229，298-300，321-334.

张灵聪，2001.自我控制的一种机制——平衡需求.漳州师范学院学报(哲学社会科学版)(2)：100-103.

张庆云，1986.汉语反义词词典.济南：齐鲁书社.

赵南元，2002.认知科学揭秘(第二版).北京：清华大学出版社.

赵宁，1997.善于自我控制是运动取胜的必要保证.哈尔滨师范大学自然科学学报，13(4)：110-112.

朱永新，2000.我的教育理想.南京：南京师范大学出版社.

朱贤，1997.自我控制技能.佛山大学学报，15(6)：172-179.

Abeles R P, 1990. Schemas, sense of control, and aging//Rodin J, Schooler C, Schaie K W. Self-directedness: Causes and effects throughout the life course. Hillsdale, NJ: Erlbaum: 85-94.

Abramson L, Garber J, Seligman M E P, 1980. Learned helplessness in humans: An attributional analysis//Garber J, Seligman M E P. Human helplessness. New York: Academic Press: 3-34.

Adam Gifford Jr., 2002. Emotion and self-control. Journal of Economic Behavior & Organization, 49: 113-130.

Adler A, 1964. Superiority and social interest: A collection of later writings. New York: Viking Press.

Alan Shiell, Simon Chapman, 2000. The inertia of self-regulation: a game-theoretic approach to reducing passive smoking in restaurants. Social Science & Medicine, 51: 1111 ± 1119.

Alexandra Loukas, Robert A Zucker, Hiram E Fitzgerald, et al., 2003. Developmental trajectories of disruptive behavior problems among sons of alcoholics: effects of parent psychopathology, family conflict, and child under control. Journal of Abnormal Psychology, 112 (1): 119-131.

Amanda J Cumberland, 2003. The relations of effortful control and ego control to children's resiliency and social functioning. Developmental Psychology, 39 (4): 761-776.

Ans Kolk, Rob Van Tulder, 2002. The effectiveness of self-regulation: corporate codes of conduct and child labour. European Management Journal, 20 (3): 260-271.

Anthony G Greenwald, Shelly D Farnham, 2000. Using the Implicit Association Test to Measure Self-Esteem and Self-Consept. Journal of Personality and Social Psychology, 79 (6): 1022-1038.

Astin J, Shapiro D, 1997. Measuring the psychological construct of control: Applications to transpersonal psychology. Journal of Transpersonal Psychology, 29 (1): 63-72.

Averill J R, 1973. Personal control over aversive stimuli and its relationship to stress. Psychological Bulletin, 80: 286-303.

Ayelet Fishbach, Ronald S Friedman, Arie W Kruglanski, 2003. Leading us not unto temptation: momentary allurements elicit overriding goal activation. Journal of Personality and Social Psychology, 84 (2): 296-309.

Baltes M M, Baltes P B, 1986. The psychology of control and aging. Hillsdale, NJ: Erlbaum.

Bandura A, 1977. Self-efficacy: Toward a unifying theory of behavioral change. Psychological Review, 84: 191-215.

Bandura A, 1986a. Social foundations of thought and action: A social cognitive theory. Englewood Cliffs, NJ: Prentice Hall.

Bandura A, 1986b. The explanatory and predictive scope of self-efficacy theory. Journal of Clinical and Social Psychology, 4: 359-373.

Bandura A, 1990. Perceived self-efficacy in the exercise of control over AIDS infection. Evaluation and Program Planning, 13: 9-17.

Bandura A, 1997. Self-efficacy: The exercise of control. New York: W. H. Freeman.

Bandura A, Cervone D, 1983. Self-evaluative and self-efficacy mechanisms governing the motivational effects of goal systems. Journal of Personality and Social Psychology, 45: 1017-1028.

Bandura A, Jourden F J, 1991. Self-regulatory mechanisms governing the impact of social comparison on complex decision-making. Journal of Personality and Social Psychology, 60: 941-951.

Bandura A, Schunk D H, 1981. Cultivating competence, self-efficacy, and intrinsic interest through proximal self-motivation. Journal of Personality and Social Psychology, 41: 586-598.

Bandura A, Wood R E, 1989. Effect of perceived controllability and performance standards on self-regulation of complex decision-making. Journal of Personality and Social Psychology, 56: 805-814.

Bandura A, 1978. The self system in reciprocal determinism. Ammerican Psychologist, 33: 344-358.

Bandura A, 1982. Self-efficacy mechanism in human agency. American Psychologist, 37: 122-147.

Bandura A, 1988. Self-efficacy conception of anxiety. Anxiety Ressarch, 1: 77-98.

Bandura A, 1988. Self-regulation of motivation and action through goal systems//Hamilton V, Bower G H, Frijda N H. Cognitive perspectives on emotion and motivation. Dordrecht, The Netherlands: Kluwer: 37-61.

Bandura A, 1989a. Human agency in social cognitive theory. American Psychologist, 44: 1175-1184.

Bandura A, 1989b. Perceived self-efficacy in the exercise of personal agency. British Psychological Society, 10: 411-424.

Bandura A, 1991a. Self-efficacy mechanism in physiological activation and health-promoting behavior//Madden J, IV. Neurobiology of learning, emotion and affect. New York: Raven: 229-270.

Bandura A, 1991b. Social cognitive theory of self-regulation. Organizational Behavior and Human Decision Processes, 50: 248-287.

Bandura A, 1991c. Social cognitive theory of moral thought and action//Kurtnes W M. Gewirtz J L. Handbook of moral behavior and development: Theory, research and applications (Vol. 1). Hillsdale, N. J.: Erlbaum: 71-129.

Bandura A, 1992. Exercise of personal agency through the self-efficacy mechanism//Schwazer R. Self-efficacy: Thought control of action. Washington, D. C.: Hemisphere: 3-38.

Bandura A, 1993. Perceived self-efficacy in cognitions development and functioning. Educational Psychologist, 28: 117-148.

Bandura A, 1994. Social cognitive theory and exercise of control over HIV infection//

DiClemente R, Peterson J. Preventing AIDS: Theories and methods of behavioral interventions. New York: Plenum: 25-59.

Barling J, Beattie R, 1983. Self-efficacy beliefs and sales performance. Journal of Organizational Behavior Management, 5: 41-51.

Baumeister R F, Heatherton T F, Tice D M, 1994. Losing control — How and why people fail at self-regulation. Academic Press.

Baumrind D, 1966. Effects of authoritative parental control on child behavior. Child Development, 37: 887-907.

Baumrind D, 1993. The average expectable environment is not good enough: A response to Scar. Child Development, 64: 1299-1317.

Bem S L, 1977. On the utility of alternative procedures for assessing psychological androgyny. Journal of Consulting and Clinical Psychology, 45 (2): 196-205.

Betz N E, 1992a. Career assessment: A review of critical issues//Brown S D, Lent R W. Handbook of counseling psychology (2nded). New York: Wiley: 453-484.

Betz N E, 1992b. Counseling uses of career self-efficacy theory. Career Development Quarterly, 41: 22-26.

Betz N E, Hackett G, 1981. The relationship of career-related self-efficacy expectations to perceived career options in college women and men. Journal of Counseling Psychology, 28: 399-410.

Betz N E, Hackett G, 1986. Applications of self-efficacy theory to understanding career choice behavior. Journal of Social and Clinical Psychology, 4: 279-289.

Betz N E, Hackett G, 1987. Concept of agency in educational and career development. Journal of Counseling Psychology, 34: 299-308.

Block J H, Block J, 1980. The role of ego-control and ego-resiliency in the organization of behavior//Collins W A. Minnesota Symposia on child psychology, Hillsdale, N. J.: Erlbaum: 13, 48.

Bolle D, Dominguez D R C, Amari S, 2000. Mutual information of sparsely coded associative memory with self-control and ternary neurons. Neural Networks, 13: 455-462.

Boorstein S, 1996. Transpersonal psychotherapy (2nded). New York: SUNY Press.

Borkovec T D, Michelle G Newman, Richard Lytle, et al., 2002. A component analysis of cognitive-behavioral therapy for generalized anxiety disorder and the role of interpersonal problems. Journal of Consulting and Clinical Psychology, 70 (2): 288-298.

Brehm S S, Brehm J W, 1991. Psychological reactance: A theory of freedom and control. New York: Academic Press.

BrettLaursen, Lea Pulkkinen, Ryan Adams, 2002. The antecedents and correlates of agreeableness in adulthood. Developmental Psychology, 38 (4): 591-603.

Brown S D, Lent R W, 1996. A social cognitive framework for career choice counseling. Career Development Quarterly, 44: 354-366.

Brownell K D, 1978. Theoretical and applied issues in self-control, The Psychological Record, 28: 291-298.

Brownell K D, 1991. Personal responsibility and control over our bodies. When expectation exceeds reality. Health Psychology, 10: 303-10.

Bryan R Lone, 2003. Callous-unemotional traits and developmental pathways to severe conduct problems. Developmental Psychology, 39 (2): 246-260.

Buddha, 1981. The Teaching of Buddha. Tokyo: Kosaido.

Budman S H, Gurman A S, 1988. Theory and practice of brief therapy. New York: Guilford Press.

Burger J M, 1985. Desire for control and achievement-related behaviors. Journal of Personality and Social Psychology, 48: 1520-1533.

Burger J M, 1989. Negative reactions to increase in perceived personal control. Journal of Personality and Social Psychology, 56: 246-256.

Burger J M, Cooper H M, 1979. The desirability of control. Motivation and Emotion, 3: 381-393.

Campbell S, 1980. The couple's journey: Intimacy as a path to wholeness. A Luis Obispo, CA: Impact Press.

Cancian F, 1987. Love in America: Gender and self-development. New York: Cambridge University Press.

Carin Neitzel, Anne Dopkins Stright, 2003. Mothers' scaffolding of children's problem solving: establishing a foundation of academic self-regulatory competence. Journal of Family Psychology, 17 (1): 147-159.

Carmen GonzaÂ lez, Luis J Fuentes, Jose A Carranza, et al., 2001. Temperament and attention in the self-regulation of 7-year-old children. Personality and Individual Differences, 30: 931 ±946.

Carver C S, Scheier M F, 1981. Attention and self-regulation: A control theory approach to human behavior. New York: Springer-Verlag.

Cautela J R, 1969. Behavior therapy and self-control: Techniques and implications//Franks C M. Behavior therapy: Appraisal and status. New York: McGraw-Hill: 323-340.

Chia M, 1984. Taoist secrets of love. New York: Aurora Press.

Chris Gibson, John Wright, 2001. Low self-control and coworker delinquency: A research note. Journal of Criminal Justice, 29: 483-492.

Christi Bergin, David A Bergin, 1999. Classroom discipline that promotes self-control. Journal of Applied Developmental Psychology, 20 (2): 189-206.

Cohen S, Edwards J R, 1989. Personality characteristics as moderators of the relationship between stress and disorder//Neufeld R W J. Advances in the investigation of psychological stress. New York: Wiley: 235-283.

Cynthia L Elias, Laura E Berk, 2002. Self-regulation in young children: Is there a role for sociodramatic play? Early Childhood Research Quarterly, 17: 216-238.

Cynthia Owsley, Beth T Stalvey, Janice M Phillips, 2003. The efficacy of an educational intervention in promoting self-regulation among high-risk older drivers. Accident Analysis and Prevention, 35: 393-400.

Daniel M Wegner, Valerie A Fuller, Betsy Sparrow, 2003. Clever Hands: Uncontrolled Intelligence in Facilitated Communication. Journal of Personality and Social Psychology, 85 (1): 5-19.

Dantzer R, 1989. Neuroendocrine correlates of control and coping//Steptoe A, Appels A. Stress, personal control, and health. New York: Wiley: 277-294.

Dasgupta N, Mchgee D E, Greenwald A G, et al., 2000. Automatic preference for white Americans: Eliminating the familiarity explanation. Journal of Experimental Social Psychology, 36, 316-328.

David Morrison, Roy L Payne, Toby D Wall, 2003. Is job a viable unit of analysis? A multilevel analysis of demand-control-support models. Journal of Occupational Health Psychology, 8 (3): 209-219.

Davison G C, 1973. Counter control and behavior modification//Hamerlynck L A, et al. Behavior change: Methodology, concepts, practices. Champaign, IL: Research Press.

Deane H Shapiro, Jr. John A, 1998. Astin Control Therapy: An integrated approach to psychotherapy, health, and headling. John Wiley & Sons, Inc. 9-14, 18-36.

Descartes R, 1955. The philosophical Works of Descartes (Tr: G. S. Haldane & G. R. T. Ross) (Vol. 2). New york: Dover.

Duane F Shell, Jenefer Husman, 2001. The multivariate dimensionality of personal control and future time perspective beliefs in achievement and self-regulation. Contemporary Educational Psychology, 26: 481-506.

Elizabeth Kudadjie-Gyamfi, Howard Rachlin, 2002. Rule-governed versus contingency-governed behavior in a self-control task: effects of changes in contingencies. Behavioural Processes, 57: 29-35.

Ellis A, 1984. The place of meditation in rational-emotive therapy and cognitive behavior therapy. //Shapiro D H, Walsh R N. Meditation: Classic and contemporary perspectives. New York: Aldine: 671-673.

Epstein S, 1994. Integration of Cognitive and the Psychodynamic Unconscious. American Psychologist, 49: 709-724.

Evans G E, Shapiro D H, Lewis M, 1993. Specifying dysfunctional mismatches between different control dimensions. British Journal of Psycholoy, 84: 255-273.

Eysenck, H J, 1970. The structure of personality. London: Methuen.

Farber L B, 1966. Ways of the will. New York: Harper Colophon.

Fiske S T, 1993. Controlling other people. American Psychologist, 48: 621-628.

Folkman S, 1984. Personal control and stress and coping processes. Journal of Personality and Social Psychology, 46: 839-852.

Frankl V E, 1963. Man's search for meaning. Boston: Beacon Press.

Frankl V, 1962/1980. Man's search for meaning: An introduction to logotherapy. New York: Simon & Schuster. (Original work published 1962)

Fredrik Anderson, Göran Skogh, 2003. Quality, self-regulation, and competition: the case of insurance. Insurance: Mathematics and Economics, 32: 267-280.

Freud S, 1959a. Dora: Fragment of analysis of a case of hysteria. Collected papers. New York: Basic Books: 131.

Freud S, 1959b. Moral responsibility for the content of dreams. In Complete psychological works of Sigmund Freud. Stanford University Press.

Fromm E, [1941] 1965. Escape from freedom. New York: Avon Books.

Funder D C, Block J, 1983. Delay of gratification: Some Longitudinal personality correlates. Journal of Personality and Social Psychology, 44: 1198-1213.

Furlong F W, 1979. Determinism and free will. American Journal of Psychiatry, 138: 435-439.

Gabriele Oettingen, Gaby Honig, Peter M Gollwitzer, 2000. Effective self-regulation of goal attainment. International Journal of Educational Research, 33: 705-732.

Garfield S L, Bergin A E, 1986. Handbook of psychotherapy & behavior change. New York: Wiley.

Gertrude, Blanck J, 1993. Ego Psychology Theory and Practice. Columbia University Press: 19, 20.

Golden M, 1977. Verbal Control of delay behavior in two-year-old boys as a function of social class, Child Development, 48: 1107-1111

Goldfried M R, 1973a. Experimental studies of uncontrollable and unpredictable noise. Representative Research in Social Psychology, 4: 165-183.

Goldfried M R, 1973b. Reduction of generalized anxiety through a variant of systematic desensitization//Goldfried M R, Merbaum M. Behavior change through self-control. New York: Holt, Rinehart & Winston: 297-304.

Goldiamond I, 1965. Self-control procedures in personal behavior problems. Psychological Reports, 17: 851-868.

Goleman D, 1995. Emotional intelligence. New York: Bantam.

Gottman J, 1994. Why marriages succeed or fail. New York: Simon & Schuster.

Greenwald A G, Banaji M R, et al., 2002. A Unified Theory of Implicit Attitudes, stereotypes, self-esteem, and Concept. Psychological Review, 109 (1): 3-25.

Greenwald A G, Banaji M R, 1995. Implicit social cognition: Attitudes, self-esteem, and stereotypes. Psychological Review, 102: 4-27.

Greenwald A G, McGhee D E, Schwarz J L K, 1998. Measuring individual difference in implicit cognition: The Implicit Association Test. Journal of Personality and Social Psychology, 74 (6): 1464-1480.

Groveman Alan M, Richards C Steven, Caple Richard B, 1977. Effects of study-skills counseling versus behavioral self-control techniques in the treatment of academic performance. Psychological Reports, 41 (1): 186.

Grusec J E, Lytton H, 1988. Social development: History, theory and research. Spring-Vevay: 43-77, 175-182, 291-304.

Hackett G, Betz N E, 1981. A self-efficacy approach to the career development of women. Journal of Vocational Behavior, 18: 326-339.

Hackett G, Watkins, C E Jr, 1995. Research in career assessment: Abilities, interests, decision making, and career development. In: W. B.

Hadas M, 1965. Self-control: The Greek paradigm//Klausner S Z. The quest for self-control. New York: Free Press: 104-117.

Hamilton E, Cairns H, 1961. Plato, The Collected Dialogues. Princeton, NJ: Princeton University Press.

Harter S, 1997. The Construction of the Self. The Guilford Press: 17.

Hatakka M, Keskinen E, Gregersen N P, et al., 2002. From control of the vehicle to personal self-control: broadening the perspectives to driver education. Transportation Research Part F5: 201-215.

Heath D, 1983. The maturing person//Walsh R, Shapiro D H. Beyond health and normality: Explorations of exceptional psychological well-being. New York: Van Nostrand Reinhold: 152-206.

Heckhausen J, Schulz R, 1995. A life-span theory of control, Psychology Reports, 102: 284-304.

Hinson J H, 1988. The conflicting psychologies of self-control: A way out? Behavioral and Brain Sciences, 11: 685-686.

Hirose E I, 1998. A review of career self-efficacy studies. Japanese Journal of Educational Psychology, 46: 343-355.

Homme L, 1965. Perspectives in psychology, XXIV: Control of coverants, the operants of the mind. Psychological Record, 15: 501-511.

Horesh N, Zalsman G, Apter A, 2000. Internalized anger, self-control, and mastery experience in inpatient anorexic adolescents. Journal of Psychosomatic Research, 49: 247-253.

Hugo M Kehr, Petra Bles Lutz von Rosenstiel, 1999. Self-regulation, self-control, and management training transfer. International Journal of Educational Research, 31: 487-498.

Imada S, Imada H, 1988. Self-restraint: A type of self-control in an approach avoidance sithuation. Behavioral and Brain Sciences, 11: 687-688.

Jacoby L L, Toth J P. Yonglinas A P, 1993. Seperating conscious and unconscious influences of memory: Measuring re collection. Journal of Experimental Psychology: General, 122 (2): 139-154.

James C Harris, 2003. Social neuroscience, empathy, brain integration, and neurodevelopmental disorders. Physiology & Behavior, 2003, 79: 525-531.

James W, 1979. The will to believe. Cambridge, MA: Harvard university Press.

Janneke van Mens-Verhulst, Cor van Dijkum, Edzel van Kuijk, et al., 2003. The self-regulation of fatigue and associated complaints: and exploratory simulation. Patient Education and Counseling, 49: 53-57.

Javier Nunez, 2001. A model of self-regulation. Economics Letters, 74: 91-97.

Jay Brown, Howard Rachlin, 1999. Self-control and social cooperation. Behavioural Processes, 47: 65-72.

John Nietfeld, Anton Bosma, 2003. Examining the self-regulation of impulsive and reflective response styles on academic tasks. Journal of Research in Personality, 32: 118-140.

John T Jones, Brett W Pelham, Matthew C Mirenberg, 2002. Name letter preferences are not merely mere exposure: implicit egotism as self-regulation. Journal of Experimental Social Psychology, 38: 170-177.

Joordens S, Merikle P M, 1993. Independence of Redundancy? Two models of conscious and unconscious influences. Journal of Experimental Psychology: 122 (4): 462-467.

Judith A Goldman, Lisa L Harlow, 1993. Self-perception variables that mediate aids-preventive behavior in college students. Health Psychology, 12 (6): 483-494.

Judith L Lauter, 1998. Neurophysiological self-control: modulation in all things. Jouranl of Communication Disord, 31: 543-550.

Jung C G, 1939. Conscious, unconscious, and individuation//Read H, Fordham M, Adler G. Collected works (Vol. 9). Princeton, NJ: Princeton University Press.

Kagan J, 1989. The concept of behavioral inhibition to the unfamiliar//Reznick J S. Perspectives on behavioral inhibition. Chicago: University of Chicago Press: 1-23.

Kalevi Korpela, Marketta Kytt, Terry Hartig, 2002. Restorative experience, self-regulation, and children's place preferences. Journal of Environmental Psychology, 22: 387-398.

Kanfer Frederick H, Seidner Meryl L, 1973. Self-control: Factors enhancing tolerance of noxious stimulation. Journal of Personality & Social Psychology, 25 (3): 381-389.

Kanfer F, 1979. Personal control, social control, and altruism: Can society survive the age of individualism? American Psychologist, 34: 231-239.

Kegan R, 1982. The evolving self: Problem and process in human development. Cambridge, MA: Harvard University Press.

Keiko Nakano, Kaname Mochizuki, Masaya Sato, 1996. Self-contol and the type a behavior pattern. Journal of Behavior Theory and Experimental Psychiat, 1996, 27 (2): 169-174.

Kirschenbaum Daniel S, Tomarken Andrew J, Ordman Arnold M, 1982. Specificity of planning and choice applied to adult self-control. Journal of Personality & Social Psychology, 42 (3): 576-585.

Kochanska G, 1997. Inhibitory control as a contributor to conscience in childhood: From toddler to early school age. Child development, 68: 263-277.

Kreman A M, Block J, 1998. The roots of ego-control in young adulthood: Links with parenting in early childhood. Journal of Personality and Social Psychology, 75: 1062-1067.

Kremer-Hayon L, Tillema H H, 1999. Self-regulated learning in the context of teacher education. Teaching and Teacher Education, 15: 507-522.

Kris N Kirby, Barbarose Guastello, 2001. Making choices in anticipation of similar future choices can increase self-control. Journal of Experiment Psychology: Applied, 7 (2): 154-164.

Langer E, 1975. The illusion of control. Journal of Personality and Social Psychology, 32: 311-328.

Langer E, 1983. The psychology of control. Los Angeles: Sage.

Lao-tzu, 1936. Tao-Ching (A. Waley, Trans.). London: Allen & Unwin.

Lavoie J C, 1973. Punishment and young children's self-control, Developmental Psychology, 8: 16-24.

Lazarus R, Folkman S, 1985. Stress, appraisul and coping. New york: Springer Verlag.

Lee Chien Ching, 2002. Strategy and self-regulation instruction as contributors to improving students' cognitive model in an ESL program. English for Specific Purposes, 21: 261-289.

Lewis F M, 1982. Experienced personal control and quality of life in late-stage cancer patients. Nursing Research, 31 (2): 113-119.

Lina A Ricciardelli, Robert J. Williams, Jennifer Finemore, 2001. Restraint as misregulation in drinking and eating. Addictive Behaviors, 26: 665-675.

Locke E A, Latham G P, 1990. A theory of goal-setting and task performance. Englewood Cliffs, NJ: Prentice-hall.

Loevinger J, 1980. Ego development. San Francisco: Jossey-Bass Publishers.

Lougue A W, 1988. Research on self-control: An integrating framework. Behavioral and Brain

Sciences, 11: 665-709.

Mahoney M, Thoresen C, 1974. Self-control. Monterey, CA: Brooks/Cole.

Mahoney M J, Arnkoff D B, 1979. Self-management//Pomerleau O F, Brady J P. Behavioral medicine: Theory and practice. Baltimore, MD: Willams & Wilkins.

Mallow, 1971. Motivation and Personality. New York: Harper & Row.

Marina S Lemos, 1999. Students' goals and self-regulation in the Classroom. International Journal of Educational Research, 31: 471-485.

Marja Kokkonen, Lea Pulkkinen, Taru Kinnunen, 2001. Low self-control of emotions as an antecedent of self-reported physical symptoms: a longitudinal perspective. European Psychologist, 6 (1): 26-35.

Marja Kokkonen, Lea Pulkkinen, 1999. Emotion regulation strategies in relation to personality characteristics indicating low and high self-control of emotions. Personality and Individual Differences, 27: 913 ± 932.

Mark Muraven, Lorraine Collins R, Kristen Nienhaus, 2002. Self-control and alcohol restraint: an initial application of the self-control strength model. Psychology of Addictive Behaviors, 16 (2): 113-120.

Mathews R C, Buss R R, Stanley W B, et al., 1989. Role of implicit and explicit process in learning from examples: A synergistic effect. Journal of Experimental Psychology: Learning, Memory and Cognition, 15: 1083-1100.

Matthews C R, 1977. A review of behavioral theories of depression and a self-regulation model for depression. Psychotherapy: Theory, Research, Practice, 14: 79-86.

May R, 1969. Love and will. New York: Norton.

May R, 1961. Existential psychology. New York: Random House.

McClelland D, 1975. Power: The inner experience. New York: Irvington.

Meichenbaum D, 1977. Cognitive behavior modification: An integrative approach. New York: Plenum Press.

Menninger K, Mayman M, Pruyser P, 1963. The vital balance: The life process in mental health and illness. New York: Viking Press.

Merton T, 1969. The way of Chuang-tzu. New York: New Direction.

Michael G Turner, Alex R Piquer, 2002. The stability of self-control. Journal of Criminal Justice, 30: 457-471.

Mie Matsui , Eiichi Yoneyama , Tomiki Sumiyoshi, et al., 2002. Lack of self-control as assessed by a personality inventory is related to reduce volume of supplementary motor area. Psychiatry Research Neuroimaging, 116: 53-61.

Miles Gilliom, Daniel S Shaw, Joy E Beck, et al., 2002. Anger Regulation in Disadvantaged Preschool Boys: Strategies, Antecedents, and the Development of Self-Control.

Developmental Psychology, 38 (2): 222-235.

Mischel W, Baker N, 1975. Cognitive appraisals and transformations in delay behavior, Journal of Personality and Social Psychology, 31: 254-261.

Mischel W, Moore B, 1973. Effects of attention to symbolically presented rewards upon self-control. Journal of Personality and Social Psychology, 28: 172-179.

Mischel W, Patterson C J, 1976. Substantive and structural elements of effective plans for self-control, Jounal of Personality and Social Psychology, 34: 942-950.

Mischel W, 1974. Processes in delay of gratification//Berkowitz L. Advances in experimental social psychology (vol 7). New York: Academic Press: 249-292.

Mischel W, Ebbeson E B, Zeiss A, 1972. Cognitive and attention mechanisms in delay of gratification, Journal of Personality and Social Psychology, 21: 204-218.

Mitchell J P, Nosek B A, Banaji M R, 2003. Contextual variations in implicit evaluation. Journal of Personality and Social Psychology, 132 (3): 455-469.

Monique Boekaerts, Alexander Minnaert, 1999. Self-regulation with respect to informal learning. International Journal of Educational Research, 31: 533-544.

Monique Boekaerts, 1997. Self-regulated learning: A new concept embraced by researchers, policy makers, educators, teachers and students. Learning and instruction, l7 (2): 161-186.

Morgan C D, Murray H A, 1935. A method for investigating fantasies: The Thematic Apperception Test. Archives of Neurology and Psychiatry, 34: 289-306.

Mussen P H. Child Psychology, Socialization, Personality and Social development (4th Edition), 4: 339-369.

Nirbhay N Singh, Robert G Wahler, Angela D Adkins, et al., 2003. Soles of the Feet: a mindfulness-based self-control intervention for aggression by an individual with mild mental retardation and mental illness. Research in Developmental Disabilities.

O'Gorman J G, Baxter E, 2002. Self-control as a personality measure. Personality and Individual Differences, 32: 533-539.

Oosterwegel A, Oppenhimer L, 1993. The self-system: Developmental changes between and within self-concepts. N J: Lawrence.

Ostrom T M, 1984. The Sovereignty of Social Cognition//Wyre R S, Srull T K. Handbook of Social Cognition (Vol. 1). Lawrence Erlbum Associates Publisher, Inc. 1984: 1-32.

Parkes K R, 1989. Personal control in an occupational context//Steptoe A, Appels A. Stress, personal control, and health. New York: Wiley: 49-64.

Paul J Frick, Amy H Cornell, S Doug Bodin, et al., 2003. Early school competence: the roles of sex-segregated play and effortful control. Developmental Psychology, 39 (5): 848-858.

Paul R Pintrich, 1999. Taking control of research on volitional control: challenges for future theory and research. Learning and Individual Differences, 11 (3): 335-354.

Pavlov I, [1927] 1960. Conditioned reflexes. New York: Dover.

Payne Paul A, Woudenberg Roger A, 1978. Helping others and helping yourself: An evaluation of two training modules in a college course. Teaching of Psychology, 5 (3).

Peterson C, Stunkard J, 1989. Personal control and health promotion. Social Science and Medicine, 28: 819-828.

Peterson V, Nisenholz B, 1995. Orientation to counseling (3rd ed.). Boston: Allyn & Bacon.

Piaget J, 1952. The origins of intelligence in children. New York: International Universities Press.

Pollock K. Grime J, 2000. Strategies for reducing the prescribing of proton pump inhibitors (PPIs): patient self-regulation of treatment may be an under-exploited resource. Social Science & Medicine, 51: 1827±1839.

Rainer Goebel, Niels Birbaumer, 2003. Physiological self-regulation of regional brain activity using real-time functional magnetic resonance imaging (fMRI): methodology and exemplary data. NeuroImage, 19: 577-586.

Reich J W, Zutra A J, 1990. Dispositional control beliefs and the consequences of a control-enhancing intervention. Journal of Gerontology: Psychological Sciences, 45: 46-51.

Richard H Price, Jin Nam Choi, Amiram D Vinokur, 2002. Links in the chain of adversity following job loss: how financial strain and loss of personal control lead to depression impaired functioning, and poor health. Journal of Occupational Health Psychology, 2002, 7 (4): 302-312.

Richarde Snow, 1996. Self-regulation as meta-conation? Learning And Individual Differences, 8 (3): 261-267.

Robert Vermeiren, Antoine De Clippele, Mary Schwab-Stone, et al., 2002. Neuropsychological characteristics of three subgroups of Flemish delinquent adolescents. Neuropsychology, 16 (1): 49-55.

Rodin J, 1986. Aging and health: Effects of the sense of control. Science, 233: 1271-1276.

Rodin J, 1990. Control by any other name: Definitions, concepts, processes//Rodin J, Schooler C, Schaie K W. Self-directedness: Causes and effects throughout the life course. Hillsdale, NJ: Erlbaum: 1-18.

Rodin J, Langer E, 1977. Long-term effects of a control-relevant intervention with the institutionalized aged. Journal of Personality and Social psychology, 35: 879-902.

Rodin J, Salovey P, 1989. health psychology. Annual Review of Psychology, 40: 533-579.

Rodin J, Schooler C, Schaie K W, 1990. Self-directedness: Causes and effects throughout the life course. Hillsdale, NJ: Erlbaum.

Rogers C, 1951. Client-centered therapy. Boston: Houghton Mifflin.

Rogers C, 1961. On becoming a person. Boston: Houghton Mifflin.

Roland Benabou, Marek Pycia, 2002. Dynamic inconsistency and self-control: a planner-doer interpretation. Economics Letters, 77: 419-424.

Rosario Diaz-Greenberg, Jacqueline Thousand, Maria Cardelle-Elawar, et al., 2000. What teachers need to know about the struggle for self-determination (concretization) and self-regulation: adults with disabilities speak about their education experiences. Teaching and Teacher Education, 16: 873-887.

Roseanne Schnoll, Barry J Zimmerman, 2001. Self-regulation training enhances dietary self-efficacy. Journal of the American Dietetic Association, 101 (9): 1001-1011.

Rosenbaum M, 1993. The three functions of self-control behaviour: Repressive, reformative, and experiential. Work & Stress, 7: 33-46.

Rothbum F, Weisz J R, Snyder S, 1982. Changing the world and changing the self: A two-process model of perceived control. Journal of Personality and Social Psychology, 42: 5-37.

Rothybaum F M, Weisz, J R, 1989. Child pathology and the quest for control. Newbury Park, CA: Sage.

Rotter J, 1966. Generalized expectancies for internal versus external control of reinforcement. Psychological Monographs: 80 (Whole No. 609).

Rotter J B, 1990. Internal versus external control of reinforcement. American Psychologist, 45: 489-493.

Ruth Kanfer, Phllllp L-Ackerman, And Eric Bheggestad, 1996. Motivational skills & self-regulation for learning: a trait perspective. Learning and Individual Differences, 8 (3): 185-209.

Schunk D H, Zimmerman B J, 1994. Self-regulation of learning and performance. Lawrence Erlbaum Associates, Publishers.

Seligman M E P, 1975. Helplessness. San Francisco: Freeman.

Seligman M E P, 1991. Learned optimism. New York: Knopf.

Sergio G Lazzarini, Pedro Carvalho de Mello, 2001. Governmental versus self-regulation of derivative markets: examining the U. S. and Brazilian experience. Journal of Economics and Business, 53: 185-207.

Shapiro D, Walsh R, 1984. Meditation: Classic and contemporary perspectives. New York: Aldine.

Shapiro D, Schwartz C E, Astin J A, 1996. Controlling ourselves, controlling our world: Psychology's role in understanding positive and negative consequences of seeking and gaining control. American Psychologist, 51 (12): 1213-1230.

Shapiro D H, Shapiro J, 1992. Relationship and spirituality: The role of control. Journal of Couples Therapy, 3: 77-96.

Shapiro D H, 1982. Reliability of four quadrant model of self-control: Ratings by experts in

Type A behavior/health psychology, East-West psychology, and sexrole psychology. Psychologia: An International Journal of Psychology in the Orient, 25: 149-154.

Shapiro D H, 1983a. A content analysis of views of self-control. Biofeedback and Self-Regulation, 8 (1): 73-86.

Shapiro D H, 1983b. Dimensions relevant to the health care and therapeutic use of self-control strategies: A systems model for applied research. Perspectives in Biology and Medicine, 26 (4): 91-116.

Shapiro D H, 1983c. Self-control and positive health//Walsh R N, Shapiro D H. Beyond health and normality: Explorations of exceptional psychological well-being. New York: Van No strand Reinhold: 371-387.

Shapiro D H, 1985. The relationship of self-control to psychological health and social desirability: Toward the development of normative scales for a clinical assessment inventory based on control model of health. Psychologia, 28 (4): 237-248.

Shapiro D H, 1989a. Exploring our most deeply held belief about the nature of ultimate reality. ReVision, 12 (1): 15-28.

Shapiro D H, 1989b. Self-control and other control in cross-cultural perspective: Balinese trance and religious beliefs. ReVision, 12 (2): 33-46.

Shapiro D H, 1990. Clinical applications of a four quadrant model of control: Two case studies of stress related disorders. The Psychotherapy Patient, 7 (1/2): 169-198.

Shapiro D H, 1992. Zen meditation, cognitive/behavioral psychology, and a religious uest: Reflections on a twenty year return. Japanese Health Psychology, 1 (1): 5-19.

Shapiro D H, 1994a. Manual for the Shapiro Control Inventory (SCI). Palo Alto, CA: Behaviordata.

Shapiro D H, 1994b. Self-control and self-control strategies//Corsini R. Encyclopedia of psychology (Vol. 3). New York: Wiley: 285-288.

Shapiro D H, Aifferblatt S, 1976a. An applied clinical combination of Zen meditation and behavioral self-control strategies: Reducing methadone dosage in drug addiction. Behavior Therapy, 7: 694-695.

Shapiro D H, Bates D, 1990. The measurement of control and self-control Background, rationale, description of a control content analysis scale. Psychologia, 33 (3): 147-162.

Shapiro D H, Shapiro J, 1983. Self-control concerns for men and women: Refinement and extension of a construct. Journal of Clinical Psychology, 39: 878-892.

Shapiro D H, Zifferblatt S, 1976b. Zen meditation and behavioral self-control. American Psychologist, 31: 519-532.

Shapiro D H, Blinder B, Hagmann, J, et al., 1993. A control profile of eating disorders patients. Psychological Reports, 73: 531-541.

Shapiro D H, Potkin S, Jin Y, et al., 1993. Measuring the psychological construct of control: Discriminant, divergent, and incremental validity of the Shapiro Control Inventory and Rotter's and Wallston's locus of control scales. International Journal of Psychosomatics, 40 (1-4): 35-46.

Shapiro D H, Sandman C, Grossman M, et al., 1995. Aging and sense of control. Psychological Reports, 76: 1-3.

Shapiro D H, Weatherford V, Kaufmann E, 1994. A control profile of adult children of alcoholics. American journal of Drug and Alcohol Abuse, 20: 247-262.

Shapiro D H, Wu J, Buchsbaum M, 1995. Exploring the relationship between having control and losing control to functional neuroanatomy within the sleeping state. Psychologia, 38 (3): 133-145.

Shapiro J, Shapiro D H, 1984. Self-control and relationship: Toward a model of interpersonal health. Journal of Humanistic Psychology, 24 (4): 91-116.

Sheryl L Olson, Keiko Kashiwagi, 2000. Teacher ratings of behavioral self-regulation in preschool children: a Japanese/U. S. comparison. Journal of Applied Developmental Psychology, 21 (6): 609-617.

Shiri Spector, Christine Cull, Laura H Goldstein, 2000. Seizure precipitants and perceived self-control of seizures in adults with poorly controlled epilepsy. Epilepsy Research, 38: 207-216.

Skinner E A, 1996. A guide to constructs of control. Journal of Personality and Social Psycholgy, 71: 549-570.

Smith H, 1983. Spiritual discipline in Zen and comparative religion. The Eastern Buddhist, 16 (2), 9-25.

Spinoza B, 1927. Ethics. London: Oxford University Press.

Stephen J Pape, Pamela Gaskill, 2000. Self-regulation in early childhood: nature and nurture. Early Childhood Research Quarterly, 15 (4): 577-581.

Steve Sussman, William J McCuller, Clyde W Dent, 2003. The associations of social self-control, personality disorders, and demographics with drug use among high-risk youth. Addictive Behaviors, 28: 1159-1166.

Strickland B, 1990. Internal/external control expectancies. American Psychologist, 44: 1-12.

Syme S L, 1989. Control and health: A personal perspective//Steptoe A, Appels A. Stress, personal control, and health. New York: Wiley: 3-19.

Tadesse Araya, Nazar Akrami, Bo Ekehammar, et al, 2002. Reducing Prejudice Through Priming of Control-Related Words. Experimental Psychology, 49 (3): 222-227.

Taku Ishii, Takayuki Sakagami, 2002. Self-control and impulsiveness with asynchronous presentation of reinforcement schedules. Behavioural Processes, 59: 25-35.

Tart C, 1975. Transpersonal psychologies. New York: Harper & Row.

Tart C, 1986. Waking up: Overcoming the obstacles to human potential. Boston: Shambalah.

Taylor S E, Brown J D, 1994. Positive illusions and well-being revised: Separating fact from fiction. Psychological Bulletin, 116: 21-27.

Teresa Peluso, Lina A Ricciardelli, Robert J Williams, 1999. Self-control in relation to problem drinking and symptoms of disordered eating. Addictive Behaviors, 24 (5): 715-718.

Thomas Ashby Wills, Frederick X. Gibbons, Meg Gerrard, et al., 2003. Family communication and religiosity related to substance use and sexual behavior in early adolescence: a test for pathways through self-control and prototype perceptions. Psychology of Addictive Behaviors, 17 (4): 312-323.

Thomas Ashby Wills, James M Sandy, Alison M Yaeger, 2002. Moderators of the relation between substance use level and problems: test of a self-regulation model in middle adolescence. Journal of Abnormal Psychology, 111 (1): 3-21.

Thomas Ashby Wills, Mike Stoolmiller, 2002. The Role of self-control in early escalation of substance use: a time-varying analysis. Journal of Consulting and Clinical Psychology, 70 (4): 986-997.

Thomas P Lyon, John W Maxwell, 2003. Self-regulation, taxation and public voluntary environmental agreements. Journal of Public Economics, 87: 1453-1486.

Thoresen C, Mahoney M, 1974. Behavioral self-control. New york: Holt, Rinehart & Winston.

Tibor P Palfai, 2002. Action-state orientation and the self-regulation of eating behavior. Eating Behaviors (3): 249-259.

Velmer S Burton Jr., David T Evans, Francis T Cullen, et al., 1999. Age, self-control, and adults' offending behaviors: a research Note assessing a general theory of crime. Journal of Criminal Justice, 27 (1): 45-54.

Volet S E, 1997. Cognitive and affective variables in academic learning: the significance of direction and effort in students' goals. Learning and Instruction, 7 (3): 235-254.

Walsh, Osipow S H. Handbook of vocational psychology: Theory, research, and practice (2nd ed). Mahwah, NJ: Lawrence Erlbaum Associates: 181-215.

Watson B, 1968. The complete works of Chuang Tzu. New York: Columbia University Press.

Watson D L, Tharp R G, 1993. Self-directed behavior (6th ed.). Pacific Grove, CA: Brooks/Cole.

Weisz J R, 1990. Development of control-related beliefs, goals and styles in childhood and adolescence: A clinical perspective//Rodin J, Schooler C, Schaie K W. Self-directedness: Causes and effects throughout the life course. Hillsdale, NJ: Erlbaum: 103-146.

Weisz J R, Rothbaum, F M, Blackburn T C, 1984. Standing out and standing in: The psychology of control in America and Japan. American Psychologist, 39: 995-969.

White R W, 1959. Motivation reconsidered: The concept of competence. Psychological Review,

66：297-331.

Wortman C B，Brehm J W，1975. Responses to uncontrollable outcomes：An integration of reactance theory and the learned helplessness model//Berkowitz L，Walster W. Advances in experimental social psychology (Vol. 8). San Diego，CA：Academic Press：276-336.

Yaacov Trope，Ayelet Fishbach，2000. Counteractive self-control in overcoming temptation. Journal of Personality and Social Psychology，79 (4)：493-506.

Zimmerman B J，1989. A social-cognitive view of self-regulated academic learning. Journal of Educational Psychology，81：329-339.

Zimmerman B J，1995. Self-efficacy and educational development//Bandura A. Self-efficacy in changing societies. Cambridge，England：Cambridge University Press：202-231.

Zimmerman B J，Martinez-Pons M，1988. Construct validation of a strategy model of student self-regulated learning. Journal of Educational Psychology，80：284-290.

Zimmerman B J，Bandura A，Martinez-Pons M，1992. Self-motivation for academic attainment：The role of self-efficacy beliefs and personal goal-setting. American Educational Research Journal，29：663-676.

Zimmerman B J，Risemberg E，1997. Self-regulatory dimensions of academic learning and motivation//Phye G D. Handbook of academic learning. Academic Press：105-125.

Zimmerman B J，1994. Dimensions of Academic Self-Regulation：A Conceptual Framework for Education//Schunk D H，Zimmerman B J. Self-Regulation of Learning and Performance：Issues and Educational Applications. Hillsdale：Lawrence Erlbaum Associates，Inc：3-21.

附　录

大学生自我控制研究问卷调查

尊敬的大学生朋友：

您好！大学生活是人生中既紧张充实又丰富多彩的岁月，如何有效地进行自我控制、自我管理获得自我发展，是大家关心的事，也是一个很有意义的研究课题。本问卷调查是大学生自我控制研究课题的一部分，主要有一些开放性的问题，请您根据您的实际情况填答。答案没有对错和好坏之分，只需反映真实情况。本问卷是匿名的，请放心填答。（空白不够，反面也可以填写）

衷心感谢您的大力支持！

一般项目

专业 ________________　　　年级：__________

性　　别：男（　　）　女（　　）

学生干部（班级、社团）是（　　）　　否（　　）

勤工助学：有（　　）　无（　　）

一、你是否有一些事情想去做，觉得应该去做，但往往不能开始启动去做？

1. 如果有，请列举在哪些方面，如何表现？

比如学习方面：

生活习惯：

社会实践：

频度如何：

内心感受：

2. 如果没有，你是如何做到的？

二、你是否有一些事你觉得不该去做的，但往往还是去做了？

1. 如果有，请列举在哪些方面，如何表现？

比如网络利用：

娱乐方面：

生活习惯：

频度如何：

内心感受：

2. 如果没有，你是如何做到的？

三、你觉得提高自我控制能力的因素有哪些？最重要的因素是什么？

四、你觉得破坏自我控制能力的因素有哪些？最厉害的因素是什么？

五、你认为人的目标达成是靠自己努力呢？还是靠有影响力的他人呢？还是靠运气呢？理由各是什么？

六、在你为实现目标而努力的过程中，遇到困难和挫折时，你是如何应对的？

七、你觉得“我能够控制自己的所思所行”的信念在你的自我控制过程中的作用如何？理由是什么？

再次感谢您的大力支持！

大学生自我控制调查问卷

尊敬的大学生朋友：

这是一份关于大学生自我控制的研究性调查问卷。调查采用匿名方式，结果仅用于学术研究，请不要顾虑。答案没有对错和好坏之分，只需反映真实情况。每题有五个选择："完全符合 = 5""大部分符合 = 4" "不确定 = 3" "小部分符合 = 2" "完全不符合 = 1"，请根据您的实际情况，选择相应的数字画圈。比如您认为"大部分符合"，则在 4 上画一个圈④，余类推。恳请您：

a. 每题只选一个答案；b. 尽量不选折中答案；c. 每题都须回答，请不要遗漏。谢谢！

一般项目（请填写或在括号里打钩）

院系________ 专业________ 年龄_____

年级：大一（　） 大二（　） 大三（　） 大四（　）

性别：男（　） 女（　）

学生干部（院系、班级、社团）：是（　）否（　）

勤工助学：有（　）无（　）

题号		完全符合	大部分符合	不确定	小部分符合	完全不符合
1	我感到改革开放给大学生既带来更多发展的机遇，又提出更高素质的挑战	5	4	3	2	1
2	我感到市场经济带来了市场双向选择、自主竞争发展的机制，人的前途命运主要靠自己实力和奋斗	5	4	3	2	1
3	我感到国际交往带来了文化多元化，社会包容并鼓励人们选择不同的价值取向，走个性化发展之路	5	4	3	2	1
4	我感到在科技发展日新月异的知识经济时代，人的学习和创新力是最本质的竞争力	5	4	3	2	1
5	我认为努力不如运气好，将来怎样也说不清，所以走一步算一步	5	4	3	2	1
6	我深信人有主体选择性和能动性，不仅能适应环境，而且还能选择和创造环境	5	4	3	2	1
7	我深信大学学习主要靠自我教育，主动吸收老师的导引和精华，充分利用图书馆和互联网来自学	5	4	3	2	1
8	我深信"少小不努力，老大徒伤悲"的珍惜时间发奋的名言	5	4	3	2	1
9	我深信"修身、齐家、治国、平天下"自强不息、由内向外发展的古训	5	4	3	2	1

（续表）

题号		完全符合	大部分符合	不确定	小部分符合	完全不符合
10	高中学习那么紧张，考上大学了，课不多，又没有人管，所以正好放松，好好玩玩	5	4	3	2	1
11	我深信“一分耕耘，一分收获”的真理	5	4	3	2	1
12	我深信人的志向和决心的大小，是造就伟大和平庸的关键	5	4	3	2	1
13	我深信人有巨大潜能，有能力应对各种困难和挑战	5	4	3	2	1
14	我深信人有自我意识，能够对自己的思想和行为负责	5	4	3	2	1
15	看到一些同学朋友玩得开心，我觉得我何必如此认真呢，所以也和他们一样玩玩	5	4	3	2	1
16	我常常思考人生，强烈渴望成就一番事业	5	4	3	2	1
17	我常常内省自己的兴趣、性格、能力和价值观，探索自己未来的事业方向	5	4	3	2	1
18	我常常关注社会发展形势和人才市场信息，研究我的未来就业或创业方向，掌握其素质要求	5	4	3	2	1
19	我常常分析自己的优势和劣势，寻找自己的理想和现实之间的差距	5	4	3	2	1
20	我常常计划背多少英语单词或句子，但往往只能背几天就不了了之	5	4	3	2	1
21	我向有关职业生涯设计的专业人士或机构咨询，寻求专业指导和帮助	5	4	3	2	1
22	我明白大学四年是探寻自己人生梦想并为之实现而准备的黄金岁月	5	4	3	2	1
23	我对未来的情感生活有所思考，有自己的交往异性和寻觅恋人的原则标准	5	4	3	2	1
24	我理解所扮演的各种角色的权利和义务，也知道父母、老师、朋友对我的期望	5	4	3	2	1
25	当同学朋友热心邀我一起去玩，我虽然有自己的事，但常常还是身不由己地去了	5	4	3	2	1
26	我根据未来的事业梦想，明确了自己大学四年生涯总目标和年度目标	5	4	3	2	1
27	我结合每学期的课程，将年度目标分解，以结果的形式明确每月目标，并限定最后完成期限	5	4	3	2	1
28	我设定的目标有一定的难度和挑战性，但经过一定努力能够完成	5	4	3	2	1
29	我清楚我设定的目标完成有什么好处，不完成有什么后果和害处	5	4	3	2	1
30	我觉得锻炼身体很重要，但常常是三天打鱼，两天晒网，不能持之以恒	5	4	3	2	1
31	我根据每月的目标和优先次序，制订每周和每天的学习和活动计划，按计划行事	5	4	3	2	1
32	我做计划时将最重要的目标安排在我效率最高的时段里，并留有一定机动时间，以便灵活应对变化	5	4	3	2	1
33	我每天清晨会想一下当天的目标计划，按照轻重缓急，马上行动，不犹豫、不拖延	5	4	3	2	1

（续表）

题号		完全符合	大部分符合	不确定	小部分符合	完全不符合
34	我上课对不同风格的老师，采用不同的响应度，灵活调整，吸收老师擅长的精华	5	4	3	2	1
35	我本想上网查资料学习，但却常常是看网络电影、玩游戏、聊天或浏览无关网页很长时间	5	4	3	2	1
36	我特别重视课余时间的自学钻研，如预习、复习、练习，看专业杂志、参考书，网络学习，写作等	5	4	3	2	1
37	我既把考试看作一种学习成果的评估手段，更把它当作一种促进全面掌握学科知识的推动力	5	4	3	2	1
38	我非常关注学术讲座信息，根据主题与目标相关的原则，尽可能调整自己的时间去参加，开阔视野	5	4	3	2	1
39	以增长才干为目的，围绕我的目标，有选择性地参加社团活动和社会实践活动	5	4	3	2	1
40	我喜欢参加社团活动，常常让我忙得不可开交，自己的学习也顾不上了	5	4	3	2	1
41	我与朋友交往能自我约束，注意兼顾学习和交往需求的平衡	5	4	3	2	1
42	我有良好的生活习惯和作息时间，重视锻炼，保证身心健康和精力充沛	5	4	3	2	1
43	我主动寻找甚至营造一个与我学习风格一致的，有利于学习，避免干扰的环境	5	4	3	2	1
44	我能借助现代科技工具来提高学习效果，如网络、计算机、录音笔、学习机等	5	4	3	2	1
45	我已经确立了一种个人价值和社会期望相统一的内在标准和目标体系，并以此来调节行为	5	4	3	2	1
46	每天临睡前，我会对自己一天行为反省，有何成绩？有无进步？有无改进之处？	5	4	3	2	1
47	我有每周（月）定期总结的习惯，对照目标计划，评估完成情况，总结经验和教训，以便改进	5	4	3	2	1
48	我关注环境、角色和任务的变化，以及自己心智的成长，对原定目标进行评估，作适当的调整	5	4	3	2	1
49	我对每一件具体任务完成的时间、质量和效果进行评估，对犹豫拖延和沉迷诱惑保持警惕	5	4	3	2	1
50	我早晨醒来后，再睡一会懒觉，常常不能马上起床	5	4	3	2	1
51	我常反省自己的情绪状态、精力状况和效率水平，分析原因，适时调整	5	4	3	2	1
52	临时出现的事情，我会评估其重要性、紧迫性，灵活应对	5	4	3	2	1
53	我随身携带记事本，对任务完成情况做记录，也适时记录一些心得体会	5	4	3	2	1
54	我把自己和同学朋友作比较，评估自己，但更重视把自己现在和自己过去作比较，追求不断进步	5	4	3	2	1
55	我把自己目标完成当成很重要的自我评价指标，把学校的评优和评奖当作是一种对照和激励	5	4	3	2	1

（续表）

题号		完全符合	大部分符合	不确定	小部分符合	完全不符合
56	我对成功和失败进行分析，找出是目标设定、方法策略和动机努力的原因，还是其他原因？	5	4	3	2	1
57	我注意他人对我的评价，但不会过于在意，有则改之，无则加勉	5	4	3	2	1
58	我会积极自我暗示，在心中想象预演目标达成后的美好景象和获得预期利益，激发自己行动	5	4	3	2	1
59	当我完成小目标时，觉得离大目标又近一点，在内心对自己说“我真棒！”，干得更起劲	5	4	3	2	1
60	我常常因拖延任务而感到压力重重	5	4	3	2	1
61	我已养成自我奖励的习惯，当完成目标后，就自我犒劳，如美餐、娱乐、休闲等	5	4	3	2	1
62	当我有效地克服了诱惑，我会在心里自信地说：“好样的！”下次一定能抵制更大的诱惑	5	4	3	2	1
63	我选择自觉性和自律性高的优秀同学做朋友，以他们为榜样，尽可能和他们在一起	5	4	3	2	1
64	当我做了不该做的事后，我会在内心谴责自己“我难道就这么差劲！”“就忍心别人看我的笑话！”	5	4	3	2	1
65	打工挣钱、花钱真爽，为多挣钱，我做好几份工作，非常忙	5	4	3	2	1
66	我在遇到困难时，会积极正面思考，努力寻找解决方法，克服困难，不轻言放弃	5	4	3	2	1
67	我在遇到挫折时，不把它当绊脚石，而把它当成垫脚石，磨炼我向更高目标攀登的阶梯	5	4	3	2	1
68	当我心情不好时，我会找好友倾诉，或听激昂音乐，或参加体育活动等，把自己调整过来	5	4	3	2	1
69	我喜欢看名人传记，感受他们“不经历风雨，怎么见彩虹”的奋斗历程和精神，勉励自己努力	5	4	3	2	1
70	我常常想象自己敬重的父母老师、心爱的朋友恋人正满怀期望地看着自己，告诫自己不能让他们失望	5	4	3	2	1
71	我非常关注有关励志成才主题的课程和训练，主动寻找机会去参加，学习有关理念和方法	5	4	3	2	1
72	当我觉得通过自身力量难以完全改变某些不良习惯时，我会主动寻求心理咨询人士的帮助	5	4	3	2	1
73	我把目标变成视觉化的具体图像，贴在我的宿舍里，我和同学都看到的地方，提醒和督促自己	5	4	3	2	1
74	我对与目标无关的活动或邀请，能够委婉地说“不”，或与对方商量安排在自己空的时间里	5	4	3	2	1
75	我碰到不开心的事，老是想着它，不容易转变	5	4	3	2	1
76	我为避免诱惑，会主动让自己离诱惑的人、事或环境远远的，力求能心静神定地学习和工作	5	4	3	2	1

（续表）

题号		完全符合	大部分符合	不确定	小部分符合	完全不符合
77	我会把我的目标告诉同学和朋友，和他们打赌，为免遭面子或物质损失，有效完成预期的任务	5	4	3	2	1
78	我以目标为中心，对社团或其他一些可以让别人做的事，善于授权委托，发挥他人和团队的作用	5	4	3	2	1
79	我能有意识地调整注意的焦点，关注积极面，将自己的时间精力放在实现目标和自己能影响的事上	5	4	3	2	1
80	我懂得放弃的重要性，只重视抓住与自己事业方向相关的机会，坦然并果断放弃一些其他机会	5	4	3	2	1
81	我知道网络资源的极大丰富性和重复可及性，我会将一些游戏、影视等娱乐，延迟到目标完成后	5	4	3	2	1
82	当我拖延任务时，我会反思，是动力不够？是任务太难？是干扰太多？还是担心失败？及时解决	5	4	3	2	1
83	当我有向诱惑低头的冲动时，通过想象屈服后引起糟糕、严重或危险的后果，就能战胜自己	5	4	3	2	1
84	我相信自己能行，偶尔有一次行为控制失败，我还会作第二次、第三次的努力，不自暴自弃	5	4	3	2	1
85	我的学习成绩优秀	5	4	3	2	1
86	在期末的评优和评奖中，我常常榜上有名	5	4	3	2	1
87	在老师的眼中，我是一个成绩好、效率高、能力强的优秀学生	5	4	3	2	1
88	在家长的眼中，我是一个有志向、自觉的、上进的好孩子	5	4	3	2	1
89	在同学的眼中，我是一个负责任、值得信赖的朋友	5	4	3	2	1
90	在自己的眼中，我是一个自信、自律、自强的人	5	4	3	2	1

大学生自我控制信念和行为调查问卷 前测卷

尊敬的大学生朋友：

您好！这是一份调查大学生自我控制信念的问卷，问卷由两极对应的信念组成11点坐标轴，越接近左边就表明您越信奉左边的信念，越接近右边就表明您越信奉右边的信念，请您根据个人的实际情况，在下面的坐标轴上用勾（√）标明您过去到现在所信奉的信念的位置。

序号	左边	完全信奉	很信奉	信奉	比较信奉	有点信奉	不确定	有点信奉	比较信奉	信奉	很信奉	完全信奉	右边
1	有志者事竟成	11	10	9	8	7	6	5	4	3	2	1	人算不如天算
2	功夫不负有心人	11	10	9	8	7	6	5	4	3	2	1	一切命中注定
3	天生我才必有用	11	10	9	8	7	6	5	4	3	2	1	人生就是赌博
4	君子当自强不息	11	10	9	8	7	6	5	4	3	2	1	人要知足常乐
5	人有无限潜能	11	10	9	8	7	6	5	4	3	2	1	人的能力有限
6	人有选择自由	11	10	9	8	7	6	5	4	3	2	1	环境决定一切
7	失败是成功之母	11	10	9	8	7	6	5	4	3	2	1	失败是失败之母

尊敬的大学生朋友：

您好！这是一份调查大学生自我控制行为方式的问卷，问卷由两极对应的行为方式组成11点坐标轴，越接近左边就表明您符合左边的行为方式的程度越高，越接近右边就表明您符合右边的行为方式的程度越高，请您根据个人的实际情况，在下面的坐标轴上用勾（√）标明您过去到现在通常采用的行为方式的位置。

序号	左边	完全符合	很符合	符合	比较符合	有点符合	不确定	有点符合	比较符合	符合	很符合	完全符合	右边
1	独立自主	11	10	9	8	7	6	5	4	3	2	1	依附盲从
2	目标明确	11	10	9	8	7	6	5	4	3	2	1	稀里糊涂
3	计划行事	11	10	9	8	7	6	5	4	3	2	1	盲目行事
4	专心致志	11	10	9	8	7	6	5	4	3	2	1	三心二意
5	办事利落	11	10	9	8	7	6	5	4	3	2	1	懒惰拖延
6	不怕挫折	11	10	9	8	7	6	5	4	3	2	1	一蹶不振
7	持之以恒	11	10	9	8	7	6	5	4	3	2	1	半途而废
8	严于律己	11	10	9	8	7	6	5	4	3	2	1	随波逐流

（续表）

序号	左边	完全符合	很符合	符合	比较符合	有点符合	不确定	有点符合	比较符合	符合	很符合	完全符合	右边
9	抵制诱惑	11	10	9	8	7	6	5	4	3	2	1	意志薄弱
10	勇于说不	11	10	9	8	7	6	5	4	3	2	1	没有原则
11	宁静致远	11	10	9	8	7	6	5	4	3	2	1	及时行乐
12	惯于自省	11	10	9	8	7	6	5	4	3	2	1	怨天尤人
13	知错就改	11	10	9	8	7	6	5	4	3	2	1	执迷不悟

姓　名：＿＿＿＿＿＿　性别：＿＿＿＿＿＿　年龄：＿＿＿＿＿＿

院　系：＿＿＿＿＿＿　专业：＿＿＿＿＿＿　年级：＿＿＿＿＿＿

测试号：＿＿＿＿＿＿＿＿＿＿＿＿　测试时间：＿＿＿＿＿＿

大学生自我控制信念和行为调查问卷　后测卷

尊敬的大学生朋友：

您好！这是一份调查大学生自我控制信念的问卷，问卷由两极对应的信念组成11点坐标轴，越接近左边就表明您越信奉左边的信念，越接近右边就表明您越信奉右边的信念，请您根据个人的实际情况，在下面的坐标轴上用勾（√）标明您现在以及将来所信奉的信念的位置。

序号	左边	完全信奉	很信奉	信奉	比较信奉	有点信奉	不确定	有点信奉	比较信奉	信奉	很信奉	完全信奉	右边
1	有志者事竟成	11	10	9	8	7	6	5	4	3	2	1	人算不如天算
2	功夫不负有心人	11	10	9	8	7	6	5	4	3	2	1	一切命中注定
3	天生我才必有用	11	10	9	8	7	6	5	4	3	2	1	人生就是赌博
4	君子当自强不息	11	10	9	8	7	6	5	4	3	2	1	人要知足常乐
5	人有无限潜能	11	10	9	8	7	6	5	4	3	2	1	人的能力有限
6	人有选择自由	11	10	9	8	7	6	5	4	3	2	1	环境决定一切
7	失败是成功之母	11	10	9	8	7	6	5	4	3	2	1	失败是失败之母

尊敬的大学生朋友：

您好！这是一份调查大学生自我控制行为方式的问卷，问卷由两极对应的行为方式组成 11 点坐标轴，越接近左边就表明您符合左边的行为方式的程度越高，越接近右边就表明您符合右边的行为方式的程度越高，请您根据个人的实际情况，在下面的坐标轴上用勾（√）标明您现在及将来拟采用的行为方式的位置。

序号	左边	完全符合	很符合	符合	比较符合	有点符合	不确定	有点符合	比较符合	符合	很符合	完全符合	右边
1	独立自主	11	10	9	8	7	6	5	4	3	2	1	依附盲从
2	目标明确	11	10	9	8	7	6	5	4	3	2	1	稀里糊涂
3	计划行事	11	10	9	8	7	6	5	4	3	2	1	盲目行事
4	专心致志	11	10	9	8	7	6	5	4	3	2	1	三心二意
5	办事利落	11	10	9	8	7	6	5	4	3	2	1	懒惰拖延
6	不怕挫折	11	10	9	8	7	6	5	4	3	2	1	一蹶不振
7	持之以恒	11	10	9	8	7	6	5	4	3	2	1	半途而废
8	严于律己	11	10	9	8	7	6	5	4	3	2	1	随波逐流
9	抵制诱惑	11	10	9	8	7	6	5	4	3	2	1	意志薄弱
10	勇于说不	11	10	9	8	7	6	5	4	3	2	1	没有原则
11	宁静致远	11	10	9	8	7	6	5	4	3	2	1	及时行乐
12	惯于自省	11	10	9	8	7	6	5	4	3	2	1	怨天尤人
13	知错就改	11	10	9	8	7	6	5	4	3	2	1	执迷不悟

姓　名：__________　性别：__________　年龄：__________

院　系：__________　专业：__________　年级：__________

测试号：____________________　测试时间：__________

后 记

19年前，怀着攻读心理学博士学位的夙愿，有幸成为杨治良教授的学生，来到华东师范大学求学。记得刚开学不久，有一次陪杨教授去他办公室，走在心理系圆形实验室边的路上，杨教授说："3年很快的，我常感觉你们学生刚刚进来不久，就要毕业了！"当时我的感受还不深，心想，3年呢，我准备好好在华师大求学，在上海求发展。现在想来，如昨天一般，真是太快了！

多年来，我心中一直充满感激，深切感受到本书的写作和学业的完成，无不浸透着老师的恩情、学友的情谊和亲人的关爱。

首先，我要感谢恩师杨治良教授。杨教授不仅以他渊博的学识，国际的视野指导我们进行科学研究。教授在"高级实验心理学"课上所作的一些评述，微言大义，给我留下了深刻影响。如"博士生是研究的主力军""博士生在方法创新上要大胆，在结论上要谨慎，而不是相反""不要轻易单方面否定理论或实验，理论和实验各占50%""小实验，大理论，一滴水可以折射阳光，如瞬时记忆的发现"等。教授邀请国际著名心理学家来华东师范大学访学，比如内隐社会认知研究的开创者、内隐联结测验（IAT）的发明人、美国华盛顿大学A. G. Greenwald教授，《经济心理学》杂志创始人之一、荷兰Tilburg大学W. F. van Raaij教授，第一届国际前瞻记忆学术研讨会主席、英国Hertfordshire大学的L. Kvavilashvili教授，把我们的研究视野快速引入到内隐社会认知、行为金融学、前瞻记忆等国际心理学界研究的热点前沿。并鼓励学生大胆选择自己感兴趣的课题作为论文题目，本研究所用的IAT方法就得益于此。杨教授以他宽厚仁慈、谦逊坚强的品格影响着我们，春风化雨，润物细无声。教授在生活上给予我的关怀，终生难忘。刚报到不久，教授就默默帮我联系勤工助学，第二学期又安排我到《心理科学》编辑部作编辑校对工作，为我解决生活经济来源，也给我提供了一个难得的学习机会。师恩如山，感谢恩师对我的指导和关怀！

其次，我要感谢俞文钊教授、李其维教授、孔克勤教授和梁宁建教授。当我来到华师大时，当时就想最好多选一点课，期望接受一遍教授们思想和智慧的洗礼。俞教授的管理心理学课程让我更深入了解到创建学习型组织是21世纪管理心理学的新方向，团队学习、自我管理等在未来组织中的重要作用。李教授多次就本人关于成功智力的作业提出修改意见，使我对智力理论的发展脉络有了更清晰的了解，最后把作业发表了。孔教授提出人格心理学的五个问题和在讨论时所做的点评，以及对心理学研究人文取向的强调，使我对人格心理学的理论和服务有了更深的理解。梁教授的认知心理学课程，深入浅出，引发我很多思考，并将课上所学到的一些理论用到生活中去。而且梁教授课前的信息交流、团队学习的方法也很棒。感谢各位教授给予学生的指导和启迪！

再次，我还要感谢恩师朱永新教授。我之所以能攻读心理学博士学位，是因为早在 1992 年，我听朱教授的课时，朱教授就把我带进心理学这一充满魅力的学科，1995 年又有幸成为朱教授的硕士研究生。朱教授为“新教育之梦”而奋斗的精神，一直激励着我努力向前。朱教授在《我的教育理想》中说：“教育的最高境界就是自我教育人格的形成。”这是我对自我教育情有独钟的源头之一。朱教授不仅在精神上影响我，而且对我的学业和生活非常关心。三年中，朱教授让我参加他主编的国家“十五”规划教材《管理心理学》的编写，参加由他总主编的教育科学精品教材译丛之一《实验心理学》一书的翻译。师恩如海，感谢恩师对我的关心和培养！

最后，感谢华东师范大学心理系为我提供了良好学习条件，感谢心理系领导吴庆麟教授、桑标教授等和各位老师给予我的关心和帮助！感谢《心理科学》编辑部叶奕乾教授、岑国桢教授、郭力平副教授等给予我的指导和帮助。感谢宋正国教授和陈焕然教授给予我的指导和帮助！感谢杨丽珠教授、刘金花教授、熊利红老师、卢浩老师在文献资料上给予的帮助！感谢林正大老师、秦启庚老师给予我的关心与帮助！此外，还要感谢苏州大学教育学院周川教授、苏州大学校医院陈永生主任医师给予的帮助！

本书的写作是一工作量相当大的项目。没有众多的老师、同学和朋友的鼎力相助，是很难完成的。我要感谢林颖、庄锦英、叶斌、于泳红、周颖、邹庆宇、原献学、吴明证、席居哲、过广宇等学友给予的鼓励和帮助！还要感谢苏州大学的王静、陶新华、邢光晟、许继芳等老师和上海交通大学的李艳平老师在调查取样中给予的大力支持和帮助！在这里我还要向所有直接或间接帮助过我的老师、同学和朋友表示最诚挚的谢意！

本书写作和学业的完成，不仅浸透着老师的恩情、学友的情谊，而且还饱含着亲人的关爱。我要感谢奶奶向韵和对我读书全方位的支持！感谢妻子朱红燕多年来为我读书所付出的辛劳和关爱！感谢我的孩子于超阳给我带来成长的欣喜和快乐！感谢所有给予我关爱和支持的亲人！

我期望在未来的人生道路上，能够将本书所研究的成果付诸实践，造福于社会，来回报老师的恩情、学友的情谊和亲人的关爱。

自强不息，厚德载物。

于国庆

2020 年 4 月 30 日